Dorett Funcke | Olaf Behrend | Julian Möhring (Hrsg.)
Vom Gewordenen zum Gemachten

Qualitative Familienforschung

Herausgegeben von
Dorett Funcke

Ziel der Reihe »Qualitative Familienforschung« ist es, mit den Bänden einen Überblick über die Forschung zum Gegenstand Familie zu geben. Das Gemeinsame der Arbeiten, die in der Reihe publiziert werden, ist ihr qualitativer Forschungszugang. Unabhängig davon, ob in den Forschungen der Bände sozialwissenschaftlich-hermeneutisch oder dokumentarisch-methodisch vorgegangen wird, diese in der Grounded Theory oder der Konversationsanalyse verortet sind oder in ihnen narrations- oder diskursanalytisch argumentiert wird, in jeder dieser Forschungsarbeiten geht es darum, die Familie analysierend zu beschreiben. Die qualitativ-interpretative Forschungspraxis, die in den Forschungsarbeiten realisiert wird, verknüpft dabei immer Datenanalyse und Theoriebildung. Die Interpretationen sind immer verankert in Daten, die je nach Forschungsdesign sich unterscheiden. Der Datenkorpus kann u. a. Beobachtungsprotokolle, Transkripte von Einzelinterviews, von Paar- und Familieninterviews oder von Gruppendiskussionen umfassen, aber auch Partituren audiovideografischer Aufnahmen, Fotos, Tagebücher, Akten, Genogramme etc. enthalten. Vor dem Hintergrund unterschiedlicher methodischer Bezüge (Objektive Hermeneutik, Grounded Theory, Dokumentarische Methode, Ethnographie usw.) sind in den letzten Jahren in der qualitativen Familienforschung interessante Forschungsbeiträge erschienen, die sowohl der Theorie- als auch der Methodenentwicklung bemerkenswerte Impulse verliehen haben. Die Buchreihe will diese Forschungsentwicklung befördern und ihr ein angemessenes Forum zur Verfügung stellen.

In den Bänden der Reihe werden familienwissenschaftliche Fragestellungen behandelt, die z. B. Paar- und Familienbildungsprozesse in Krisenlagen wie Flucht, Migration, Krankheit, Sucht, Gewalt und/oder Tod betreffen; den Einfluss neuer Medizintechniken auf die Familie behandeln; die die Folgen der Digitalisierung adressieren; die unkonventionelle Familienformen wie Adoptiv-, Pflege-, Stief-, Patchwork- und Alleinerziehendfamilie untersuchen; die sich mit dem Thema Religion im Kontext von Erziehung, Bildung und Sozialisation beschäftigen und die sich mit den Folgen des gesellschaftlichen Wandels (Erwerbszentrierung, Meritokratie, Singularisierung etc.) auseinandersetzen. Die Forschungsarbeiten stammen aus unterschiedlichen Fachdisziplinen, womit interdisziplinären Zugängen zur Familie Rechnung getragen wird. In der Buchreihe können sowohl Monographien erscheinen als auch thematisch fokussierte Sammelbände.

Dorett Funcke | Olaf Behrend |
Julian Möhring (Hrsg.)

Vom Gewordenen zum Gemachten

Wenn sich die Grenze zwischen Zufall und freier Entscheidung verschiebt – Familienplanung 2.0

BELTZ JUVENTA

MIX
Papier | Fördert gute Waldnutzung
FSC® C089473
www.fsc.org

Dieses Buch ist erhältlich als:
ISBN 978-3-7799-9288-2 Print
ISBN 978-3-7799-9289-9 E-Book (PDF)
ISBN 978-3-7799-9290-5 E-Book (ePub)

1. Auflage 2025

Verlagsgruppe Beltz
Werderstraße 10, 69469 Weinheim
service@beltz.de

Satz: Helmut Rohde, Euskirchen
Druck und Bindung: Beltz Grafische Betriebe, Bad Langensalza
Beltz Grafische Betriebe ist ein Unternehmen mit finanziellem Klimabeitrag
(ID 15985-2104-1001)
Printed in Germany

Weitere Informationen zu unseren Autor:innen und Titeln finden Sie unter: www.beltz.de

Inhalt

Vom Gewordenen zum Gemachten. Wenn sich die Grenze zwischen Zufall und freier Entscheidung verschiebt – Einleitung und Übersicht über die Beiträge

Dorett Funcke, Olaf Behrend

1. Die Unverfügbarkeit des Anfangs: Über die Bedeutungsdimensionen des Präkonzeptionellen und des Pränatalen

Die Beiträge in diesem Band[1] erzählen von den Möglichkeiten, auch dann Eltern zu werden, wenn es auf natürlichem Wege nicht (mehr) klappt. Mit natürlich meinen wir hier die Zeugung eines Kindes durch Sexualität. Nicht immer ist sie Folge eines Liebesbegehrens und verbunden mit dem Wunsch, ein Kind zu bekommen; ungewollt schwanger zu werden kommt auch vor, dann mit ganz anderen Folgen, das ist hier aber nicht das Thema. Sondern es geht um Paare und einzelne Personen, die sich aus ganz unterschiedlichen Gründen nicht fortpflanzen können. Die Erfahrungen, wenn sich trotz aller Bemühungen das eigene Kind nicht einstellt, sind in aller Regel mit Trauer und Leid verbunden. Auch gleichgeschlechtliche Paare und Alleinstehende, die nicht auf herkömmlichem Wege eine Familie gründen können, da der andere, ein Partner, fehlt, oder bei Homosexualität die Bedingungen zeugender Reproduktion nicht gegeben sind, ist Kinderlosigkeit eine schmerzvolle Tatsache. Die Ursachen dafür, dass heterosexuelle Paare keine Kinder bekommen können, sind vielfältig. Klinische Befunde liegen nicht immer vor oder sind eindeutig. Inzwischen ist durch zahlreiche wissenschaftliche Untersuchungen belegt, dass Unfruchtbarkeit nicht nur eine Folge körperlicher Störungen der Geschlechtsorgane sein kann. Aus dem ‚Volksmund' stammt der Spruch, dass Stress das beste Verhütungsmittel sei. Nachgewiesen ist, dass ein hoher Anteil des Stressproteins Alpha-Amylase ein Risiko für das Schwangerwerden darstellt, es verringert „die Chance für eine Empfängnis um fast 30 %" (Auhagen-Stephanos 2017a, S. 254). Auch Ängste, Depressionen, Beziehungskonflikte und

1 In dem Band sind Beiträge aufgenommen, die auf Vorträgen basieren, die auf einer Tagung (17./18.11.2023) mit dem Titel „Vom Gewordenen zum Gemachten. Wenn sich die Grenze zwischen Zufall und freier Entscheidung verschiebt – Familienplanung 2.0" an der FernUniversität in Hagen gehalten wurden (vgl. https://www.fernuni-hagen.de/netzwerk-qualitative-familienforschung/docs/programm.pdf – Letzter Zugriff: 22.02.2025).

transgenerationelle Verstrickungen sind Lebensumstände, die eine Elternschaft auf natürlichem Wege verunmöglichen können. Unfruchtbarkeit ist oft – das zeigt die therapeutische Praxis zur Genüge – eine Blockierung von Körper und Geist. Biologie ist ein neurophysiologischer Prozess. Weniger bekannt ist, dass die Spermienzahl der Männer sich aus bisher „noch nicht vollständig geklärten Ursachen in den letzten 60 Jahren um die Hälfte verringert" (Auhagen-Stephanos 2017b, S. 42) hat. Die Chancen schwanger zu werden, verbessern sich auch nicht dann, wenn Paare viele Jahre, in der Regel aus beruflichen Gründen, eine Fernbeziehung führen. Paare sind zunehmend in einem fortgeschrittenen Alter, wenn sie zusammenziehen und an eine Familiengründung denken. Das Versprechen von Hochglanzbroschüren, mit medizintechnischer Hilfe ein Kind auch jenseits des Fruchtbarkeitsalters in die Welt zu setzen, kommt diesen Lebensplanungen, die ja auch das Resultat gesellschaftlicher Anreizstrukturen und makrostruktureller Vorgaben sind, die viele Paare und Familien als Druck erfahren, entgegen. Dass die sogenannte Baby-Take-Home-Rate bei ca. 15–20 Prozent liegt (vgl. 2017b, S. 62) und mit Hilfe von technischer Assistenz gar keine Zeugung möglich ist – unverfügbar immer noch bei allem technisch Machbaren der Prozess, durch den das Neue in Gestalt eine Zygote entsteht – ist kaum bekannt oder mitbedacht bei Lebensplanungen.

Die Unfruchtbarkeit von heterosexuellen Paaren, die ein Kind zeugen wollen, hat im Einzelfall unterschiedliche, wenn auch nicht immer diagnostizierbare Gründe. Wie komplex und kompliziert dieses Phänomen ist, vermitteln Befunde aus der jungen, auch umstrittenen Disziplin der pränatalen Psychologie und Beobachtungen aus der pränataltherapeutischen Szene.[2] Da geht es um Seelenzustände, implizites Wissen und um ein Zellbewusstsein – der Zellbiologe Bruce H. Lipton hat darüber ein ganzes Buch mit dem Titel „Intelligente Zellen" (2016) geschrieben – also Dimensionen, die mit der Alltags- und Lebensrealität der Paare scheinbar wenig zu tun haben, aber bei der Frage, warum bleibt das Kind aus, zu berücksichtigen sind. „Eine Frau, die Mutter werden will, verbindet sich zur Weitergabe ihrer Fruchtbarkeit mit ihren vorangegangenen Generationen unter Einschluss von deren Problematik" (Auhagen-Stephanos 2017b, S. 84). Der ungarische Psychoanalytiker Jenö Raffai bezeichnet aus diesem Grunde die Gebärmutter als ein „Mehrgenerationen-Intrauterinraum" (vgl. Raffai 2015, zit. aus Auhagen-Stephanos 2017b, S. 84). Unfruchtbarkeit kann mit einer Entwicklungsgeschichte zusammenhängen, die bereits vor der eigenen Zeugung liegt, also bevor die eigenen Eltern neues Leben zeugten. Psychotherapien – einschlägig hierüber das Buch von Ute Auhagen-Stephanos „Der Mutter-Embryo-Dialog.

---

2 Zur pränataltherapeutischen Szene gehören „Regressionstherapie, Baby- und Körpertherapie, katathymimaginative Psychotherapie sowie die pränatale Dimension in der Kinder- und Erwachsenenpsychotherapie – tiefenpsychologisch und analytisch" (Auhagen-Stephanos 2017b, S. 50).

Fruchtbarkeit und Unfruchtbarkeit im Spiegel der Psychotherapie" (2017b) – können helfen, solche Zusammenhänge aufzudecken, konflikthafte Elternbeziehungen durchzuarbeiten und zu betrauern. Sie können von Bedeutung sein bei der inneren Vorbereitung auf eine eigene Schwangerschaft. Von gelungen und weniger gelungen Fällen berichtet das genannte Buch.

Wenn therapeutische Mittel und gynäkologische Hilfen nicht zu einer Schwangerschaft und einem „eigenen" Kind führen, dann kommt als Alternative, bevor Paare sich für die Adoption eines Kindes entscheiden oder über ein Pflegekind nachdenken oder Kinderlosigkeit akzeptieren lernen, in der Regel die moderne Reproduktionsmedizin ins Spiel.[3] Wir haben es dabei mit einer Entwicklung zu tun, die in lange Zeit Unverfügbares eingreift, nämlich in Befruchtungsvorgänge, und bisher im Körper Verborgenes ans Licht holt und den Stoff, aus dem neues Leben entstehen soll, bearbeitet. Dieses Vorgehen, aus dem Erbmaterial der Eltern mithilfe von Labortechnik und dem Einsatz chemischer Substanzen einen Prozess anzustoßen, der am Ende zur Geburt eines Kindes führt, ist beschrieben und bekanntgeworden als Reagenzglasbefruchtung oder der Erzeugung eines „Retorten-Babys" oder „IVF-Kindes" – gemeint ist der Vorgang der extrakorporalen Befruchtung. Er bezeichnet die Entnahme von Eizellen aus den Eierstöcken nach einer Hormonbehandlung und das Zusammenbringen der Gameten (Samen- und Eizelle) in einer Nährflüssigkeit, um im Brutschrank sich zu einer Urzelle zu verschmelzen (IVF-Verfahren). Bei ‚schlechtem' Ausgangsmaterial wird die Methode angewendet, ein Spermium zu behandeln und es dann, nachdem der Kopf vom Schwanz getrennt worden ist, mit einer Pipette in die Eizelle zu injizieren, um Kernverschmelzung zu unterstützen (ICSI-Verfahren).[4] Eine der Ursprungszellen, die nach der Keimzellenverschmelzung den Anfang des Neuen, den Ursprung des Individuums bildet, in dem alles angelegt ist und jeder in seiner Einzigartigkeit bestimmt ist – Andrea Hansert nennt das

3 Seit 1997 werden im IVF-Register die Daten zur Kinderwunschbehandlung erfasst. Seit „diesem Zeitpunkt kamen in Deutschland 412.230 Kinder durch In-vitro-Fertilisation (IVF) zur Welt. Das entspricht der Einwohnerzahl von zwei deutschen großen Städten wie Mülheim an der Ruhr und Magdeburg zusammen. […]" (vgl. https://www.deutsches-ivf-register.de/perch/resources/pm-dir-jahrbuch-2023-allgemein-final-241123.pdf, letzter Zugriff: 13.02.2025). In einer Schulklasse sitzen ein bis zwei Kinder, die mit Hilfe einer technisch assistierten Befruchtung entstanden sind. (ebd.). Das sind insgesamt besehen 2 bis 3 Prozent der in Deutschland geborenen Kinder.

4 *Ausführlicher zu den Verfahren der Reproduktionsmedizin im Überblick hier in diesem Band der Beitrag von Heike Baranzke.*

„Apriori-Individualität“ (Hansert 2023, S. 79)[5] – wird, sowie sich dieser Zellhaufen in-vitro, also unter Beobachtung „im Glas“ gut entwickelt hat, von einem/einer Reproduktionsmediziner/in ausgewählt und in den Leib, in die Gebärmutter transferiert; überzählige Urzellen, überzählige Zygoten, werden entweder kryokonserviert, meint eingefroren, oder vernichtet. Den Paaren, die sich in die Kinderwunschzentren begeben, eine Kinderwunschklinik aufsuchen und sich in die Hände der Reproduktionsmedizin begeben, ist oft nicht klar oder blenden aus gut nachvollziehbaren Gründen aus, dass eine technische Assistenz den Wunsch nach einem eigenen Kind nicht immer, in den seltensten Fällen, erfüllen kann. Denn das Machbare hat seine Grenzen – bereits da (bisher noch!) wo es um die Bildung der Zygote geht. Man kann diesen Prozess medizintechnisch durch viele kleinteilige Bearbeitungsschritte assistieren, aber (noch) unverfügbar ist der Vorgang der über Verschmelzung der Gameten zu einem neuen Genom führt. Prozesse des Planens, Machens und Herstellens, mit denen in die Eigendynamiken biochemischer Prozesse, die keineswegs nur durch Biologie also Naturhaftes gesteuert werden, sondern wie die klinisch-therapeutische Erfahrung zeigt, anteilig von Psycho-Sozialem beeinflusst sind, eingegriffen, nicht dem Selbstlauf überlassen wird und werden kann, wenn über Sexualität Zeugung nicht gelingt, führen nicht dazu, dass ein Embryo und daraus dann ein Fötus entsteht und schließlich ein Kind geboren wird. Im Hinblick auf den gesamten Prozess, über ein Schwangerwerden ein eigenes Kind zu bekommen, hat die ganze Reproduktionsmedizin mit ihrem inzwischen enorm gewachsenen Überbau einer an Marktlogiken orientierten Gesundheitsindustrie schließlich doch nur auf einen kleinen, wenn auch entscheidenden Ausschnitt Einfluss, wenn auch mit mäßigem Erfolg. Zeugung geht weit über Technik hinaus. Technisch unverfügbar bleibt auch der Prozess den die Eizelle nach der Befruchtung durchmacht. Es bleibt nicht nur den beiden Keimzellen allein überlassen, ob ihre Zellkerne miteinander interagieren und ein embryonales Gewebe bilden. Auch die Implantation, die Einnistung des Embryos in die Gebärmutterschleimhaut ist ein Vorgang, der mit den Instrumenten und der Labortechnik der Reproduktionsmedizin nicht herbeigeführt

5 „Mit der Zeugung kreieren die Eltern also eine konkrete Aszendenz und das Geschlecht im Sinne von Fortpflanzungsoption – eine in der gesamten Menschheitsgeschichte einmalige Konstellation, lange bevor das Gezeugte anfängt, irgendetwas zu fühlen, zu spüren, zu denken, also ‚sichtbar‘ Leben, Beseelung und Bewusstsein zeigt. Dafür soll an dieser Stelle der Begriff der *Aprioro-Individualität* eingeführt werden – a priori: vor aller (subjektiv gemachten) Erfahrung. Mit dieser Individualität a priori ist eine Grundkonstellation des Lebens generiert – und zwar sowohl des Lebens der Mutter wie des Lebens des Vaters wie schließlich und vor allem: die Grundkonstellation im Leben des Kindes –, die nicht mehr revidierbar ist, die Bestand hat bis zum Tode des Gezeugten und (im Gedenken der Nachwelt) darüber hinaus. In der Zygote ist diese Individualität a priori (und damit auch die triadische Konstellation) auch physisch ‚verkörpert‘ – Körper geworden.“ (Hansert 2023, S. 79).

werden kann.[6] Technisch unterstützt werden allein die Transportwege. Assistiert wird der Prozess der Hinführung der männlichen Keimzelle, die zuvor behandelt worden ist, zur oder die Einführung in die Eizelle sowie die Transplantation der Zygote in die Gebärmutter. Im Brutkasten, also ohne ein mütterliches Kontinuum, ist es an den Keimzellen, die Entstehung eines individuellen Genoms, das aus der Verbindung des mütterlichen und väterlichen Erbgutes hervorgeht, zu vollziehen. Wenn das gelingt und die Urzelle, in der alles enthalten ist, was den späteren Körper ausmacht, entstanden ist, dann wird sie in den Uterus eingeführt. Reproduktionstechnisch ist dann alles getan. Auch auf das Geschehen der Nidation haben die medizintechnischen Verfahren keinen Einfluss. Im Prinzip bleibt der Verfügbarkeitsanteil, den die Reproduktionsmedizin auf den Vorgang, ein Kind entstehen zu lassen hat, gering. Man könnte nun hier einwenden, dass jeder dieser Versuche es wert ist, wenn am Ende dann doch ein Kinderwunsch erfüllt wird. Ein Kind um jeden Preis!?

Aus der pränatalen Diagnostik und verschiedenen wissenschaftlichen Arbeiten, die vorgeburtliches Geschehen bis hinein in den Bereich des Präkonzeptionellen erforscht haben, wissen wir, dass Schwangerwerden aber eben nicht nur ein biologischer Prozess ist. Zellbildungen und -entwicklungen, zellulare Verklebungen (Konzeption), Einnistung (Nidation) und Immunregulatorisches sind Vorgänge, die in ihrem Verlauf auch von der Umwelt abhängen und beeinflusst werden, in der sie stattfinden.[7] Man weiß mittlerweile, dass bereits die elterliche

6 Um was für einen komplexen Prozess es sich bei dem Vorgang der Einnistung handelt, beschreiben die israelischen Forscher Achache und Revel (2006), die die „ebryonal-uterinen Interaktionen untersucht [haben], die zu einer erfolgreichen Implantation führen." (Auhagen-Stephanos 2017b, S. 24). Genannt werden drei Phasen aus denen der Vorgang besteht: die „Annäherung (*apposition*)", die „Anheftung (*adhession*)" und die „Einnistung (*invasion*)", „die ein synchronisiertes Wortgefecht (*crosstalk*) zwischen einer aufnahmebereiten Gebärmutterschleimhaut und einem funktionierenden Embryo im Blastozystenstadium benötigen." (ebd.)

7 Mit „Umwelt" meinen wir hier das pränatale Umfeld, das auf das Zellverhalten und die Aktivitäten der Gene Einfluss hat. Seit den epigenetischen Forschungen – also seit durch das Lamarcksche-Konzept der genetische Determinismus infrage gestellt ist – ist bekannt, dass keineswegs nur über die Gene Eigenschaften an die nächste Generation weitergegeben werden, sondern auch Einstellungen, Überzeugungen, Haltungen, eben die Adaptionen, hier die der Mutter an ihre Umgebung, werden vererbt und sind nicht ohne Belang bereits für präkonzeptionelle Prozesse.

Fantasie[8], also die Haltung und Einstellung des Paares, auf die Entwicklung der Gameten, aus denen das neue Leben entsteht, Einfluss hat. Eltern sind „schon in den Monaten vor der Empfängnis als ‚Gentechniker' ihrer Kinder am Werk [...]. In den Endstadien der Eizellen- und Samenreifung findet ein Prozess namens *Genomische Prägung* statt, der bestimmt, welche Gruppe von Genen den Charakter des noch zu zeugenden Kindes bilden werden" (Lipton 2016, S. 219).[9] Auch Primärtherapeuten betonen, was die epigenetische Forschung[10] bestätigt hat – nämlich dass Erfahrungen, die die Eltern machen, in den Keimzellen gespeichert und an die nächste Generation weitergegeben werden[11] –, das der lebensweltliche Bedingungskontext der Eltern vor der Zeugung ihres Kindes Einfluss darauf hat,

---

8 Therapeuten und forschende Wissenschaftler verschiedenster Disziplinen, die sich für das Vorgeburtliche interessieren und schon lange die pränatale Dimension in ihrer empirischen Bedeutung erkannt haben, sind sich darin einig, dass es zu einer Triangulierung nicht erst in der ödipalen Phase kommt, sondern Triangulierung bereits im Pränatalen und im Präkonzeptionellen beginnt und wirkt. Studien mit Bezug zur Triangulierung nach der Geburt: Aus dem Forschungsfeld der Säuglingsforschung ist hier die Arbeit von Elisabeth Fivaz-Depeursinge und Antoinette Corboz-Warnery „Das primäre Dreieck. Vater, Mutter und Kind aus entwicklungstheoretischer Perspektive" (2001) zu empfehlen, ebenso die Forschungsarbeit von Jörg Fertsch-Röver „Erfahrung als Transformationsprozess. Eine empirische Untersuchung am Beispiel des Übergangs zur Vaterschaft" (2017), in der fallbasiert Triangulierungsprozesse im Übergang zur Elternschaft rekonstruiert sind.

9 Dazu Auhagen-Stephanos: „...die Elternschaft beginnt bereits [...] vor der Zeugung mit einer Haltung zu ihr als soziobiologisches Phänomen. Ein Mensch nimmt [...] präkonzeptionell mit dem Wunsch seiner Eltern nach ihm bereits eine erste, wenn auch noch vage Gestalt an" (Auhagen-Stephanos 2017b, S. 43).

10 Die Epigenetik kann man begreifen als den „zweite(n) Code neben den Genen" (ebd., S. 54) „Durch sie wurde nachgewiesen, dass die Verhaltensweisen unserer Vorfahren an die nächste Generation vererbt werden können [...] Die Epigene beeinflussen permanent die Wirksamkeit unserer Gene, veranlasst durch unsere Wahrnehmung der Umwelt. Sie sind das biologische Informationssystem, das sich einerseits an unsere Vorfahren und an unsere eigenen frühen Lebensphasen von der Zeugung an erinnert sowie andererseits ständig auf unsere aktuelle Lebenssituation reagiert. Das Epigenom [...] kann beliebig Gene aktivieren oder stumm schalten, das heißt, es entscheidet, welches Gen zu welcher Zeit aktiv ist und welches nicht [...] Die Umwelt beeinflusst also das Erbgut und umgekehrt. Damit ist das Epigenom das lange gesuchte Bindeglied zwischen der Umwelt und den Genen, zwischen biologischen und sozialen Prozessen." (ebd.)

11 Ute Auhagen-Stephanos führt zwei Studien an, die belegen, dass Erfahrungen, die Mütter während ihrer Schwangerschaft machen, die Keimzellen, aus denen das neue Leben entsteht, nicht unbeeinflusst lässt. So fand ein Gewaltstudie heraus, dass 10- bis 19-jährige Kinder, deren Mütter von ihrem Partner Gewalt erfahren hatten als diese schwanger waren, ein verändertes Erbmaterial hatten. Es lag eine Schädigung eines Rezeptors bei diesen Kindern vor, der für die Stressregulation zuständig ist. Diese Kinder waren ängstlicher, konnten Stress nicht abbauen und waren häufiger psychisch erkrankt (vgl. Auhagen-Stephanos 2017b, S. 55). Die zweite Bezugsstudie verweist auf den Zusammenhang von Holocausterfahrung und die Weitergabe des Traumas „über die in den Keimzellen gespeicherten bleibenden Narben" an die nachfolgende Generation (vgl. ebd., S. 56).

wie und ob neues Leben entsteht. „Es ist ein Unterschied, ob wir in Liebe, Eile oder Hass empfangen werden und ob die Mutter schwanger sein will [...] [Verny und Weintraub 2002]" (Lipton 2016, S. 219f.). Und der belgische Entwicklungspsychologe und Psychotherapeut Rien Verdult schreibt, dass sich „in einer liebevollen Konzeption die Zellen einander zuwenden, sich öffnen und verbinden. In einer traumatischen Konzeption werden sich die Zellen eher zurückziehen, sich abwenden und verschließen (Verdult, 2014, S. 209)" (Auhagen-Stephanos 2017b, S. 51). Zellen nehmen also bereits vor der Zeugung Informationen aus der Umwelt auf, verarbeiten und speichern sie als Erfahrung ab.

Ist die Eizelle befruchtet – überlebt von den Millionen Spermien eines das es schafft, von einer Eizelle aufgenommen zu werden und sich mit ihr zu verbinden –, dann beginnt sie weitere „heftige Strukturveränderungen" (ebd., S. 23) durchzumachen. Dass die Zygote, die befruchtete Eizelle, während der Reise vom Eileiter in die Gebärmutter das „auf sie gerichtete Kreuzfeuer" (ebd.) übersteht, welches das mütterliche Immunsystem in Gestalt von sogenannten Killerzellen entfesselt, um das eiweißfremde Gewebe, ein Parasit im mütterlichen Leib, das das fremde väterliche Erbgut enthält, abzuwehren, und es schließlich zu einer erfolgreichen Implantation des Embryos kommt, ist abhängig von einem embryonal-uterinen Interaktion, einem Dialog, „der auf der zellulären Ebene wirksam wird" (ebd., S. 53).[12] Das biologische Ereignis des Schwangerwerdens ist weitaus mehr als ein genetisch gesteuerter Prozess, und schon gar keiner, der durch technische Assistenz hergestellt werden kann. Die Mutter „muss durch ihre innere bejahende, liebende Haltung die Ammen- und Helferzellen aktivieren, die wie gute Samariter in einem Meer von Grausamkeiten handeln, um das wachsende Kind zu schützen". (ebd., S. 24) Und auch im Einnistungsprozess sind es mütterliche Proteine, die dem Embryo den Weg zeigen, an welcher Stelle in der Gebärmutter günstige Bedingungen herrschen. Dass „emotionale Botschaften der schwangeren Mutter in neurochemische Botschaften übersetzt vom Fötus empfangen und verstanden werden" (ebd., S. 51), wissen wir spätestens seit der

12 Unbemerkt von den Frauen sterben viele (70 % bis 80 %) der befruchteten Eizellen im Eileiter oder Uterus (vgl. Auhagen-Stephanos 2017b, S. 23).

Bindungsforschung[13], die die Dimension des Vorgeburtlichen in ihrer Bedeutung für kindliche Entwicklungsprozesse aufgezeigt hat. Die Zygote ist ein Anfang in der Sequenz einer Reihe von Anfängen, die weitaus mehr als Natur ist.

Mit dieser Perspektive auf die Physiologie des Schwangerwerdens geht es um keine individuelle Zuschreibung von Verantwortlichkeiten auf die werdende Mutter oder das Elternpaar – wie einem leicht an dieser Stelle unterstellt werden könnte –, sondern um die Sensibilisierung für die Komplexität eines Vorganges, bei dem Lebensweltliches und Biologisches eine Verbindung eingehen, mit Folgen. Die Bedeutungsdimension des Pränatalen, durch die das vorgeburtliche Leben unter dem Aspekt auch des sozial Vorstrukturierten erfasst werden kann, ist um die Dimension des Präkonzeptionellen zu ergänzen, wenn es darum geht, das Neue von seinen Anfängen her im Sinne eines Gegebenen, das beginnt seinen Einfluss bereits dort zu entfalten bevor wir gezeugt sind, zu verstehen. Der „individuelle Mensch entsteht zweifellos in den Gefühlstraditionen von Eltern und *Vorfahren* (kursiv. d. A.)" (Evertz/Janus/Linder 2014, S. V). Der deutsche Filmemacher Edgar Reitz hat es einmal so formuliert: Unsere eigene biografische Geschichte hat etwas damit zu tun, dass sich unsere Großeltern einmal tief in die Augen geschaut haben.

2. Das Konzept der Aszendenz – Der Zusammenhang von Natalität und Generationenfolge

Aus der erfahrungswissenschaftlichen Disziplin der Soziologie stammt das Konzept der Aszendenz, das die Entstehung von neuem Leben mit dem Aspekt der Generativität verbindet. Die Zygote, die das zukünftige Neue verkörpert, ist keine Tabula rasa, sondern hat selbst bereits eine Geschichte. Das was Zukunft ist, hat bereits eine Herkunft – unabhängig ob technische Assistenz im Spiel ist oder libidinös heterosexuelles Liebesbegehren. Das Neue, so heißt es in der Natalitätsphilosophie von Hannah Arendt, „ist mit der Kontinuität der Generationenfolge verbunden." (Lütkehaus 2006, S. 39) „Niemand wird als Niemand, sondern als

13 Rien Verdult, ein belgischer Entwicklungspsychologe und Psychotherapeut, hat in Anlehnung an das epigentische Entwicklungsmodell von Erik H. Erikson ein „Modell der pränatalen und perinatalen Bindungsentwicklung" (Auhagen-Stephanos 2017b, S. 51) entwickelt. „Verdult beschreibt in der pränatalen Zeit vier sensible Entwicklungsperioden der Bindung. Dies sind die Konzeption, die Einnistung, die Entdeckung und die Nabelschnurgefühle. Diesen Momenten ordnet er bestimmte Bindungsmotive und Entwicklungskrisen zu. Die Konzeption als erste Begegnung beinhaltet die Entwicklungskrise Urvertrauen in das Leben vs. Urhemmung/Urangst, die Einnistung als erste Verbindung die Krise Leben oder Sterben, das Motiv der Entdeckung als erste Erkenntnis das Erwünschtsein vs. Ungewolltsein, und die Nabelschnurgefühle als erster Austausch beziehen sich auf die Krise Förderung vs. Deprivation oder Vergiftung." (ebd.; siehe auch 2017a, S. 247).

Jemand geboren, vor dem nicht Niemand, sondern andere Jemande waren. Und dieser neugeborene Jemand ist bei aller Unverwechselbarkeit [...] kein unbeschriebenes Blatt, das sich nur selber beschriebe" (ebd., S. 58) „Das ‚Eingefügtsein' in eine vorgegebene Welt und Zeit ist der ‚Anfang von einem Anfang', der folglich nur noch bedingt einer ist." (ebd.). „Dass die Menschen anfangende Anfänge sind, kann nicht überdecken, dass sie als die Geborenen vorab angefangene Anfänge sind." (ebd., S. 59). Das Interessante an Arendts Philosophie der Geburt ist, dass sie in der „generatio" (ebd., S. 33), in der mit der Zeugung verbundenen Abstammungsverwandtschaft, das Fundament für das mit der Geburt zur Welt kommende Leben sieht. Andrea Hansert schließt mit dem Konzept der Aszendenz (2023) an diesen Zusammenhang von Natalität und Generationenfolge an. Aszendenz, „d. h. die genealogische Struktur der Abstammung" (ebd., S. 24), so Hansert, ist eine Grundkonstituante menschlichen Lebens, eine „generative Universalie" (Hansert 2023, S. 8)[14]. Kommt es zu Unklarheiten in der Aszendenz, z. B. infolge von anonymer Samenspende, Leihmutterschaft, Eizell- oder Embryonenspende und anderen Interventionen der modernen Reproduktionsmedizin oder infolge von Adoption, Kindsvertauschung oder von Krieg mit Folgen für die Familiengeschichte, dann kann das zu familiären und individuellen Krisen führen. Wenn Fragen der Herkunft und Abstammung nicht eindeutig beantwortet werden können, weil unklar ist, wer überhaupt Vater und Mutter ist, das Wissen, von wem die Keimzellen eigentlich stammen, fehlt oder Generationenzuordnungen diffus bleiben, also Positionen im Genogramm nicht eindeutig bestimmbar sind, dann kann das in der subjektiven Binnenperspektive eine Wirkung entfalten, mit Folgen für Identitätsbildungsprozesse und Familiendynamiken. Das zeigen Andrea Hanserts empirische Befunde, unsere eigenen (vgl. Funcke 2012, 2013) und die der Autor/innen in diesem Band aus dem Forschungsfeld der

14 Zu den generativen Universalien zählen nach Hansert (2023): *erstens* die Aszendenz, also die Aszendenzstelle, die durch Gattenwahl und Zeugungsverhalten der Eltern entsteht und verkörpert als gegeben in der Zygote manifest wird. Mit der Aszendenz, durch die jeder bestimmt ist, sind wir positioniert auf unverwechselbare Weise im Aszendentenbaum unserer Verwandtschaft, an dem unsere Eltern sich durch Deszendenz beteiligt, also mitgewirkt haben; *zweitens* das Geschlecht. Mit der Entstehung der Zygote ist festgelegt, von welcher Fortpflanzungsart man selbst ausgeschlossen ist bzw. über welche Keimzellen man sich fortpflanzen kann (oder eben nicht), ganz unabhängig davon und eben zu unterscheiden ist hier, wie sich dann Geschlechtlichkeit seinen Ausdruck verschafft, das kann sehr verschiedentlich sein, ändert aber an der binär angelegten Fortpflanzung nichts, da mit der Zygote festgelegt ist, ob man sich mit Ovum oder Sperma fortpflanzen wird. Der Tod „schließlich als drittes der generativen Universalien steht ohnehin fest, auch wenn wir nicht wissen, wann und unter welchen Umständen er uns ereilen wird." (Hansert 2023, S. 99). „Die generativen Universalien, und zwar Aszendenz und Geschlecht, bilden die unlösbaren Verhakungen des Individuums mit der Gattung, mit der gesamten Evolution – und sei es noch so stark ‚vergesellschaftet' –, während der Tod diese Verhakung universell wieder löst." (ebd., S. 17)

Reproduktionsmedizin – eine Interventionspraxis, die immer auch suggeriert, dass es die Möglichkeit gibt, die Historizität von Familie auszublenden bzw. zu überwinden, und die über den medizintechnischen Interventionen zu vergessen scheint: dass Zukunft Herkunft braucht (vgl. Marquard 2000, S. 66 ff.).

Das Konzept der Aszendenz ist vor dem Hintergrund der im Band auf vielfältige Weise behandelten Frage aufschlussreich: Welche Bedeutung Abstammung und damit zusammenhängend die Frage nach der Herkunft für die mit der Familie verbundenen Entwicklungs- und Sozialisationsprozesse hat. Es beinhaltet einen Satz von Erklärungen, mit dem Konstitutives der menschlichen Gattung erfasst ist und uns ermöglicht, aus den Befunden eine allgemeine Erkenntnis abzuleiten und diese zu begründen. Wir skizzieren das Konzept, in dem wir auf drei Aspekte eingehen: a) dass die Aszendenz, verkörpert in der Zygote, Natur und Kultur zugleich ist; wir integrieren in die Erläuterung hier einige für diesen Zusammenhang interessante Aspekte aus der Sozialisationstheorie von Ulrich Oevermann, b) auf Individuelles und Allgemeines verweist und c) mit ihr eine Positionalität gegeben ist, von der aus Individuierungs- und Bildungsprozesse ihren Anfang nehmen.

Die Zygote entsteht, indem die Chromosomen der männlichen und weiblichen Keimzelle sich zu einem neuen, einzigartigen Genom verschmelzen. Sie ist die Urzelle, die den biologischen Ursprung des Körpers bildet. Und es ist bereits da, noch bevor irgendeine Beseelung beginnt oder Entwicklung und Sozialisation ihre Prägekraft entfalten und weiteres Leben zur Biografie wird, eine ganz „konkrete individuelle Aszendenzstelle“ (ebd., S. 58) gegeben. Mit dieser Aszendenzstelle, verkörpert in der befruchteten Eizelle (Zygote), ist auf unverwechselbare Weise für ein Individuum die Position im Aszendentenbaum bestimmt, an dem die Eltern durch ihre Gattenwahl und Zeugungsverhalten durch Deszendenz in seiner Entfaltung mitgewirkt haben. Festgelegt ist mit der Aszendenzstelle also die Abstammung, d. h. wer Eltern, Großeltern und weitere Vorfahren sind, und, insofern das Zeugungsverhalten der Eltern abgeschlossen ist, auch die Geschwisterposition.[15] Des Weiteren ist mit der Aszendenz in der Gestalt der Zygote das Geschlecht festgelegt, in dem Sinne, dass eindeutig ist, ob die Fortpflanzung des Individuums, das sich entwickeln wird, in Zukunft über das Ovum oder Spermium erfolgen wird, ganz unabhängig, ob jemand leibliche Mutter oder Vater wird oder später Veränderungen am Körper vornimmt.[16] Mit der Zygote ist über einen Zellbildungsprozess aus dem väterlichen und mütterlichen Erbmaterial etwas Neues entstanden.

15 *In diesem Band verhandelt insbesondere der Beitrag von Tobias Bauer die Bedeutung von Geschwistern in Familien, in denen die Problematik des Anfangs durch eine Samenspende unklar ist und die Entdeckung, in der Familie nicht identisch als Geschwister die gleichen Eltern zu haben, Konsequenzen hat, im mindestens insoweit, dass diese Problematik zur Auseinandersetzung drängt.*

16 Vgl. ausführlicher hier Hansert (2023, S. 75–83, 108–112; auch S. 226–228).

In der Sozialisationstheorie von Ulrich Oevermann (vgl. 2014) ist genau diese biologische Dimension mit aufgenommen, um zu erklären, wie auf der Ebene der humanspezifischen Gattung Neues entsteht. Oevermann beginnt mit der Einführung der wichtigen Unterscheidung von klonaler Reproduktion, die paarungsfrei ist, und der an das zweigeschlechtliche Paar gebundenen sexuellen Fortpflanzung. Im Vergleich beider ist die klonale Vermehrung evolutionsgeschichtlich betrachtet die ältere. Die sich später herausbildende Fortpflanzungsart diejenige, die an den Sexualdimorphismus, an die „Zweigestaltigkeit des Geschlechts" (Reiche 1990, S. 7), gebunden ist. Im Unterschied zur ersteren ist die paarungsgebundene Fortpflanzung mit einigen Nachteilen behaftet. Sie ist erstens ressourcenaufwendiger, da zwei Elternteile benötigt werden, zweitens risikoreicher, da das, was an Gutem besteht, verlorengehen kann, während es über den Vorgang des Klonens beibehalten wird, da über diploide Meiose identisch vererbt wird, und drittens ist sie fehleranfällig, da eben in der Chromosomenverbindung auch einiges schieflaufen kann. Aber der Vorteil der zweigeschlechtlichen Fortpflanzung ist: über die genetische Rekombination der Keimzellen entsteht Neues. Im Vergleich nun der bestehenden Arten, sind allerdings diejenigen, die über sexuelle Fortpflanzung entstanden sind älter, obwohl diese Fortpflanzungsform später entstanden ist. Das führt zu dem Schluss, dass die über das Klonen entstandenen Arten früher aussterben, also weniger anpassungsfähig an wechselnde Umwelten sind. Dort aber, wo Neues entsteht, sind, auch wenn ein Scheitern möglich ist und eben Ungünstiges entstehen kann, auch die Chancen des Überlebens größer. Der biologische Nutzen der geschlechtlichen, ans Paar gebundenen Fortpflanzung besteht darin, dass durch die Entstehung von vielfältigem Neuen die Möglichkeiten durch Anpassung an die Umwelt weiterfortzubestehen wahrscheinlicher werden.

Dieser Prozess, durch sexuelle Reproduktion für Variantenreichtum zu sorgen, wird durch das sowohl in Tiergesellschaften als auch in menschlichen Gesellschaften wirkende Inzesttabu noch verstärkt. Das Inzesttabu potenziert die Erzeugung des Neuen in seinem Reichtum. Es wirkt wie ein Variationsverstärker, da durch Exogamie, also Paarung mit Fremden, d. h. Sexualpartnern, die nicht aus dem vertrauten Kreis stammen, neue Exemplare hervorgehen. Norbert Bischof (1973) hat auf eindrückliche Weise in seinem Aufsatz „Die biologischen Grundlagen des Inzesttabus" herausgearbeitet, dass das Inzesttabu keineswegs auf menschliche Gesellschaften beschränkt ist. Das Gesetz, dass es durch sexuelle Fortpflanzung unter Einhaltung von Exogamie zu neuen, vorteilhaften, der Umwelt angepassten Genkombinationen kommt, ist nicht erst seit der Entstehung des Menschen wirksam –, eine Perspektive, die da dominant ist, wo, wie in den Kulturtheorien z. B. von Sigmund Freud und Claude Lévi-Strauss, das Inzesttabu makrosozial interpretiert wird.[17] Der entscheidende Unterschied zwischen beiden Gesellschaftsarten, der Tier- und der Menschengesellschaft, besteht darin, dass bei Tieren das Paarungsverhalten unter Einhaltung der Inzestbarrieren durch im Erbmaterial verankerte Gesetze gesteuert wird. Die Einhaltung der Inzestschranke durch Strategien wie z. B. Verjagung, Isolierung, Bedrohung oder Verweigerung erfolgt durch biogrammatische Verdrahtungen, durch ein „genetisch fixiertes Antriebsgefüge“ (Bischof 1973, S. 133). Mit dem Wegfall der biogrammatisch fundierten Koordinierung stellt sich auf der humanspezifischen Gattungsebene die Frage, wie soll – gilt weiter das Inzesttabu – der Sexualtrieb so gestaltet werden, dass sexuelle Reproduktion nicht einfach über die Wahl des Nächsten erfolgt, ganz im Sinne, warum in die Ferne schweifen, wenn das Gute so nahe liegt. Die Menschen knüpfen, so argumentiert Norbert Bischof, an die „instinktiven Inzestbarrieren“ (ebd., S. 115) der subhumanen Gattung an, die in der „menschlichen Motivstruktur Residuen hinterlassen“ (ebd.) haben. Geschlechtliche Verpaarung nach dem Exogamiegebot ist also insofern nichts Neues, da bereits in Tiergesellschaften Vermehrung unter Einhaltung von Inzestschranken erfolgt. Das Neue auf der Ebene der humanspezifischen Gattung ist, dass da, wo die „Instinktgebundenheit des Verhaltens“ (Loer 2021, S. 159) nachzulassen beginnt, Kultur in der Gestalt von Regeln emergiert; fehlen Regeln, ist das „ein zuverlässiges Kriterium [...] um einen natürlichen Prozeß von einem kulturellen Prozeß zu unterscheiden.“ (Lévi-Strauss 1984, S. 51). Claude Lévi-Strauss hat für vorkoloniale und weitestgehend schriftlose Gesellschaften gezeigt, dass die soziale Regulierung der sexuellen Reproduktion unter Einhaltung von Exogamie nach der „Freisetzung des Menschen von der biogrammatischen Festlegung auf spezifische Reaktionen“ (Loer 2021, S. 150) regelbasiert erfolgt. Lévi-Strauss hat als Mechanismus, der die soziokulturellen Regeln zusammenfasst, durch die nach Ausfall der Instinktsteuerung auf der Ebene humaner Gattung Ordnung erzeugt wird, das System des Frauentausches, wozu auch Heiratsregeln gehören, identifiziert. Es regelt über diese Verwandtschaftsoperation für den aus seiner Naturverhaftetheit entlassenen Menschen die Auswahl des adäquaten Sexualpartners und schafft, da Frauen an andere außerhalb der eigenen Gruppe weitergegeben, eben getauscht werden, Allianzverbindungen zwischen einstmals Fremden. Eine zentrale Person, damit Heiratsregeln praxiswirksam werden können, ist der Bruder der Mutter, der Onkel – aus der Perspektive des Kindes betrachtet. Der mütterliche Onkel ist die „Bedingung“ (Lévi-Strauss 1945/1971, S. 61) dafür, dass eine Verwandtschaftsstruktur überhaupt erst entsteht. Er fungiert zunächst, bevor

17 Kulturtheorien, die das Inzestverbot im Hinblick auf die „Funktionstüchtigkeit gesellschaftlicher Einrichtungen her zu verstehen suchen“ (Bischof 1973, S. 121), haben die Eigenschaft, den Übergang von einer Ordnung, wo Naturgesetze gelten, hin zu einer Ordnung, wo kulturelle Regeln das Handeln von Menschen aneinanderfügt, mit der Entstehung des Inzestverbots zu erklären. Die Empirie widerspricht aber der Behauptung, dass es in Tiergesellschaften keine Inzestschranke gäbe (vgl. ebd.).

die „avunkulare (Onkel-) Beziehung" (ebd., S. 66) gestaltet werden kann, also das Kind seiner Schwester geboren wird, sein Neffe zur Welt kommt, als „Frauengeber" (Lévi-Strauss 2014, S. 214). Indem er seine Schwester an eine andere Gruppe abgibt, wird er einerseits zum Allianzstifter zwischen Verwandtschaftsgruppen und andererseits ist er in der Stellung des Frauengebers die Voraussetzung für die Entstehung der Kernfamilie.[18] Lévi-Strauss hat gezeigt, dass das grundlegende nicht die biologische Familie ist, sondern die Verwandtschaftsstruktur. Im Mittelalter und zuerst im Okzident kommt es zum Wegfall von Frauentausch und Heiratsregeln, also der Regeln, die die Geschlechterbeziehung, das ‚Wer mit Wem?', regulieren. Männer und Frauen stehen von da an vor der Aufgabe, passend zum Inzesttabu sich wechselseitig selbst zu wählen (vgl. Oevermann 1995/1996, S. 94). Das gelingt im Zuge der Herausbildung einer stabilen Vaterfigur und durch die Verinnerlichung des Ödipuskomplexes, zu dem die Einhaltung des Inzesttabus und damit verbunden die Ins-Werksetzung der Generationenschranke gehört, um durch die Integration dieser Erfahrung dann nach dem Vorbild von Vater und Mutter außerhalb der Herkunftstriade und Verwandtschaft autonom eine/n Partnerin/Partner zu wählen. Das Neue, das im Übergang von Natur zu Kultur entsteht, ist nicht das Inzesttabu. Denn auch nicht-humane Gattungen erzeugen soziale Ordnungen, indem bestimmte Sexualpartner bevorzugt und andere ausgeschlossen werden. Das Inzestverbot ist universell. Es gilt in der Tiergesellschaft sowie in der menschlichen Gesellschaft. Neu auf der Ebene der humanen Gattung ist, dass das ‚Wer mit Wem' nach kulturellen Regeln gestaltet wird. „[B]iologische Gesetze", über die in Tiergesellschaften die Nachwuchsproduktion geklärt ist, sind etwas anderes als kulturelle Regeln (vgl. Loer 2021, S. 17). Kulturelle Regeln, nach denen Reziprozität inhaltlich im Bereich der Paar- und Familienbildung gestaltet wird, werden auf der Ebene der menschlichen Gattung manifest in der Operation des Frauentausches in Verbindung mit Heiratsregeln und mit der Herausbildung der ödipalen Triade im Vollzuge der Herausbildung einer stabilen Vaterfigur.[19]

---

18 Es ist eben nicht die biologische Familie von der aus jede Gesellschaft ihr Verwandtschaftssystem aufbaut. Der Bruder der Mutter gerät nicht in die Verwandtschaftsstruktur hinein, „er erscheint dort nicht" (Lévi-Strauss 1945/1971, S. 61), er ist kein „außenstehendes Element" (ebd., S. 62). Sondern der Bruder der Mutter ist aufgrund der „allgemeinen Existenz des Inzestverbots" (ebd., S. 61) die Bedingung für die Entstehung ebendieser Struktur (ebd.). Mit dem Einbau der Onkelbeziehung in die biologische Einheit, also der Erweiterung um diesen Beziehungstyp, entwirft Lévi-Strauss „das *Verwandtschaftselement*" (Lévi-Strauss 1945/1971, S. 61; kursiv i. O.), er nennt es auch das „*Verwandtschaftsatom*" (ebd., S. 63; kursiv i. O.).

19 Vgl. hier die Sozialtheorie von Thomas Loer (2021), in der eindrucksvoll der „Zusammenhang von humaner Sozialität, Reziprozität und Kultur" (Jung 2022, S. 209) herausgearbeitet ist.

Der Erneuerungsprozess wird nun noch dadurch potenziert, dass sozialkulturelle Lebenswelten, die Herkunftsfamilie des Vaters und die der Mutter, durch Partnerwahl unter Einhaltung der Inzestregel sich verbinden. Durch die ehelichen bzw. elternschaftlichen Partnerschaften kommen zwei unterschiedliche Familienmilieus zusammen, die sich vermischen und Neues ermöglichen.[20] Diese „konkreten sozialisatorischen Milieus“ (Oevermann 2001, S. 84) sind dann auch das „Erfahrungsmaterial, an dem sich die Ontogenese durch Rekonstruktion als Prozess der Aneignung jeweils vollzieht, und als Milieus liegen sie ausgebildet schon vor, lange bevor das neue Leben durch Empfängnis seinen Weg beginnt“ (ebd.). Das Neue, das aus einer regelbasierten sexuellen Fortpflanzung entsteht, ist Natur durch seine genetische Anlage und zugleich Kultur, da durch autonome Partnerwahl und willkürliches Zeugungsverhalten entstanden. Die Zygote, aus der sich alles weitere Leben entwickelt, ist ein Anfang, in dem Altes, die Keimzellen der Eltern, in der Rekombination als Neues im Genom, dem Gattungserbe, enthalten ist und in dem auf unverwechselbare und eindeutige Weise ein Platz in einem Aszendentenbaum durch das Verhalten der Eltern gegeben ist. Die befruchtete Eizelle ist nicht zu definieren als etwas „bloß Biologisches“ (Hansert 2023, S. 60). Sondern da Abstammungsverwandtschaft konstituiert ist, und das nicht auf zufällige Art und Weise, sondern indem Eltern gehandelt haben, unabhängig ob sie nun planten ein Kind zu bekommen oder ob Sexualität erzwungen wurde, ist die Urzelle immer auch „ein sozial Bestimmtes“ (ebd., S. 56).

Jeder Mensch hat, sobald seine Urzelle entstanden ist, eine Aszendenz, eine „individuelle Aszendenzstelle“, die „zum Zeitpunkt seiner Zeugung konstituiert“ ist (ebd., S. 20). Alle Menschen haben ein Herkommen durch das sie auf einzigartige Weise bestimmt sind, da jeder für sich seine eigene Aszendenzstruktur hat, jeder aus einer anderen Triade hervorgegangen ist, und so auf seine ganz individuelle Weise auch in einem Aszendentenbaum positioniert ist, an dem seine Eltern durch ihre Lösung der Deszendenzfrage mitgearbeitet haben. Aszendenz hat jedes Individuum, „auch das, welches nichts erbt, das staatenlos ist oder das als Findelkind nicht weiß, wer seine Aszendenten, seine (leiblichen) Eltern, überhaupt sind.“ (ebd., S. 39). Hinsichtlich einer Abstammungsverwandschaft und einer Aszendenzstruktur, der Ursprungstriade, sind alle „fundamental gleich“ (ebd., S. 28). Aber verschieden und darin unverwechselbar, darin natürlich auch wieder allen Menschen gleich, ist, dass jeder auf besondere Weise innerhalb der Gattung Mensch aufgehoben ist, dort einen Ort hat, von Anfang an, sobald die Zygote entstanden ist, und mit dieser seiner Aszendenzstelle ist auch „die relative Perspektivität mit der [...] [das Kind – d. Aut.] später in die Welt blicken wird und wie es die Welt erfahren wird, grundgelegt“ (ebd., S. 175), „eine Perspektive,

20 „Eine der wichtigsten Folgen des Inzesttabus ist, daß es die Vermischung verschiedener Familienkulturen erzwingt (über die Unterschiede der Kulturen einzelner Haushalte [...])“ (Parsons 1964/1999, S. 86, Fn. 11).

die sich von der Perspektive des anderen und der anderen immer unterscheidet" (ebd., S. 22). Die Position, von der aus wir unsere Weltbezüge gestalten und alles lebenspraktische Handeln aufruht, ist mit der Urzelle festgelegt und auf dreifache Weise bestimmt: kulturräumlich, zeitlich historisch und abtsammungsverwandtschaftlich. Positioniert sind wir von Anfang an in einem Verwandtenraum, in einem Zeitraum und in einem geographischen Kulturraum (Territorium im Sinne der Situiertheit an einem bestimmten Ort auf der Erde) (vgl. ebd., S. 19). Die damit verbundenen allgemeinen Fragen, die auf die Bestimmung unserer Position zielen, für Prägung und Sozialisation stehen und auf eine Sesshaftigkeit im menschlichen Gattungsraum verweisen, von dem aus auch alle Subjektivität ihren Anfang nimmt, sind (vgl. ebd., S. 37): *Erstens:* Woher kommst du, aus welchem Ort bzw. welcher ortstypischen Kultur, welchem Land bzw. Nation? *Zweitens:* Wann bist du geboren, d.h., welcher historischen Generation (Kohorte) gehörst du an, welche zeittypische Generationenprägung hast du erfahren? *Drittens:* Aus welcher Familie kommst du? Wer sind oder waren deine Eltern und deine Vorfahren? Dazu gehören auch die Fragen: Von wem hast du deinen Körper? Wie und wann sind sich die Eltern begegnet? Wie habt ihr euch kennengelernt? Eine Frage, die Kinder immer wieder stellen und für die Eltern eine stimmige überzeugende, die Kinder zufriedenstellende Antwort geben müssen. In der Regel erledigen Eltern diese Aufgabe ohne allzu große Schwierigkeiten. Wie problematisch sie ist, wird dort deutlich, wo leibliche und soziale Elternschaft nicht identisch sind, wenn die Eltern nicht diejenigen sind, die über ihr eigenes Zeugungsverhalten den eigenen Anfang für das Kind, das fragt, bezeugen können.

Die Positionalität, die mit der Aszendenz gegeben ist und in der Zygote materialisiert vorliegt, ist das Gleichbleibende „in der unvermeidbaren Sequenzialität unserer Lebenskurve" (Oevermann 2008/2016, S. 77), ist das, was uns unverwechselbar ausmacht – eine Konstanz im sich verändernden Leben – und unser Selbst integrierend zusammenhält (vgl. ebd.). Das wird uns im alltäglichen Leben kaum bewusst, erst dann, wenn aus welchen Gründen auch immer, wir „uns […] unsere Vergangenheit rekonstruierend [zu] vergegenwärtigen" (ebd.) gezwungen sind und Fragen, die die Aszendenz betreffen, nicht zufriedenstellend beantwortet werden können, wenn unklar ist, wer die leiblichen Eltern oder Geschwister sind, wenn der Platz im Aszendentenbaum nicht eindeutig markiert ist. Unbestimmtheiten in der Aszendenzstruktur und davon abgeleitet im Verwandtenraum sind keine Banalitäten. Die Lebenspraxis, so wie sie in therapeutischen Sprechstunden und klinischen Versorgungseinrichtungen problematisch wird, als auch Forschung und Wissen aus unterschiedlichen Fachdisziplinen lehren uns, dass es notwendig ist, immer zu unterscheiden zwischen einer Struktur der Aszendenz, die sich nicht auflösen lässt, die sich nicht aus der Welt schaffen lässt (vgl. Hansert 2023, S. 25), und inhaltlichen Ausgestaltungsformen, eben der faktischen Realisierung der in der Urzelle manifest gewordenen Triade.[21] „Das Eindeutige der Apriori-Individualität ist nicht aufzuheben" (ebd., S. 112). Aber, Andrea Hansert: „Der Mensch ist in der Gesamtheit seiner Existenz [...] nicht darauf zu reduzieren. Ist das gesellschaftliche Umfeld offen und beweglich, ist jenseits des apriori Gegebenen vieles, um nicht zu sagen sehr vieles möglich" (ebd.) – und wir ergänzen – mit welchen Folgen für Identitätsbildungsprozesse und Selbstverhältnisse, wäre dann im einzelnen fallspezifisch zu bestimmen.

3. Einige Befunde aus der Folgenforschung

Aber nicht nur „Unklarheiten in der sozialen und mentalen Einbettung der Aszendenz" (Hansert 2023, S. 25) belasten Identität und Biografie als auch Eltern-Kind-Verhältnisse, sondern auch die medizinischen Interventionen, invasive instrumentelle Eingriffe in die Keimzellen, deren Bearbeitung mit chemischen Substanzen und ihre Behandlung wie Verbrauchsmaterialien. Die Eingriffe in den mütterlichen Körper und das Nichtgegebensein eines mütterlichen Kontinuums hinterlässt Spuren, was ja im Prinzip nicht überrascht, denn die chirurgischen Eingriffe steigern nicht das Wohlbefinden der Mutter. Eine Zygote, die im Reagenzglas entstanden ist, und aus der ein Kind entsteht, hat einen anderen Anfang als eine aus heterosexueller Fortpflanzung entstandene. Zur Entstehungsgeschichte der Urzelle im Falle von Reproduktion gehört der Prozess des Machens, Planens, Herstellens und Auswählens. Die Unverfügbarkeit des Anfangs ist mit dem Einsatz technischer Assistenz aufgegeben. Und die Entscheidung, ob eine Zygote überlebt, ist das Resultat einer Gütekontrolle. Der Ursprung des Lebens ist nicht bedingungslos, autonom, eigenständig geschehen und der biologischen Natur nach selbstorganisiert erfolgt. Und, ein kontinuierliches Miteinander von zwei Leben, das der Mutter und das der Zygote, wie im Falle einer natürlichen Zeugung, gibt es nicht. Die Zygote, das neue Leben, ist bereits entstanden – in-vitro – wenn sie technisch eingeleitet per (Embryonen)Transfer in den Körper der Mutter gelangt, und dann dort über komplexe Austauschprozesse erstmalig Wechselbeziehung zwischen Zygote und mütterlichem Uterus in Gang kommt, die gelingen, aber auch nicht glücken kann. Bevor das neue Leben von der Mutter angenommen werden kann, ist es bereits in der Welt.

Was wir bisher wissen ist, sei es aus einer mittlerweile langen wissenschaftlichen Forschung, aus klinisch-therapeutischer Erfahrung und Beobachtungen von Geburtshelfern und Hebammen, dass die Entstehung eines Kindes über

21 *Siehe hier auch der Beitrag von Olaf Behrend in diesem Band.*

einen Anfang, bei dem die Reproduktionsmedizin Einfluss hat, nicht ohne Folgen für die Geburt, die Gesundheit und Entwicklungsprozesse des Kindes und die Mutter-Kind-Beziehung ist.[22]

Die Beiträge des Bandes setzen nicht vordergründig hier an, sondern rezipieren die Folgen für die Strukturdynamiken in der Familie und das Leben, die Identität und Biografie der Kinder, die über eine technische Assistenz entstanden sind und in Familienkonstellationen aufwachsen, wo – wie auch in Fällen von Adoption – eine ungeklärte Aszendenz zu Krisen führen kann.[23] Die Fragen, auf die in den Beiträgen unterschiedlich Bezug genommen wird, sind: Was bedeutet es für die elterliche Paardynamik und für die Eltern-Kind-Beziehungen, eine Familie ohne zweigeschlechtliche Fortpflanzung, ohne vollzogene Sexualität gegründet zu haben? Wie gestalten Männer als Väter und Frauen als Mütter ihre Eltern-Kind-Beziehung und welche Folgen hat die technische Reproduzierbarkeit für das Elternpaar? Wie gehen Eltern damit um, über „reproduktionsmedizinische Methoden der Machbarkeit“ (Lehmkuhl/Oelsner 2022, S. 65) in das Genogramm ihrer Kinder eingegriffen zu haben und so z. B. festlegen, dass sie die genetische Mutter nicht kennenlernen können (so im Falle einer Eizellspende), dass der Vater unbekannt ist (so bei einer anonymen Samenspende) oder dass die

22 Eine dänische Studie aus dem Jahr 2015 hat gezeigt, dass Kinder von Müttern, die eine Fertilitätsbehandlung in Anspruch nahmen, ein höheres Risiko haben psychiatrisch zu erkranken (vgl. Svahn/Hargreve/Nielsen/Plessen/Jensen/Kjaer/Jensen 2015). Bekannt ist mittlerweile auch, dass Kinder, die mit Hilfe einer technischen Assistenz gezeugt sind, ein größeres Erkrankungsrisiko haben (vgl. Scherrer/Rimondi/Rexhaje/Stuber 2012, Baldur-Felskov/Kjaer/Albieri, Steding-Jessen/Kjaer/Johansen/Dalton/Jensen 2013). Fehlgeburten, Frühgeburten und Kaiserschnitte kommen häufiger vor (vgl. BZgA 2024; https://www.familienplanung.de/entwicklung-kinder-nach-ivf/, letzter Zugriff 13.02.2025). Das Geburtsgewicht der sog. IVF-Kinder ist durchschnittlich geringer, was z. B. zu Diabetes führen kann und Herz-Kreislauf-Erkrankungen; vgl. die dreijährige Studie für das Bundesgesundheitsministerium von Berger/Bindt/Ohlsen (1997). Kindertherapeuten und Pränatalpsychologen berichten, wie beispielsweise Karlton Terry (2014), dass „IVF-Kinder eine hohe Wahrscheinlichkeit für labile Stimmungen, Orientierungslosigkeit bei Spiel und Kontakt mit Personen und Gegenständen, Berührungsempfindlichkeit und ADHS“ (Auhagen-Stephanos 2017b, S. 73) haben. Babytherapeuten und Entwicklungspsychologen erkennen Störungen infolge technisch assistierter Empfängnis an „Haltungen, Bewegungsabläufen oder Verhaltensweisen des Neugeborenen“ (ebd., S. 72). Dass die medizintechnischen Eingriffe in Prozesse der Zeugung Folgen unterschiedlichster Art hinterlassen, wundert einen im Prinzip nicht, wenn man bedenkt, dass Keimzellen bereits vor der Konzeption massiv bearbeitet werden, chemische Substanzen im Spiel sind, die Zygote außerhalb des mütterlichen Körpers entsteht, also ganz andere Umweltbedingungen vorfindet, und der Mutter unter Narkose Eizellen entnommen und nach Befruchtung wieder implantiert werden, Eizellen eingefroren und aufgetaut werden. Die epigentischen Bedingungen, die Einfluss auf das An- und Abschalten von Genen hat, sind sowohl für die Frau, die mit Hilfe der Reproduktionsmedizin schwanger wird, als auch für die Zellsubstanz, aus der das neue Leben entsteht, ganz andere als beim Vorgang einer ‚natürlichen‘ Schwangerschaft.

23 *Siehe hier der Beitrag von Bettina Klenke-Lüders und Kerstin Dauses in diesem Band.*

genetischen Eltern und die biologische Mutter unbekannt sind (so im Falle von Embryonenspende und Leihmutterschaft)? Welche empirischen Folgen „multipler Elternschaft" (Bergold/Buschner/Mayer-Lewis/Mühling 2017)[24] lassen sich aus forschender, therapeutischer oder begleitender Perspektive für die Identitätsbildung von Kindern, Jugendlichen und jungen Erwachsenen ausmachen? Gibt es typische Reaktionsweisen von Kindern, Jugendlichen und jungen Erwachsenen auf nämliche familiäre Konstellationen? Welche entwicklungspsychologischen Folgen hat es, wenn Kinder in einem Rahmen aufwachsen, der dadurch bestimmt ist, dass ihre Zeugung über eine technisierte Prozedur zustande kam und ihre Eltern manchmal auch Fragen der genetischen Abstammung nicht eindeutig beantworten können (oder wollen)? Reicht der Verlust der „naturwüchsigen Unverfügbarkeit" (Habermas 2001, S. 32) bis in das Selbstverhältnis einer Person hinein? Was bedeutet es für die Leiberfahrung und das Körperempfinden, wenn in kontingente Befruchtungsvorgänge eingegriffen wird, Vorgeburtliches wie eine Sache behandelt wird (vgl. ebd., S. 87 ff.)? Hat es Folgen für die autonome Lebensführung, wenn Kinder keinen „unverfügbaren Anfang" haben? Was folgt daraus, wenn wir es mit Verdinglichungsprozessen in einem Bereich zu tun haben, der dem Eingriff des Menschen bisher entzogen war, wenn sich die „Grenze zwischen Personen und Sachen" (ebd., S. 30) verschiebt? Was bedeutet es, wenn das von „Natur aus Gewordene" (ebd., S. 83) den Logiken des „Herstellens", der „Entpersonalisierung" und der „Modularisierung" (Maio 2014, S. 14) unterworfen ist?

Die Texte in diesem Band behandeln diese Fragen allein schon bedingt durch unterschiedliche forschungsanleitende Fragestellungen, methodologische und methodische Zugänge, Datenmaterialsorten, Gegenstände und Fälle verschieden – zu den einzelnen Beiträgen und ihren Inhalten weiter unten im Text. Aber unabhängig von der Heterogenität der Beiträge lassen sich Befunde und Beobachtungen – ohne hier vollständig zu sein – wie folgt zusammenfassen.

Erstens: Fragen der Herkunft und Abstammung behalten ihre Bedeutung, sind von „existenzieller Qualität" (Oelsner/Lehmkuhl 2022, S. 40). Sie nehmen an Brisanz auch mit zunehmendem Alter nicht ab, sondern lebensdynamisch begründet eher zu. In der subjektiven Binnenperspektive können Lebensanfänge, die mit dem Thema der ungeklärten Zugehörigkeit (wer sind meine Eltern, Großeltern, Vorfahren), also Unbestimmtheiten im Abstammungsbaum, manchmal auch unklarer Generationenfolge belastet sind, Dynamiken anstoßen, die zu Kräfte absorbierenden Handlungsproblematiken führen, die aus einer Hypothek dieser Anfänge resultieren. Genealogische Themen verschwinden nicht dadurch, „dass wir sie ideologisch für überholt halten. Existenzielle Fragen richten sich nicht danach, was Vernunft, Ideologie oder Zeitgeist vorgeben. Fragen nach Leben

24 Damit sind Familien gemeint, in denen mehr als zwei Eltern, mehr als ein Mann und eine Frau, die in der Kernfamilie Vater und Mutter sind und gemeinsam gezeugte Kinder haben, an der Familienbildung beteiligt sind.

und Tod sind epochenübergreifend gültig. Und die begleitenden Affekte fragen zuvorderst nicht nach der Vernunft." (ebd., S. 40 f.) *Zweitens:* Ein „Aufwachsen jenseits der genealogischen Tradition verlangt einen besonderen psychischen Energieaufwand der Auseinandersetzung" (ebd., S. 61). „Die Auseinandersetzung mit einer Herkunft aus multipler Elternschaft ist anspruchsvoll [...]. Die Energien, die fürs Gelingen aufgebracht werden, sind groß. Sie übersteigen das, was die meisten Eltern sich vorstellen mochten, als sie sich für ein Kind unter der Bedingung multipler Elternschaft entschieden" (ebd., S. 136) haben. Die unkonventionelle Familiengründung (vgl. Funcke/Hildenbrand 2009) kann Kinder in einen Reflexions- und Sozialisationsprozess hineinziehen, der von altersgemäßen Entwicklungsaufgaben ablenkt. Problematisch ist – was sich unterschiedlich empirisch materialisiert – geboren zu sein, ohne aus einem heterosexuellen Liebesbegehren entstanden zu sein, die Bemächtigung der Eltern, über das Schicksal[25] des Kindes verfügt zu haben, von den Eltern getäuscht worden zu sein, als auch die Konfrontation mit Uneindeutigkeiten im Aszendentenbaum. Aber ebenso für Eltern, also Paare sowie einzelne Personen, die sich ihren Kinderwunsch mithilfe der Reproduktionsmedizin oder über eine Adoption erfüllt haben, resultieren aus

25 Was ist Zufall und was ist Schicksal? Zum Schicksalsbegriff im Kontext der Medizin vgl. Giovanni Maio 2011, S. 10–48. Da heißt es auch: „dass das Vorgegebensein der eigenen Existenz nicht gleichzusetzen ist mit der Zufälligkeit oder der Absichtslosigkeit dieser seiner Vorgaben. Dass jemand hier oder dort und so oder so auf die Welt kommt, hat in grundlegender Weise auch damit zu tun, dass andere Menschen eine Entscheidung getroffen haben. Das Schicksal fällt sozusagen nicht einfach ‚vom Himmel', sondern ist selbst wieder gebunden an viele Zufälligkeiten und Vorentscheidungen, die dem Ereignis des eigenen Selbst vorausgegangen sind, sozusagen als Vorbedingung, dass es mich jetzt überhaupt gibt." (Maio 2011, S. 17 f.). Aus der empirischen Erfahrung mit dem Phänomenbereich (junger) Erwachsener, die mithilfe einer technischen Assistenz entstanden sind, kann das zu Selbstverhältnissen führen, die paraphrasierend zusammengefasst sich wie folgt beschreiben lassen: ‚Bestandteil meines Schicksals ist, dass ich Eltern habe, die das Unverfügbare als solches nicht akzeptiert haben. Sie haben durch die Reproduktionsmedizin dem Schicksal auf die Sprünge geholfen, auch um den Preis, eine mögliche Freiheit, die aus der Erfahrung und Akzeptanz des für sie Vorgegeben erwächst, aufzugeben und sich dann den Grenzen des technisch Machbaren zu unterwerfen, ein Handlungsfeld, das genau anzeigt, was zu tun ist. Das Verhältnis meiner Eltern zu mir in meinen Anfängen ist ein ingenieurales. Da die Eltern die Unverfügbarkeit aufgegeben haben und auch über mich in meinen Anfängen verfügt haben und anderen das kontrollierte Entscheiden über mich überlassen haben, bin ich das Ergebnis eines Prozesses, in dem Gütekontrollkriterien maßgeblich waren.' Im Prinzip haben die Reproduktionsmedizin und ihre Folgen uns auch deutlich gemacht, was für ein Segen im Schicksal, im Zufall und auch darin liegt, dass ja im Prinzip Zeugung und Schwangerschaft Prozesse sind, die im Verborgenen, geschützt im mütterlichen Leib, stattfinden. Die Soziologie hat auf die Bedeutung von Nichtwissen als Ressource aufmerksam gemacht (vgl. die Übersicht in Wehling 2006). Und wie aktuell der Themenkomplex wieder und weiterhin ist, zeigt z. B. das Kongressthema (2025) der Empirischen Kulturwissenschaften an: „Überraschung, Zufall, Kontingenz. Zum Unbestimmten in Gesellschaft und Wissenschaft".

dem unkonventionellen Rahmen der Familiengründung Handlungsprobleme, die ihnen Lösungen abverlangen, ohne dabei auf Altbewährtes zurückgreifen zu können. Die Folgen, die zum einen daraus resultieren, dass die Entstehung des neuen Lebens nicht Zeugung durch Fortpflanzung sondern Reproduktion mithilfe medizintechnischer Assistenz ist und zum anderen auch daraus, dass die sozialisatorische Interaktion nicht in einer Konstellation erfolgt, die an sich die Fortsetzung der in der Urzelle angelegten Abstammungsverhältnisse ist, belegen die Bedeutung der über Heterosexualität entstandenen „intrauterinen Urzelle". Damit ist nicht gemeint, dass ein gelungenes Aufwachsen notwendigerweise nur in der Kernfamilie möglich ist oder Sozialisation- und Bildungsprozesse über andere Formen von Elternschaft scheitern müssen. Identitätsbildungsprozesse können auch „in Zeiten sich auflösender biologischer Verwandtschaftsbeziehungen" (Oelsner/Lehmkuhl 2022) gelingen und ein Aufwachsen in Kernfamilien ist keineswegs ein Garant für gelungene Autonomiebildungsprozesse. *Drittens:* Multiple Elternschaft ist aber „nicht ohne Risiko" (ebd., S. 136). Verschiedene „Einflüsse" (ebd., S. 10) führen dazu, dass es Kindern und (jungen) Erwachsen gelingt, die aus dieser Elternschaft resultierenden Handlungsfolgen zu bewältigen. *Viertens:* Das Thema, von anderen *ausgewählt worden zu sein*, kann Einfluss auf den Verlauf der autonomen Lebensführung nehmen. Das gilt sowohl für Entwicklungsprozesse im Kontext von Adoption als auch, wie mittlerweile empirisch belegt[26], für Kinder, die über eine In-vitro-Fertilisation entstanden sind. In Fällen von Kindsannahme im Zuge einer Adoption gehört dazu, dass besichtigt, ausgesucht, Papiere geprüft und dann das Kind abgeholt wird (vgl. Hansert 2023, S. 90). Ein Adoptionsverhältnis wird über einen Verwaltungsakt eingerichtet. Dabei sind immer auch Rationalitätskriterien mit im Spiel, nach denen das Kind daraufhin bewertet wird, ob es zu den gegebenen Bedingungen passt. Es wird nicht vorbehaltlos angenommen, sondern zu einem Objekt, das in seinem Gegebensein einer Qualitätskontrolle unterzogen wird. Zu welchen Unwuchten im familialen Beziehungsgefüge ein Beziehungsanfang führt, zu dem das Auswählen dazugehört, das zeigt die Adoptionsforschung und beispielsweise auch autobiografische Zeugnisse wie das Buch der amerikanischen Schriftstellerin Joan Didion (2011) und das jüngst erschienene von Ulrike Draesner (2024).

Wie problematisch tayloristische Aspekte in der Welt diffuser Sozialbeziehungen sind, machen uns auch die Fälle bewusst, wo der Ursprung des Lebens im Zuge der reproduktionsmedizinischen Assistenz mit der Logik des Auswählens verknüpft ist. Dass die Zygote überlebt und in den mütterlichen Körper transferiert wird, basiert mit auf der Entscheidung und dem Einfluss von Dritten in Gestalt des Reproduktionsmediziners. Der angefangene Anfang, die „individuelle Apriori-Individualität" (Hansert 2023) in Gestalt der Urzelle, wird nach zur Marktlogik gehörenden Gütekriterien evaluiert. Das Leben wird zum

26 *Siehe hier auch der Beitrag von Wolfgang Oelsner in diesem Band.*

Produkt, das geprüft wird. Es wird behandelt wie ein Objekt, da seine Qualität nach Maßgabe von Vorgaben beurteilt wird. Die dialogische Struktur, die der Embryo vorfindet, ist bestimmt von Strukturmerkmalen, durch die, da eben zweckorientiert instrumentell-rational gehandelt wird, eine bedingungslose Annahme ausgeschlossen ist. „Das eigene Sein ist dann nicht mehr das selbstverständlich Gegebene, das allein in seinem Sein einen Wert hat. Das eigene Sein hat nicht mehr den Charakter einer Gabe" (Maio 2011, S. 28). Damit individuelles Leben sich nun aber in eine offene Zukunft hinein prozessdynamisch vollziehen kann und in seiner Autonomie nicht unterbunden wird, indem nach Maßgabe von äußeren Kriterien angeleitet subsumtionslogisch und damit zweckorientiert Verläufe zugerichtet und bemessen werden, bedarf es einer Bedingungslosigkeit, die bei leiblicher Elternschaft dadurch gegeben ist, dass sie im Prinzip eben keine Wahl haben. Auch wenn ein drittes Kind zum Beispiel nicht geplant war, es ‚wieder ein Junge' ist oder eine Behinderung diagnostiziert ist, sind die Eltern zur bedingungslosen Annahme herausgefordert. Abtreibungen sind immer, in jedem Fall, hochproblematisch, da dadurch das Strukturmerkmal der unbedingten Solidarität verletzt ist. Der Inklusionsmodus, nach dem Anerkennung in der Eltern-Kind-Beziehung erfolgt, ist nicht Geschlecht, Gesundheit oder Erwünschtheit, sondern bedingungslose Liebe und Solidarität von Anfang an. Ist er nicht gegeben, wie im Falle von Adoption und technischer Reproduktion, dann kann die Hypothek des verletzten Subjektstatus' eine Wirkungsdynamik entfalten, die empirisch sich in Formen des Ausagierens manifestiert, die – das zeigen mittlerweile entwicklungspsychologische Beobachtungen und Erfahrungen aus der psychotherapeutischen Praxis – ihre Ursache in der Kränkung haben, ausgewählt, eben nicht vorbehaltlos angenommen worden zu sein. Heranwachsende reagieren darauf mit Handlungsweisen. Diese zielen darauf, an der Überwindung des Objektstatus' zu arbeiten, diesen – wie Oelsner in diesem Band schreibt – hinter sich zu lassen (vgl. Oelsner, in diesem Band S. 78). Das erfolgt, in dem sie selbst aktiv zum Strukturgeber werden, zum Beispiel durch eine eigene Familiengründung, also Elternschaft übernehmen, oder sich selbst zum Akteur des Adoptionsverfahrens fantasieren, nicht die Adoptiveltern hätten sie, sondern umgekehrt sie hätten die Eltern ausgesucht, „Umkehrfantasien" als Strategie sich zum Subjekt in einem Geschehen zu machen. Eine weitere Reaktion ist, sich selbst in eine Position zu bringen, die verhindert, dass andere über einen verfügen können, paraphrasiert formuliert: also am besten immer „Leitung und Führung übernehmen", selbst „Chef des Geschehens" bleiben (vgl. ebd. S. 81). Welche weitreichenden Folgen Anfänge haben, die dazu führen können, dass in der objektivierenden Selbstwahrnehmung „die Perspektive des Hergestelltseins die des naturwüchsigen Leibseins überlagert" (Habermas 2001, S. 94) oder die Perspektive des Ausgewähltseins dominant ist gegenüber der unbedingten Annahme lernen wir aus den Fällen, die uns mittlerweile bekannt sind und durch Forschung oder therapeutische Praxis zugänglich, immer besser verstehen. Bedingungslos entstanden und angenommen zu sein, ist für unser Leben bedeutungsvoller als uns das in der Regel bewusst wird.

4. Übersicht über die Texte im Band

Im Beitrag von **Heike Baranzke** geht es um den Einfluss von Biotechnologien auf Familienplanungsprozesse. In einem ersten Abschnitt wird eine Reihe von Kategorien benannt und inhaltlich bestimmt wie Szientifizierung, Extrakorporalisierung, Entprivatisierung, Pathologisierung, Medikalisierung von Infertilität, Ökonomisierung, Fragmentierung und Entleiblichung. Mit dieser Bestimmung werden die Konsequenzen der Transformierung einer lebensweltlich gebundenen Familiengründung durch die Life Sciences beschrieben. Es folgt auf diese kritische Perspektive eine Synopse zu den reproduktionsmedizinischen Methoden, in der auch weiterführende Alternativen, ein genetisch „eigenes" Kind zu bekommen mit aufgenommen sind. Es wird gezeigt, wie der Möglichkeitsraum, sich den Kinderwunsch zu erfüllen sich sukzessive erweitert hat, einschließlich experimenteller Techniken aus dem Feld der Stammzellforschung. Die Ausführungen sind verknüpft mit philosophischen, ethischen und rechtspolitischen Überlegungen und münden in die allgemeine Überlegung, dass „nicht länger mit Habermas behauptet werden [kann], dass unsere Lebenswelt, selbst die familiäre, noch aristotelisch verfasst sei. Denn Szientifizierung bedeutet die Abkehr von der aristotelisch-naturteleologischen Überzeugung, dass Gelingensbedingungen menschlicher Lebensgestaltung einer zweckmäßig organisierten natürlichen Ordnung abgelauscht werden könnten." (Baranzke, in diesem Band S. 66).

Mit dem Text von **Wolfgang Oelsner** liegt ein Beitrag vor, in dem aus der Binnenperspektive der Betroffenen die Folgen einer Zeugung durch eine Samenspende oder Eizellspende dargestellt werden. Es geht um psychodynamische Aspekte, die verdeutlichen, dass es keineswegs harmlos ist, im Sinne von bedeutungslos für weitere Entwicklungsschritte, weder für die so gezeugten Kinder noch für Familiendynamiken, mit Hilfe der Reproduktionsmedizin entstanden zu sein. Auch wenn zum Beispiel Eltern die Beteiligung anderer Personen (Reproduktionsmediziner oder Gametenspender) an der Zeugung für unbedeutend erklären, so muss das nicht für die Kinder gelten; und Deutungsweisen der Verharmlosung, die Kinder entwickeln um ihre Eltern zu schützen, können im Zusammenhang mit Abwehrmechanismen und Parentifizierung stehen. Grundlage der Ausführungen, die empathisch und ohne zu moralisieren fallbezogen Einblicke in die Herausforderungen geben, die aus der Anwendung dieser Verfahren zum Zwecke einer Familiengründung resultieren, sind eine langjährige berufliche Erfahrung des Autors mit Kindern und Familien in Psychotherapie und Psychiatrie. Aber auch Interpretationen von Interviews mit sogenannten „Spendersamenkindern", die der Autor geführt hat (gemeinsam mit Gerd Lehmkuhl; vgl. 2016), als auch von literarischen und filmdokumentarischen Zeugnissen, gehen in die erfahrungsbasierte Darstellung ein (vgl. auch Oelsner/Lehmkuhl 2022). Ein Schwerpunkt im Beitrag liegt bei den Strategien, die Kinder bzw. (junge) Erwachsene entwickeln, die technisch assistierte Zeugung, multiple Elternschaft und, damit auch in manchen Konstellationen verbunden, eine Uneindeutigkeit in der Aszendenz, in ihre Biografie zu integrieren. Am Beispiel von Fallvignetten erfahren wir, was Umdeutungsprozesse leisten, Phantasien der Auserwähltheit, Schattenidentifikationen und die aktive Einnahme einer (imaginierten) Subjektrolle bedeuten und was daraus für Selbstbildungsprozesse folgt, wenn Kinder sich „eher als Gemachte denn als Gewordene in ihrer Familie erleben" (S. 80). Des Weiteren sensibilisiert der Beitrag für eine Problematik, die eng mit dem Thema des hergestellten Anfangs (medizintechnische Assistenz) und bei Adoption mit der Handlung des Wählens verknüpft ist – das Eltern sich ermächtigt haben Schicksal zu spielen, Oelsner spricht hier vom „Prometheus-Effekt" (Oelsner 2008, S. 506). Fehlt die Erfahrung der Bedingungslosigkeit, dann macht das etwas mit den Menschen, nicht immer sichtbar und empirisch handgreiflich, aber Reproduktionsmedizin und Adoption – der Vergleich beider Familiengründungsprozesse wird im Beitrag hergestellt, unter Berücksichtigung der gängigen Einwände – sind Phänomenbereiche, die in ihren Folgen die Bedeutung von unverfügbar Vorgegebenen für Familien- und individuell-subjekthafte Bildungsprozesse der Reflexion zugänglich machen und auf Anthropologisches verweisen wie die Notwendigkeit von Schicksal und Zufall als einer Bedingungsvoraussetzung für freiheitliches Handeln.

Das Interessante an dem Beitrag von **Lea Semmler** und **Anne Meier-Credner** ist, dass er auf einen Befund aufmerksam macht, der keineswegs diejenigen überrascht, die im klinischen, psychiatrischen, heilpädagogischen oder therapeutischen Kontext mit dem Thema der Entstehung von neuem Leben unter Zuhilfenahme einer Fremdsamenspende berufsfeldspezifisch konfrontiert und im Dienste ihrer Profession herausgefordert sind zu handeln. Ebenso wenig ruft der Befund Erstaunen bei Soziologinnen und Soziologen hervor, die, wenn sie zum Gegenstand der Familie forschen, fallbasiert und mit einer Rekonstruktionsmethodologie arbeiten, in Generationenzusammenhängen und der Struktur der Triade denken und in der Lage sind, begrifflich und konzeptionell zwischen Gattung und Gesellschaft (vgl. Hansert 2023, S. 115–151) bzw. Gemeinschaft und Gesellschaft (vgl. Loer 2021, S. 40–49) zu unterscheiden. Und noch weniger befremdet er diejenigen, die auf diesem Wege entstanden sind, einen Vater haben, den sie zum Teil nicht kennen, von dem manchmal nur ein paar Daten bekannt sind, der sie weder betreut hat, noch erzieht oder mit der Mutter ein Elternpaar bildet, das das eigene Herkommen bezeugt und die Position im Aszendentenbaum klar markiert. Die Autorinnen zeigen anhand einer eigenen Materialerhebung und -auswertung im Rahmen einer Studie, dass der Samenspender weitaus mehr für die Kinder bzw. (jungen) Erwachsenen ist (auch für die Eltern, muss man ergänzen, die eine solche Samenspende in Anspruch nehmen; selbst homosexuelle Paare, das wissen wir mittlerweile, fantasieren die triadische Urszene) als ein Keimzellenlieferant. Der Mann, von dem das Zeugungsmaterial stammt, ist intrapsychisch repräsentiert als eine Person, von der man wissen will, wer sie ist und von der man auch selbst „wahrgenommen werden" (in diesem Band, S. 105) möchte. Im Kontrast zu der Erfahrung der Akteure aus den helfenden Berufen, aus der soziologischen Familienforschung und der Lebenswelt der Betroffenen steht eine instrumentell-technische Deutungsweise, die denjenigen, der den Samen spendet, reduziert auf eine biologische Funktion. Eine solche Perspektive, der ein „technisches Konzept der Samenspende" (ebd., S. 95) eingeschrieben ist, das erfahrungswissenschaftlich nicht gedeckt ist und auch der Welt der Lebenspraxis widerspricht, findet sich in nach Marktlogiken operierenden Bereichen wie die der Reproduktionsmedizin und Samenbanken, die die Funktionsträger des technischen Fortschritts sind, aber zum Teil auch in beraterischen (z. B. Beratungsnetzwerk Kinderwunsch Deutschland) und politischen Kontexten (z. B. Koalitionsvertrag der Bundesregierung Deutschland 2021–2025). Eine Öffentlichkeit, die im Sinne der Ermöglichungsbedingungen alternativer Familiengründungen einseitig im Anschluss an das technisch Machbare argumentiert, kommt den Paaren und einzelnen Personen entgegen, die darunter leiden, kein Kind zeugen zu können, täuscht aber darüber hinweg, dass auf diese Weise ein Anfang geschaffen ist, zu dem eine Vorgeschichte gehört, die den Eltern und den Kindern „erhebliche psychische Energien" (Oelsner in diesem Band hier S. 90) abverlangt. Mit großer Wahrscheinlichkeit, so die Autorinnen des Beitrages, ist davon auszugehen, „dass das Kind sich für den Menschen, von dem der Samen kommt, interessieren wird, möglicherweise Kontakt mit ihm aufnehmen [möchte] und [...] [,] gut möglich ist, dass das Kind seine Halbgeschwister kennenlernen möchte" (in diesem Band S. 105). An dieses Thema, die Bedeutung der Geschwister in Familien mit Kindern, die durch eine Fremdsamenspende entstanden sind, knüpft der nächste Beitrag an.

Tobias Bauer konzentriert sich in seinem Beitrag auf die Geschwister von Kindern bzw. (jungen) Erwachsenen, die durch eine anonyme Samenspende entstanden sind. Der Beitrag beschreibt im Anschluss an die Eigenperspektive der Befragten ein Spektrum an Erfahrungen, die diese mit ihren Geschwistern gemacht haben als die Problematik der unterschiedlichen Abstammungsverwandtschaft mit der dazugehörigen Uneindeutigkeit der Aszendenz in der Welt war, sei es, dass die Eltern es selbst thematisiert haben oder der Zufall Aufklärung brachte über bereits Geahntes, Vermutetes aber unbestimmt Gebliebenes. Der Aspekt der Geschwisterbeziehung ist lange Zeit in der Familiensoziologie vernachlässigt worden. In der Forschung zu Familien mit Fremdsamenspende liegen vereinzelt

Arbeiten mit diesem thematischen Schwerpunkt vor, gleichwohl die Bedeutung von Geschwistern für Sozialisation und Bildungsprozesse unumstritten ist. Nur, was es eben für den Prozess des Aufwachsens bedeutet, wenn das eigene Herkommen sich nicht stabil identisch für alle Geschwister gleich auf das eine Elternpaar zurückführen lässt und auch unbekannt ist, wer alles zum Aszendentenbaum gehört, da der Verwandtenraum durch die anonyme Samenspende unbekannt ist, ist bisher kaum zufriedenstellend untersucht. Der Beitrag setzt hier an und hat den Status eines erkundenden Zugangs. In einem ersten Abschnitt wird die aktuelle Situation zur Zeugung mit Fremdsamenspende skizziert, danach der aktuelle Forschungsstand rezipiert und im Anschluss die Interviewstudie vorgestellt, die schließlich die Grundlage bildet für ein Modell, das Dimensionen des Nichtwissens beschreibt, die ein heuristisches Potenzial enthalten, um Geschwisterbeziehungen in Familien mit anonymer Samenspende und in ihren damit zusammenhängenden Besonderheiten besser verstehen zu können. Nur ein Befund und eine Beobachtung sollen hier hervorgehoben werden. Auffällig ist an der Sprechweise, die in den Interviewausschnitten dokumentiert vorliegt, die Verwendung eines rationalisierten und entpersonalisierten Redevokabulars. Uns ist das aus der eigenen Familienforschung und anderen familiensoziologischen Studien (vgl. Funcke/Krüger 2023) nicht unbekannt, sondern bestätigt die andernorts formulierte Hypothese, dass dort, wo kernfamiliale Beziehungen aufgrund einer Abweichung vom „evolutionäre[n] bzw. anthropologische[n] Normalfall der Familiengründung" (Behrend in diesem Band S. 204) sprachlich nicht repräsentiert werden können Formen des (Übereinander-)Sprechens Platz finden, die – zumindest auf sprachlicher Ebene – eine verdinglicht-objekthafte Verhältnisbestimmung anzeigen (vgl. Funcke 2022). Zum Befund: Der Autor kann darstellen, dass Kinder in diesen Familien mit ihren Eltern um Aufklärungsansprüche, also wer sagt den anderen Geschwistern die Wahrheit oder eben nicht, ringen können. Sie fordern ein Mitspracherecht ein bei der Offenlegung, einen ganz anderen Aszendentenbaum anzugehören. Das bringt in diesen Fällen die Eltern und auch andere Geschwister in Bedrängnis. Von den über eine Fremdsamenspende entstandenen Kindern kann, stellvertretend für die Eltern das Sagen übernehmen zu wollen, als Verantwortungsübernahme dargestellt werden, was psychodynamisch gesehen aber ein Indiz dafür ist, über die „‚bewusste[n] Einnahme einer Subjektrolle' (Oelsner/Lehmkuhl 2022, S. 138)" (Bauer in diesem Band hier S. 128) Kontrolle und Autonomie zurück zu erlangen, nach der Erfahrung, dass ihre „Eltern" sich selbst ermächtigt haben, über den eigenen Anfang ihres Kindes verfügt zu haben.

Lena Barth vergleicht in ihrem Beitrag Prozesse technisch assistierter Familiengründung durch Samenspende bei Solomüttern, lesbischen und heterosexuellen Paaren auf der Basis von Interviews mit 50 Eltern. Der theoretische Hintergrund von Barths Forschungsvorhaben sind Konzepte von Familie, Triangulierung und

Familiengründung unter Rückgriff auf Samenspende. In ihrem Beitrag werden „traditionelle heteronormative Ideale (der Psychoanalyse) in Frage gestellt und die Notwendigkeit inklusiver Perspektiven auf ein erfülltes Leben betont" (S. 136). Das Konzept der Triangulierung drängt sich in der Analyse der qualitativen Daten mittels Grounded Theory und Inhaltsanalyse auf (S. 139), weil die Bestimmung der Position des Samenspenders im Beziehungsnetz der mit seiner Hilfe gegründeten Familie in den Interviews durchgehend problematisiert wird. In Abhängigkeit von der spezifischen Familienkonstellation lassen sich Barths Analyse unterschiedliche Prozesse der sowie Gefühle zur Triangulierung entnehmen. Basierend auf diesen Ergebnissen fordert die Autorin dazu auf, den Ödipuskomplex nicht per se im Rahmen einer heteronormativen Kernfamilie zu verorten, sondern in allen Familienkonstellationen, in denen „die Erfahrung des ‚Begehrens' in passiver und aktiver Form" (S. 152) gemacht werden kann.

Sabine Dauses und **Bettina Klenke-Lüders** gewähren in ihrem Beitrag einen Einblick in ihre jeweilige wie gemeinsame Beratungspraxis. Unter der Selbstbezeichnung „ADOPTI:ONLine" veranstalten die Autorinnen seit 2020 online und in Präsenz Fortbildungen und Netzwerktreffen für Menschen im Adoptionsprozess und für Adoptivfamilien. Vor diesem Erfahrungshintergrund begründen die Autorinnen unter Rückgriff auf die systemische Sichtweise die Notwendigkeit einer Prozessberatung von Paaren oder einzelnen Frauen, die eine reproduktionsmedizinisch entstandene Familie anstreben, anzubieten. Hinsichtlich der Übertragung der Erfahrungen und Konzepte aus dem Adoptionskontext in die reproduktionsmedizinische Szene, rücken die Autorinnen neben der Technik der Leihmutterschaft insbesondere die Form der „Solo-Mutterschaft" in den Fokus, in dem sie unter anderem für eine möglichst niedrigschwellige wie selbstverständliche Beratung von reproduktionsmedizinisch entstandenen Familien plädieren. Insbesondere würden Wunscheltern in dieser Beratung grundsätzlich für eine frühe Aufklärung ihrer „Wunsch-Kinder" bezüglich ihres Familienstatus sensibilisiert werden. In dem Beitrag werden diesbezüglich eingangs rechtliche wie politische, vulgo gesellschaftliche, Rahmenbedingungen reflektiert, gefolgt von grundsätzlichen Anmerkungen zu Gemeinsamkeit und Differenz der perspektivischen Handlungsprobleme von Adoptivfamilien und reproduktionsmedizinisch erzeugten Familien. Die Relevanz dieser Beratungsnotwendigkeit begründen die Autorinnen der Sache nach sowohl aus der Historizität von Familie an sich, die sozial wirksam ist, als auch den deutschen Erfahrungen in der Hochphase der Eugenik und deren extremen Auswüchsen unter dem NS-Regime. Diese Sensibilisierung der Beratungspraxis für die familialen Abweichungen der reproduktionsmedizinisch erzeugten Kinder bzw. Familien, verweist auf ein Verständnis von Familie seitens der Autorinnen, wie es dem historischen bzw.

evolutionären Normalfall von Zeugung, Empfängnis und Geburt entspricht, als einer Art geistiger Richtschnur für den reflexiven wie empathischen Umgang mit reproduktionsmedizinisch vermittelten Familiengründungen.

Johanna Naumann und **Bernd Ahrbeck** werfen in ihrem essayistischen Beitrag einen kritischen Blick auf gegenwärtige Praktiken rund um das Phänomen der Leihmutterschaft. Die Leihmutterschaft ist in Deutschland nach wie vor verboten, wiewohl die von der letzten Bundesregierung beauftragte Sachverständigenkommission „Reproduktive Selbstbestimmung und Fortpflanzungsmedizin" (Kommission 2024) empfohlen hat, dass Eizellenspenden und altruistische Leihmutterschaft unter engen Voraussetzungen legalisiert werden sollten. Dennoch werden, so die beiden Autoren, hierzulande Leihmutterschaften geplant und angebahnt; die Auftraggeber wichen ins Ausland aus, auf welches dann im Beitrag ein Blick geworfen wird, indem einige ökonomische wie rechtliche Rahmenbedingungen und weitreichende Folgeprobleme exemplarisch dargelegt werden. Weiterhin heben die Autorin und der Autor auf die im Rahmen einer Leihmutterschaft behauptete Trennbarkeit von Schwangerschaft und Mutterschaft ab und zeigen anhand erster klinischer Publikationen auf, dass die behauptete Trennbarkeit eine Fiktion ist, mit der typischerweise aber erhebliche Folgen für Leihmütter wie deren ‚verliehenen' Kinder verbunden sind. Ferner wird die Forderung nach der altruistischen Leihmutterschaft, das heißt der nichtkommerziellen Version der Leihmutterschaft, aufgegriffen, kurz anhand der diesbezüglichen Position der Partei „FDP" vorgestellt und ebenfalls kritisch hinterfragt, indem sowohl Probleme der praktischen Umsetzbarkeit als erneut auch Folgebelastungen angeführt werden.

Der Band schließt mit einem Beitrag von **Olaf Behrend**, in dem zwei Perspektiven auf den Gegenstand Familie dargestellt werden, die gegenwärtig – das wurde auch auf der Tagung (vgl. Möhring 2024) deutlich – in der Familiensoziologie anzutreffen sind. Dazu verwendet der Autor exemplarisch eine Materialdatenbasis in Gestalt von Texten, die aus einer früheren soziologischen Theorieepoche stammen, und andererseits Texte, die zum Bestand der aktuellen soziologischen Familienforschung zählen. Das Interessante an dieser Auswahl ist, dass sie für jeweils zwei sehr unterschiedliche Denkungsarten stehen, die eine wie ein Deutungs*muster* operiert, also ein Bündel an in sich schlüssigen Argumentationszusammenhängen enthält, als auch mit einem Handlungsproblem verbunden ist, auf das sie reagieren, also einen Erfahrungsbezug haben, sowie ein scharfes Urteil von Angemessenheit erzeugen, auch wenn das – darin Habitusformationen ähnlich – den Handelnden nicht bewusst ist. Die zweite wird als eine Deutungs*weise* gefasst, für die charakteristisch ist, dass eine Haltung ausgedrückt wird, ein Realitätsbezug nicht besteht, da Handlungsprobleme der Lebenspraxis, also Problemlagen der sozialen Wirklichkeit nicht in den Blick geraten, und sie von der

Kritik am Deutungsmusterkonzept lebt, dem ein naiver, veralteter, strukturkonservativer Zugang zum Phänomenbereich der Familie bescheinigt wird. Die Thematisierung der Familie basierend auf dem Deutungsmuster von der „kulturellen Selbstverständlichkeit der Einheit von libidinöser Zuneigung und Elternschaft" (hier S. 195), das von der Prämisse eines naturwüchsigen Zusammengangs von Zeugung, Schwangerschaft, Geburt, Elternschaft und Geschlecht ausgeht, ist in den Sozialwissenschaften am „Schwinden" (S. 194). Lebenspraktisch hat dieser Zusammenhang allerdings, wie auch die Fälle in diesem Band zeigen, keineswegs an Bedeutung eingebüßt. Akademisch auf dem Vormarsch und die Diskussion zunehmend bestimmend ist die Deutungsweise, die eben nicht in „kulturellen, familialen und gattungshistorischen Zusammenhängen" (hier S. 214) denkt, also keinen familienorientierten und fallrekonstruktiven Ansatz hat, sondern eher dem technischen Milieu verbunden ist, klassifikatorisch-deskriptiv verfährt, durch eine sozialkonstruktivistische Position und eine gesellschafts- und individualtheoretische Perspektive gekennzeichnet ist. Dieser Zugang verträgt sich gut mit allen technischen Neuerungen, eben auch solchen aus dem Feld der Reproduktionstechnologie und allen möglichen daraus resultierenden unkonventionellen Familienformen, die nicht als Abweichungen vom anthropologischen Normalfall gedeutet werden (können), sondern als Lebensformen, die es im Geiste eines Minderheitenschutzes und im Sinne eines Gerechtigkeitstheorems zu verteidigen gilt; schlüssig von Behrend gefasst mit dem Aspekt vom „akademisch-theoretische[n] Kampf gegen gesellschaftliche Ausgrenzungen" (S. 204). Mit welcher Differenzierungsschwäche ein solcher Zugang einhergeht und auch was es für das Reflexionswissen der im Feld der Familienhilfe arbeitenden Professionen als auch für das der alltäglichen Lebenspraxis im Allgemeinen bedeutet, wenn in der akademischen Familienforschung analytisch und theoretisch eben nicht mehr zwischen Familie und Gesellschaft als zwei Gegenstandsebenen unterschieden wird, das zeigt der Beitrag auf eindrückliche Weise.

Literatur

Achache, Hanna/Revel, Ariel (2006): Endometrial receptivity markers, the journey to successful embryo implantation. In: Human Reproduction Update 12, H. 6, S. 731–746.

Auhagen-Stephanos, Ute (2017a): Reproduktionsmedizin als neuer Einstieg in die Elternschaft. Der pränatale Mutter-Kind-Dialog als Begleiter auf diesem Weg. In: Metzger, Hans-Geert/Dammasch, Frank (Hrsg.): Männlichkeit, Sexualität, Aggression. Zur Psychoanalyse männlicher Identität und Vaterschaft. Gießen: Psychosozial-Verlag, S. 239–260.

Auhagen-Stephanos, Ute (2017b): Der Mutter-Embryo-Dialog. Fruchtbarkeit und Unfruchtbarkeit im Spiegel der Psychotherapie. Gießen: Psychosozial-Verlag.

Berger, Margarete/Bindt, Carola/Ohlsen, Karin (1997): Elternschaft und kindliche Entwicklung nach durch IVF-erfülltem Kinderwunsch (Schlussbericht). Univ.-Krankenhaus Hamburg-Eppendorf, Psychosomatische Abt. der Kinderklinik. Hamburg. [E-Book]

Bergold, Pia/Buschner, Andrea/Mayer-Lewis, Birgit/Mühling, Tanja (Hrsg.) (2017): Familien mit multipler Elternschaft. Entstehungszusammenhänge, Herausforderungen und Potenziale. Opladen: Barbara Budrich.

Bischof, Norbert (1973): Die biologischen Grundlagen des Inzesttabus. In: Günter, Reinert (Hrsg.) (1973), Bericht über den 27. Kongress der deutschen Gesellschaft für Psychologie. Göttingen: Verlag für Psychologie, S. 115–142. [https://epub.ub.uni-muenchen.de/2896/1/2896.pdf – Letzter Zugriff: 20.02.2025]

Didion, Joan (2011): Blue Nights. New York: Alfred A. Knopf.

Draesner, Ulrike (2024): zu lieben. München: Penguin Verlag.

Evertz, Klaus/Janus, Ludwig/Linder, Rupert (2014): Lehrbuch der Pränatalen Psychologie. Heidelberg: Mattes Verlag.

Fertsch-Röver, Jörg (2017): Erfahrung als Transformationsprozess. Eine empirische Untersuchung am Gegenstand des Übergangs zur Vaterschaft. Wiesebaden: Springer Verlag.

Fivaz-Depeursinge, Elisabeth/Corboz-Warnery, Antoinette (2001): Das primäre Dreieck. Vater, Mutter und Kind aus entwicklungstheoretischer Perspektive. Heidelberg: Carl-Auer Verlag.

Funcke, Dorett/Hildenbrand, Bruno (2009): Unkonventionelle Familien in Beratung und Therapie. Heidelberg: Carl-Auer Verlag.

Funcke, Dorett (2012): „Ich will wissen, wer er ist". Geheimnisse und Nichtwissen im Leben von Spendersamenkindern. In: Familiendynamik, Jg. 37, H. 3, S. 168–177.

Funcke, Dorett (2013): Die anonyme Samenspende und ihre Folgen: Strategien des Umgangs mit Ungewissheit und Nichtwissen. In: Peter, Claudia/Funcke, Dorett (Hrsg.): Wissen an der Grenze. Zum Umgang mit Ungewissheit und Unsicherheit in der neuen Medizin. Frankfurt/New York: Campus, S. 413–445.

Funcke, Dorett (2022): Tektonische Verschiebungen im Bereich der Familie. In: Sozialer Sinn. Zeitschrift für hermeneutische Sozialforschung 2, S. 317–361.

Funcke, Dorett/Krüger, Franziska (Hrsg.) (2023): Die Ökonomisierung des Sozialen – Vergesellschaftungsdynamiken in der Familie. Beltz Juventa.

Habermas, Jürgen (2001): Die Zukunft der menschlichen Natur. Auf dem Weg zu einer liberalen Eugenik? Frankfurt am Main: Suhrkamp.

Hansert, C. Andrea (2023): Gattung und Gesellschaft. Zur Stellung des Individuums in einem unentrinnbaren Spannungsfeld. Wien: Böhlau.

Jung, Matthias (2022): Rezension zu: Thomas Loer (2021): Reziprozität. Annäherungen an eine Grundlegung der Kultur- und Sozialwissenschaften. Wiesbaden: Springer VS. In: Sozialer Sinn, 23, H. 1, S. 205–225.

Lévi-Strauss, Claude (1984): Die elementaren Strukturen der Verwandtschaft. 2. Auflage. Frankfurt am Main: Suhrkamp.

Lévi-Strauss, Claude (1945/1971): Strukturale Anthropologie. Frankfurt am Main: Suhrkamp.

Lévi-Strauss, Claude (2014): Wir sind alle Kannibalen. Frankfurt am Main: Suhrkamp.

Lipton, H. Bruce (2016): Intelligente Zellen. Wie Erfahrungen unsere Gene steuern. KOHA-Verlag: Burgrain.

Loer, Thomas (2021): Reziprozität. Annäherungen an eine Grundlegung der Kultur- und Sozialwissenschaften. Wiesbaden: Springer VS

Lütkehaus, Ludger (2006): Natalität. Philosophie der Geburt. Kusterdingen: Die Graue Edition.

Maio, Giovanni (2011): Gefangen im Übermaß an Ansprüchen und Verheißungen. Zur Bedeutung des Schicksals für das Denken der modernen Medizin. In: ders. (Hrsg.) (2011): Abschaffung des Schicksals? Freiburg im Breisgau: Herder, S. 10–48.

Maio, Giovanni (2014): Wenn die Technik die Vorstellung bestellbarer Kinder weckt. In: Maio, Giovanni/Eichinger, Tobias/Bozarro, Claudia (Hrsg.): Kinderwunsch und Reproduktionsmedizin. Ethische Herausforderungen der technisierten Fortpflanzung Verlag Karl Alber, S. 11–40.

Marquard, Odo (2000): Zukunft braucht Herkunft. Philosophische Betrachtungen über Modernität und Menschlichkeit. In: Philosophie des Stattdessen. Studien. Ditzingen: Reclam, S. 66–78.

Möhring, Julian (2024). Herausfordernde Anfänge. Die gesellschaftlichen Folgen technisch assistierter Familienplanung. ZSE 2: 234–237.

Oelsner, Wolfgang (2008): Kopf- und Bauchgeburten. Adoptionselternschaft – reale Dynamik und Paradigma des Zeitgeists. In: Analytische Kinder- und Jugendlichen Psychotherapie 4, H. 140, S. 499–519.
Oelsner, Wolfgang, Lehmkuhl, Gerd (2016): Spenderkinder. Künstliche Befruchtung, Samenspende, Leihmutterschaft und die Folgen: Was Kinder fragen werden, was Eltern wissen sollten. Frankfurt am Main: Mabuse.
Oelsner, Wolfgang/Lehmkuhl, Gerd (2022): Familienplanung 2.0. Identität in Zeiten sich auflösender biologischer Verwandtschaftsbeziehungen. Göttingen: Vandenhoeck & Ruprecht.
Oevermann, Ulrich (1995/96): Vorlesungen zur Einführung in die Sozialisationstheorie vom SS 1995 und WS 1995/96 am Fachbereich Gesellschaftswissenschaften der Goethe-Universität. Frankfurt am Main 1995/1996, unv. Ms.
Oevermann, Ulrich (2001): Die Soziologie der Generationenbeziehungen und der historischen Generationen aus strukturalistischer Sicht und ihre Bedeutung für die Schulpädagogik, in: Kramer, Rolf-Torsten/Helsper, Werner/Busse, Susann (Hrsg.): Pädagogische Generationsbeziehungen. Opladen 2001, S. 78–128.
Oevermann, Ulrich (2014): Sozialisationsprozesse als Dynamik der Strukturgesetzlichkeit der ödipalen Triade und als Prozess der Erzeugung des Neuen durch Krisenbewältigung. In: Garz, Detlef/ Zizek, Boris (Hrsg.): Wie wir zu dem werden, was wir sind. Sozialisations-, biographie- und bildungstheoretische Aspekte. Wiesbaden: Springer VS, S. 15–69.
Oevermann, Ulrich (2008/2017): „Krise und Routine“ als analytisches Paradigma in den Sozialwissenschaften. In: Becker-Lenz, Roland/Franzmann, Andreas/Jansen, Axel/Jung, Matthias (Hrsg.): Die Methodenschule der Objektiven Hermeneutik. Eine Bestandsaufnahme. Wiesbaden: Springer VS, S. 43–114.
Parsons, Talcott (1964/1999): Sozialstruktur und Persönlichkeit. 6. Auflage. Frankfurt am Main: Klotz Verlag.
Raffai, Jenö (2015): Gesammelte Aufsätze. Entwicklung der Bindungsanalyse. Hrsg. v. H. Blazy. Heidelberg: Mattes Verlag.
Reiche, Reimut (1990): Geschlechterspannung, Frankfurt. Fischer Verlag.
Scherrer, Urs/Rimoldi, Stefano F./Rexhaj, Emrush/Stuber, Thomas (2012): Systematic an Pulmonary Vascular Dysfunction in Children Conceived by Assisted Reproductive Technologies. In: Circulation, S. 125, S. 1890–1896.
Svahn, Malene Frøsig/Hargreave, Marie/Nielsen, T. S. S./Plessen, Kerstin Jessica/Jensen, Signe Marie/Kjaer, Susanne/Jensen, Allan (2015): Mental disorders in childhood and young adulthood among children borns to woman with fertility problems. In: Human Reproduction, 30, H. 9, S. 2129–2137.
Terry, Karlton (2014): Vom Schreien zum Schmusen, vom Weinen zur Wonne. Baby verstehen und heilen. Wien: Axel Jentzsch Verlag.
Verdult, Rien (2014): Pränatale Bindungsentwicklung – Auf dem Weg zu einer pränatalen Entwicklungspsychologie. In: Evertz, Klaus/Janus, Ludwig/Linder, Rupert (Hrsg.) (2014): Lehrbuch der Pränatalen Psychologie. Heidelberg: Mattes, S. 50–69.
Verny, Thomas R./Weintraub, Pamela (2002): Pre-Parenting: Nurturing Your Child from Conception. New York: Simon & Schuster. [Dt.: (2003) Das Baby von morgen. Frankfurt: 2001 Verlag.]
Wehling, Peter (2006): Im Schatten des Wissens? Perspektiven der Soziologie des Nichtwissens. Konstanz: UVK-Verlagsgesellschaft.

Technologieoffene Bestimmung der Familie? Soziale Konstruktion des eigenen Kindes im Zeitalter der Life Sciences

Heike Baranzke

1. Einleitung: Was ist das Eigene am „eigenen Kind"?

Als Familie gelten Eltern-Kind-Gemeinschaften, die aus zwei Generationen, nämlich mindestens einer elterlichen Fürsorgeperson und einem Kind bestehen, in welcher rechtlichen Form auch immer. Mit dieser Minimaldefinition trug das Statistische Bundesamt 2005 dem Wandel der Familienkonzeptionen Rechnung, insbesondere dem Anstieg Alleinerziehender (vgl. Huinink 2009a, o. S.). Diesem Wandel liegen vielfältige, sich wechselseitig beeinflussende Veränderungen in Arbeitswelt, Geschlechterrollenvorstellungen, familienrechtlichen Weichenstellungen etc. zugrunde (vgl. Huinink 2009b, o. S.; Peuckert 2019), die in jüngerer Zeit von einem veränderten (Selbst-)Verständnis nicht heteronormativer Sexualität ergänzt werden. Doch trotz hoher Scheidungsraten, alleinerziehender Elternteile oder Patchworkfamilien sieht die Forschung die bürgerliche triadisch strukturierte Vater-Mutter-Kind-Kernfamilie als einen immer noch grundlegenden Orientierungsrahmen an (vgl. Funcke 2013).

Seit den 1960er Jahren gerät die Familiengründung durch das Ansinnen der biotechnologiegestützten Familienplanung in den Einflussbereich eines neuartigen Faktors, nämlich der sich rasant entwickelnden Life Sciences. Die Einführung der Antibabypille und der Einstieg in die In-vitro-Reproduktionstechnologie zur Infertilitätsbehandlung markieren biotechnologische Wendepunkte, deren familienpolitische Konsequenzen noch nicht abzuschätzen sind. Sie lösen den lebensweltlich unvermittelten ‚natürlichen' Zusammenhang von sexueller personaler Begegnung und Generativität durch biotechnologische Kontrolle auf und unterminieren am Ende die bislang fraglose leibliche Gewissheit der Beziehung zwischen der Mutter und ihrem „eigenen Kind" (vgl. Bernard 2014; Greely 2016). Die seither beständig fortschreitende, von der Kinderwunscherfüllung getriebene reproduktionsbiologische Kolonisierung der familiären und gesellschaftlichen Lebenswelt durch die In-vitro-Technologie ist dabei, traditionelle familienrechtliche Definitionen wie selbst die der Mutterschaft qua Geburt (§ 1591 BGB) auf den Kopf zu stellen (Sanders 2024).

Das westliche Kernfamilien- und Verwandtschaftsmodell ist durch eine „biologische" Fundierung familiärer Verwandtschaft und der Organisation des Sozialen gekennzeichnet. „Assistierte Reproduktion hat prinzipiell das Potenzial, gesellschaftlich etablierte Auffassungen zur Pluralität der Familie zu erweitern und damit auch kulturell tief verwurzelte Normvorstellungen über Fortpflanzung, Mutter- und Vaterschaft sowie Verwandtschaft und Abstammung zu erschüttern." (Trappe 2020, S. 17). Insofern Reproduktionsmedizin „als Ausdruck eines zutiefst menschlichen Bestrebens nach Emanzipation von der Natur angesehen" (Trappe 2020, S. 18) wird, äußert sich darin eine revolutionäre konzeptuelle Neudefinition von Natur durch die Entstehung der neuzeitlichen Naturwissenschaften, die moderne Entkoppelungen von „biologischer" und „sozialer" Elternschaft und folglich queere soziale Praktiken der Familiengründung überhaupt erst ermöglichen (vgl. zur Problementfaltung Funcke 2013, S. 5–10; Peuckert 2019, S. 331–356). Der szientifische Naturbegriff der modernen experimentellen Naturwissenschaften verdrängt seit der „Mechanisierung des Weltbildes" (Dijksterhuis 1956) im 17. Jahrhundert, die im Kern den Prozess der Entteleologisierung des Naturbegriffs einleitet, sukzessive und schleichend das vormoderne aristotelisch-stoisch geprägte evaluative, d. h. Lebensordnungen orientierende Naturverständnis. Davon ist das Verständnis von Leben bzw. lebensweltlichen Erlebniszusammenhängen mitbetroffen, z. B. durch die Genetisierung des „Biologischen" oder durch die Entleiblichung sozialer Wunschelternbeziehung qua Leihmutterschaft, und hat offenkundig mit der Entwicklung der modernen Reproduktionstechnologie auch unser Familienverständnis erreicht. Die fortdauernde Gültigkeit der Behauptung von Jürgen Habermas: „Unsere Lebenswelt ist in gewissem Sinne ‚aristotelisch' verfasst" (Habermas 2001, S. 80 f.) ist im Feld menschlicher Familiengründung aufgrund der Reproduktionstechnologie brüchig geworden.

Vor diesem Hintergrund ist die wertneutralisierende Szientifizierung vormals evaluativer Natur- und Lebensverständnisse die Leitkategorie, die die Weichen für das zunehmende Auseinanderbrechen einer wissenschaftlich-technischen Sach- und einer wertorientierten lebensweltlichen Beziehungsperspektive stellt. Diese Diastase erhöht die Komplexität sozialer Praktiken der De- und Re-Personalisierung bis in die mit Hilfe von Reproduktionstechnologie gegründeten Kernfamilien hinein. Zunächst werden daher eine Reihe von Kategorien, beginnend mit der Szientifizierung, kurz eingeführt, die letztlich viele zentrale Kritikpunkte aus der mittlerweile unübersehbaren Literatur zum reproduktionsmedizinischen Diskurs zu bündeln versuchen (2.). Es folgt dann eine Synopse reproduktionsmedizinischer Methoden, beginnend mit der Einführung der In-vitro-Fertilisation als Angebot von Infertilitätsbehandlungen, mit dem Ziel, den reproduktionstechnologischen Möglichkeitsraum für soziale Konstruktionen des „eigenen Kindes" auszuloten. Dabei werden auch bereits vereinzelt Ergebnisse aus sozialwissenschaftlichen Studien rezipiert, die illustrieren, wie dieser Raum tatsächlich genutzt wird (3.). Weitgehend ausgeklammert werden im vorliegenden

Rahmen die auf gesundheitliche Risiken fokussierten Technikfolgeabschätzungen, da diese stets mit einem vom Stand der Forschung und Technik abhängigen Verfallsdatum versehen sind. Gleichfalls wird auch die Rechtsperspektive nur sehr am Rande berührt (vgl. dazu u. a. Mall et al. 2023; Bericht der Kommission 2024). Im Zentrum dieses Beitrags steht stattdessen die durch die Reproduktionstechnologie herausgeforderte Frage nach einem soziokulturellen Wertorientierungsverständnis von Familie. Daher wird in einem nächsten Schritt versucht, mithilfe eines Strukturmodells der westlichen Kernfamilie anhand der sich als neuralgisch verdichtenden Diastasen von genetisch vs. sozial sowie der Entleiblichung der Sozialbeziehung die dialektische Dynamisierung zwischen der reproduktionstechnologischen Fortentwicklung und sozialen Familiendiskursen aufzuzeigen (4.). Vor diesem Hintergrund stellt sich abschließend die Frage, ob die gesellschaftspolitisch fundamental bedeutsame Bestimmung von familiären Eltern-Kind-Beziehungen dem liberalen Postulat der Technologieoffenheit überlassen werden kann, das von einer boomenden Kinderwunsch-Industrie bedient wird (5.).

2. Kinder machen: Kategorien der Transformierung lebensweltlicher Familiengründung durch die Life Sciences

Bevor die durch die verfügbaren Reproduktionstechniken ermöglichten Konstruktionsoptionen des „eigenen Kindes“ sukzessive dargestellt werden, werden einige Aspekte biowissenschaftlich-technischer Aneignung menschlicher Fortpflanzung durch Kategorien benannt, die die sich ereignende Transponierung der Familiengründung aus einer lebensweltlich personalen Beziehungslogik in eine szientifisch-technische Sachlogik reflektieren. Zugleich verdeutlichen die Analyse-Kategorien, durch welche symbolischen oder kommunikativen Praktiken personale Beziehungslogiken von den jeweils Beteiligten entweder hergestellt oder verleugnet werden.

2.1 Szientifizierung und Technologisierung

Szientifizierung bezeichnet die mit den modernen experimentellen Naturwissenschaften einsetzende Reduzierung des vormodernen naturteleologischen Natur- und Lebensbegriffs auf einen modernen kausalen und nomothetischen Naturbegriff, der das menschliche Selbst- und Weltverständnis allumfassend und fundamental erschüttert. Aristoteles hat seinen Naturbegriff im Rahmen einer überaus wirkmächtigen doppelt-teleologischen (intentional und entelechial strukturierten) Naturphilosophie entfaltet, die als finalistischer Wertrahmen auch die moralische Lebensorientierung fundierte (vgl. ausführlicher Baranzke 2019). Diese Koppelung von natürlicher Seins- und moralischer Wertordnung wurde durch die stoische Naturrechtslehre und den ethischen Grundsatz, nach dem das Naturgemäße zugleich das Vernunftgemäße sei, tief in das kulturelle Gedächtnis der westlichen Welt eingeschrieben.

Die szientifische Infragestellung des naturteleologischen Naturbegriffs durch die experimentellen Naturwissenschaften stößt eine noch anhaltende Geschichte philosophischer Teleologiekritik, beginnend mit Descartes über Hume bis Kant und Darwin, an, die sukzessive alle Lebensbereiche erfasst und hier für die menschliche Fortpflanzung und Familiengründung dargestellt wird. Die Szientifizierung eines naturbasierten Lebensordnungsverständnis ist bis heute an der technologiegetriebenen Wertneutralisierung vieler ehemals evaluativer Grundbegriffe wie Natur, Mensch/Tier, Gesundheit/Krankheit, Alter, Embryo, Geschlecht, Leben etc. ablesbar und führt in gerader Linie zu Diskursen über naturalistische Fehlschlüsse, Essentialismuskritik, Enhancement bis hin zum Transhumanismus als Indikatoren für den Verlust einer naturteleologisch basierten Wertorientierung menschlicher Lebensführung (vgl. dazu am Beispiel des Embryoverständnisses Baranzke 2019). Seinsordnung und Sollensordnung sind auseinandergebrochen. Die Szientifizierung ehemals lebensorientierender Begriffe transformiert somit personale Beziehungs- und Handlungsordnungen in entpersonalisierte Sachlogiken, wie nachfolgend am Beispiel der Biologisierung des für den hier thematisch interessierenden, ehemals sozialen Begriff des Sexuellen illustriert werden kann.

Methodologisch unterscheiden sich die modernen Naturwissenschaften von der vormodernen kontemplativen Naturphilosophie durch ihren experimentellen Charakter, d. h. Phänomene gelten als verstanden, wenn sie technisch kontrollierbar sind. Insofern sind Intervention und Technologisierbarkeit und damit auch die Gefahr des „Techno-Solutionism", d. h. der Reduzierung der Lösung komplexer Probleme auf die technische Machbarkeit (Atlantic International University 2024; Byrum/Benjamin 2024), der Szientifizierung eingeschrieben – auch im Bereich der Fortpflanzung. Antibabypille und In-vitro-Fertilisation (IVF) sind zwei Seiten derselben Medaille, menschliche Fruchtbarkeit zu kontrollieren, indem der lebensweltliche Zusammenhang sexueller Begegnung als notwendiger Voraussetzung für menschliche Fortpflanzung aufgelöst wird. Während die Pille die interpersonale sexuelle Beziehung von der menschlichen Fortpflanzung entkoppelt, eliminiert die IVF-Technologie das personale sexuelle Begehren aus dem menschlichen Fortpflanzungsgeschehen. Die Bedeutung von Sexualität wird auf den biologischen Sinn der Rekombination zweier individueller Genome reduziert und so der asexuellen Reproduktion durch Klonen gegenübergestellt (Huber 2009, S. 37). Im biologisch-szientifischen Paradigma sind „Kinder als Geschenk der Liebe" nicht definierbar.

Die methodisch bedingte szientifische Blindheit für werthaft-personale Lebensvollzüge bereitet den Boden für weitere Dekontextualisierung und Transformationen im Bereich menschlicher Fortpflanzung, die im Folgenden kurz skizziert werden.

2.2 Extrakorporalisierung

Bei der In-vitro-Fertilisation begegnen sich nicht zwei verkörperte Personen, sondern es werden zwei Keimzellen in der Petrischale zusammengeführt, um daraus einen menschlichen Embryo zu erzeugen. Extrakorporalität charakterisiert sowohl den Fertilisationsprozess als auch die erste Existenzphase des menschlichen Embryos (vgl. Maio 2007). Die Extrakorporalisierung setzt die Prozesse von Befruchtung und Entwicklung dem technischen Zugriff aus und ermöglicht die Qualitätskontrolle, Selektion und Manipulation der Gameten wie des extrakorporalen Embryos.

2.3 Entprivatisierung

Mit der Extrakorporalisierung geht die Entprivatisierung des Zeugungsvorgangs einher – sowohl durch die Versetzung in einen nicht privaten Raum (Klinik, Labor, Petrischale etc.) als auch durch die Einbeziehung Dritter (reproduktionsmedizinisch-wissenschaftliches Personal; Gametenspender*innen, Leihmütter) (Hallich 2017). Die Entprivatisierung des Intimen ist unausweichlich schamerzeugend und bedarf schamreduzierender sozialer Praktiken, z. B. der Depersonalisierung und des Beschweigens (vgl. Baranzke/Güther 2022; zu den Verschiebungen privater und öffentlicher Diskursräume über Reproduktion in Internetforen vgl. Woellert 2009).

2.4 Pathologisierung, Medikalisierung von Infertilität

Aufgrund der biotechnologischen Beeinflussbarkeit wird Infertilität als therapierbare Krankheit konstruiert, d. h. sie wird pathologisiert und medikalisiert (Woellert 2009), also einer medizinisch-szientifischen Sachlogik unterworfen. Denn je normalisierter der Zugang zur reproduktionsmedizinischen Behandelbarkeit von Infertilität ist, umso schwächer wird der Anreiz zu einer psychosozial erweiterten Ursachenanalyse vermeintlicher oder gesellschaftlich erzeugter Infertilität (Umweltgifte, Vereinbarkeit von Familie und Beruf etc.) oder einer selbstreflexiven, Alternativen eröffnenden Auseinandersetzung mit einem unerfüllten Kinderwunsch. Ein kritischer Diskurs über die Evaluierung dieses Anreizsystems wird mit Verweis auf ein vermeintliches Anspruchsrecht auf ein Kind unterbunden, obwohl die Kinderwunschbehandlungen den Erfolg nicht garantieren können, einen nicht unerheblichen Kostenfaktor im Gesundheitssystem darstellen und bei den betroffenen Wunscheltern psychologisch bedenkliche Fixierungen verursachen können (Scheerer 2020). Ein techno-solutionistisches Mindset befördert eine szientistisch-medikale Verengung auf die biomedizinische Betrachtung der Reproduktionstechnologie, aufgrund der psychologische und soziale Dimensionen ausgeblendet bleiben (Lenzen-Schulte 2014).

2.5 Ökonomisierung

Die Medikalisierung der Infertilität eröffnet ihr den Einzug in den Gesundheitsmarkt. Die ökonomische Logik gehorcht naturgemäß quantifizierenden Effizienz- und Rentabilitätskriterien, die personale Werte auf Preise reduzieren und in eine depersonalisierende Sachlogik einordnen. Der dann erforderliche Schutz der Personenrechte im globalen Kinderwunschmarkt wird an die nationalen und internationalen Gesetzgeber sowie deren exekutiv begrenzte Möglichkeiten outgesourct. Versagen diese, bleibt nur der Appell an das Verantwortungsbewusstsein aller im Kinderwunscherfüllungsmarkt involvierten Individuen, allen voran die reproduktionsmedizinischen Akteure sowie die Wunscheltern.

Wie heikel die Ökonomisierung der Kinderwunscherfüllung empfunden wird, indiziert zum einen der häufige Rekurs auf „Spende“ oder „Altruismus“ und die damit verbundene Debatte über die Angemessenheit einer Aufwandsentschädigung für Gametenspender*innen und Leihmütter, die zugleich hinreichend ökonomische Anreize bieten soll, sowie das Bemühen, die ökonomische Fassung der Leihmutterschaft vom Verdacht des Kinderhandels fernzuhalten (vgl. Bleisch 2012; Bericht der Kommission 2024).

2.6 Fragmentierung des Reproduktionsprozesses bzw. Taylorisierung der Elternschaft

Die Optionen reproduktionsmedizinischer Assistenz erweitern sich durch Ausdifferenzierung der Diagnosen und therapeutischen Situationen, die eine Fragmentierung menschlicher Fortpflanzung bzw. die Taylorisierung lebensweltlicher Elternschaft in soziale und biologische Aspekte nach sich ziehen. Eine integrierende Reorganisation dieser Rollenaspekte – nicht zuletzt mit Blick auf das Kindeswohl – setzt die Bereitschaft der Wunscheltern wie der weiteren an der Familienbildung beteiligten Personen, unterstützende strukturelle Rahmenbedingungen der Institutionen der Kinderwunscherfüllungsorganisationen und ein hohes psychosoziales Investment voraus.

2.7 *Depersonalisierung*

Die Involvierung Dritter als partielle biologische Funktionserbringer (Gametenlieferanten) oder Dienstleister*innen (Tragemütter) im biotechnologisch gesteuerten Prozess menschlicher Reproduktion birgt auf mehreren Ebenen die Gefahr ihrer Funktionalisierung und Instrumentalisierung, hinter der sie als Personen verschwinden (sollen), d. h. depersonalisiert werden.

2.8 *Entleiblichung*

Der extrakorporalen In-vitro-Befruchtung zur Erzeugung eines menschlichen Embryos folgt (bislang noch) der Transfer in einen weiblichen Uterus (Rekorporalisierung). Die weltweit steigende Inanspruchnahme von Leihmüttern zeigt, dass dies nicht selbstverständlich der Uterus der Wunschmutter sein muss. Damit wird die Rolle der leiblichen Erfahrung der Schwangerschaft mit ihren möglichen vielfältigen psychosozialen Dimensionen für Mütter und Kinder prekär.

3. Optionale Konstruktionen des Eigenen am „eigenen Kind" im reproduktionsbiotechnologischen Möglichkeitsraum

Der folgende Überblick über die reproduktionstechnologischen Optionen dokumentiert den sich sukzessive erweiternden Möglichkeitsraum assistierter Kinderwunscherfüllung, der die soziale Konstruktion des „eigenen Kindes" auf eine neuartige Weise herausfordert.

3.1 *Einstieg in die In-vitro-Technologie: Das genetisch eigene Kind*

Die Geburt von Louise Brown, dem ersten extrakorporal gezeugten Baby, am 25. Juli 1978, markiert den Beginn einer Revolution in der Reproduktionsmedizin: dem Transfer der Befruchtung einer weiblichen Eizelle aus dem weiblichen Körper in ein Reagenzglas, d. h. von der Umgebung „in utero" bzw. „in vivo" in eine technische „in vitro"-Umgebung (vgl. Bernard 2014, Kap. 4; Trappe 2020). Die Bezeichnung des durch In-vitro-Fertilisation (IVF) erzeugten Kindes als „Retortenbaby" in den Schlagzeilen der Presse indizierte die gesellschaftliche Verstörung, die von der technischen Überformung einer bis dato als intim geltenden Lebenswirklichkeit ausging. Die Gesellschaft brauchte eine nicht unerhebliche Zeit, sich der Stigmatisierung von Kindern, die durch assistierte Reproduktion das Licht der Welt erblickt hatten, zu enthalten und als mit gleicher Würde ausgestattete Mitglieder der menschlichen Gemeinschaft anzuerkennen. Davon zeugt noch die vor einem Jahrzehnt von der Schriftstellerin Sibylle Lewitscharoff gehaltene Dresdener Rede „Von der Machbarkeit" (vgl. Lewitscharoff 2014).

Der ihr daraufhin entgegenschlagende breite gesellschaftliche Unmut dokumentiert den damals bereits allgemein erreichten Grad der Normalisierung der IVF-Reproduktionspraxis in der deutschen Gesellschaft. Er ist auch längst daran ablesbar, wie die Kinderwagenindustrie auf den durch die In-vitro-Reproduktion verursachten weltweiten „Rekordstand" polyzygoter Zwillings- und Drillingsgeburtenrate reagiert hat (vgl. DÄB v. 12.03.2021; vgl. auch schon DÄB v. 17.11.2020).

Gesellschaftliche Akzeptanz verschaffte der IVF-Technologie die Möglichkeit, Frauen mit blockierten Eileitern, einer verbreiteten weiblichen Fruchtbarkeitsstörung, Abhilfe schaffen zu können. Die IVF hat seither vielen ungewollt kinderlos bleibenden Paaren zu einem *genetisch eigenen Kind* verhelfen können, wobei der Rekurs auf die genetische Abstammung in der Konstruktion des „eigenen Kindes" ja seinerseits nicht ohne die Genetisierung der Biologie durch die Entdeckung der ikonisch gewordenen Doppelhelix-Struktur der DNA durch James Watson und Francis Crick im Jahr 1953 denkbar ist. Die genetische Konstruktion des Eigenen bzgl. des „eigenen Kindes" dokumentiert insofern sowohl eine szientifische Fragmentierung der lebensweltlichen Einheit menschlicher Familienbildung auf die sexuelle Reproduktion als auch eine Re-Essentialisierung der wissenschaftlichen Genetik als Begründung familiärer Zugehörigkeit.

Schon bald erweiterte sich das Behandlungsspektrum, nicht zuletzt auch auf das Feld männlicher Fertilitätsstörungen. Vielfältige Aufbereitungs- und Selektionsmethoden im Falle verminderter Samenqualität bis hin zur gezielten Injizierung eines einzelnen Spermiums in das Cytoplasma der Eizelle – die Intracytoplasmatische Spermien-Injektion, kurz: ICSI – sind heute Standard in der Kinderwunschbehandlung. Nichtsdestotrotz findet sich im jüngsten reproduktionsbiologischen Sachstandsberichts des Deutschen Referenzzentrums für Ethik in den Biowissenschaften (DRZE) der forschungsethisch aufschlussreiche Hinweis:

„Mehr als vierzig Jahre nach der ersten IVF und mehr als dreißig nach der ersten Anwendung der ICSI widmen sich internationale Studien auch weiterhin der Frage nach möglichen Zusammenhängen zwischen entsprechenden Techniken der assistierten Reproduktion und der Gesundheit der damit gezeugten Nachkommen. Für ein effektives Langzeitmonitoring werden idealerweise Institutionen, Infrastrukturen und Ressourcen benötigt, die es erlauben, derartige Studien über einen langen Zeitraum hinweg durchzuführen." (Mall et al. 2023, S. 98).

3.2 Präimplantationsdiagnostik: Option auf das genetisch eigene und gesunde Kind

In der Verfügbarkeit des in-vitro erzeugten frühen menschlichen Embryos wurde alsbald die Gelegenheit erkannt, ihn vor dem Transfer in einen weiblichen Uterus einer genetischen Diagnostik zu unterziehen, um auf diese Weise fertilen, aber genetisch belasteten Hochrisikopaaren zu einem *genetisch eigenen und gesunden*

Kind zu verhelfen. Die Zweckverschiebung von der im Paradigma kurativer Medizin verbleibenden technischen Kompensation von Fertilitätsstörungen hin zur Embryonenselektion qua Präimplantationsdiagnostik (PID) löste gesellschaftspolitische Debatten aus – insbesondere in Deutschland vor dem Hintergrund der nationalsozialistischen Rezeption sozialdarwinistischer Konzepte wie Rassenhygiene, Eugenik bis hin zur Ermordung behinderter Kinder (vgl. z. B. Haker 2003; NER 2003; DER 2013; Birnbacher 2013).

3.3 *Gametenspende: soziale Konstruktionen der Aufrechterhaltung der Illusion eines genetisch eigenen Kindes in heterosexuellen Paarbeziehungen*

Die technische Perfektionierung der In-vitro-Gametenaufbereitung, -selektion und -zusammenführung findet ihr natürliches Ende, wo keine funktionstüchtigen oder genetisch unbelasteten Gameten von den Wunscheltern generiert werden können – z. B. aufgrund einer frühen Krebserkrankung der gametenproduzierenden Organe. Mit der Gametenspende, zuerst in Form der technisch unkomplizierten Samenspende, wird das zunächst als soziale Begrenzung wirkende IVF-Anwendungs-Paradigma innerfamiliärer Unfruchtbarkeitsbehandlungen überschritten hin zur gespaltenen Elternschaft. Aus sexualmoralisch-patriarchalen und aus technisch-pragmatischen Gründen lag die Hürde für die Samenspende zunächst niedriger als für die Eizellspende, wurde aber als schambehafteter Topos auch nicht öffentlich über das ärztliche Besprechungszimmer hinaus thematisiert. Nicht nur in der damaligen, sexualbiologisch noch weitgehend unaufgeklärten Zeit kämpfen Männer, die keine *eigenen* Kinder zeugen können, mit der kulturellen Assoziation der Impotenz (Scheerer 2020, S. 106 f.). Die Diskursivierung der heterologen Insemination hätte somit den Wunsch der Gründung einer sexuell intakten bürgerlichen Kernfamilie empfindlich gestört.

Aus der zunehmenden Etablierung der IVF-Behandlung entstanden Routinen der Eizellgewinnung aus der hormonellen Stimulation von Wunschmüttern. Der sich daraus ergebende unvermeidliche Überschuss an Eizellen legte die Idee der Eizellspende nahe. Mit der Entstehung eines Erwartungsmarktes für Eizellspenden reichte der Eizell-Überschuss aus den IVF-Behandlungen allerdings schon bald nicht mehr aus, so dass um weitere, bislang nicht in Kinderwunschbehandlungen involvierte junge Frauen als Eizelllieferantinnen geworben werden musste. Für die in Deutschland bis heute verbotene Eizellspende setzten viele Länder ökonomische Anreize. Die Ökonomisierung der Kinderwunschbehandlungstechnologie steht in Spannung zu der zugleich verwendeten Geschenkmetaphorik wie „Spende", „Donator", „donogen" etc.

Im Gegensatz zur Samenspende ist die Eizellspende aufgrund der hormonellen Stimulation mit gesundheitlichen Belastungen und Risiken für die Spenderin verbunden. Auch für die Wunschmutter, die ein aus einer Eizellspende gezeugtes

Kind austrägt, erhöhen sich gesundheitliche Schwangerschaftsrisiken. Aus diesen Risiken ergeben sich weitergehende medizinrechtliche Aufklärungs- und staatliche Schutzpflichten gegenüber der Eizellspenderin wie der -empfängerin als im Fall der Samenspende (vgl. Langer 2014, S. 244–247 sowie Bericht der Kommission 2024, S. 458–463). Die sich daraus ergebende Unvergleichbarkeit der gesundheitlich unbedenklicheren Samen- mit der risikosteigernden Eizellspende lässt die Kritik am Eizellspendeverbot als Verstoß gegen das Geschlechter-Diskriminierungsverbot als legalistisch abstrakt erscheinen (vgl. dagegen Wiesemann 2020). Insofern eröffnet die Gametenspende einen komplexen geschlechtersensiblen Diskursraum über Reproduktion für alle körperlich in diesen Prozess involvierten Personen.

In Hinblick auf die sozialen Konstruktionen des Eigenen im biotechnologisch eröffneten Möglichkeitsraum der assistierten Kinderwunscherfüllung werden bei heterologen Inseminationen weitere Fragen der Geschlechterdifferenzierung virulent, insbesondere solche der elterlichen Herkunft der Gameten, aus denen das Wunschkind gezeugt werden soll. Der jüngste Bericht einer britischen Langzeitstudie über Familien mit und ohne Gametenspende zeigt eine größere Besorgnis um die familiäre Bindung bei Müttern in solchen Familien, die mit Hilfe von Eizellspenden entstanden sind, als bei Müttern, die ihre Kinder durch Samenspende bekommen haben (vgl. Golombok et al. 2023, S. 1069). Der Eindruck des hohen gesellschaftlichen Stellenwertes einer genetisch fundierten Mutter-Kind-Bindung scheint auch durch die Geburt der ersten 3-Eltern-Kinder in Großbritannien im Mai 2023 bestätigt zu werden. Denn hinter dem Projekt eines 3-Eltern-Kindes steht eine aufwändige Vorbereitung der mütterlichen Eizelle, deren genetisch belastete Mitochondrien durch unbelastete Mitochondrien aus einer fremden Spenderinneneizelle ausgetauscht werden, um eine auf der mitochondrialen DNA kodierte schwere maternale Erbkrankheit zu verhindern (vgl. DÄB 2023; Henn 2023). Da der Anteil der mitochondrialen DNA nur ca. 0,2 % der mütterlichen Eizell-DNA ausmacht, kann sich die Wunschmutter eines derartigen genetischen 3-Eltern-Kindes (2 genetische „Mütter“ & 1 genetischer Vater) damit beruhigen, in Bezug auf den maternalen Genanteil zu 99,8 % mit ihrem Kind genetisch verwandt zu sein. Der genetische Anteil der Mitochondrienspenderin erscheint somit lebensweltlich vernachlässigbar. Obwohl die Spenderin der Wunschmutter zu einem von ihrer Erbkrankheit weitgehend unbelasteten Kind verhilft, kann sie ganz und gar biologisiert bzw. medizinalisiert und als Person sozial unsichtbar gemacht werden. Die Depersonalisierung der Mitochondrienspenderin in diesem frühzeitig einsetzenden Gentherapieverfahren dient der genetisch fundierten maternalen Konstruktion des „eigenen Kindes“.

Auch die Bestimmungen im deutschen Embryonenschutzgesetz (ESchG) zielen auf die Abwehr der durch die IVF-Technologie ermöglichten Herstellung einer gespaltenen Mutterschaft. Im Vordergrund des Interesses an strafbewehrten Verboten stand zur Zeit der Verabschiedung des Gesetzes im Jahr 1990 vor allem etwaiges missbräuchliches Verhalten wissenschaftlich ambitionierter Reproduktionsmediziner im Umgang mit den erweiterten Möglichkeiten der neuartigen IVF-Technologie, die im ausgehenden 20. Jahrhundert vorrangig heterosexuelle Paaren mit Fertilitätsstörungen oder genetisch bedingten Krankheitsrisiken adressierten. Den diskursiven Hintergrund bildete zu der Zeit das Thema Embryonenschutz im Kontext der Reform von § 218 StGB und nach 1995 im Hinblick auf die boomende Stammzellforschung noch Jahre nach der Jahrtausendwende zunehmend außerhalb des Mutterleibs (vgl. Enquete-Kommission 2001; NER 2002; NER 2007; Maio 2009). Das Thema reproduktiver Rechte der LGBTQI-Bewegung war im entstehungsgeschichtlichen Zeitraum des ESchG im Reproduktionsdiskurs noch nicht prominent.

Interessant im Vergleich zu den britischen Befunden und dem deutschen ESchG ist der Einblick, den eine Studie zum gendergeprägten donogenen Reproduktionsdiskurs in der Türkei gewährt. In der von der Vorstellung männlicher Ehre geprägten patriarchalen türkischen Gesellschaft erscheint die Samenspende heikler als die Eizellspende. „Die Drittspende ist eine ‚allerletzte Alternative' beim Kinderwunsch, um ein leibliches, wenngleich nicht genetisch verwandtes Kind zu haben. Sie gilt als ‚letzte Station', meist vor der Adoption, die mit noch stärkeren Verunsicherungen – individuell wie gesetzlich – in Verbindung gebracht wird. ‚Der Schritt zur Donation wird gewagt', falls eine genetische Bindung für einen Teil des Ehepaares gesichert ist, meist in den Fällen, in denen die väterliche Bindung genetisch und die mütterliche Bindung biologisch via (...) Schwangerschaft garantiert wird." (Polat 2018, S. 96)

Die Inanspruchnahme heterologer Gameten wird bis heute üblicherweise kaschiert durch die Auswahl von den Wunscheltern morphologisch ähnlichen, aber anonymisierten Eizellspenderinnen bzw. Samenspender. Der Wunschmutter bleibt zudem im Unterschied zu einem unfruchtbaren Wunschvater die zusätzliche Möglichkeit, das Kind ‚unter dem eigenen Herzen' selbst auszutragen, wodurch der Schwangerschaft noch eine besondere leibliche Bindungsfunktion zuerkannt wird. So kann die Illusion einer traditionellen heterosexuellen Familie mit genetisch eigenen Kindern erzeugt werden, die bislang in heterosexuellen, durch Gametenspende gegründeten Familien in der Regel noch durch Verschweigungspraktiken gestützt wurde (vgl. Scheerer 2020). Mittlerweile gilt es als weitgehend anerkannt, dass das Verschweigen der Fremdgametenspende bei ungeplanter Entdeckung durch die so erzeugten Kinder bei diesen vielfach eine schwere Vertrauenskrise gegenüber den sozialen Wunscheltern auslöst (vgl. Funcke 2012; Meier-Credner 2020; Blyth et al. 2020).

3.4 Sonderfall Embryonenspende/Embryonenadoption

Während bei der Gametenspende wenigstens einer der beiden Wunschelternteile genetisch mit dem Kind verwandt ist, ist dies im Fall der sogenannten „Embryonenspende" nicht mehr gegeben. Unter dieser in Deutschland spätestens seit 2013 etablierten Praxis versteht man die Übernahme einer von den genetischen Eltern unentgeltlich freigegebenen kryokonservierten befruchteten Eizelle durch ein genetisch fremdes Wunschelternpaar, das entweder keine genetisch eigenen Kinder bekommen kann oder aufgrund eines genetischen Risikos nicht bekommen möchte. Aus der Perspektive der empfangenden Wunscheltern wird das Verfahren auch als „Embryonenadoption" bezeichnet (DER 2016; zur ethischen Diskussion der Benennung vgl. Hallich 2018).

„Adoptiert" werden können nur sogenannte unvermeidlich „überzählige" oder „verwaiste" Embryonen oder imprägnierte, d. h. bereits befruchtete, Eizellen, die von den genetischen Eltern nach einer abgeschlossenen IVF-Behandlung nicht mehr benötigt und daher ausdrücklich freigegeben werden.[1] Anders als z. B. in den USA, Großbritannien oder Tschechien ist in Deutschland und in Neuseeland (DER 2016, S. 27) die gezielte Herstellung von Embryonen für die Embryospende verboten. Überzählige Embryonen für die embryonale Stammzellforschung freizugeben ist laut ESchG gleichfalls untersagt, weil in ihnen – im Gegensatz zu Ei- und Samenzellen – mehr als biologisches Material gesehen wird, eben menschliche Embryonen und damit mögliche Träger von Menschenwürde und Grundrechten (Richter-Kuhlmann 2022, A 230–232; Höfling 2001, S. 240–246). Dies drückt sich auch in der Bezeichnung „Embryonen*adoption*" aus. Aber auch andernorts, z. B. in den USA, „wird die Embryospende/Embryoadoption aus religiösen oder ethischen Gründen gezielt zur Lebensrettung von Embryonen angeboten, zum Beispiel von der christlichen Adoptionsagentur *Nightlight Christian Adoptions*, die 1997 das *Snowflakes Embryo Adoption Program* initiierte" (DER 2016, S. 23).

Vergleichbar ist die herkömmliche Adoption von Kindern mit derjenigen eines frühen Embryos in Bezug auf die vollständige genetische Fremdheit zwischen „Spenderembryo" und Wunscheltern sowie der vollständigen Übertragung der

1 Im reproduktionsmedizinischen bzw. embryologischen Sinne frühe Embryonen können entweder in Form von imprägnierten, also bereits durch ein Spermium befruchteten Eizelle vor der Kernverschmelzung (Vorkernstadium) oder aber in einem späteren Stadium des Befruchtungsvorgangs nach der Kernverschmelzung (Zygote bis Blastocyste) vorliegen. Befruchtete Eizellen im Vorkernstadium gelten gemäß der Legaldefinition des ESchG § 8 rechtlich nicht als Embryo, sondern als Eizelle. Ihre Übertragung widerspricht dann dem Eizellspendeverbot § 1, Abs. 1, Satz 2 ESchG. Vgl. zu der rechtlichen Grauzone sowie weiteren Aspekten der Embryonenspende Netzwerk Embryonenspende e. V.; ferner Eiden/Eder 2020, S. 574, sowie Legal Tribune Online v. 28.10.2020.

rechtlichen Elternverantwortung.[2] Die Unvergleichbarkeit zur Adoption eines geborenen Kindes wird zum einen darin gesehen, dass der „adoptierte“ Embryo von der Wunschmutter ausgetragen wird, die dann qua Geburt rechtlich (in Deutschland gemäß § 1591 BGB) als natürliche Mutter gilt. Ferner bringe der „Spenderembryo“ im Gegensatz zu adoptierten geborenen Kindern keine bereits von ihm erlebte psychosozial belastende Biografie mit. Ob und inwiefern die völlige genetische Verschiedenheit von den Eltern das Kind später belasten könnte, darüber gibt es noch wenig psychosozial belastbare Daten. Ein Problem wird jedoch darin gesehen, dass Familien, die ihre Kinder qua „Embryonenadoption“ bekommen haben, eine noch geringere Bereitschaft zur Aufklärung ihrer Kinder über ihre genetische Abstammung erkennen lassen als Familien mit Spendersamenkinder (Krämer: 2020, S. 149 f.). Es scheint, als würde hier von den Wunscheltern die lebensweltliche Erfahrung der Schwangerschaft für die Bestimmung des „eigenen Kindes“ stärker gewichtet als das letztlich abstrakte szientifische Wissen um die genetische Verschiedenheit.

Wie bei der Gametenspende werden auch bei der Embryospende Spender- und Empfängereltern nach phänotypischen Merkmalen (Hauttyp, Augen-, Haarfarbe, Körpergröße, Blutgruppe) aufeinander abgestimmt, um den Anschein einer morphologischen Familienähnlichkeit zu erwecken und das Kind vor einer Etikettierung aufgrund einer augenfälligen phänotypischen Verschiedenheit zu seinen Wunscheltern zu schützen. Ob derart gematchte anonyme Embryonen-Spender- und Empfängerpaare die vertragsrechtliche Möglichkeit, im Sinne der größtmöglichen Transparenz gegenüber dem Kind, ihre Anonymität gegeneinander aufzuheben, oft in Anspruch nehmen werden, wird sich zeigen müssen (vgl. Eiden/Eder 2020, S. 574). Eine eindeutige rechtliche Regelung bezüglich der Dokumentationspflichten der Embryospende analog zur Samenspende existiert in Deutschland im Gegensatz zu Großbritannien und Neuseeland und vereinzelten weiteren Staaten bisher nicht (Krämer 2020, S. 150). Interessant ist, dass den genetischen Spendereltern von dem deutschen Netzwerk Embryonenspende zumindest bis 2016 eingeräumt wurde, eigens darüber zu bestimmen, ob im Fall mehrerer überzähliger Embryonen diese nur an ein einziges Empfängerpaar übertragen oder an verschiedene verteilt werden dürfen (DER 2016, S. 19). Der Bildung einer genetischen Geschwisterschaft innerhalb der Empfängerfamilie kann somit von den Spendereltern Bedeutung zugemessen werden. Es scheint, als werde die Relevanz der genetischen Herkunft des Kindes von den an der Erzeugung der Kinder beteiligten Parteien sehr unterschiedlich bewertet.

2 Der genetische Vater wird analog zur Freistellung von der Vaterschaftsanfechtung im Fall der Samenspende (§ 1600 Abs. 5 BGB) auch im Fall der Embryonenspende als befreit von allen Elternpflichten betrachtet.

Zu bedenken ist aus biologischer Perspektive, dass im Vergleich mit der lange ungeregelten Samenspendepraxis, die zu einer unbekannten Anzahl genetisch verwandter Halbgeschwister führt, das Inzest-Risiko einer anonym bleibenden Verbreitung mehrerer Spenderembryonen von nur einem genetischen Spenderpaar an mehrere Empfängerpaare quantitativ ungleich geringer ist. Allerdings handelt es sich in diesem Falle um genetische Vollgeschwister.

3.5 Leihmutterschaft – die vierte Mutteroption neben zwei genetischen und einer sozialen Mutter

Die Konstituierung der Mutterschaft durch Schwangerschaft und Geburt eines Kindes ist ein transkultureller Archetyp, dessen Naturwüchsigkeit in § 1591 BGB eher rechtlich bestätigt als definiert wird. Dass die Brüste der Entbundenen danach auch die Nahrung für das Neugeborene spenden, scheint die natürliche Fundierung der Mutterschaft noch zu bekräftigen. Menschliche Mutterschaft ist jedoch nicht hinreichend durch den Säugetiercharakter der weiblichen Repräsentantinnen der Spezies Homo sapiens bestimmt, sondern kann auf vielfältige Weise kulturell angeeignet und sozial konstruiert werden (Friebertshäuser/Sacksofsky 2020). Doch die Bestreitung biologisch fundierter menschlicher Bedürfnisse aus einem antiessentialistischen Affekt treibt mit hoher Wahrscheinlichkeit psychosoziale Folgekosten in die Höhe. Insofern kann es klug sein, aus einer entwicklungsbiologischen Perspektive eine enge physiologisch, hormonell und sinnlich (olfaktorisch, akustisch etc.) vermittelte gedeihliche Beziehung zwischen biologischer Mutter und Kind als evolutionär stabile Strategie zu verstehen, statt den naturgegebenen leiblichen Zusammenhang menschlicher Fortpflanzung leichtfertig einer fortschreitenden biotechnologiegestützten Fragmentierung preiszugeben.

Die Frage nach dem „eigenen Kind" ist traditionell – wenig überraschend – durch die Geburt definiert, die eine Frau zur Mutter dieses Kindes macht (Schües 2020). In patriarchalen Ordnungen wird das Vaterverhältnis zum Kind gewöhnlich durch die *eigene* Frau, die das Kind gebiert, vermittelt und durch das moralische Versprechen der ehelichen Treue der Frau zu *ihrem* Mann abgesichert. Da die IVF-Technologie den Befruchtungsvorgang extrakorporalisiert und somit entleiblicht, ist dieser augenscheinlich aus dem semantischen Kontext einer Beziehungsforderung ehelicher Treue zwischen verkörperten Personen herausgelöst, wiewohl das Wissen um den „als potenter erlebten Samengeber" die Gattenbeziehung psychisch belasten kann (Scheerer 2020, S. 107). Der Transfer des (eventuell ganz oder zum Teil genetisch eigenen) extrakorporalen Embryos in den Uterus der Wunschmutter bietet jedoch die Möglichkeit seiner durch die Schwangerschafts- und Geburtserfahrung leiblichen (Wieder-)Aneignung. Das Konzept der Leihmutterschaft hingegen dementiert den leiblichen Aneignungscharakter der Schwangerschaft. Die Frau, die das Kind geboren hat, soll nun – vertragsrechtlich festgelegt – nicht mehr kraft Geburt als Mutter des Kindes gelten. Der vertragliche Kern besteht darin, dass die Leihmutter das von ihr geborene Kind den Wunscheltern zur Adoption anbietet. Diese vertragliche Verpflichtung der Leihmutter wird in der Regel durch die genetische Verbindung der Wunscheltern mit dem ausgetragenen Kind moralisch gerechtfertigt (Beier 2020, S. 165). Die Institutionalisierung der Leihmutterschaft bestreitet somit die transkulturell tief verankerte Bedeutung von Schwangerschaft und Geburt als leiblich-lebensweltliches Konstituens einer Mutter-Kind-Beziehung. Die Leihmutter wird zu einem biologischen Notbehelf funktionalisiert und depersonalisiert, die letztlich auch durch einen künstlichen Uterus ersetzt werden könnte, sobald ein solcher verfügbar wäre (vgl. Kozlov 2023).

Ziel der Leihmutterschaft ist, solchen Paaren zu einem eigenen Kind zu verhelfen, „bei denen die Frau aus medizinischen Gründen nicht schwanger werden bzw. keine Schwangerschaft austragen kann; ferner wird Leihmutterschaft von homosexuellen Paaren genutzt." (Beier 2020, S. 155) Die „äußerst vielschichtig(e)" Praxis wird in grundlegende Kategorien unterteilt: Biologisch wird zwischen traditioneller bzw. voller Leihmutterschaft, bei der „die Leihmutter zugleich genetische Mutter des Kindes ist", und gestationaler bzw. partialer Leihmutterschaft bzw. reiner „Tragemutterschaft" unterschieden, bei der keine genetische Verwandtschaft zwischen Leihmutter und Kind besteht. Hier stammt die Eizelle entweder von der Wunschmutter oder im Fall ihrer Unfruchtbarkeit von einer anderen Eizellspenderin. Die Tatsache, dass in der Regel die partielle Leihmutterschaft praktiziert wird, zeigt, dass die Konstruktion des Eigenen – sowohl inkludierend wie exkludierend – genetisch bestimmt wird. Über die Verwendung der möglichst eigenen Gameten der Wunscheltern wird das Kind mit diesen verbunden. Dass im Fall der Unfruchtbarkeit der Frau in der Regel eine weitere Eizellspenderin involviert wird, anstatt die „volle Leihmutterschaft" zu nutzen, depotenziert hingegen die Leihmutter zur reinen Tragemutter. So wird ausgeschlossen, dass die Tragemutter zugleich die genetische Mutter des Kindes der Wunscheltern wird, obwohl Leihmütter durch das Austragen eines durch eine fremde Eizelle erzeugten Embryos ein höheres Risiko eigener Gesundheitsgefährdung eingehen (vgl. Bericht der Kommission 2024, S. 468). In der Ukraine, wo sich bis zum russischen Überfall im Februar 2022 eine florierende Leihmutterindustrie entwickelt hatte, ist die „volle Leihmutterschaft" gesetzlich verboten. Ferner muss mindestens ein Elternteil mit dem Wunschkind genetisch verwandt sein (vgl. Hoffmann 2013; Siegl 2019).

Zugleich ist in vielen Ländern (z. B. USA, Ukraine) vorgeschrieben, dass Frauen bereits genetisch eigene Kinder geboren haben müssen, bevor sie als Leihmütter fungieren dürfen, um ihnen die Abgabe des Kindes nach der Geburt emotional zu erleichtern. Die potenzielle Eindrücklichkeit eines erstmaligen Erlebens von Schwangerschaft und Geburt soll für Leihmütter durch die Bindung an ihre eigenen bereits zuvor auf die Welt gebrachten Kinder relativiert werden.

Wenn Leihmütter in fernen Ländern wie Indien, Thailand, Kambodscha oder Mexiko gesucht werden, kann auch die morphologische Abweichung der Leihmütter von den Wunscheltern die Präferierung zusätzlicher Eizellspenderinnen erklären. Neben der biologischen Differenzierung von „voller" und „partieller" Leihmutterschaft wird dann die ökonomische Differenzierung zwischen „altruistischer und kommerzieller Leihmutterschaft" (sowie Eizellspende) virulent. Offensichtlich hat der Markt für assistierte Reproduktion über die genetische Konstruktion des „eigenen Kindes" Kriterien entwickelt, die die weiblich-leibliche Aneignung eines Kindes durch die Erfahrung der Schwangerschaft zu unterlaufen vermögen. Das deutsche Recht hält derweil noch an der Bestimmung der Mutterschaft qua Geburt fest und verbietet die Leihmutterschaft im eigenen Land. Daraus folgt, dass im Ausland rekrutierte Leihmütter in der Geburtsurkunde eingetragen werden und die Wunschmütter bzw. Wunscheltern eine Stiefkindadoption für das bestellte und in der Regel mit mindestens einem von ihnen genetisch verwandte Kind beantragen müssen (zum rechtlichen Hintergrund der Leihmutterschaft in Deutschland vgl. Gössel/Sanders 2022). Praktiken des Verschweigens sind folglich im Fall einer rechtswidrigen Beanspruchung einer Leihmutter schon immer weniger erfolgreich als im Fall der Gametenspende.

3.6 Klonen und In-vitro-Gametogenese (IVG): Biotechnologische Überwindung gespaltener Elternschaft?

Die durch die IVF-Technologie ermöglichte Bandbreite elterlicher Konstruktionen durch variierende Gametenspenden in Kombination mit der Leihmutterschaft erzwingt noch vor allen Entscheidungen, ob und welche reproduktionsmedizinischen Optionen auch national legalisiert werden sollen, vorhandene Legaldefinitionen von Mutter-, Vater- bzw. Elternschaft in genetisch, biologisch, sozial auszudifferenzieren, um zu klären, worauf sich rechtsverbindliche Elternschaft gründen soll. Denn der weltumspannende Fortpflanzungstourismus hat die technischen Optionen längst in die Tatsächlichkeit vielfältiger Familiengründungspraxen überführt, die den deutschen Gesetzgeber wie die Exekutivorgane unter Zugzwang setzen (Friebertshäuser/Sacksofsky 2020, S. 13). An dieser rechtspragmatischen Not angesichts einer de facto ungeregelten Reproduktionspraxis entzündet sich u. a. die Kritik an dem vom reproduktionstechnologischen Fortschritt längst überholten deutschen ESchG (vgl. Paetow 2022). Da die Fragmentierung und Taylorisierung der Reproduktion offensichtlich alle Beteiligten sowie Staat und Gesellschaft herausfordert, legt eine technisch-praktische instrumentelle Sachlogik nahe, nach biotechnologischen Möglichkeiten der Überwindung der als problematisch empfundenen gespaltenen Elternschaft zu suchen. Tatsächlich sind derartige Optionen im außerhumanen Säugetierbereich, zumeist mit Mäusen als Labormodellen, bereits verwirklicht, obgleich sie technisch sehr aufwändig sind und deren Erprobung im Humanbereich bislang nicht zulässig ist. Nichtsdestotrotz soll abschließend ein kurzer Blick auf einige der biotechnologischen Möglichkeiten, eine gespaltene Elternschaft zu vermeiden, geworfen werden, um eine mögliche gesellschaftliche Debatte im Fall der technischen Optimierung und etwaigen biomedizinischen Unbedenklichkeitsattestierung dieser Methoden zu antizipieren.

Seit der Geburt des Klonschafs Dolly im Jahr 1997 in Großbritannien sind neue Methoden der Klonierung in den Blick gerückt (vgl. Ach/Brudermüller/Runtenberg 1998). Klonen ist die biologisch asexuelle Reproduktion von Organismen, wobei Sexualität im biologischen Sinne nichts mit der Ebene des Begehrens zu tun hat, sondern Reproduktion von Organismen ohne Vermischung eines weiblichen und eines männlichen Genoms bezeichnet. In der menschlichen Fortpflanzung ist die auch natürlich „in utero" sich ereignende Entstehung von Klonen durch die spontane Teilung einer durch ein Spermium befruchteten Eizelle, d.h. einer sexuell entstandenen Zygote, als monozygote („eineiige") Zwillings- bzw. Mehrlingsbildung bekannt. Im Gegensatz zu dizygoten Zwillingen, die sich aus je einer eigenen Zygote entwickelt haben, sind monozygote Zwillinge genetisch identisch – kurz: Eineiige Zwillinge sind natürliche Klone. Monozygote Mehrlinge können in vitro auch durch sogenanntes Embryosplitting, also die Zerteilung eines zwei- oder vierzelligen Embryos, herbeigeführt werden – entweder mit dem Ziel der reproduktiven Vermehrung oder für die frühe genetische Diagnostik im Fall von genetisch belasteten Hochrisikopaaren (PID) oder für die embryonale Stammzellforschung (ESF) etc. Allein der pragmatische Zweck entscheidet, ob die Klonierung „reproduktives", „therapeutisches" oder „Forschungsklonen" genannt wird.

Im Fall der rein artifiziellen Dolly-Methode, dem Somatic-Cell-Nuclear-Transfer (SCNT), wird eine Eizelle nicht durch eine Spermazelle befruchtet. Stattdessen wird in eine zuvor von ihrem Zellkern befreite Eizellhülle der Zellkern aus einer Körperzelle eingeführt. Das Eizellplasma versetzt den implantierten Körperzellkern in seinen embryonalen Ursprungszustand zurück. Die neu zusammengesetzte Eizelle verhält sich dann manchmal wie eine durch ein Spermium befruchtete Zygote und beginnt wie eine solche einen embryonalen Entwicklungsprozess. Bei Transferierung des Zellkerntransferembryos in einen hormonell stimulierten Uterus kann sich der „Klonbryo" unter optimalen Bedingungen bis zur Geburt eines lebensfähigen Individuums entwickeln. Das Besondere an dem SCNT-Embryo im Vergleich zu der auch natürlich auftretenden Teilung eines sexuell entstandenen Embryos besteht darin, dass das Schaf Dolly nicht ein Klon bzw. genetischer Zwilling eines Geschwisters, sondern vielmehr eines Elternteils darstellt. Bei dieser Form der Klonierung können ein bis drei Elternteile involviert sein, nämlich neben der Eizellhüllspenderin (genetisch beteiligt mit bis zu maximal 0,2 % mitochondrialer DNA) und der Tragemutter noch ein*e Spender*in eines somatischen Zellkerns, der im Fall des Klonschafs Dolly einer Hautzelle des Euters eines anderen Schafs entnommen wurde. Theoretisch ergäben sich daraus (u. U. in Kombination mit einer Eizellhüllspenderin und einer Tragemutter) Fortpflanzungsoptionen auf ein genetisch eigenes Kind für (postmenopausale) Solomütter, lesbische Paare und infertile heterosexuelle Paare. Das mit der SCNT-Methode erzeugte Kind wäre zu 99,8 % genetisch identisch mit der/m Körperzellkernspender*in. Das Problem einer gespaltenen Elternschaft könnte auf diese Weise umgangen werden, da die Solomutter alle drei Funktionen (als Spenderin von Ei- und Körperzelle sowie als Tragemutter des mit ihr genetisch identischen Klons) übernehmen könnte.

Obwohl nach Dolly ca. 20 Säugetierarten durch den somatischen Zellkerntransfer geklont wurden und China 2017 durch die erfolgreiche Klonierung zweier Langschwanzmakaken und Anfang 2024 eines Rhesusaffen Aufsehen erregte, wird SCNT als Reproduktionsmethode im Humanbereich abgelehnt (vgl. Gießelmann 2018; Vergin 2024). Neben der geringen Ausbeute und der hohen Missbildungs- und Sterblichkeitsrate gilt auch die Herstellung generationenübergreifender Zwillinge im Humanbereich bislang als Tabubruch. Würden SCNT-Embryonen in Deutschland verbotenerweise hergestellt, dann dürften sie trotz „Wertungswiderspruch" in der Embryonenschutzbestimmung nicht in den Uterus einer Frau implantiert werden. Da die Herstellung entwicklungsfähiger In-vitro-Embryonen durch die SCNT-Methode zur Zeit der Formulierung des ESchG noch nicht vom Gesetzgeber antizipiert wurde, gäbe es dann sexuell erzeugte menschliche Befruchtungsembryonen, die unbedingt, und menschliche „Klonbryos", die nie in einen Uterus transferiert werden sollten (Taupitz 2009, S. 112 f.). Das SCNT-Verfahren wird jedoch für die Erforschung von der noch nicht hinreichend verstandenen Genese schwerer Erkrankungen als interessant erachtet. Als sogenanntes „therapeutisches Klonen" könnte es dann frühe genetische Zwillings-Modelle von adulten Trägern komplexer genetischer Erkrankungen bereitstellen (vgl. Mall et al. 2023, S. 17 f.).

Im Gegensatz zum Verfahren der asexuellen Reproduktion von Kindern als Klone eines Elternteils, das selbst in China nicht intendiert ist (Gießelmann 2018, A240), wird eine andere biotechnisch noch unausgereifte Reproduktionsoption ethisch und rechtlich bereits sehr konkret antizipiert: die Erzeugung künstlicher Gameten (Mall et al. 2023; Girschick 2022). Auf diesem Weg wäre es möglich, sowohl weibliche wie männliche Infertilität zu überwinden als auch gleichgeschlechtlichen Paaren, Solomüttern (vgl. Cutas/Smajdor 2017) wie auch Frauen nach der Menopause zu genetisch eigenen Kindern zu verhelfen, ohne eine gespaltene Elternschaft oder eine Störung der Generationenabfolge in Kauf nehmen zu müssen. Das Verfahren basiert auf der biologischen Einsicht, dass sowohl weibliche als auch männliche Gameten aus zunächst geschlechtlich undifferenzierten primordialen Keimzellen (*primordial germ cells*, PGC) hervorgehen. Die geschlechtliche Differenzierung der PGCs, deren Prozesse und beteiligten Faktoren überwiegend an diversen Tiermodellen mittlerweile gut verstanden worden sind, beginnt erst ab der siebten Woche der Embryonalentwicklung (vgl. Mall et al. 2023, S. 14 f.). Die Gewinnung menschlicher PGCs würde jedoch den moralisch problematischen und in Deutschland auch rechtlich verbotenen Verbrauch menschlicher Embryonen voraussetzen. Hier bietet die stürmische Entwicklung der Stammzellforschung einen Ausweg, die herausgefunden hat, wie sich bereits differenzierte Zellen in einen weniger differenzierten Entwicklungszustand zurückversetzen („reprogrammieren") lassen – in etwa den noch nicht genau verstanden Prozessen der SCNT-Methode vergleichbar, bei der das Eizellplasma einen somatischen Zellkern in seinen embryonalen „naiven" Fähigkeitszustand zurückversetzt. Durch Reprogrammierung von aus SCNT-Embryonen gewonnenen, bereits zur Pluripotenz ausdifferenzierten embryonalen Stammzellen lassen sich frühe, den primordialen Keimzellen ähnliche, Zellen (*primordial germ cell-like cells*, PGCLCs) gewinnen, aus denen dann, je nach Bedarf, im Labor weibliche Ei- oder männliche Samenzellen zur Befruchtung produziert werden könnten – durch In-vitro-Gametogenese (IVG) (Mall et al. 2023, S. 20). Einer japanischen Forschungsgruppe gelang 2012 erstmals die Generierung befruchtungsfähiger Eizellen aus pluripotenten embryonalen Stammzellen, die in-vitro befruchtet und von einer empfängnisbereiten Maus ausgetragen (IVF) zu lebenden und reproduktionsfähigen Mäusen führten. Vier Jahre später, im Jahr 2016, konnte die Entwicklung fertiler Eizellen durch Reprogrammierung von Körperzellen erwachsener Mäuse statt von embryonalen Stammzellen vermeldet werden (Hikabe et al. 2016). Im März 2023 wurde über die Herstellung lebender Mäuse aus den Hautzellen zweier männlicher Mäuse informiert, aus denen zuvor befruchtungsfähige Eizellen generiert worden waren. Damit ist zumindest im Mausmodell die Möglichkeit von genetisch eigenem, nicht geklontem IVF-Nachwuchs für schwule Paare ohne Eizellspenderin erstmals realisiert (Murakami et al. 2023). Lediglich eine Tragemutter wird noch benötigt (Mall et al. 2023, S. 87). „Nach dem gegenwärtigen Stand der Forschung ist die Generierung von frühen menschlichen Keimzell-Vorläufern möglich und die weitere Reifung zu Spermien und Eizellen in greifbarer Nähe." (Mall et al. 2023, S. 28) Allerdings ist das Verfahren biotechnologisch noch lange nicht ausgereift und aus forschungsethischer Perspektive gilt es, noch vorhandene medizinische Risiken wie unvorhergesehene Tumorbildungen oder teratogene Schädigungen zu mindern, bevor an eine Anwendung im Humanbereich zu denken ist. Aus medizinrechtlicher Sicht wird die IVG als Methode der Unfruchtbarkeitsbehandlung grundsätzlich begrüßt, da Infertilität als Krankheit gilt, für die ein Behandlungsanspruch besteht (Mall et al. 2023, S. 62). Die Etablierung einer biomedizinisch risikoarmen IVG im Humanbereich würde eine Reihe von technischen Handlungsoptionen eröffnen, die z. T. dazu geeignet sind, noch bestehende Kontroversen über die IVF-Technologie zur Kinderwunscherfüllung mindestens zu entschärfen. So könnte IVG eine Alternative zu der mit medizinischen Risiken behafteten Eizellspende bieten. Ein besonderer Fokus liegt zur Zeit auf IVG als Behandlungsoption der Infertilität von jungen Krebspatient*innen. Ferner wäre IVG neben dem als „social freezing“ bezeichneten Einfrieren von Eizellen geeignet, Frauen selbst jenseits des reproduktiven Alters ihre Fortpflanzungsfähigkeit zu sichern. Kontroverses Neuland tut sich u.a. auf mit den Möglichkeiten der „Solo-Reproduktion“, in der Einzelpersonen ohne fremde Gametenspender*innen und ohne sich selbst zu klonen, ein genetisch eigenes Kind bekommen können, sowie mit queeren Paar- oder weitergehenden genetischen „Multiplex-Elternschaften“ (Mall et al. 2023, S. 78 f.), von denen das genetische 3-Eltern-Kind bereits erwähnt wurde.

4. Diskussion: Die Frage nach dem eigenen Kind zwischen *nature* und *nurture* im dialektischen Verhältnis zwischen sozialem Wandel und reproduktionsbiotechnologischem Potenzial

4.1 Die reproduktionsbiotechnologische Fragmentierung der Elternschaft

Die Rekapitulation der In-vitro-Methoden assistierter Fortpflanzung bestätigt die Vermutung, dass die insbesondere mit Gametenspende und Leihmutterschaft einhergehende Fragmentierung der menschlichen Reproduktion in distinkte reproduktive Funktionsanteile die Vorstellung von Elternschaft dort empfindlich trifft, wo die lebensweltlich bislang fraglos vorausgesetzte Einheit von biologischer und sozialer Elternschaft gespalten wird. Denn eine derart nicht nur schicksalhaft durch Tod oder Trennung erlittene, sondern biotechnologisch intentional gespaltene Elternschaft stellt somit nicht nur die traditionelle Vorstellung *natürlicher* Elternschaft in Frage, sondern erschüttert auch das westliche kulturelle Modell der heterosexuellen bürgerlichen Kernfamilie in seinen Grundfesten.

Strukturtheoretisch wird das westliche Kernfamilienmodell als „Zwei-Generationenfamilie“ beschrieben, dessen „Grundstruktur“ idealtypisch durch „Filiation und Konjugalität, also Eltern-Kind-Beziehung und (eheliche) Paarbeziehung“, bestimmt wird. Daraus resultiert ein triadischer Interaktionszusammenhang, der „drei dyadische Beziehungen, die Vater-Kind-Beziehung, die Mutter-Kind-Beziehung und die Eltern- bzw. Paarbeziehung“, umfasst (Funcke 2013a, S. 7). Vor diesem Hintergrund wird auch aus familientheoretischer Perspektive verständlich, warum die szientifisch-reduktionistische Taylorisierung elterlicher Funktionen erhebliche psychosoziale Bewältigungskosten in Form von De- und Re-Personalisierungen sowohl für die Wunscheltern, die Leihmütter und nicht zuletzt für die Kinder selbst provoziert.

Eine Trennung von den leiblichen Eltern gilt als ein für Kinder belastendes soziales Schicksal, das mit traumatischen Erfahrungen durch Tod, Scheidung oder elterlichem Versagen verbunden ist, deren Auswirkungen auch die besten Pflege- wie Adoptiveltern vor besondere Herausforderungen stellt (Lutz 2014).

Selbst die anonyme Kindsabgabe direkt nach der Geburt geht mit hohen Risiken für die Persönlichkeitsentwicklung der betroffenen Kinder einher (DER 2009). Bedenken gegen eine Taylorisierung der Elternschaft im Dienst biotechnologisch administrierter Kinderwunscherfüllung werden im biomedizinethischen Diskurs jedoch mit dem Argument auszuräumen gesucht, dass den mithilfe donogener Reproduktionmedizin erzeugten Kindern mit biografischen Verlusterfahrungen verbundene Traumata erspart geblieben seien. Der technisch betriebene Aufwand bezeuge stattdessen die unbedingte Erwünschtheit und Fürsorgebereitschaft der Wunscheltern gegenüber vielen Fällen nicht intendierter spontaner oder gar ungewollter Schwangerschaften. Der technische Aufwand wird so aus einer medikal-interventionistischen und naiv technizistischen Einstellung heraus geradezu zum Gütesiegel und Ausweis elterlicher Liebe. Eine derart technosolutionistische Argumentationslogik ist entweder blind für Wahrnehmung psychosozialer Bedürfnisse und Erlebnisqualitäten oder unterläuft sie – wie im Fall der Kinderwunschindustrie – offenen Auges durch ein vertraglich vereinbartes geschicktes Gefühls- und Beziehungsmanagement zwischen den beteiligten Personen, wie bereits im Zusammenhang mit der Leihmutterschaft deutlich wurde (s. o. 3.5; s. u. 4.3).

4.2 Die genetische Abstammung – eine Gretchenfrage

Die reproduktionsbiotechnologische Fragmentierung der Elternschaft hat sich zunächst als unbeabsichtigte Nebenfolge der Unfruchtbarkeitsbehandlung durch Gametenspende ergeben. Durch den Rückgriff auf fremde Keimzellen konkretisiert sich die biologische zu einer genetischen Teilelternschaft, deren Bedeutung im Disput über gespaltene Elternschaft umstritten ist. Auffällig ist jedoch, dass eine liberalistische Relativierung der Relevanz der genetischen Elternschaft für das donogen erzeugte Kind in einem bemerkenswerten Widerspruch zu dem Technikaufwand steht, den infertile Wunschelternpaare oder mitochondrial genetisch belastete Wunschmütter für die Erzeugung eines genetisch eigenen Kindes zu betreiben bereit sind. Nicht von ungefähr bringen Überlegungen der strukturellen Risikominimierung einer unabsichtlichen Verwechslung von Gameten und Embryonen mittlerweile umfangreiche reproduktionsmedizinisch rechtswissenschaftliche Abhandlungen hervor (Jaeschke 2020). Gleichfalls bezeugen die von den Wunscheltern bislang vielfach praktizierten Verdrängungs- und Beschweigungsstrategien bezüglich der Inanspruchnahme von Gametenspenden nicht etwa die Irrelevanz, sondern eher die Brisanz des Wissens um die stets auch schambehaftete genetische Beteiligung fremder Dritter bei der Gründung der Kernfamilie. Psychoanalytische Erfahrungen verweisen darauf, dass heterolog erzeugte Kinder insbesondere in traditionellen heterosexuellen Familien zu einem „psychischen Schmelztiegel“ „der auf es gerichteten unbewussten und bewussten Projektionen“ derjenigen Personen werden, die um seine „Zeugungs- und genetischen Herkunftsumstände" wissen, und sich zwischen deren „Bagatellisierung und Dramatisierung" zurechtfinden müssen (Scheerer 2020, S. 103 f.). „Der Wunsch bleibt groß, das Fremde möge versteckt und der auch schambesetzte Zeugungsumweg geheim bleiben. Insofern relativiert sich auch die Trost versprechende Aussage, ein mit reproduktionsmedizinischer Hilfe gezeugtes Kind sei bei allen Schwierigkeiten aber doch jedenfalls immer ein ‚Wunschkind': Das eigentliche Wunschkind ist das auf natürlichem Wege gezeugte Kind, das nicht geboren werden konnte. Das lebende Kind ist der Stellvertreter des Wunschkindes." (Scheerer 2020, S. 106)

Derartige Hinweise auf die biografische Hypothek von Spenderkindern zielen nicht auf eine Romantisierung biologischer Verwandtschaftsverhältnisse. Es ist traurig aber wahr, dass die biologisch-genetische Verwandtschaft zwischen Eltern und Kindern keine gelingende Eltern-Kind-Beziehung garantiert. Auch genetisch mit ihren Kindern verwandte Eltern können in einem erschreckenden Ausmaß als Eltern versagen. Nichtsdestotrotz greift die Marginalisierung genetischer Verwandtschaftsbeziehung zu kurz, weil es die Frage nach der möglichen biografischen Relevanz der biologischen Natur für die Identitätsbildung des menschlichen Individuums überspringt. Die beiden „Grundfragen ‚Von wem bin ich geboren?' und ‚Woher komme ich?', die am ‚Herkunftsort des Daseins' rühren, treiben besonders die Menschen um, die über ihre Herkunft wenig wissen, die vielleicht adoptiert oder mithilfe von Spendergameten gezeugt wurden. Besonders Menschen, deren Herkunft ungewiss ist, versuchen häufig, Genaueres über die Umstände ihrer Herkunft zu erfahren." (Schües 2020, S. 9)

Selbsthilfevereine von Spenderkindern sowie erste sozialwissenschaftliche Studien zeugen von dem Bedürfnis nicht nur der Kenntnis ihrer biologisch-genetischen Herkunft, sondern vielfach auch der Anerkenntnis als individuelle leiblich verwandte Person durch – zumeist – ihren genetischen Vater (vgl. Meier-Credner 2020, S. 337–339; Blyth et al. 2020). Dabei ist auch zu bedenken, dass die genetische Abstammung sich auch sehr handfest auf das Leben von Spenderkindern auswirkt, und zwar nicht nur morphologisch – was durch die entsprechende Auswahl der Gametenspender*innen zu kaschieren versucht wird –, sondern auch gesundheitlich und biografisch, wie eine durch anonyme Samenspende gezeugte Person deutlich macht: „Ich sehe mich jetzt mit Dingen konfrontiert, die bisher keine Rolle in meinem Leben gespielt haben: Was notiere ich beim Arzt auf dem Anamnesebogen bei Krankheiten väterlicherseits? Wie gehe ich damit um, dass ich eine Schwester habe, obwohl ich als Einzelkind groß geworden bin? Wie reagiere ich, wenn sich plötzlich ein Bruder über eine DNA-Datenbank bei mir meldet? Manchmal wünschte ich, ich hätte die Wahrheit nie erfahren, obwohl es mein Recht ist meine Abstammung zu kennen." (Walerian 2023, S. 4) Hier zeigt sich sehr konkret, dass Kinder nicht nur ‚zur Welt kommen', sondern immer auch ‚von einer Welt herkommen', d. h. immer schon in einen familiären Zusammenhang hineingeboren werden (Schües 2020, S. 9).

Kann angesichts der anfänglichen Leichtfertigkeit im Umgang mit der Samenspende auch von ärztlicher Seite und ihrer weiterhin hohen Missbrauchsanfälligkeit infolge der technischen Unaufwändigkeit, die Kinder mit einer kaum abzuschätzenden Anzahl genetischer Halbgeschwister zu konfrontieren vermag (Meier-Credner 2020, S. 333), ein Recht auf Nichtwissen für Samenspenderkinder eingeräumt werden? Es ist nicht nur die Inzestgefahr, die von unkontrollierten betrügerischen Massenspendern ausgeht, die die anonyme Samenspende von Beginn an zu einer „tickenden Zeitbombe" (Funcke 2013b, S. 415) gemacht hat. Es ist vor allem die biografische „Leerstelle in der leiblichen Abstammung", die eine nicht stillzustellende Unruhe im unaufhörlichen Prozess eigener Identitätsbildung darstellt (Funcke 2013b, S. 448) und ein Recht auf Nichtwissen von Spenderkindern genauso problematisch macht wie ein Recht auf anonyme Gametenspende.

Als menschenrechtliches Schutzgut ist das Recht auf Kenntnis der eigenen Abstammung gemäß UN-Kinderrechtskonvention Art. 7,1 international anerkannt (Müller 2020, S. 102), in Deutschland als Teil des allgemeinen Persönlichkeitsrechts (Art. 2,1 GG i. V. m. Art. 1,1 GG) (Meier-Credner 2020, S. 332). Mit der Schaffung eines gesetzlichen Auskunftsrechtes durch das seit dem 1. Juli 2018 geltenden „Gesetz zur Regelung des Rechtes auf Kenntnis der Abstammung bei heterologer Verwendung von Samen" (SaRegG) wurde in Deutschland der anonymen Samenspende theoretisch ein Riegel vorgeschoben (Müller 2020, S. 101). Die in Deutschland verbotene Eizellspende ist gänzlich ungeregelt.

In der Praxis zeigt sich jedoch, wie überaus voraussetzungsreich es ist, Zugang zu personenbezogenen Samenspenderdaten zu bekommen – insbesondere zu Daten von Samen, mit dem vor dem Gesetzeserlass gearbeitet wurde, soweit diese Daten überhaupt noch existieren (Müller 2020, S. 104 f.). Es bedarf zunächst des Aufbaus langlebiger zentraler nationaler Samenspenderregister für die Aufbewahrung und Verwaltung der Daten der Samenspender wie der Empfänger*innen und für die kontrollierte Begrenzung der Verwendung desselben Spendersamens für heterologe Inseminationen – unter Umständen mit dem Ziel der Erzeugung genetischer Halbgeschwister in derselben Familie. Ferner ist die internationale Vernetzung nationaler Institutionen notwendig, um den weltumspannenden Kinderwunscherfüllungsmarkt institutionell zu kontrollieren und last but not least ist das Gelingen vom Ethos aller Beteiligten, allen voran der Samenspender, abhängig.

„Ein besonderes Risiko einer ‚gespaltenen Mutterschaft' für die Identitätsentwicklung des Kindes besteht nach heutiger Erkenntnislage nicht" heißt es in dem von der AMPEL-Regierung in Auftrag gegebenen Kommissionsbericht zur reproduktiven Selbstbestimmung und Fortpflanzungsmedizin (Bericht der Kommission 2024, S. 437). Die Studienlage bestätigt, dass gespaltene Elternschaft sich zwar nicht notwendig negativ auf die Eltern-Kind-Beziehung in donogenen Familien auswirken muss, wenn die Gametenspende früh genug offengelegt wird. Auf diese

Weise kann eine Erschütterung des Vertrauensverhältnisses des Kindes zu seinen Eltern verhindert werden. Zugleich zeigt aber bereits diese Minimalbedingung, dass durch Gametenspende gegründete Familien von Beginn an mit erhöhten kommunikativen Informations- und Rechtfertigungskosten sowie Gefühlsarbeit für die wechselseitige Versicherung familiärer Zusammengehörigkeit belastet sind. Soziologische Einzelfall-, Meta- und Langzeitstudien sowie die Stimmen von Betroffenen kommen darin überein, dass die unfreiwillige Entdeckung oder auch nur die verspätete Offenbarung verschwiegener Gametenspenden tiefe Vertrauenskrisen in der Wunscheltern-Kind-Beziehung und Verunsicherungen bezüglich des eigenen Identitätsgefühls auszulösen vermögen (Funcke 2012; Funcke 2013b; Blyth et al. 2020; Golombok et al. 2023; Walerian 2023). Folglich sind derartige nicht unerhebliche innerfamiliäre psychosoziale und kommunikative sowie auch legislative, organisatorische und gesamtgesellschaftliche Folgekosten der IV-technologisch erzeugten gespaltenen Elternschaft in einer ernsthaften In-vitro-Technikfolgenabschätzungsdebatte zu berücksichtigen.

4.3 Schwangerschaft und Geburt – leibhaftiges Mutterschaftserleben oder reproduktive Teilfunktion?

In anderer Weise als bei der Gametenspende fordern die eine lebensweltlich-natürliche Mutterschaft konstituierenden Prozesse von Schwangerschaft und Geburt die Taylorisierungslogik der Kinderwunscherfüllungsindustrie heraus. Es ist die leibliche Erfahrungsdimension, verbunden mit der physiologisch-hormonellen Stimulierung des weiblichen Gehirns und Körpers, die – nicht zwingend in jedem Einzelfall, aber seit Jahrtausenden in der Regel – biopsychosoziale Anreize für das Erwecken der mütterlichen Bindungsbereitschaft zu ihrem Kind setzt (vgl. Fischer 2023). Um das Erlebnis von Schwangerschaft und Geburt auch Frauen zugänglich zu machen, die z. B. krankheitsbedingt über keinen Uterus (mehr) verfügen, wird an der Perfektionierung von Uterustransplantationen geforscht, vermittels derer bereits erste Kinder zur Welt gebracht worden sind (Kreß 2016). Auch im Kontext der IVF-gestützten assistierten Reproduktion verfügen Schwangerschaft und Geburt über das symbolische Kapital, eine qua Eizellspende (s. o. 3.3) oder „Embryonenadoption“ (s. o. 3.4) verursachte genetische Differenz zur Wunschmutter zu relativieren.

Der Kinderwunscherfüllungsmarkt qua Leihmutterschaft steht somit vor der Herausforderung, die für die Mutter-Kind-Bindung nicht nur symbolträchtige, leiblich erbrachte Leistung von Schwangerschaft und Geburt sowie ihre pränatale Erlebnisdimension für Mutter und Kind gleichermaßen zu depotenzieren. Dies geschieht, wie bereits im Technologieüberblick dargestellt wurde (s. o. 3.5), zum einen durch die Bevorzugung der partiellen Leihmutterschaft, durch die die genetische Verwandtschaft des Kindes mit der Leihmutter verhindert und im besten Fall eine genetische Wunschmutter-Kind-Verwandtschaft etabliert wird.

Sofern keine Wunschmutter-Eizelle verfügbar ist – z. B. wegen krankheits- oder altersbedingter maternaler Infertilität oder im Falle der Kinderwunscherfüllung eines gleichgeschlechtlichen Männerpaares –, wird die genetische Disqualifizierung der Leihmutter als Kindsmutter durch die Hinzuziehung einer weiteren Eizellspenderin erreicht. Über die Ebene der genetischen Konstruktionen hinaus bedient die weitgehende Unterbindung der sozialen Kontakte und die Kontrolle der emotionalen Bindungspotenziale das traditionelle Kernfamilien-Paradigma, indem eine Beziehungsaufnahme zwischen Wunscheltern, Leihmüttern und etwaigen Gametenspender*innen vertraglich unterbunden wird und des Weiteren als Leihmütter nur Frauen zugelassen werden, die sich bereits genetisch eigenen und von ihnen ausgetragenen Kindern verpflichtet fühlen. Die szientifische Fragmentierung der Fertilisation sowie die ökonomische Rahmung der Leihmutterschaft depersonalisieren Gametenspender*in und Leihmutter radikal, um das Wunscheltern-Wissen um ihre vollkommene genetische Fremdheit und die fehlende Erfahrung des Schwangergehens mit dem ‚eigenen' Kind zu kompensieren.

Es gehört zum Setting der partialen Leihmutterschaft, in der Frau das Bewusstsein einer defizitären Schwangerschaft erzeugen zu wollen. Die programmatische Propagierung einer bloß partialen Leihmutterschaft scheint darauf ausgerichtet zu sein, in der Tragemutter ein gewissermaßen bloß stiefmütterliches Sorgeempfinden gegenüber dem auszutragenden Kind im Vergleich zu ihren genetisch eigenen Kindern auszulösen. Personalisierende Affirmation genetischer Verwandtschaftskonstruktion (durchaus auch mit Blick auf die Erzeugung genetischer Halbgeschwisterkinder) und die depersonalisierende Funktionalisierung der Reproduktionskooperator*innen als nicht zur Kernfamilie zählend gehören zum All-inclusive-Angebot auf dem Kinderwunscherfüllungsmarkt, in der eine personalisierende Integration der Tragemutter als „Bauchmama", wenn auch nicht gleich ins Familiensystem (vgl. Bleisch 2012), so doch wenigstens in den imaginären Vorstellungsraum des Kindes, vielfach nicht vorgesehen ist (Hoffmann 2013). Aus liberaler Rechtsperspektive wird hingegen beklagt, dass aufgrund der „Absolutheit der Mutterstellung" (Friebertshäuser/Sacksofsky 2020, S. 10) sich die soziale Wunschmutter gegenüber der Geburtsmutter erst durch Adoption als die eigentliche Mutter etablieren müsse.

4.4 Die Queer-Bewegung – eine neue diskursive Rahmung der In-vitro-Technologie

Die gesellschaftliche Debatte über die Bedeutung insbesondere der gespaltenen Mutterschaft wird in den letzten Jahrzehnten zunehmend durch eine erstarkende Queer-Bewegung diskursiv gerahmt. Sie hat nicht nur das Bewusstsein für weitere Konstellationen erotischer Liebesbeziehungen, sondern auch durch ihre Wünsche, mit Kindern zusammenleben zu wollen, das Spektrum der Vorstellungen von Familienmodellen erweitert. Die IVF-Technologie ermöglicht folglich nun auch gleichgeschlechtlichen Paaren die Erzeugung von zumindest partial genetisch verwandter Kinder, ohne sich auf eine leiblich vermittelte Heterosexualität einlassen zu müssen. Das ist auch für die jüngere Generation homosexueller Männerpaare zu beobachten (Mühling 2020, S. 13).

Dabei entsteht die Frage, ob bzw. inwieweit gleichgeschlechtliche Paare noch dem westlichen heterosexuellen Modell der auf biologischer Verwandtschaft aufbauenden bürgerlichen Kernfamilie folgen. „In Anbetracht des Strukturwandels der Familie" wird aus familientheoretischer Perspektive fraglich, „ob ein derartiger Beschreibungszusammenhang, der auf die Zwei-Generationenfamilie mit den zentralen Achsen Geschlechter- und Generationendifferenz referiert, überhaupt noch eine explanatorische Kraft für eine empirische Familienforschung hat." (Funcke 2013a, S. 8) Sollten „weder Strukturmerkmale der Kernfamilie, (...) noch Verwandtschaftsstrategien zum Tragen kommen, die auf die Deszendenzregel blutsverwandtschaftlicher Abstammung Bezug nehmen", hätte das westliche Kernfamilienmodell seinen Erklärungswert eingebüßt (Funcke 2013a, S. 10).

Hatten sich heterosexuelle Paare in der Frühzeit der assistierten Fortpflanzung von der Reproduktionsmedizin dazu verführen lassen, die ursprüngliche Verwendung der IVF-Technologie als einer bloß lokalen Verlegung der Fertilisierung in die Petrischale heimlich, still und leise zur schambehafteten heterologen Insemination auszuweiten und damit den Einstieg in eine technikinduzierte Aufspaltung genetischer und sozialer Elternschaft zu vollziehen, sind innerfamiliäre Verheimlichungsstrategien bezüglich genetisch gespaltener Elternschaft bei gleichgeschlechtlichen Paaren sinnlos. Darin, dass die bislang für die gleichgeschlechtliche Familiengründung noch erforderliche Gametenspende offenkundig ist, liegt eine entscheidende Differenz zu heterosexuellen Paaren, die durch die Inanspruchnahme von Reproduktionstechnologie die leibliche Begegnung mit einem fertilen Sexualpartner vermeiden. Depersonalisierende Verschweigungspraktiken, die in heterosexuellen donogenen Familien die soziale Illusion einer privaten Familiengründung ohne gespaltene Elternverhältnisse aufrecht zu erhalten suchen, laufen im Fall gleichgeschlechtlicher Familiengründungen jedoch leer. Insofern könnten von den offensichtlichen heterologen Familiengründungen durch gleichgeschlechtliche Paare provozierende, enttabuisierende und die Reproduktionstechnologie normalisierende gesellschaftliche Wirkungen ausgehen.

Erste, bislang vorwiegend zu lesbischen Paaren vorliegende soziologische Studien lassen sich z. T. noch als Variationen einer Orientierung an der triadischen „kulturelle(n) Norm der Kernfamilie" interpretieren. Es scheint, als beeinflusse die einstige Qualität der Vaterbeziehung die Modifikation der Samenspende (offen, halb-offen, anonym) und bestimme die Möglichkeit und die Art der Beziehung des Kindes zu dem Samenspender (Funcke 2019; Funcke 2021). Im Gegensatz zu heterosexuellen Paaren, die in ihrem Familienleben auf tradierte familiäre Elternrollen zurückzugreifen vermögen, sind lesbische und queere Paare allerdings genötigt, „die zweite mütterliche/elterliche Position" stets aushandeln, erklären und legitimieren müssen (Dionisios 2021, S. 283; vgl. auch Funcke 2013a, S. 15 f.). Dem gesellschaftlichen Druck der heterosexuellen Norm der Kernfamilie setzen lesbisch-queere Paare ein kreatives genderüberschreitendes Spiel („transgressing gender") mit generativen Familienrollen auch auf dem Feld der Reproduktion entgegen, um durch „sowohl strategische Naturalisierungen als auch Sozialisierungen" auszuloten, „(w)as verwandtschaftliche Beziehungen begründet und wie Verwandte gemacht werden" („doing kinship"). Mit „Mapas", oder „Sponkels" werden neue Mehrelternschaftsmodelle ausgelotet oder Umdeutungen vorgenommen. Beispielsweise kann bei selbst durchgeführten donogenen Inseminationen „das Sperma des Spenders von diesem entkoppelt und in eine neue Beziehung zur Person gesetzt wird, die die Samenspende auf eine Spritze aufzieht und in die Zervix der Partnerin injiziert. So kann die generative Praxis als lesbischer Zeugungsakt gerahmt werden." (Dionisios 2021, S. 281 f.) Im Zentrum der „Exponierung biologischer Mutterschaft steht teils weniger die genetische Abstammung, sondern die Idee einer Besonderheit, Einmaligkeit und Uneinholbarkeit der leiblichen Verbindung." (Dionisios 2021, S. 279) Die angeführten Beispiele lassen sich als kreative symbolische Strategien der Personalisierung, Depersonalisierung oder Umwidmung der durch die In-vitro-Reproduktionstechnologie erzeugten generativen Teilfunktionen verstehen. Der durch eine erfinderische Kinderwunscherfüllungsindustrie induzierte entleiblichte Umgang mit gespaltenen Elternfunktionen, der – im Rahmen heterosexueller Familienorientierung von Scham- und Schuldgefühlen begleitet – heimlich praktiziert wird, wird im queeren Rahmen zu einem freien öffentlichen Spiel. Die Sichtbarkeit intentionaler Aufspaltung von Elternschaft in queeren Familien bietet dabei die ‚unverschämte' Chance der Gründung von durch vielfältigere Beziehungen gestalteten „Mehrelternschaft" (Sanders 2018), die die gesellschaftliche Reformierung von Abstammungs- und Familienrecht längst beschäftigt.

Spannend bei der Schilderung genetisch heterologer Konstituierung queerer Elternschaft ist jedoch, dass insbesondere lesbische Paare dazu nicht notwendig auf die In-vitro-Technologie zurückgreifen. Die geschilderte, als „lesbischer Zeugungsakt" gerahmte Insemination vermittels einer Spritze ist vielmehr eine do-it-yourself-low-level-Technik, die der Depotenzierung der Vaterschaftsrolle des Samenspenders dient, zugleich aber seine völlige Depersonalisierung und Funktionalisierung durch eine anonyme Samenspende aus einer Samenbank vermeidet. Vielfach greifen queere Paare auf private Modelle von Co-Elternschaft zurück (vgl. Funcke 2019), die die Inanspruchnahme der In-vitro-Reproduktionstechnologie minimiert. Insofern könnte es sein, dass von der Queer-Bewegung nicht unbedingt eine Propagierung der Reproduktionstechnologie ausgeht, sondern vielmehr zu ihrer Normalisierung auf dem Weg der offenkundigen gespaltenen Elternschaft beiträgt, indem sie die durch die Antibabypille und IVF-Technologie ermöglichten Trennung von Liebe und Fortpflanzung auch ohne Inanspruchnahme reproduktiver High-Tech konsequent umsetzt. Aufgrund der nicht zu verhehlenden Offenkundigkeit gespaltener Elternschaft in queeren Familien wird die Möglichkeit der Integration der Gametenspender*innen in das familiäre Beziehungssystem erleichtert. Ob sich aus derartigen Co-Elternschafts-Konstellationen auch für die Kinder unkompliziert lebbare Beziehungssituationen ergeben oder nicht eher die Wahrscheinlichkeit von Loyalitätskonflikten befördert werden, bleibt abzuwarten.

4.5 Die Trennung von Liebe und Fortpflanzung

Auch wenn sich queere Familien weniger verliebt in Reproduktionstechnologie zeigen als zu erwarten wäre, entspringt ihre konsequent gelebte Trennung von Liebe und Fortpflanzung der modernen szientifischen Logik, die die Kinderwunscherfüllung durch eine depersonalisierende Verwendung von Keimzellen zu realisieren vermag. Die szientifische Reduktion von Sexualität auf sexuelle Reproduktion im biologischen Sinne ermutigt nun auch unromantische Formen von Co- sowie Solo-Elternschaft als „Elternschaft ohne Liebschaft" (Rensing 2024). Diese wird wiederum zunehmend auch von heterosexuell orientierten Personen gewählt, die sich von der traditionellen Verbindung von Liebe und Fortpflanzung überfordert fühlen (Walser 2024) und sich für die Elternliebe ohne Gattenliebe entscheiden. Folglich unterscheiden sich Solo-Elternschaft und Alleinerziehende dadurch, dass Solo-Eltern auf die der „Filiation" vorausgehende „Konjugalität" verzichten, während bei Alleinerziehenden die „Filiation" zwar aus der „Konjugalität" hervorgegangen, letztere aber nachträglich zerbrochen ist. Damit ist der Schritt in die Verabschiedung des ersten von den zwei Strukturmerkmalen der westlichen bürgerlichen Kernfamilie getan und der Zusammenbruch der triadischen Vater-Mutter-Kind-Struktur eingeleitet (vgl. Funcke 2013b, S. 7).

4.6 Im Zeichen der reproduktiven Autonomie: Das genetisch „eigene Kind" für Alle

Die moderne Singularisierungstendenz in der Familienbildung könnte in naher Zukunft wiederum von der neuen biotechnischen Option der In-vitro-Gametogenese (IVG) profitieren. Ursprünglich ist die IVG-Entwicklung inspiriert von dem der kurativen Medizin verpflichteten Gedanken, einer krankheitsbedingt früh unfruchtbar gewordenen Personengruppe durch Reprogrammierung ihrer Körper- zu Keimzellen die Hoffnung auf die Gründung einer traditionellen Kernfamilie mit genetisch eigenen Kindern zurückgeben zu können. Ist das biotechnologische Instrument aber erst einmal entwickelt, lässt es sich zur Symptombekämpfung vielfältiger sozial erzeugter unerwünschter Kinderlosigkeit verwenden – z. B. von bindungsscheuen Solo-Eltern oder Frauen im fortgeschrittenen Alter.

Der besondere Charme der IVG im Vergleich mit der bisherigen IVF-Technologie, die mit funktionstüchtigen Gameten arbeiten muss, liegt darin, dass sich die für Kinder und infertile Eltern gleichermaßen problematische gespaltene Elternschaft vermeiden ließe, da die Stammzellforschung mit der Reprogrammierung Wege gefunden hat, sowohl Ei- als auch Samenzellen aus ein und derselben Körperzelle bilden zu können. Das eröffnet sogar queeren Paaren die Familiengründung mit vollumfänglich genetisch eigenen Kindern. Einzig schwule Paare wären vorläufig noch – bis zur Entwicklung eines künstlichen Uterus (Kozlov 2023) – weiterhin auf die Inanspruchnahme von partialer Leihmutterschaft angewiesen, würden aber keine Eizellspenderin mehr beanspruchen müssen, da sie nicht nur die Samenzelle, sondern qua Reprogrammierungstechnologie auch die Eizelle selbst beisteuern könnten. Die zuletzt entwickelten Perspektiven sind im Mausmodell bereits Realität, für den Humanbereich jedoch noch Zukunftsmusik, von der einzelne Töne aber schon vernehmbar sind.

In Abschnitt 3.6 waren aus einem mittlerweile sehr umfangreichen Spektrum reproduktiver Möglichkeiten der modernen Stammzellforschung lediglich die von dem ersten Klonschaf Dolly bekannte SCNT-Klonierungsmethode und die IVG vorgestellt worden. Wir sahen, dass die SCNT-Methode als Reproduktionsoption im Humanbereich allgemein verworfen wird, da sie durch die Klonierung der Mutter allzu offensichtlich mit dem familientheoretischen Filiationsprinzip der heterosexuellen Zwei-Generationenfamilie konfligiert. Hier gibt es bislang noch starke soziokulturelle Widerstände. Die IVG hält im Unterschied zu asexuellen Klonierungsverfahren am sexuellen Fortpflanzungsprinzip der genetischen Neukombination zweier verschiedener Keimzellen fest und scheint sich damit im Rahmen des heterosexuellen bürgerlichen Kernfamilienmodells zu bewegen. Der Schein trügt jedoch, da die sexuelle Fortpflanzung sich bei der IVG auf die Gameten als Träger von Genomen, nicht jedoch auf die Personen bezieht. Sexuelle Fortpflanzung im biologisch-genetischen Sinne heißt Reproduktion durch Austausch von Genen, nicht aber leibliche Interaktion zwischen Personen. Die Reprogrammierungstechnik der Stammzellforschung vermag aus ein und derselben Person sowohl Eizellen als auch Samenzellen zu gewinnen, vermittels derer z. B. eine Solomutter sich selbst befruchten und ihr genetisch nur mit ihr selbst verwandtes, jedoch nicht durch Klonierung gewonnenes Kind auszutragen vermag. „I am Your Mother and Your Father!“ betiteln zwei schwedische Philosophinnen ihre ethische Analyse zur Möglichkeit der Solo-Elternschaft qua IVG (Cutas/Smajdor 2017). Offensichtlich vermag die heterosexuelle Fortpflanzung im biologisch-genetischen Sinne die personale triadische psychosoziale Interaktionsstruktur der westlichen Kernfamilie samt ihrem Strukturprinzip der Konjugalität nicht zu sichern.

5. Ausblick: Techno-solutionistische Erfüllung der reproduktiven Selbstbestimmung?

„Sofern reproduktionsmedizinische Verfahren gesetzlich erlaubt sind, besteht ein grundrechtlicher Anspruch auf diskriminierungsfreien Zugang zu diesen Möglichkeiten der Fortpflanzung.", heißt es mit Blick auf die in Deutschland bislang noch verbotene Eizellspende im kürzlich vorgelegten Bericht der Kommission an die Regierung zur reproduktiven Selbstbestimmung und Fortpflanzungsmedizin (Bericht der Kommission 2024, S. 437). Die IVG könnte, sobald sie als ein Verfahren der Reprogrammierung adulter Stamm- oder Somazellen technisch ausgereift wäre, den Streit über die gesetzliche Erlaubnis der Eizellspende obsolet machen. Denn mit der IVG-Technologie könnte der diskriminierungsfreie Zugang zum genetisch eigenen Kind für jede Person ohne die vielen, mit der Eizellspende verbundenen Risiken und Probleme, ohne embryonenverbrauchende Stammzellforschung und vor allem ohne Inkaufnahme einer gespaltenen Elternschaft gesichert werden.

Die Szientifizierung lebensweltlicher Zusammenhänge hat über die IVF-gestützte Kinderwunschbehandlung die Familiengründung erreicht. Insofern kann nicht länger mit Habermas behauptet werden, dass unsere Lebenswelt, selbst die familiäre, noch aristotelisch verfasst sei. Denn Szientifizierung bedeutet die Abkehr von der aristotelisch-naturteleologischen Überzeugung, dass Gelingensbedingungen menschlicher Lebensgestaltung einer zweckmäßig organisierten natürlichen Ordnung abgelauscht werden könnten. Der moderne Naturwissenschaftler schreibt als experimenteller „maitre et possesseur" der Natur vielmehr seine selbstgesetzten, menschlichen Zwecke vor und ein, indem er die Ursache-Wirkungs-Zusammenhänge analysiert und zu kontrollieren lernt. Die sexuelle Reproduktion des Menschen ist ein solcher Naturprozess, der mittlerweile ziemlich gut verstanden und reproduktionstechnologisch kontrollierbar ist. Durch die der modernen Naturwissenschaft eigene Fragmentierung, Funktionalisierung und Reduzierung auf technische Problemlösungen hat die Familiengründung den Charakter eines gesamtgesellschaftlichen Experiments angenommen, dessen psychosoziale Kosten individualisiert werden. Doch zu welchem gesellschaftlichen Zweck?

Es scheint rechtsliberaler Konsens zu sein, dass die moderne Reproduktionsmedizintechnologie dem Zweck der Verwirklichung einer als Grundrecht proklamierten „reproduktiven Autonomie" (vgl. zu der Kontroverse Baer/Sacksofky 2018) dienen soll, d.h. sich Kinderwünsche zu erfüllen. Das schließt auch eine nicht willkürlich einschränkbare Technologieoffenheit in der Nutzung der medizinisch-technischen Möglichkeit ein, wodurch der ursprünglich rein abwehrrechtliche Charakter des Elternrechts einen anspruchsrechtspolitischen Charakter erhält. Medizinrechtsethisch ist unstrittig, dass „eine Beschränkung auf das Prinzip der Natürlichkeit (...) dem Grundgesetz nicht immanent" ist (R.

Müller-Terpitz, in: A. Spickhoff, Medizinrecht, 3. Aufl. 2018, GG Art. 6 Rn. 5, zit. n. Hillgruber 2020, S. 13). Daher gilt: „Auch wenn und soweit Menschen in Ausübung ihrer Fortpflanzungsfreiheit unter Inanspruchnahme moderner Fortpflanzungsmedizin Kinder zeugen, sind diese nach dem geltenden deutschen Abstammungsrecht nicht notwendig ihre Kinder." Nichtsdestotrotz warnt Hillgruber vor einem „allgemeinen Übergang zu gewillkürter Elternschaft", und zwar „um des Kindeswohls willen als de(m) wichtigsten Maßstab" (Hillgruber 2020, S. 18), nicht zuletzt, weil im reproduktionsmedizinisch-ethischen Diskurs die Perspektive des Kindeswohls der elterlichen Perspektive der Kinderwunscherfüllung als ihrem unbestreitbaren Persönlichkeitsrecht (Art. 2,1 i. V. m. Art. 1,1 GG) deutlich nachgeordnet ist. Die „zumindest objektivrechtlich pränatale Vorwirkung" der Grundrechte des Kindes müsse „zumindest die Bedingungen mitbestimmen, in die es hineingeboren werden soll" (Hillgruber 2020, S. 19).

Zu diesem Grundrechtsanspruch aus der Perspektive des Kindeswohls gehört gemäß bundesverfassungsrechtlicher Bestimmung das „Recht auf staatliche Gewährleistung elterlicher Pflege und Erziehung" (BVerfGE 133, 59, 73 f. Rn 40–42, zit. n. Hillgruber 2020, S. 19 Anm. 79). Doch angesichts der wachsenden reproduktionstechnologischen Optionen der Verwirklichung einer „reproduktiven Autonomie" ist die Frage der Identifizierung der Eltern eines Kindes längst nicht mehr evident. Folglich stellt sich der Rechtswissenschaft aus der Grundrechtsperspektive der Kinder mittlerweile eine Frage ganz neuer Art: „Hat ein Kind ein Recht auf Eltern, und wenn ja, auf wie viele und welche?" (Hillgruber 2020, S. 19) Ein Rückgriff auf den Maßstab des Kindeswohls hilft auch kaum weiter, da der unbestimmte Rechtsbegriff des Kindeswohls kaum ohne normative Vorstellungen von Familie zu bestimmen ist (Franzheld 2020, S. 15 f.). Somit beißt sich die Katze hier in den eigenen Schwanz. Auf welche „natürliche" Bestimmung von Elternschaft kann sich eine Antwort berufen? Auf die vormoderne naturteleologisch fundierte heterosexuelle Kernfamilie oder auf die „gewillkürte Elternschaft" des modernen reproduktionsbiologisch naturwissenschaftlichen Spektrums? Dem techno-solutionistischen und medikal-interventionistischen Reduktionismus des liberalen reproduktionsbioethischen Kinderwunscherfüllungsdiskurs gelten Fragen, die einmal der Reflexion auf die conditio humana zugerechnet wurden, wie: Woher komme ich? und Wer kann die Geschichte meiner Geburt erzählen? (vgl. Schües 2020, S. 9), als reaktionärer anthropologischer Essentialismus.

Literatur

Ach, Johann S./Brudermüller, Gerd/Runtenberg, Christa (Hrsg.) (1998): Hello Dolly? Über das Klonen. Frankfurt am Main: Suhrkamp.

Atlantic International University (2024): Techno Solutionism: Our Inability to Respond to the Human Predicament. 29. April 2024. https://www.aiu.edu/blog/techno-solutionism-our-inability-to-respond-to-the-human-predicament/ (Abfrage: 28.02.2025).

Baer, Susanne/Sacksofsky, Ute (Hrsg.) (2018): Autonomie im Recht – geschlechtertheoretisch vermessen. Baden-Baden: Nomos.
Baranzke, Heike (2019): Was ist ein menschlicher Embryo? Vom Orientierungsverlust der Natur in der reproduktiven Biotechnologie. In: Hermeneutische Blätter 25, H. 1, 26–39.
Baranzke, Heike/Güther, Helen (2022): Beschämbarkeit – Zur pflegeethischen Relevanz einer brisanten Vulnerabilität, in: Riedel, Annette/Lehmeyer, Sonja (Hrsg.): Ethik im Gesundheitswesen. Springer Reference Pflege – Therapie – Gesundheit, 23 S. https://link.springer.com/referenceworkentry/10.1007/978-3-662-58685-3_39-2 (Abfrage: 28.02.2025).
Beier, Katharina (2020): Familiengründung durch Leihmutterschaft – eine ethische Analyse. In: Beier et al. (Hrsg.), S. 155–169.
Beier, Katharina/Brügge, Claudia/Thorn, Petra/Wiesemann, Claudia (Hrsg.) (2020): Assistierte Reproduktion mit Hilfe Dritter. Medizin – Ethik – Psychologie – Recht. Springer Nature. DOI 10.1007/978-3-662-60298-0.
Bericht der Kommission zur reproduktiven Selbstbestimmung und Fortpflanzungsmedizin (Bericht der Kom-rSF). Jülich 2024, https://www.bmj.de/SharedDocs/Publikationen/DE/Fachpublikationen/2024_Bericht_Kom_218_StGB.pdf?__blob=publicationFile&v=7 (Abfrage: 28.02.2025).
Bernard, Andreas (2014): Kinder machen. Neue Reproduktionstechnologien und die Ordnung der Familie. Samenspender, Leihmütter, Künstliche Befruchtung. Lizenzausgabe für die Bundeszentrale für politische Bildung (bpb). Bonn. bpb.
Birnbacher, Dieter (2013): Menschenwürde und Präimplantationsdiagnostik, in: Joerden, Jan C./Hilgendorf, Eri/Thiele, Felix (Hrsg.): Menschenwürde und Medizin. Ein interdisziplinäres Handbuch. Berlin: Duncker & Humblot, S. 755–763.
Bleisch, Barbara (2012): Leihmutterschaft als persönliche Beziehung. In: Jahrbuch für Wissenschaft und Ethik (JWE) 17, H. 1, S. 5–28. DOI: 10.1515/jfwe.2012.17.1.5.
Blyth, Eric/Crawshaw, Marilyn/Frith, Lucy/Jones, Caroline (2020): Donor-Conceived People's Views and Experiences of Their Genetic Origins: A Critical Analysis of the Research Evidence. In: Beier et al. (Hrsg.): Assistierte Reproduktion mit Hilfe Dritter, Springer, S. 361–388. DOI: https://doi.org/10.1007/978-3-662-60298-0.
Byrum, Greta/Benjamin, Ruha (2024): Disrupting the Gospel of Tech Solutionism to Build Tech Justice. In: Stanford Social Innovation Review. Informing and Inspiring Leaders of Social Change, 7 S., DOI: 10.48558/9sev-ed26.
Crawshaw, Marilyn (2020): Emerging Challenges Relating to Gamete(s) Donation: Developments in the UK and Their International Implications. In: Beier et al. (Hrsg.): Assistierte Reproduktion mit Hilfe Dritter, Springer, S. 401–414. DOI: https://doi.org/10.1007/978-3-662-60298-0.
Cutas, Daniela/Smajdor, Anna (2017): „I am Your Mother and Your Father!“ In Vitro Derived Gametes and the Ethics of Solo Reproduction. In: Health Care Anal 25, S. 354–369.
(DER) Deutscher Ethikrat (Hrsg.) (2009): Das Problem der anonymen Kindsabgabe. Stellungnahme. Berlin.
(DER) Deutscher Ethikrat (Hrsg.) (2013): Die Zukunft der genetischen Diagnostik – von der Forschung in die klinische Anwendung. Stellungnahme. Berlin.
(DER) Deutscher Ethikrat (Hrsg.) (2016): Embryospende, Embryoadoption und elterliche Verantwortung. Stellungnahme. Berlin.
(DÄB) Deutsches Ärzteblatt (2020): Mehr Zwillinge und Drillinge geboren, in: Deutsches Ärzteblatt v. 17. Nov. 2020 https://www.aerzteblatt.de/nachrichten/118420/Mehr-Zwillinge-und-Drillinge-geboren (Abfrage: 28.02.2025).
(DÄB) Deutsches Ärzteblatt (2021): Zahl der Zwillinge weltweit auf Rekordstand, in: Deutsches Ärzteblatt v. 12. März 2021 https://www.aerzteblatt.de/nachrichten/121987/Zahl-der-Zwillingsgeburten-weltweit-auf-Rekordstand (Abfrage: 28.02.2025).
(DÄB) Deutsches Ärzteblatt (2023): Erste Babys in Großbritannien mit Erbgut von drei Menschen geboren. In: Deutsches Ärzteblatt v. 10. Mai 2023, DOI: 10.1038/ng.2427.
Dijksterhuis, Eduard Jan (1956): Die Mechanisierung des Weltbildes. Berlin, Göttingen und Heidelberg: Springer.
Dionisius, Sarah Charlotte (2021): Queere Praktiken der Reproduktion. Wie lesbische und queere Paare Familie, Verwandtschaft und Geschlecht gestalten. transcript: Bielefeld.

Eiden, Hans-Peter/Eder, Angelika (2020): Embryonenspende in Deutschland. Eine aktuelle Betrachtung. In: Der Gynäkologe 53, S. 573–581.

Embryonenschutzgesetz: Gesetz zum Schutz von Embryonen (ESchG) vom 13. Dezember 1990 (Bundesgesetzblatt I, 2746), zuletzt geändert durch Artikel 1 des Gesetzes vom 21. November 2011 (Bundesgesetzblatt I, 2228).

Enquete-Kommission des Deutschen Bundestags (2001): Recht und Ethik der modernen Medizin. Zweiter Zwischenbericht. Teilbericht: Stammzellforschung. BT-Drucksache 14/7546.

Fischer, Katarina (2023): Schwangerschaft verändert das Gehirn der Mutter permanent. National Geographic v. 12. Okt. 2023 https://www.nationalgeographic.de/wissenschaft/2023/10/schwangerschaft-veraendert-das-gehirn-der-mutter-permanent-neurowissenschaft-psychologie (Abfrage: 28.02.2025).

Franzheld, Tobias (2020): Familie und Kindeswohl. In: Ecarius, Jutta/Schierbaum, Anja (Hrsg.): Handbuch Familie. Springer VS: Wiesbaden, 19 S. DOI: 10.1007/978-3-658-19861-9.

Friebertshäuser, Barbara/Sacksofsky, Ute (2020): Mutterschaft und Familie. Erziehungswissenschaftliche und juristische Perspektiven. In: Ecarius, Jutta/Schierbaum, Anja (Hrsg.): Handbuch Familie. Springer VS: Wiesbaden, 18 S. DOI: 10.1007/978-3-658-19861-9.

Funcke, Dorett (2012): „Ich will wissen, wer er ist". Geheimnisse und Nichtwissen im Leben von Spendersamenkindern. In: Familiendynamik 37, H. 3, S. 2–11.

Funcke, Dorett (2013a): Soziale Konstruktion von Elternschaft und Verwandtschaft am Beispiel einer gleichgeschlechtlichen Familie. In: sozialer sinn 14, H. 2, S. 3–33.

Funcke, Dorett (2013b): Die anonyme Samenspende und ihre Folgen: Strategien des Umgangs mit Ungewissheit und Nichtwissen. In: Claudia Peter, Dorett Funcke (Hrsg.), Wissen an der Grenze. Zum Umgang mit Ungewissheit und Unsicherheit in der neuen Medizin, Frankfurt/New York: Campus 2013, S. 413–452.

Funcke, Dorett (2019): Die kulturelle Norm der Kernfamilie – Habitusrekonstruktion und Deutungsmusteranalyse. Eine exemplarische Fallanalyse: „…aber es ist auch irgendwie meine Geschichte…". In: Sozialer Sinn 20, H. 2, S. 215–262.

Funcke, Dorett (2021): Die gleichgeschlechtliche Familie. Soziologische Fallstudien. Springer VS DOI 10.1007/978-3-658-31336-4.

Gießelmann, Kathrin (2018): Somatischer Zellkerntransfer. Sorge um humane Klone wächst. In: Deutsches Ärzteblatt (DÄB) 115, H. 6, 9. Febr. 2018, A238-A241.

Girschick, Sebastian (2022): Die assistierte Reproduktion mittels humaner artifizieller Gameten. Vorschlag einer Reform des Abstammungsrechts unter Berücksichtigung menschen- und verfassungsrechtlicher Vorgaben. Baden-Baden: Nomos.

Gössel, Susanne/Sanders, Anne (2022): Die Legalisierung der Leihmutterschaft – Vorschläge für die familienrechtliche Regelung in Deutschland, in: Juristische Zeitschrift (JZ) 10, S. 492–502.

Golombok, Susan et al. (2023): A Longitudinal Study of Families Formed Through Third-Party Assisted Reproduction: Mother-Child Relationships and Child Adjustment From Infancy to Adulthood. In: Developmental Psychology 59, Nr. 6, S. 1059–1073.

Greely, Henry T. (2016): The End of Sex and the Future of Human Reproduction. Cambridge, MA: Harvard University Press.

Habermas, Jürgen (2001): Die Zukunft der menschlichen Natur. Auf dem Weg zu einer liberalen Eugenik? Frankfurt am Main: Suhrkamp.

Haker, Hille (2001): Ein in jeder Hinsicht gefährliches Verfahren. Die Praxis der PID unter Abwägung aller Umstände, in: Geyer, Christian (Hrsg.): Biopolitik. Die Positionen. Frankfurt/Main, S. 143–150.

Hallich, Oliver (2017): Sperm Donation and the Right to Privacy. In: The New Bioethics 23, Nr. 2, S. 107–120.

Hallich, Oliver (2018): Embryo Donation or Embryo Adoption? Conceptual and Normative Issues. In: Bioethics 33, S. 653–660.

Henn, Volker (2023): Mitochondrien-Spende: Drei Eltern für ein Kind. In: wissenschau.de v. 19. April 2023 https://www.wissensschau.de/reproduktionsmedizin/mitochondrien_spende_kuenstliche_befruchtung.php (Abfrage: 28.02.2025).

Hikabe, O./Hamazaki, N./Nagamatsu, G./Obata, Y./Hirao, Y./Hamada, N./Shimamoto, S./Imamura, T./Nakashima, K./Saitou, M./Hayashi, K. (2016): Reconstitution in vitro of the entire cycle of the mouse female germ line. In: Nature 539 (7628), 299–303. DOI 10.1038/nature20104.

Hillgruber, Christian (2020): Gibt es ein Recht auf ein Kind? In: JuristenZeitung 75, S. 12–20.

Hoffmann, Christiane (2013): Bauchmama. In FAZ v. 07.01.2013. https://www.faz.net/aktuell/gesellschaft/familie/leihmutterschaft-bauchmama-12009543.html (Abfrage: 28.02.2025).

Höfling, Wolfram (2001): Wider die Verdinglichung. Auch „überzählige" Embryonen sind vom Grundgesetz geschützt, in: Christian Geyer (Hrsg.): Biopolitik. Die Positionen. Frankfurt am Main: Suhrkamp, S. 240–246.

Huber, Johannes (2009): Totipotenz– überfordertes Kriterium der Schutzwürdigkeit? Eine naturphilosophische Untersuchung zu den biologischen Grundlagen eines normativ gewordenen Begriffs. Berlin: LIT.

Huinink, Johannes (2009a): Familie: Konzeption und Realität. In: Informationen zur politischen Bildung (izpb) Nr. 301: Familie und Familienpolitik, Kap. 2 https://www.bpb.de/shop/zeitschriften/izpb/familie-und-familienpolitik-301/8017/familie-konzeption-und-realitaet/ (Abfrage: 30.09.2024).

Huinink, Johannes (2009b): Kap. 4 Wandel der Familienentwicklung: Ursachen und Folgen. In: Informationen zur politischen Bildung (izpb) Nr. 301: Familie und Familienpolitik, Kap. 4. https://www.bpb.de/shop/zeitschriften/izpb/familie-und-familienpolitik-301/8017/familie-konzeption-und-realitaet/ (Abfrage: 28.02.2025).

Jaeschke, Moritz L. (2020): Vertauschte Keimzellen und Embryonen. Studien zum Medizin- und Gesundheitsrecht. Mohr Siebeck.

Kozlov, Max (2023): Human Trials of Artificial Wombs Could Start Soon. Here's What You Need to Know. In: Nature 621 v. 21. Sept. 2023, S. 458–460.

Krämer, Felicitas (2020): Ethische Probleme der Embryospende, in: Beier et al. (Hrsg.), S. 142–154.

Kreß, Hartmut (2016): Xenotransplantation und Uterustransplantation. Neuland in der Transplantationsmedizin. Ethischer Klärungs- und gesetzlicher Regelungsbedarf, in: Jahrbuch für Recht und Ethik 24, S. 113–141.

Langer, M. (2014): Postmenopausale Schwangerschaft nach Eizellspende. In: Der Gynäkologe 47, H. 4, S. 244–247; DOI 10.1007/s00129-013-3247-2.

Legal Tribune (2020): Münchner Prozess um Eizellspenden: Wann fängt Leben an?, in: Legal Tribune Online v. 28.10.2020 https://www.lto.de//recht/nachrichten/n/bayoblg-eizelle-spende-befruchtung-wann-entseht-leben-kinderwunsch-medizin (Abfrage: 28.02.2025).

Lenzen-Schulte, Martina (2014): Retortenbabys – gedankenlos gezeugt? In: FAZ Nr. 30, v. 5. Febr. 2014, S. N 1.

Lewitscharoff, Sibylle (2014): Von der Machbarkeit. Die wissenschaftliche Bestimmung über Geburt und Tod. Dresdener Reden 4, hrsg. v. Staatsschauspiel Dresden.

Lutz, Christiane (2014): Adoptivkinder fordern uns heraus. Handbuch für Beratung, Betreuung und Therapie. Stuttgart: Klett-Cotta.

Maio, Giovanni (Hrsg.) (2007): Der Status des extrakorporalen Embryo. Perspektiven eines interdisziplinären Zugangs. Stuttgart-Bad Cannstatt: frommann-holzboog.

Mall, Eva/Schlatt, Stefan/Gassner, Ullrich M./Spranger, Tade Matthias/Ranisch, Robert/Rolfes, Vasilija (2023): Die Generierung von künstlichen Keimzellen. Medizinische, rechtliche und ethische Aspekte. Sachstandsberichte des DRZE Bd. 25. Baden-Baden: Karl Alber.

Meier-Credner, Anne (2020): Familiengründung zu dritt – psychologische und ethische Aspekte. Der Verein Spenderkinder. In: Beier et al. (Hrsg.), S. 329–345.

Mühling, Tanja (2020): Vaterschaft und Familie. In: Ecarius, Jutta/Schierbaum, Anja (Hrsg.): Handbuch Familie. Springer VS: Wiesbaden, 18 S. DOI: 10.1007/978-3-658-19861-9.

Müller, Helga (2020): Das Recht auf Kenntnis der Abstammung. In: Beier, Katharina et al. (Hrsg.): Assistierte Reproduktion mit Hilfe Dritter, Medizin-Ethik-Psychologie-Recht, Heidelberg: Springer, S. 98–113.

Murakami, Kenta et al. (2023): Generation of Functional Oocytes from Male Mice In Vitro. In: Nature 615, 30. März 2023. https://doi.org/10.1038/s41586-023-05834-x (Abfrage: 28.02.2025).

(NER) Nationaler Ethikrat (Hrsg.) (2002): Zum Import menschlicher embryonaler Stammzellen. Stellungnahme. Berlin.

(NER) Nationaler Ethikrat (Hrsg.) (2003): Genetische Diagnostik vor und während der Schwangerschaft. Stellungnahme. Berlin.
(NER) Nationaler Ethikrat (Hrsg.) (2007): Zur Frage einer Änderung des Stammzellgesetzes. Stellungnahme. Berlin.
Netzwerk Embryonenspende e. V. https://www.netzwerk-embryonenspende.de/aktuell/aktuell.html (Abfrage: 28.02.2025).
Paetow, Luise (2022): Sollte die Leihmutterschaft in Deutschland zulässig sein? Abstammung und gesellschaftlicher Wandel, in: Kriminalpolitische Zeitschrift (KriPoZ) 5, S. 346–354.
Peuckert, Rüdiger (2019): Familienformen im sozialen Wandel. 9., vollständig überarbeitete Aufl. Wiesbaden: Springer VS. DOI: 10.10007/978-3-658-25077-5.
Polat, Nurhak (2018): Umkämpfte Wege der Reproduktion. Kinderwunschökonomien, Aktivismus und sozialer Wandel in der Türkei. Bielefeld: transcript.
Rensing, Johanna (2024): Elternschaft ohne Liebschaft: Co-Elternschaft und gesellschaftliche Normen. In: praefaktisch. Ein Philosophieblog https://praefaktisch.de/familie/elternschaft-ohne-liebschaft-co-elternschaft-und-gesellschaftliche-normen/ (Abfrage: 28.02.2025).
Richter-Kuhlmann, Eva (2022): Stammzellforschung: Fragliche Embryonenspende, in: Deutsches Ärzteblatt (DÄB) 119, H. 6, 11. Febr. 2022, A 230–232.
Sanders, Anne (2018): Mehrelternschaft. Tübingen: Mohr Siebeck.
Sanders, Anne (2024): Verfassungsrechtliche Mehrelternschaft, leiblicher Vater und soziale Familie, in: JuristenZeitung 79, S. 559–563. DOI: 10.1628/jz-2024-0167.
Scheerer, Ann Kathrin (2020): Reproduktionsmedizin und psychoanalytische Praxis. In: Moeslein-Teising, Ingrid/Schäfer, Georg/Martin, Rupert (Hrsg.): Generativität. Psychosozial Verlag: Gießen, S. 98–111.
Schües, Christina (2020): Familie: Geburt und Verantwortung. In: Ecarius, Jutta/Schierbaum, Anja (Hrsg.): Handbuch Familie. Springer VS: Wiesbaden, 20 S. DOI: 10.1007/978-3-658-19861-9.
Siegl, Veronika (2019): Analyse: Leihmutterschaft in der Ukraine: Aufstieg – und Fall? – eines lukrativen internationalen Marktes. https://www.bpb.de/themen/europa/ukraine-analysen/284394/analyse-leihmutterschaft-in-der-ukraine-aufstieg-und-fall-eines-lukrativen-internationalen-marktes/ (Abfrage: 28.02.2025).
Taupitz, Jochen (2008): Der Embryobegriff des Embryonenschutzgesetzes. In: Jahrbuch für Wissenschaft und Ethik (JWE) 13, H. 1, S. 107–151.
Trappe, Heike (2020): Reproduktionsmedizin und Familie. In: Ecarius, Jutta/Schierbaum, Anja (Hrsg.): Handbuch Familie. Springer VS: Wiesbaden, 22 S. DOI: 10.1007/978-3-658-19861-9.
Vergin, Julia (2024): Geklonter Rhesusaffe – Durchbruch für die Genetik? DW v. 16.1.2024. https://www.dw.com/de/geklonter-rhesusaffe-durchbruch-f%C3%BCr-die-genetik/a-67982918 (Abfrage: 28.02.2025).
Woellert, Katharina (2009): „Rote Pest", „WS-Koller" und „Eisbärchen". Das Reden über den unerfüllten Kinderwunsch. Internetforen als Kommunikationsraum. In: Ingensiep, Hans Werner/Rehboch, Theda (Hrsg.): „Die rechten Worte finden …" Sprache und Sinn in Grenzsituationen des Lebens. Königshausen & Neumann: Würzburg, S. 293–307.
Walerian, Julia (2023): Dein Papa ist nicht dein Papa. In: frame[less]. Das digitale Magazin für Kunst in Theorie und Praxis. http://framelessmagazin.de/dein-papa-ist-nicht-dein-papa-2023-julia-walerian (Abfrage: 28.02.2025).
Walser, Angelika (2024): Familie im Wandel. In: praefaktisch. Ein Philosophieblog. https://praefaktisch.de/familie/familie-im-wandel/ (Abfrage: 30.09.2024).
Wiesemann, Claudia (2020): Ist ein Verbot der Eizellspende ausreichend begründbar? Eine ethische Analyse. In: Beier et al. (Hrsg.), S. 129–140.

„Familiengründung zu dritt" – Eine Herausforderung besonders für die Kinder

Wolfgang Oelsner

1. Psychodynamische Aspekte bei Zeugung durch Samen- oder Eizellspende

„Ich bin gegen Samenspende", sagt die 28-jährige Maria und begründet ihre Haltung vor allem mit ihrer psychischen Krise in der Adoleszenz. Die bekam sie, nachdem sie von ihrer Zeugungsart durch Samenspende erfahren hatte. Doch dann ergänzt sie ihre Aussage: „Aber ich bekam dadurch liebevolle Eltern."

Solche zunächst irritierend klingende Äußerungen sind in Interviews mit Mitgliedern des Vereins „Spenderkinder" kein Einzelfall (Oelsner/Lehmkuhl 2016)[1]. Berichtet werden intensive Auseinandersetzungen der inzwischen erwachsenen Kinder mit ihren Eltern. Konfliktherd ist sowohl deren einstige Entscheidung, ihren Kinderwunsch mittels Fremdsamenspende zu erfüllen, als auch die unzulängliche, späte oder gar nicht erfolgte Kommunikation dieser Entscheidung. Das daraus resultierende Konfliktpotenzial kann zum Beziehungsbruch führen. Oft aber kommt es zu einer Aussöhnung, wie sie Maria – nach nicht unproblematischen Zwischenstadien – ausspricht.

1.1 Ambivalentes Erleben

Betroffene, die sich für ein Interview zur Verfügung stellten, zeigten sich der Thematik gegenüber kritisch und reflektiert und letztlich aussöhnungsbereit. Zurück blieb indes ein Bedauern, dass ihre Eltern sich seinerzeit nicht mit den problematischen Seiten der Samenspende auseinandergesetzt hatten. Im Verein Spenderkinder engagieren sie sich als junge Erwachsene nun für mehr

1 Eigene Interviews wurden auf Basis einer nicht repräsentativen Zufallsstichprobe mit jungen Erwachsenen geführt, die einst per Samenspende gezeugt wurden. Sie nennen sich und den von ihnen gegründeten Verein „Spenderkinder".

Aufklärung und Bewusstseinsbildung in der Reproduktionsmedizin[2], sowie für eine von Eigeninteressen der Kinderwunschzentrenten abgekoppelte Beratung (s. Meier-Credner 2020).

Kritik von Betroffenen an der Fremdinsemination bis hin zu deren Ablehnung bei gleichwohl wertschätzender Beziehung zu den Eltern, die einst diese Methode wählten, finden sich auch in literarischen Selbstzeugnissen.

Schon bevor „Samenspende“ im Umfeld des Urteils des Bundesgerichtshofs von 2015[3] ein medial viel beachtetes Thema wurde, hatte der Franzose Arthur Kermalvezen im Buch „Ganz der Papa“ (Kermalvezen 2009) die Umstände seiner Zeugung öffentlich problematisiert. Arthur war schon im Vorschulalter aufgeklärt worden, dass er sein Leben der Samenspende eines unbekannten Mannes verdanke. Als jungem Mann wird ihm das zum Problem. Nicht die Existenz eines dritten Elternteils irritiert ihn, sondern die Ohnmacht, sich ein Bild von dem Menschen machen zu können, dessen Gene er zu 50 Prozent in sich trägt.

Seinen Zorn und seine Trauer über die biografische Leerstelle kann er trennen von der Wertschätzung seines sozialen Vaters: „Wer glaubt, dass ich die Aufhebung der Spenderanonymität fordere, weil ich einen Vater suche, der ist dumm und verächtlich. (…) Weil ich einen Teil meiner genetischen Herkunft suche, weise ich damit ja nicht gleichzeitig meine gesetzliche und soziale Herkunft zurück. Ich liebe meine Familie, in der ich aufgewachsen bin, und ich liebe ganz besonders meinen Vater“ (ebd., S. 61).

Die Zugewandtheit zwischen ihm und seinem sozialen Vater spricht aus vielen Sätzen seiner biografischen Selbstauskunft. Arthur schätzt es, dass seine Eltern Seelenarbeit leisteten, bevor sie sich zur Familiengründung durch Samenspende entschieden: „Zu meinem großen Glück habe ich Eltern, die dazu imstande waren, zunächst zu akzeptieren, dass sie keine ganz eigenen Kinder würden haben können, bevor sie uns bekamen, meine Schwestern und mich. So konnten sie uns wirklich annehmen. Für meinen Vater sind wir ein bisschen wie Adoptivkinder. Er ist nicht eitel, und selbst wenn er nicht gerne über seine Unfruchtbarkeit spricht, so akzeptiert er sie doch und fühlt sich deswegen nicht in seiner Männlichkeit infrage gestellt“ (ebd., S. 45).

Mehreres ist an dieser Aussage bemerkenswert: Die biologische Ursache für die eigene Kinderlosigkeit wird von dem Ehepaar akzeptiert. Das ist eine Voraussetzung, um sie zu betrauern. Zudem: Das Modell Adoption half Arthurs Vater, ein Konzept von Nachkommenschaft für sich zu entwerfen. Und: Er definiert

2 In diesem Beitrag sind mit reproduktionsmedizinischen Maßnahmen ausschließlich heterologe Interventionen, also unter Hinzukommen mindestens einer dritten Person gemeint. Zum Aufgabenbereich der Reproduktionsmedizin zählt selbstverständlich auch die homologe Insemination mit der heute weit praktizierten „In Vitro Fertilisation“ (IVF) und Intrazytoplasmatische Spermieninjektion (ICSI) außerhalb des Körpers in der „Petrischale“. Soziale und genetische Elternschaft sind hier jedoch identisch.

3 BGH-Urteil vom 28.1.2015, XII ZR 201/13.

sich in seiner Männlichkeit nicht als defizitär, wenn er sich seine Unfruchtbarkeit eingesteht. Im beratenden Auswahlverfahren zukünftiger Adoptiveltern sprächen solche Aussagen für die reifen Persönlichkeiten eines Paares. Sie zeugen von einer vertieften Auseinandersetzung.

Ablehnung der Methode und wertschätzende Beziehung zu den Eltern, die sie einst wählten – das sind nur zwei paradox erscheinende Aspekte jener komplexen Dynamik bei einer Zeugung mittels Fremdsamenspende. Eine „Familiengründung zu dritt" nennt sie der Verein „Spenderkinder" (Meier-Credner 2019)[4]. Gelingend leben lässt sich mit ihr. Das ist der Eindruck aus eigenen, nicht repräsentativen Befragungen und aus einer Literaturdurchsicht. Aber die Konstellation ist vulnerabel. Den Beteiligten verlangt sie erhebliche psychische Energien ab, mehr jedenfalls als die Prospekte von Kinderwunschzentren glauben machen wollen. Denen zufolge zähle „nur die Liebe". An der mangelt es Eltern, die nach vielen „Fehlversuchen" sehnsüchtig Hilfe erhoffen, natürlich am wenigsten.

1.2 Eine Herausforderung auch für die Eltern

Einer Kinderwunscherfüllung mittels Reproduktionsmedizin gehen Entscheidungs- und Lebensphasen von herausfordernder Dynamik voraus. Fast immer durchlitten Wunscheltern(paare) zermürbende Monate und Jahre, in denen sich eine Schwangerschaft nicht einstellte. Ehepaare haben etliche Fertilitätsuntersuchungen hinter sich gebracht. Und gewollt alleinerziehende Wunschmütter prüfen meist lange, wen sie als männlichen Partner für die benötigte Gametengabe ansprechen und als genetischen Vater auswählen können, ohne ihm eine elterliche Rolle einzuräumen. Auch finanzielle und formale Überlegungen sind anzustellen, etwa wie die behördlichen Hürden bei Leihmutterschaft im Ausland zu nehmen sind, oder wie die hierzulande illegalen Methoden zu kaschieren sind.

Leicht ist die Situation keinesfalls. Und leicht machen es sich die Betroffenen auch nicht. Eigene Befragungen ebenso wie eine Literaturdurchsicht vermitteln den Eindruck, dass niemand verantwortungslos handeln will.

Im Zustand des Sehnens ist jedoch der Blick selten frei, um zu erahnen, welche Bedeutung die Personen haben werden, auf deren Mitwirkung man bei der Kinderwunscherfüllung angewiesen ist, die bei der späteren sozialen Elternschaft aber keine Rolle spielen sollen. Bei einer Samen- oder Eizellenspende sind das die unbekannten oder auch bekannten „Spender" und „Spenderinnen". Bei Leihmutterschaft ist es die austragende Frau[5]. Neben den zukünftigen sozialen

---

4 In der Pränatalpsychologie von Auhagen-Stephanos (2017) spielt die Dreierkonstellation schon vor dem „Zeugungsakt" eine zentrale Rolle.

5 Erlaubt ist in Deutschland derzeit lediglich die Samenspende, geregelt im Samenspender-Registriergesetz (BGBL 2017). Eizellspende und Leihmutterschaft werden im Beitrag dennoch erwähnt, weil sie beansprucht werden und die diskutierten psychodynamischen Prozesse unabhängig von Fragen der Legalität sind.

Eltern können elterliche Teilfunktionen auf bis zu drei weitere Personen verteilt sein. Auch wenn denen im Leben der Kinder keine Rolle zugedacht werden soll, hinterlassen sie genetisch und/oder biologisch doch unauflösbare Spuren.

Auch im Erleben der sozialen Eltern bleiben Spuren „der Dritten". Die in der Arbeit mit heterolog inseminierten Frauen erfahrene Psychoanalytikerin Ute Auhagen-Stephanos sieht den zukünftigen sozialen Vater in der technischen Maschinerie der Reproduktionsmedizin als einen „hilflosen Zuschauer", der einem fremden Dritten die Befruchtung seiner Partnerin überlässt. Die Begriffe „Männlichkeit" und „Sexualität" sind in dieser technischen Maschinerie weitgehend in den Hintergrund gedrängt, ja, werden in diesem Kontext total verleugnet" (Auhagen-Stephanos 2017, S. 244).

Der Analytiker Hans-Geert Metzger berichtet von der „Mutter eines Kindes, das durch eine Samenspende gezeugt wurde, wie sie geradezu zwanghaft ‚jeden Mann auf der Straße genauestens' musterte, der bestimmte körperliche Merkmale hatte, die ihrer Tochter ähnelten" (Metzger 2017, S. 265).

Der Psychiater und Familientherapeut Helmut Bonney rät deshalb „Männern, die sich entschließen, nach donogener Insemination (DI) soziale Väter zu werden, sich mit möglichen Auswirkungen auf ihr Selbstkonzept und die Partnerschaft auseinanderzusetzen" (Bonney 2002, S. 123). In der kleinen Fallvignette von Arthur Kermalvezen konnte dessen Vater das Modell Adoption als ein Konzept von Nachkommenschaft für sich annehmen. Die im Verein „DI-Netz" organisierten Eltern, die eine Familiengründung durch Samenspende als Möglichkeit zur Kinderwunscherfüllung propagieren und sich dafür u. a. im Ethikrat positionieren, lehnen indes Vergleiche zum Adoptionsgeschehen entschieden ab. In der vom Verein „Spenderkinder" – analog zur Adoption – geforderten vorhergehenden Beratungspflicht für Kinderwunscheltern sehen sie eine Einschränkung elterlicher Handlungsautonomie.

Natürlich sind die Unterschiede zwischen Familiengründung per Reproduktionsmedizin oder Adoption erheblich. Spenderkinder machen vor allem nicht die demütigende Erfahrung, von der Primärfamilie abgegeben zu werden oder aus ihr herausgenommen zu werden. Auch erleben sie nicht die oft vorausgehenden belastenden Vernachlässigungen. Gemeinsam aber ist den Kindern ihre psychische Beschäftigung mit einer ihnen unbekannten, jedoch wortwörtlich existenziell unverzichtbaren Person. In der Hoffnung, den bislang unbekannten genetischen Vater ausfindig zu machen, meint Spenderkind Lea zunächst, sie würde diesem Menschen sicherlich ganz leidenschaftslos begegnen können. „Allerdings", wirft sie ein, „eine Erwartung habe ich doch. Ich wäre enttäuscht, wenn ich ihn nicht interessieren würde. Er sollte schon wissen, dass es mich gibt" (Oelsner/Lehmkuhl 2016, S. 142). Sie würde ja nicht jenem winzigen Eiweißklumpen mit Erbinformationen begegnen, dem sie ihr Leben verdankt. Sie träfe eine Person. Schließlich ist man, wie Peter Sloterdijk (2014, S. 268) sagt, „nicht Kind von etwas, sondern von jemand".

Soweit nur einige wenige Aspekte, die die sozialen Eltern betreffen. Schwerpunkt dieses Beitrags ist indes das Erleben der Kinder.

1.3 Schicksal oder Auswahl?

„Vom Gewordenen zum Gemachten", so der Titel dieser Anthologie, bedeutet in der Familienplanung einen tiefgreifenden Paradigmenwechsel. „Doing family" nennt die Soziologie die „aktive Herstellungsleistung von Verwandtschaft" (Bergold et al. 2017, S. 15), die sich nicht ausschließlich bio-genetisch oder durch Heirat begründet. Kulturgeschichtlich ist dies kein Novum. Nachkommenschaft unter dem Primat von Liebesheirat gab und gibt es längst nicht zu allen Zeiten und in allen Kulturen. Doch nicht sozialpolitische, sozio-psychologische oder weitere damit verbundene Aspekte liegen in diesem Beitrag unter dem Brennglas, sondern die intrapsychischen Prozesse und das Erleben der Kinder.

Von einer „Depotenzierung des Schicksals" sprach der Philosoph Odo Marquard um die Jahrtausendwende (Marquard 1981/2000, S. 81), als er konstatierte, dass die „menschliche Endlichkeitsfähigkeit" mehr und mehr absoluten Ansprüchen an den Fortschritt (Marquard 1994, S. 107) weicht. Der Medizinethiker Giovanni Maio fragt mit Blick auf die Reproduktionsmedizin, ob Menschen gar die „Abschaffung des Schicksals" anstreben. Er fürchtet, was dann auf sie zukäme: „Eine Gesellschaft ohne Schicksal ist eine Gesellschaft ohne Gnade" (Maio 2014, S. 24).

Das Schicksal als unwägbare Dimension bei unserem Streben und Handeln mitzudenken, ist nicht nur ängstigend. Es hat auch eine tröstliche Dimension. Zwar kränkt es unsere Allmachtphantasien. Doch „eine Gesellschaft, die kein Schicksal duldet, wäre eine unbarmherzige Gesellschaft. (...) Das Wissen um ein Schicksal, das alle Menschen gemeinsam tragen, ist zugleich auch Trost und Beruhigung" (ebd.). Letztlich, so Maio, sei „der Mensch darauf angewiesen, im Bewusstsein zu leben, dass sein Sein Schicksal und nicht Auswahl ist" (ebd., S. 27).

Diese Sicht ist auch unter entwicklungspsychologischen Aspekten von Belang, denn die Akzeptanz von Schicksal relativiert elterliche Macht. Kinder empfinden ihre Eltern anfangs als allmächtig. Das ist zwangsläufig so, und es ist auch wichtig, denn sie selbst sind zunächst noch völlig „ohn-mächtig". Ohne Fürsorge der „mächtigen" (Ersatz-)Eltern ist kein Säugling überlebensfähig. Erst im Verlauf eines sensiblen Erziehungsgeschehens werden Kinder nach und nach ein realistischeres Bild ihrer Eltern verinnerlichen und – im guten Fall – deren liebevolle und starke Fürsorge erkennen können, wo einst Omnipotenz phantasiert wurde.

Es ist eine ambivalente Dynamik: Einerseits ist es entlastend, zu erkennen, dass auch Eltern nicht alles können – und dürfen. Andererseits ängstigt die Vorstellung von deren Entmachtung. Wie sollen sie dann das Kind noch schützen?

Bei ängstigenden Vorstellungen kommt dem noch unreifen und überforderten Ich des Kindes ein Phänomen zugute, das unter dem Begriff „magische Phase" ein anerkannter Begriff der Entwicklungspsychologie ist. Kinder im Vorschulalter formen das Unbegreifliche, das Bedrohliche magisch um. Sie „entmachten" es und machen es mit dem imaginären „Zauberstab" ihres magischen Denkens beherrschbar. Im Zehnminutentakt können sie sich Rollen wie Königin, Superman, Astronaut oder Zauberin geben und die mit großem Ernst, wie „in echt", vorstellen. Die Phantasie eigener Macht und Unverwundbarkeit verdrängt reale Ängste vor Herausforderungen und Gefahren, denen ihr kindlicher Reifestand noch nicht gewachsen sein kann. Beispielsweise ist die Irreversibilität des Todes für ein dreijähriges Kind noch nicht aushaltbar. In seiner Phantasie können folglich Verstorbene wiederkommen.

Der Hinweis auf das entwicklungsgerechte magische Umformen der Realität im Vorschulalter will auf einen Fallstrick bei einer kindgerechten Aufklärung aufmerksam machen. Es geht um die Kehrseite einer Medaille, auf deren Vorderseite die Befürwortung einer frühen Aufklärung von Kindern steht. Das betrifft adoptierte Kinder ebenso wie jene, die per Samenspende, Eizellspende oder Leihmutterschaft gezeugt bzw. ausgetragen wurden.

Befürworter wie Gegner einer reproduktionsmedizinischen Kinderwunscherfüllung sind sich heute weitgehend einig, dass Kinder früh über die Umstände ihrer Zeugung und Geburt aufgeklärt werden sollen. Auch die rechtlichen Rahmenbedingungen wurden mehr und mehr auf ehrliche Aufklärung ausgerichtet[6]. Es darf jedoch nicht davon ausgegangen werden, dass die Informationen bei einem Kind im Vorschulalter im Sinne der Erwachsenen-Logik aufgenommen werden. Qua Entwicklungsstand des Kindes muss mit magischen Umformungen, also mit einer ganz eigenen Interpretation des Mitgeteilten gerechnet werden.

Die Schwester Justine des bereits erwähnten Arthur Kermalvezen wurde ebenfalls per Samenspende gezeugt und war von klein auf darüber aufgeklärt. Im Buch ihres Bruders erinnert sie sich: „Ich lebte völlig in meiner Phantasie, dass ich irgendwo einen zweiten Vater hatte. (…) Ich war also eine Prinzessin, und mein zweiter Vater war ein König, den ich in meinen Träumen traf. Papa (gemeint ist der soziale Vater – W. O.) war für mich mein Adoptivvater, aber er war nicht mein Vater." (Kermalvezen 2009, S. 103) Einmal sagte sie trotzig zu ihrem Bruder: „Mein Spender ist Gott, es ist Jesus!" (ebd., S. 118)

Kindliche Größenphantasien, etwa Justines imaginierte „göttliche Abstammung", sind oft eine ins Gegenteil gedrehte Abwehr eines Gefühls von Kleinheit und Unzulänglichkeit. Sie sind eine Art Selbstrehabilitierung eines gekränkten

6 U. a. Samenspenderregistriergesetz von 2018, veröffentlicht im Bundesgesetzblatt (BGBL 2017)

Subjekts, das sich im Objektstatus degradiert sieht. Das Ich wehrt sich gegen die Vorstellung, Spielball oder Verfügungsmasse anderer zu sein. („Mit mir wurde was gemacht. Über mich konnte man verfügen.“)

Fragmente eines solch entwicklungsbedingt kurzschlüssigen Weltverständnisses und magischen Umdeutens können sich als ein Grundgefühl einnisten und im Erwachsenenalter weiterwirken – sowohl in der Überhöhung von „Auserwähltheit“ als auch in der negativen Selbststigmatisierung. Die 26-jährige Svenja[7] staunte über sich selbst, wie hartnäckig sie eine Information ihrer Adoptiveltern fehldeuten konnte. Diese hatten vom damaligen Adoptionsprozedere berichtet. Bevor ihnen Svenja zugesprochen wurde, hatten sie sich zweimal für Kinder entschieden, deren leibliche Mütter kurz vor Abschluss der Verfahren ihre Einwilligungen zurückzogen und die Kinder selbst großziehen wollten. Die Adoptiveltern verstanden die ehrliche Schilderung dieser Vorgeschichte als Ausdruck von Vertrautheit zwischen ihnen und ihrer Adoptivtochter, auch als Zeugnis ihrer damaligen Sehnsucht. Bei Svenja hatte sich diese biografische Notiz indes als demütigender Beleg ihrer Degradierung festgesetzt: „Ich war nur dritte Wahl“.

Svenja war selbst schon als Psychologin tätig, als ihr die Unsinnigkeit dieser Selbstzuschreibung bewusst wurde. Sie erkannte das dahinterstehende tiefsitzende Gefühl, „ausgewähltes Objekt“ zu sein. Zur Subjektperspektive fand sie durch ein Gedankenspiel während eines kollegialen Fachaustauschs. Sie stellte sich vor, selbst schwanger werden zu wollen und damit rechnen zu müssen, dass dies nicht beim ersten und zweiten, vielleicht auch noch nicht beim sechsten und siebten Versuch klappen könnte. Plötzlich war ihr vor Augen, wie unsinnig es wäre, einem nach dem x-ten Anlauf heranwachsenden – leiblichen – Kind die „Drittklassigkeit“ zuzusprechen.

1.4 Subjekt statt Objekt

Im Gefühl vermeintlicher „Minderrangigkeit“ manifestiert sich eine Kränkung. Abgewehrt werden kann sie mit der Illusion am anderen Ende der Skala, der „Auserwähltheit“. Das eine wie das andere kann sich – unbewusst – einstellen, wenn Kinder ihre Existenz als das Ergebnis einer menschlichen Auswahl sehen. Hier soll nicht der zivilisatorische Fortschritt infrage gestellt werden, dass Menschen sich schicksalhaften Vorgaben mit medizinischen und technischen Errungenschaften entgegenstemmen können. Es geht um die Dynamik, die mit dem Aufheben der „grundsätzlichen Unverfügbarkeit des Menschen“ (Maio 2014, S. 27) im Erleben der Kinder freigesetzt wird. Es ist ein Unterschied, ob diese Dynamik die eigene Existenz oder die Existenz eines anderen Menschen betrifft. Wenn „der Mensch darauf angewiesen ist, im Bewusstsein zu leben, dass

7 Ein Beispiel aus eigener Praxis.

sein Sein Schicksal und nicht Auswahl ist“ (ebd., S. 27), dann ist es sowohl für adoptierte Kinder wie für „Spenderkinder“ von Bedeutung, ob sie später in der Entscheidung ihrer Eltern eine Wahl oder eine Auswahl erkennen.[8]

Die „Unverfügbarkeit“ (Rosa 2019) zu akzeptieren heißt, die Kränkung eigener Allmachtphantasien auszuhalten, wenn sich das Schicksal zwischen den elterlichen Kinderwunsch und dessen Erfüllung schiebt. Die Umgehung elterlicher Ohnmacht mittels reproduktionsmedizinischer Intervention oder rechtlicher Konstrukte (z. B. Adoption) birgt die Möglichkeit, dass Kinder ihre Existenz als „Auswahl“ und sich selbst als „Objekt“ sehen können. Das ist keiner absichtsvollen Überheblichkeit der Eltern geschuldet. Die sehen sich nach vielen vergeblichen Fertilisationsversuchen eher als Ohnmächtige des Geschehens. Die Zuschreibung einer „Auswahl“ gründet allein in der Konstellation und wie diese kommuniziert und vom Kind rezipiert wird, insbesondere unter dem Aspekt magischer Umformung im vorschulischen Lebensabschnitt. Hier liegt auch die Chance einer späteren Aufarbeitung. Es wäre unhaltbar, hier von einem „irreparablen Trauma“ zu sprechen. Fahrlässig oder naiv wäre es allerdings, zu ignorieren, dass diese Aufarbeitung tatsächlich Arbeit ist. Phasenweise kann sie besonders anstrengend und vulnerabel sein.

Noch einmal sei bemerkt, dass Reproduktionsmedizin und Adoption als Möglichkeiten der Kinderwunscherfüllung nicht gleichzusetzen sind. Wenn beide weiterhin beispielhaft genannt werden, dann um einen gemeinsamen Kern beider Konstellationen herauszustellen: Sowohl das Adoptivkind wie das per Leihmutterschaft ausgetragene oder per Fremdsamen- oder Eizellspende gezeugte Kind ist nicht das ursprünglich „imaginierte Kind“ (Lebersorger 2018, S. 616). Mittels Hilfen „von außen“ ermächtigen sich seine Eltern, „existentiell Bedeutsames aus dem Bereich des Unverfügbaren in den Bereich des Verfügbaren zu transferieren“ (Rosa 2019, S. 73). Sie erweitern ihre bislang begrenzte Planungs- und Steuerungskompetenz[9].

---

8 Die Frage „Wahl“ oder „Auswahl“ kommt auch bei den assistierten Befruchtungsmethoden IVF und ICSI auf. Hier spielt eine wesentliche Rolle, welches Spermium ausgewählt wird, um in die Eizelle eingebracht zu werden oder welcher Embryo ausgewählt wird, um ihn der Mutter zum Austragen einzusetzen, und welche verworfen oder weiter tiefgekühlt oder an andere Paare „gespendet“ werden (Embryonenvermittlung). Hier kommt es aber nicht zum „genealogischen Bruch“.

9 Über diese Steuerkompetenz verfügen Eltern, auch wenn die ethische Brandmauer gegen molekularbiologische Möglichkeiten, „Design-Babys“ zu erzeugen, noch hält und in Deutschland die Auswahl eines Samenspenders „nach Katalog“ unzulässig ist. Gleichwohl nehmen die Samenbanken selbst Profilierungen vor, nach denen sie bestimmte Spendermerkmale auf das Elternpaar ausrichten. Staaten wie Dänemark, USA, handhaben indes ein freizügiges Auswahlverfahren. Außerhalb von registrierten Samenbanken ist ohnehin jegliche private Auswahl möglich. Im Adoptionsverfahren wählen Eltern natürlich nicht Augenfarbe, Körperbau und biologisches Geschlecht des Kindes aus. Doch sie können ja oder nein sagen, ob sie diesen Jungen oder dieses Mädchen wollten.

1.5 *Imaginierte Subjektrolle durch Umdeuten der Realität im „magischen Denken“*

Vignetten aus der eigenen Praxis mögen veranschaulichen, wie sich die elterliche Verfügbarkeitserweiterung im innerpsychischen Erleben von Kindern niederschlagen kann. Gezeigt werden Aspekte der Selbstpositionierung, wenn Kinder sich – phasenweise – eher als „Gemachtes“ denn als „Gewordenes“ in ihren Familien erleben.

Fallvignette Lilly
„An meinen großen braunen Kulleraugen konnten meine Eltern einfach nicht vorbei“, so schildert die zwanzigjährige Lilly den Akt ihrer Adoption in einem ausländischen Kinderheim. Oft haben ihr die Eltern von dem Moment erzählt, als es zwischen ihnen und ihr „gefunkt hatte“. Gerne gibt sie die Geschichte mit Augenzwinkern so weiter, als habe sie, das Kind, ihre Eltern „adoptiert“. Erinnern kann sich Lilly nicht, denn damals war sie gerade mal zwei Jahre alt. Doch die Erzählung vom unwiderstehlichen „Aufschlag ihrer dunklen Kulleraugen“ wurde sozusagen „Gründungsmythos“ der Familie.
Auch wenn sie es scherzhaft ausdrückt, gibt Lilly zu erkennen, wie wichtig ihr das Ausphantasieren ihrer eigenen Einflussnahme auf den Adoptionsakt ist. Sie erlebt sich dabei in einer Subjektrolle, die im krassen Widerspruch zu ihrem damaligen realen Status im Kinderheim steht. Damals war sie Objekt eines administrativen Akts, eine Person ohne Macht, eine Ohnmächtige. Liebe und Empathie ihrer Eltern standen außer Zweifel. Doch zu deren Kind wurde Lilly erst durch deren Unterschrift sowie Stempeln diverser Behörden.
„Umkehrphantasien“ durchzogen weiterhin Lillys Entwicklung. Besonders in Schwellensituationen des Jugendalters beanspruchte sie unangemessene Rollen. Ob Schule, Berufspraktika oder Freundschaften – sie musste „Chefin des Geschehens“ sein. Die damit verbundenen Konflikte waren u.a. Anlass für eine Psychotherapie. Dort ließ sie zu, die zweite Seite ihrer „Lebensmedaille“ zu beleuchten.
Auf der Vorderseite dieser Medaille imponierte noch eine kindliche Omnipotenz. Sie gab sich selbstbewusst und kess, manchmal auch drollig, manchmal charmant. Im Jugendalter begann sie damit andere mehr und mehr zu nerven. Im geschützten therapeutischen Raum zeigte sie die Rückseite ihrer Medaille. Auf der stand Angst, die Angst, Verfügungsmasse anderer zu sein. Bis weit ins Grundschulalter hatte Lilly panikartig reagiert, wenn die Post Pakete ins Haus brachte. Sie fürchtete nämlich, Pakete wären dazu da, Kinder zurückzuschicken.[10]

---

10 Das Bild vom „Kinder-Verschick-Paket“ taucht in der Kinderbuchliteratur oft auf. Beispielsweise findet der elternlose Jim Knopf in Michael Endes gleichnamigen Kinderbuch-Klassiker per Paketsendung seine „Übergangsmutter“, Frau Waas. Offenbar werden Pakete und Körbchen, wie jenes, in dem lt. Alten Testament der kleine Moses ausgesetzt wurde, auch als Symbol eines rätselhaften, unfreiwilligen Beziehungswechsels verstanden.

> Kurz vor Vollendung ihres 18. Lebensjahres zeigte sich auf den zwei Seiten der Medaille ein weiteres Gegensatzpaar. Vorne strahlte der Schriftzug „Volljährigkeit", auf der Rückseite blinkte die Warnlampe „Bindungsverlust". Die Angst, nun auf sich selbst verwiesen zu werden, war die Kehrseite ihrer Freude über die juristische Unabhängigkeit. Verbalisieren konnte sie dies nicht. Doch sie entwarf ein kunstvolles Tattoo mit den Initialen ihrer Familienmitglieder und ließ es sich zum 18. Geburtstag stechen. Es war sozusagen *ihr* Akt von „doing family"[11] – nun als Subjekt, auf ewig eingebrannt.

Ängste können sich verstellen. In der Verschiebung auf das Postpaket zeigte sich Lillys verdrängte Angst vor einem elterlichen Willkürakt. Objektiv gesehen war der natürlich unbegründet. Doch Angst fragt nicht nach Objektivität. Lilly erfand mit dem – objektiv ebenso wenig haltbaren – Narrativ von der Wirkung ihrer „runden Kulleraugen" eine „Gegenmacht". Im Vorschulalter sind solche Angstverschiebungen und ihre magischen Bewältigungsversuche altersgerecht. Problematisch wird es, wenn solche „Lösungsmodelle" sich weit über die magische Entwicklungsphase hinaus festsetzen.

Im Adoptionswesen haben Fallbeschreibungen sowie Selbstzeugnisse Betroffener eine lange Tradition. Sie geben Einblick in die Auseinandersetzung mit der Objektrolle und zeigen Unterstützungsmöglichkeiten beim Wechsel in die Subjektposition. Gleichwohl kann es eine Blaupause für eine gelingende Auseinandersetzung nicht geben. Zu unterschiedlich sind die jeweiligen Umstände, Voraussetzungen und Ressourcen.

Erst recht ist Zurückhaltung geboten bei verallgemeinernden Aussagen über die Entwicklung von Kindern in reproduktionsmedizinisch begründeten multiplen Elternschaftsverhältnissen. Heterologe Insemination beispielsweise ist zwar keineswegs neu. Doch die aktuelle Generation von Kindern ist hierzulande die erste, die in einer Öffentlichkeit aufwächst, die das Thema gesellschaftlich wie juristisch enttabuisiert.

Die „Spenderkinder", die heute als im Berufsleben stehende junge Erwachsene ihre biografischen Wurzeln reflektieren und in Gesprächen, Foren und Studien sich der Thematik gegenüber öffnen, wurden geboren zu einer Zeit, in der „Samenspende" gerade mal aus einer „Dunkel- in eine Grauzone" wechselte. Was wir in zahlreichen Gesprächen mit ihnen hörten (Oelsner/Lehmkuhl 2016, 2022), hat nicht die Qualität von Studien und ist als anekdotisch zu relativieren. Das macht deren Aussagen aber nicht weniger wahr. Wir stellen eine Gemeinsamkeit fest bei jenen, die sich mit der Tatsache ihrer multiplen Eltern weitgehend aussöhnen, nachdem sie zunächst damit haderten. Der Schlüssel dazu ist die bewusste Einnahme einer Subjektrolle. Sie lassen ihren früheren Objektstatus hinter sich, egal, ob der realistisch war oder „nur" empfunden wurde. Sie werden Chef,

11 „Doing family" ist eine soziologische Umschreibung von „Familie als Herstellungsleistung" (vgl. Bergold et al. 2017).

werden Chefin ihrer eigenen Biografie. In der Subjektposition können sie in ihr Lebenskonzept integrieren, was in der Objektrolle vorwiegend Zumutung oder Bedrohung war. Der Weg dorthin war allerdings nicht einfach, oft schmerzhaft, zumindest irritierend.

Dieser Wechsel vom Objekt zum Subjekt kann in unterschiedlichen Altersphasen geschehen, und er kann sich an den unterschiedlichsten Konstellationen festmachen. Selbst Eltern zu werden, kann ein markanter Schritt auf diesem Weg sein. Eine eigene Elternschaft kann die Dynamik drehen und die Unruhe über die eigene unklare Herkunft zurückdrängen.[12] Die einstigen Kinder aus Samenspende, Leihmutterschaft oder Adoption verfügen dann über etwas, was ihren sozialen Eltern nicht vergönnt war: ein vollständig leibliches Kind zu bekommen und damit ein Eltern-Kind-Verhältnis, das genetisch, biologisch, rechtlich und sozial identisch ist. Auch dass sie ihre Eltern zu Großeltern machen, kann stabilisierend wirken. Mit der Enkelgeneration dünnt der einstige „Fremdeinfluss" aus.

Auch das Engagement von „Spenderkindern" im gleichlautenden Verein ist ein Schritt vom „Objekt- zum Subjektstatus". Weit über den Austausch unter Betroffenen hinaus gehen ihre politischen und wissenschaftlichen Aktivitäten in Erforschung und öffentlicher Kommunikation ihres Anliegens. Aktuell fällt auf, welche Bedeutung es hat, die Leerstelle ihrer unbekannten Keimzellspender mit Kenntnissen über Halbgeschwister zu füllen. Solche werden zunehmend über DNA-Suchportale ausfindig gemacht, bei 75 Prozent liege die Trefferquote. „Viele Spenderkinder freuen sich grundsätzlich darüber, Halbgeschwister zu haben und möchten diese auch kennenlernen", sagt Anne Meier-Credner (2019, S. 99), die als Betroffene über Spenderkinder forscht. Die Begegnungen, die die Halbgeschwister untereinander arrangieren, haben Züge von Familientreffen. Sie scheinen die genealogischen Fragezeichen der Betroffenen ein wenig zu beantworten. Allerdings, so Meier-Credner: „Der Gedanke daran, sehr viele Halbgeschwister zu haben, kann aber auch Gefühle der Verlorenheit und des Befremdens auslösen, wenn diese auf der ganzen Welt verstreut und kaum zu finden sind" (ebd. S. 100).

1.6 *Magische Kinderwelt: „Wann komme ich wieder zu anderen Eltern?"*

Auch die zweite Vignette entstammt dem Adoptionsbereich. Das Exemplarische liegt im Entwicklungsalter, in dem Kinder – fachlich völlig lege artis – schon früh über ihr besonderes Eltern-Kind-Verhältnis aufgeklärt werden, egal welche Form multipler Elternschaft vorliegt. Das Beispiel möge zeigen, dass Erwachsene nicht davon ausgehen dürfen, dass ihre Botschaft so empfangen wird, wie sie gesendet wurde. Jedenfalls nicht, wenn das Kind im Vorschulalter in einer

12 Eine eigene Elternschaft schon im Jugendalter kann allerdings auch als unreife Autonomiedemonstration instrumentalisiert werden. Diese Problematik ist hier nicht Thema.

Entwicklungsphase ist, die zurecht die „magische“ heißt. Die magische Umformung von Informationen ist als eine Nebenwirkung der – fachlich durchaus gewünschten – Wirkung von „Frühaufklärung“ einzukalkulieren.

Im Beispiel ist es der viereinhalbjährige Jan, ein Junge in einem „offenen Adoptionsverhältnis“. Ein Verfahren, das zunehmend empfohlen und praktiziert wird und auch gut dokumentiert ist.

Fallvignette Jan
„Aus dem Kreißsaal heraus“ sei der jetzt viereinhalbjährige Jan einst adoptiert worden. Freundlich sprechen die Adoptiveltern über seine leiblichen Eltern. Der biologische Vater ist an Jans Geburtstag als „Freund der Familie“ willkommen, und von der leiblichen Mutter wird dann ein Foto gezeigt. Auf dem sind beide noch als Paar zu sehen: „Das ist Sabrina. In deren Bauch bist du groß geworden.“
Die Adoptiveltern kommunizieren die Adoption so offen, wie von Fachleuten empfohlen. Sein Aufwachsen als „gesundes, fröhliches Kerlchen“ bestätigt sie. Im letzten Kindergartenjahr allerdings zeigt Jan sich zunehmend ängstlich und anklammernd. Aus diesem Anlass suchen sie meine kinderpsychotherapeutische Praxis auf. In der Exploration finden sie es bemerkenswert, dass Jan das Wort von der „Bauchmama“ niemals hinterfragt. Sonst falle er eigentlich mit seinen tiefgründigen, geradezu „philosophischen“ Fragen auf.
Ich animiere die Eltern zu einem Gedankenspiel. Sie mögen sich vorstellen, Forscher von einem anderen Planeten wollten das Leben der Erdenbewohner verstehen lernen. Sie sind zu Gast in einer freundlichen Familie, die einen netten Jungen habe. Zu dessen Geburtstag kommt ein junger Mann zu Besuch, offenbar ist er den Eheleuten willkommen. Man blättert in einem Fotoalbum und zeigt auf eine Frau, in deren Bauch der Junge einst war. „So also ist das mit dem Nachwuchs der Erdenbewohner“, könnten die auswärtigen Forscher denken: „Eine junge Frau lässt Kinder in ihrem Bauch heranwachsen. Irgendwann bringt sie die zu anderen, älteren Erwachsenen. Vielleicht haben die das Kind bestellt? Woran wird so ein Wechsel festgemacht? Von wem und wann? Vielleicht wenn die Kinder groß genug, klug oder schön genug sind? Hat der junge Mann, der heute zu Besuch etwas damit zu tun? Der zeigt sich so interessiert. Und wird es zukünftig noch weitere Wechsel geben? In letzter Zeit wird oft von Schule und Veränderung geredet.“
Verstanden haben die Forscher, dass die erste Veränderung nach der „Bauchzeit“ erfolgt. Kommt mit der Schule vielleicht die nächste? Und was ist mit größeren Kindern? Kommen die zu Leuten, die auf Große spezialisiert sind? Wer bestimmt, wie lange diese Etappen dauern? Oder entscheiden die Kinder, wann es so weit ist? Vielleicht tauschen die Erwachsenen aber auch untereinander Kinder aus? Offenbar verstehen sie sich recht gut.
Jans Eltern bekamen bei dem Gedankenspiel eine Ahnung von den Phantasien, die einem Vierjährigen durch den Kopf gehen könnten, wenn er das Foto einer Frau gezeigt bekommt, in deren Bauch er gewesen sein soll. In der „magischen Phase“

erscheint Vorschulkindern kaum eine Konstellation unmöglich. Eigentlich ist es undenkbar, nicht auf ewig bei den Eltern zu bleiben. Besonders, wenn alle sich doch so gerne haben. Aber hat denn die „Bauchfrau" ihn nicht liebgehabt? Die sei doch nett. Aber warum hat sie ihn abgegeben. Oder haben Eltern das gar nicht selbst zu bestimmen, sondern andere. Manchmal komme doch so eine Frau mit Akten zu ihnen. Die Eltern sind dann immer etwas aufgeregt. Was sie mit der Frau besprechen, versteht der Vierjährige nicht, spürt aber, dass es um ihn geht.

Das Gedankenspiel stößt bei Jans Adoptivvater eine Reflexion an: Er ahnt, warum er, der sich sonst für emotional stabil, konziliant und behutsam einschätzt, so aufbrausen kann, wenn er seine Vaterrolle angegriffen sieht. Er denkt an die Episode, als mal ein Besucherkind zu Jan die Bemerkung gemacht, dass sein Papa doch gar nicht der „richtige Vater" sei. (Die offene Adoption war auch im Freundeskreis der Familie kein Geheimnis.) Ihm war klar, dass das andere Kind die Bemerkung ohne böse Absicht getan hatte. Dennoch habe sie ihn so aufgebracht, dass er völlig überzogen dem fünfjährigen Besucherkind „doziert" habe, was einen „richtigen Vater" ausmache. Stumm und sichtlich irritiert, habe der damals dreieinhalbjährige Jan dem „Plädoyer" für die Werte eines sozialen Vaters gelauscht.

Inhaltlich verstanden hatte der Junge natürlich nichts. Doch sein Vater ist sich sicher, „dass Jan mitkommen hatte, wie sehr ich angefressen war". In dem Moment sei in ihm die leidvolle Zeit vergeblicher Schwangerschaftsbemühungen hochgekommen. Und an dieses Thema wollen er und seine Frau doch nicht mehr rühren.

Die Eltern ahnen, wie ihre so offenen Aussagen auch anders, nämlich verunsichernd verstanden werden konnten. Waren sie zu unbekümmert? Ich ermuntere sie, auch zukünftig offen mit der Adoption umzugehen, aber im Blick zu halten, auf welchen Entwicklungsstand die Information beim Empfänger fällt. Wie kann das Kind sie in seine Gedankenwelt integrieren? Die Eltern merken, dass dies viel damit zu tun hat, wie sie selbst die Erfahrung in ihr Lebenskonzept integrieren können, wieweit sie für sich selbst akzeptieren können, dass ihre Familiengründung nicht die einst angestrebte „gewordene", sondern eine „gemachte" ist.

1.7 Projektion und „Schattenidentifikation"

Auch nach der magischen Phase ihrer Kinder können Eltern sich nicht immer gewiss sein, dass ihre Aufklärung, ihre Informationen und Botschaften so aufgenommen werden, wie sie es planen und sich wünschen. Es mag gut gemeint sein, wenn der Verein „DI-Netz. Familienbildung durch Spendersamen" eine freundliche Sicht auf den „Spender" propagiert. Den solle man den Kindern als „wunderbare, freundliche, großzügige Person oder ähnlich beschreiben, damit das Kind seine eigenen Gefühle zu dieser Person entwickeln kann" (DI-Netz 2013, S. 20). Doch letztlich steht dahinter ein die Eltern entlastendes Wunschdenken. Denn abgesehen davon, dass es fragwürdig ist, Kindern Zielvorgaben für die Entwicklung „eigener Gefühle" zu machen, wird sehr bestimmend vorgegeben, wohin die Gefühle auf keinen Fall zu gehen haben: „Der Spender (…) übernimmt keine elterlichen Pflichten und gehört auch nicht zur Familie, selbst wenn er zugestimmt hat, dass seine Identität dem Kind mitgeteilt werden kann, wenn es volljährig ist“ (ebd. S. 6). Das lässt jene Haltung ahnen, aus der heraus bis zur Verabschiedung des „Gesetz[es] zur Regelung des Rechts auf Kenntnis der Abstammung Spenderdaten“ (BGBL 2017) Akten vielfach unwiederbringlich entsorgt wurden.

Erwachsen gewordene Spenderkinder können sich mit der Art ihrer Zeugung auseinandersetzen und aussöhnen. Zunehmend können sie auch steuern, wieviel Bedeutung sie jenen elterlichen Anteilen einräumen wollen, die nicht von ihren sozialen Eltern stammen. Doch ausschalten, bewusst oder unbewusst, lassen sie sich nicht. Denn alle an Zeugung und Geburt beteiligten Personen hinterlassen beim Kind eine innere Repräsentanz.

Ungewissheit und unaufgelöste Spekulationen über die genetische Herkunft sind wirksame Trigger für Projektionen und „Schattenidentifikationen“. Auch wenn sie irrational sind, so sind sie doch wirksam.

„Spenderkind“ Steffanie[13] traute sich als Schülerin trotz guter Schulnoten nicht das Abitur zu. „Das machte unsereiner nicht“, sagt sie im Nachhinein über diese Zeit. Im eher schlichten Milieu einer Familie im ländlichen Raum groß geworden machte sie den Realschulabschluss, absolvierte eine Krankenpflegeausbildung – und merkte bald, dass das nicht ihr Ding war.

Seit ihrem 10. Lebensjahr weiß Stefanie, dass sie einer Samenspende entstammt. Doch erst als junge Volljährige beschäftigt sie sich näher mit ihrer besonderen Herkunft. Vielleicht, so denkt sie nun, entstammt ihr Wille zum Weiterkommen den Genanteilen des unbekannten Spenders. Unter denen sollen ja oft Studenten gewesen sein. Aus einer Schattenidentifikation mit einem unbekannten Akademiker leitet sie neue Bildungsziele ab.

Stefanie ist vernünftig genug zu wissen, dass so zu denken irreal ist. Doch der identifikatorische „Wink aus dem imaginären off“ gefällt ihr. Sie holt das Abitur nach und ist zur Zeit des Interviews im 3. Semester.

Als sie über „Family Finder“ ihren „Spendervater“ ausfindig macht – tatsächlich ein Mediziner – freut sie sich festzustellen, dass sie ihm im Gesicht gleicht. Nach ähnlichen Zügen hatte sie bei ihrem sozialen Vater immer vergeblich gesucht.

13 Fallbeispiel aus Oelsner/Lehmkuhl (2016): Spenderkinder, S. 91 ff.

1.8 *„Genetische Unterschiede gehen nicht weg, indem wir sie ignorieren."*

„Die Macht der Herkunft" – unter dieser Überschrift informierte die Wochenzeitung Die ZEIT ein breites Publikum über Erkenntnisse aus der Soziogenetik: „Wir werden von unseren Genen stärker in eine Richtung gelenkt, als meist für möglich halten", heißt es dort (Bahnsen/Spiewak 2022, S. 30). So und ähnlich taucht in populären Medien immer wieder die Frage auf „Was prägt? Gene, Umwelt, Erziehung?"

In Verwandtenkreisen ist man umgangssprachlich schnell dabei festzustellen, dass ein Kind besondere Merkmale oder Eigenarten zeige, die offenkundig dem oder der in der Eltern- oder Großelternreihe zuzuschreiben seien. Je nachdem gehen solche Zuschreibungen mit einem bewundernden, hämischen, süffisanten oder sonst wie gearteten Begleitton einher.

Es ist egal, ob junge Menschen aus einem Verwandtengeschwätz oder aus einem seriösen Beitrag etwas über genetische Korrelationen erfahren. Für sie ist es ein Impuls, sich mit dem Menschen zu beschäftigen, von dem sie angeblich etwas mitbekommen haben sollen. Von dieser Person möchten sie sich ein Bild machen. Mittels „Augenscheinlichkeit" lassen sich zumindest äußerliche Zuschreibungen abarbeiten, sei es ablehnend oder bestätigend. In der Literatur finden sich aus unterschiedlichsten Zeiten Beispiele für die kindliche Auseinandersetzung mit der Abstammung. Sie reichen vom zehnjährigen Goethe, der im Frankfurter Römer das Bildnis seines Großvaters, ein ehemaliger Bürgermeister, „scannte", um zu prüfen, ob am Getuschel der Spielkameraden was dran sei, er stamme gar nicht von dem ab, bis hin zu aktuellen Lebensbeschreibungen der amerikanischen Schriftstellerin Dani Shapiro (s. Goethe 1826/1962 / Shapiro 2019; 2020 in: Oelsner/Lehmkuhl 2022, S. 43 ff.).

Äußerlichkeiten wie Augen-, Haarfarbe oder Körpergröße werden als genetische Mitgift meist schicksalhaft hingenommen. Als Fakten sind sie so wenig wegzudiskutieren wie, ungleich tragischer, Krankheiten, z. B. Muskeldystrophie oder Mukoviszidose. Heftiger und umstritten können indes die Reaktionen werden, wenn junge Menschen lesen müssen, „dass man etwa die Hälfte der Intelligenzunterschiede unter den Menschen hierzulande mit genetischen Unterschieden erklären kann" und dass Wissenschaftsstudien einen hohen genetischen Anteil auch beim aggressiven Verhalten und beim Suchtverhalten herausgefunden haben (Bahnsen/Spiewak 2022, S. 30). Wenn sie im selben Artikel auch lesen, dass es von Umwelt- und Erziehungseinflüssen abhänge, wie weit sich die vererbten Anlagen zeigen werden, wollen sie von der Gemengelage ihrer Vorfahren mehr wissen. Dazu wünschen sie ein Bild der Verwandten vor Augen zu haben oder zumindest eine Beschreibung durch jemanden, der sie kannte. Sie möchten wissen, warum bestimmte Merkmale bei den Vorfahren dominant wurden. Und sie fragen, was sie selbst tun könnten, um mit ihrer genetischen Mitgift verträglich und konstruktiv umzugehen.

Ohnmächtig fühlen sich Kinder und Jugendliche, wenn nicht mal ein Name oder wenigstens ein Bild von der Person verfügbar ist, mit der sie sich auseinandersetzen. Von Kriegskindern, die ihren gefallenen Vater nie kennen gelernt haben, ist bekannt, dass sie die „Leerstelle Vater“ mit dessen idealisierter Repräsentanz, einem guten inneren Vaterbild ausfüllen können. Es ist nicht paradox, wenn unerträgliche Leerstellen mit Schattenphantasien gefüllt werden, die umso üppiger (weil ohne reales Korrektiv) sein können, je dünner die Fakten sind[14].

Kinder, die der Samenspende eines ihnen Unbekannten entstammen, haben – anders als bei Vaterlosigkeit durch Krieg oder Flucht – von klein auf einen sozialen Vater. Der ist – wenn sie nicht gerade bei einer gewollt Alleinerziehenden aufwachsen – auch präsent. Doch auch er und sein heranwachsendes Kind werden sich mit „Leerstellen“ auseinandersetzen, wenn sie über die Studie in der besagten Wochenzeitung lesen: „Genetische Unterschiede spielen eine Rolle, gehen nicht weg, indem wir sie ignorieren.“ (Bahnsen/Spiewak 2022, S. 31)

1.9 Innere Repräsentanz aller an Zeugung und Geburt Beteiligten

Die innere Repräsentanz des Samenspenders ist existent, auch wenn sie konturenlos und lückenhaft ist. In Interviews mit Spenderkindern, deren Samenspender unbekannt blieb, waren über ihn Metaphern und Umschreibungen zu hören wie: „eine Silhouette ohne Gesicht“, „ein Gespenst“, „der fehlende Schlüssel zum Keller in einem Haus, in dem mich ansonsten sehr wohl fühle“, „die unbekannte Wurzel unter dem anderen Fuß“, „der fehlende Ausgangspunkt meiner Geschichte“ (Oelsner/Lehmkuhl 2016, S. 237 ff.). Es sind Versuche, die „Leerstelle“ mit Bildern und Begriffen zu füllen.

Leerstellen kann es auch aus vielen anderen Gründen geben. Die Menschheitsgeschichte ist voll davon, besonders nach gesellschaftlichen Umbrüchen. Doch während in vielen Fällen auf das *„Schicksal“* verwiesen werden kann, ist Kinderwunscherfüllung mittels Reproduktionsmedizin ein gezieltes Tun der Eltern. „Der Vorsatz dieses Konstruktes“, so begründet „Spenderkind“ Claire seinen Zorn, „macht mich wütend“ (Meier-Credner 2019, S. 98).

Die sozialen Eltern können die biologische Mitwirkung anderer Personen bei ihrer Kinderwunscherfüllung *für sich* als unbedeutend erklären. Doch das muss sich nicht decken mit der Bedeutung, die sie für das Kind hat. Und diese Bedeutung kann im Kindesalter durchaus anders aussehen als beim erwachsen gewordenen Kind. Etwa, wenn es vor der eigenen Familiengründung steht. Arthur

14 „Teils wurden die Väter von Müttern, Töchtern und Söhnen sogar idealisiert und waren in ihren Herzen verankert.“ (Hopf 2017, S. 171).

Kermalvezen macht es seinen Eltern spätestens mit seinem Buch klar: „Sie lehnten in ihrem Leben einen dritten, also einen Spender ab, der aber ja trotzdem Teil meines Lebens war" (Kermalvezen 2009, S. 92).

Mit dem Paradigmenwechsel „vom Gewordenen zum Gemachten" geht eine Enttraditionalisierung von Herkunft einher. Die genealogische Ordnung wankt (vgl. Sloterdijk 2014). Als Gegenbewegung zu einer – ideologisch überhöhten und missbrauchten – Fokussierung auf „Blutsverwandtschaft" setzt der Perspektivwechsel auch einen bedeutenden gesellschaftlichen Impuls. Genetisches, Biologisches verblasst hinter psychosozialen Einflüssen.

Ob das Herunterspielen genetischer Aspekte, fast bis zur Bedeutungslosigkeit, von Dauer sein kann, erscheint fraglich. Zum einen fällt der Widerspruch auf, wie groß die Bedeutung der genetischen Herkunft bei anderer Gelegenheit herausgestellt wird. Bei Patchwork-, Stiefeltern- oder Pflegschaftsverhältnissen wird betont, wie wichtig es ist, dass für das Kind alle sozialen *und* biologischen Verwandten eine Rolle spielen – sowohl sozio-dynamisch als auch hinsichtlich der inneren Repräsentanzen. Bei offenen Adoptionen gilt der persönliche Kontakt zu den biologischen Eltern als erstrebenswert[15], bei Pflegschaftsverhältnissen ist er gar behördlich verordnet.

1.10 Aspekte der Parentifizierung

Aus Adoptionsfamilien ist bekannt, dass Kinder den Wissensdrang nach ihren genetischen Wurzeln aus Rücksicht auf ihre sozialen Eltern zurückstellen, wenn sie fürchten, das könnte sie kränken, könnte als Undankbarkeit oder Unzufriedenheit missverstanden werden. Erkennen Adoptiveltern den Wunsch nach Spurensuche bei ihren Kindern, fragen sich manche, ob ihre Beziehung ausreichend tragfähig ist. Warum sonst sollte das Kind die Fühler nach seiner Herkunftsfamilie ausstrecken? Die Kinder spüren die Verletzbarkeit ihrer Adoptiveltern und halten den Wunsch nach Spurensuche unter Verschluss.[16] Und um ihn nicht zu verraten, identifizieren sie sich (hier als unbewusste Dynamik verstanden) mit den elterlichen Lebenskonzepten und verteidigen diese offensiv – eine „Parentifizierung".

Es ist Merkmal einer empathischen Beziehung, dass Kinder auf ihre guten Eltern Rücksicht nehmen wollen. Spenderkind Johanna, 32: „Manchmal möchte ich meine Aktivitäten nach der Spendersuche einstellen, um meinen herzensguten Vater nicht traurig zu stimmen" (Oelsner/Lehmkuhl 2016, S. 240).

---

15 Das Adoptionshilfegesetz (BMSFFJ 2021) stärkt noch mehr die Rolle der leiblichen Eltern.

16 Der Evangelische Verein für Adoption und Pflegekinderhilfe e. V., erwähnt in seinem Jahresbrief an die Familien (2021, S. 3) die Beobachtung, dass viele Adoptierte sich erst im Alter von 40 bis 70 Jahren getrauen, näher nach ihren leiblichen Eltern zu fragen. Aus Sorge, die Adoptiveltern zu kränken, warten manche bis zu deren Tod.

Über solche und ähnliche Berichte von Wünschen nach Herkunftssuche empörte sich eine Studentin. Sie sei selbst Spenderkind, ließ sie die Autoren wissen, und verwahre sich dagegen, den Wunsch nach biologischer Spurensuche zu verallgemeinern. Sie selbst sei in einer lesbischen Paarbeziehung groß geworden, und die Frage nach ihrem genetischen Erzeuger würde sie in keiner Weise beschäftigen. Bei ihren zwei so wunderbaren Müttern erübrige sich für sie jedes Nachdenken, von wem die Samen zu ihrer Zeugung stammen. In ihrer Community erfüllte sie mit dieser Sicht geradezu das Ideal einer gendertheoretischen *Dekon*struktion. Weder Bedürfnis noch Bereitschaft waren zu erkennen, über mögliche Anteile von „Parentifizierung" nachzudenken (Oelsner/Lehmkuhl 2022 S. 186 ff.).

Im psychoanalytischen Verständnis sind beide Reaktionen – die Identifikation mit der elterlichen Entscheidung wie die Rücknahme von Wünschen der Herkunftssuche – Abwehrmechanismen. Sie sind zu respektieren. Es wird sich zeigen, wie dauerhaft sie tragen. Es ist die Entscheidung der Betroffenen, ob sie die ambivalente Dynamik eines Tages hinterfragen und nach anderen Bewältigungsmöglichkeiten suchen wollen und können. Wird eine Parentifizierung erkannt und problematisiert, werden sie neu darüber befinden können, ob sie die Übernahme des elterlichen Lebenskonzepts beibehalten – oder wieweit sie spüren, dass es sie auch unfrei machte.

2. Fazit

Kinder, die mit Hilfe der Reproduktionsmedizin zur Welt kommen, sind zweifelsohne ersehnte Kinder. Als Wunschkinder wachsen sie zumeist unter guten Bindungs- und Bildungsvoraussetzungen auf, liebevoll gefördert und wirtschaftlich gesichert. Das sind wichtige Ressourcen. Studien bestätigen, „dass sich Kinder aus Keimzellenspende und Leihmutterschaft in der Regel unauffällig entwickeln" (Walper 2018, S. 227). Studien aus dem angloamerikanischen Raum über Samenspender-Elternschaft gleichgeschlechtlicher Paare kommen zum Schluss: „It does no harm – es schadet nicht" (Heymanns 2016, S. 90).

Gleichwohl relativieren die zitierten Forscherinnen: „Die bislang verfügbaren Erkenntnisse zu *späteren* Entwicklungsphasen – insbesondere zum Jugend- und jungen Erwachsenenalter (sind noch) begrenzt" (Walper 2018, S. 226 f.). Zudem ist die untersuchte Klientel zahlenmäßig meist sehr klein und wenig repräsentativ. Und Petra Heymanns appelliert, „nicht aus der Befürchtung, als homophob zu gelten, ins andere Extrem zu fallen und alles für ‚ganz normal' zu erklären" (Heymanns 2016, S. 99).

Großflächige Langzeitstudien zum Thema kann es noch nicht geben, kriecht es doch erst seit Beginn unseres Jahrhunderts aus der einstigen Grau-, davor gar Dunkelzone ans Licht. Zudem können nur Kinder und Jugendliche befragt werden, die Kenntnis von der besonderen Art ihrer Abstammung haben. Das sind die allerwenigsten. 10 Prozent sollen es bis zur Jahrhundertwende gewesen sein, jüngere Befragungen nennen rund 40 Prozent (Casey/Jadva, Blake/Golombok 2013). Ein gesetzlich verbrieftes Auskunftsrecht über den Erzeuger ist in Deutschland erst seit dem Inkrafttreten des Samenspenderregistriergesetzes (BGBL 2017) garantiert. Wer jedoch Kinder außerhalb registrierter Samenbanken zeugt oder hierzulande verbotene Methoden wählt, kann nicht erfasst werden.

Menschen, die mittels der Reproduktionsmedizin gezeugt wurden und als junge Erwachsene im Verein „Spenderkinder" nun die Besonderheit ihrer Biografie reflektieren, beziehen eine kritische Position gegenüber der Reproduktionsmedizin. Insbesondere wenn in euphemistischen Darstellungen der Anbieter die innerpsychischen Repräsentanzen aller Personen mit Elternfunktion ausgeblendet werden.

Kinder können in sehr unterschiedlichen Beziehungen und Familienformen eine Identität entwickeln und ihren Weg gehen. Auch eine konstruktive Auseinandersetzung mit multipler, fragmentierter Elternschaft ist möglich. Doch solche Prozesse sind anstrengend und vulnerabel. Es ist verständlich, wenn Menschen in ihrer Sehnsucht nach Nachwuchs und nach langen Phasen enttäuschter Hoffnungen und Fehlversuchen empfänglich sind für die heutigen Möglichkeiten der Reproduktionsmedizin. Unlauter ist es, sie glauben zu lassen, mit der ersehnten Kinderwunscherfüllung seien die psychischen Repräsentanzen aller daran biologisch und genetisch Beteiligten gelöscht. Vor allem den Kindern verlangt multiple Elternschaft erhebliche psychische Energien ab.

Es mag so banal wie paradox klingen: Nachkommenschaft ist selbstverständlich *mehr* als nur Biologie – aber Biologie ist sie auch! Und wer nicht will, dass biologische Parameter in der Familiendynamik und späteren Identitätsfindung des Kindes *zu viel* Bedeutung bekommen – der sollte ihnen Bedeutung geben.

Literatur

Auhagen-Stephanos, U. (2017): Reproduktionsmedizin als neuer Einstieg in die Elternschaft. In: Metzger, G./Dammasch, F. (Hrsg.): Männlichkeit, Sexualität, Aggression. Zur Psychoanalyse männlicher Identität und Vaterschaft. Gießen: Psychosozial. S. 239–260.

Bahnsen, U./Spiewak, M. (2022): Die Macht der Herkunft. In: Die Zeit Nr. 20, S. 29 ff.

Bergold P./Buschner, A./Mayer-Lewis, B./Mühling, T. (Hrsg.) (2017): Familien mit multipler Elternschaft. Opladen: Budrich.

BMSFFJ (Bundesministerium für Familie, Senioren, Frauen und Jugend) (2021): Gesetz zur Verbesserung der Hilfen für Familien bei Adoption (Adoptionshilfe-Gesetz). https://www.bmfsfj.de/bmfsfj/aktuelles/alle-meldungen/adoptionshilfe-gesetz-bundesrat-bundestag-163414 (Abfrage: 04.06.2025).

Bonney, H. (2002): Unsichtbare Väter. Kindliche Entwicklung und Familiendynamik nach heterologer Insemination (DI). Praxis der Kinderpsychologie und Kinderpsychiatrie, 51 (2), S. 118–125.

Bundesgesetzblatt (BGBL) (2017): Gesetz zur Regelung des Rechts auf Kenntnis der Abstammung bei heterologer Verwendung von Samen (Samenspenderregistergesetz – SaRegG). Teil I Nr. 48. Bonn. S. 2513–2518.
Bundesgesetzblatt (BGBL) (2021): Gesetz zur Verbesserung der Hilfen für Familien bei Adoption (Adoptionshilfe-Gesetz) Jg. 2021. Teil I Nr. 7, ausgegeben zu Bonn 18. Februar 2021.
Casey, P./Jadva, V./Blake, L./Golombok, S. (2013): Families Created by Donor Insemination: Father – Child Relationships at Age. 7. Journal of Marriage and Family 75, S. 858–870.
DI-Netz (Hrsg.) (2013): Offen gesprochen. Über die Familienbildung mit Spendersamen reden. Ein Ratgeber. Band 1. Mörfelden: FamART.
Evangelischer Verein für Adoption und Pflegekinderhilfe e. V. (2021): Unser Adventsgruß aus Düsseldorf-Heerdt, Düsseldorf: o. Verlag.
Goethe, J. W. (1826): Sämtliche Werke. Band 38. Biografische Einzelheiten. Aus meinem Leben – Fragmentarisches – spätere Zeit, S. 479. Berlin: Propyläen.
Goethe, J. W. (1962): Dichtung und Wahrheit. Erster Teil. dtv Gesamtausgabe, München: dtv, S. 62–64.
Heymanns, P. (2016): Elternschaft bei gleichgeschlechtlichen Paaren unter psychoanalytischen Gesichtspunkten. In: Psychoanalyse im Widerspruch. Selbstoptimierung. Nr. 55, S. 89–100. Gießen: Psychosozial.
Hopf, H. (2017): Flüchtlingskinder gestern und heute. Stuttgart: Klett-Cotta.
Kermalvezen, A. (2009): Ganz der Papa. Düsseldorf: Patmos.
Lebersorger, K. (2018): Kinder jenseits der Urszene? Psychoanalytische Aspekte der Eltern-Kind-Beziehung nach medizinisch assistierter Reproduktion. In: Psyche – Zeitschrift für Psychoanalyse 72, S. 611–640.
Maio, G. (2014): Gefangen im Übermaß an Ansprüchen und Verheißungen – Zur Bedeutung des Schicksals für das Denken der modernen Medizin. In: Maio, G. (Hrsg.): Abschaffung des Schicksals? Freiburg/Basel/Wien: Herder.
Marquard, O. (1994): Skepsis und Zustimmung. Stuttgart: Reclam.
Marquard, O. (1981/2000): Abschied vom Prinzipiellen. Stuttgart: Reclam.
Meier-Credner, A. (2019): Familiengründung durch Samenspende oder Familiengründung zu dritt? In: Marx, R./Scheerer, A. K. (2019) (Hrsg.): Auf neuen Wegen zum Kind. Gießen: Psychosozial.
Meier-Credner, A. (2020): Familiengründung zu dritt – psychologische und ethische Aspekte. Der Verein Spenderkinder. In: Beier, K./Brügge, C./Thorn, P./Wiesemann, C. (Hrsg.): Assistierte Reproduktion mit Hilfe Dritter (S. 329–345). Berlin: Springer.
Metzger, G. (2017): Künstliche Befruchtungen, neue Sexualitäten und die Bedeutung der heterosexuellen Urszene. In: Metzger, G./Dammasch, F. (Hrsg.): Männlichkeit, Sexualität, Aggression – Zur Psychoanalyse männlicher Identität und Vaterschaft. Gießen: Psychosozial. S. 261 ff.
Oelsner, W./Lehmkuhl, G. (2008): Adoption. Sehnsüchte, Konflikte, Lösungen. Düsseldorf: Patmos.
Oelsner, W./Lehmkuhl, G. (2016): Spenderkinder. Künstliche Befruchtung, Samenspende, Leihmutterschaft und die Folgen. Munderfing: Fischer & Gann.
Oelsner, W./Lehmkuhl, G. (2022): Familienplanung 2.0 – Identität in Zeiten sich auflösender biologischer Verwandtschaftsbeziehungen. Göttingen: Vandenhoeck & Ruprecht.
Rosa, H. (2020): Unverfügbarkeit. Wien/Salzburg: Residenz
Shapiro, D. (2019): Inheritance. A Memoir of Genealogy, Paternity and Love. London: Daunt Books.
Shapiro, D. (2020): Interview im „ZEIT-MAGAZIN“, Nr. 27, 25.06.2020, S. 30–35.
Sloterdijk, P. (2014): Die schrecklichen Kinder der Neuzeit. Berlin: Suhrkamp.
Walper, S. (2018): Biologische und soziale Elternschaft im Wandel: Alte und neue Herausforderungen. In: Brudermüller, G./Seelmann, K.: Neue Familienformen und ihre Herausforderungen. Würzburg: Königshausen & Neumann.

Vom technischen Konzept der *Spende* zum relationalen Konzept der *Familiengründung* – Zeit für einen Paradigmenwechsel?

Lea Semmler, Anne Meier-Credner

1. Zusammenfassung

Seit 1970 ist die *Samenspende* für Ärzt:innen in Deutschland nicht mehr standeswidrig. Seitdem sind geschätzt über 125.000 Menschen auf diese Weise entstanden (Katzorke 2019).[1] Bezugnehmend auf ihre Entstehungsweise werden diese Menschen im Folgenden auch als Spenderkinder bezeichnet. Das Konzept der Samenspende, wie die Reproduktionsmedizin es vermittelt, sieht vor, dass Ärzt:innen oder Samenbanken Menschen mit Kinderwunsch aber ohne geeignete Samenzellen, Samen vermitteln, so dass eine Schwangerschaft eintreten und ein Kind entstehen kann. Das Kind soll als Kind der Menschen mit Kinderwunsch aufwachsen, und die Person, von der der Samen stammt, darüber hinaus keine Bedeutung haben. Dieses Konzept bezeichnen die Autorinnen als *technisches Konzept*. Dieser Beitrag geht der Frage nach, inwieweit sich dieses Konzept der Samenspende in der Lebenspraxis der entstandenen Menschen bewährt hat, stellt dazu auch Daten der „Spenderkinderstudie2020" (Bauer/Meier-Credner 2023; Bauer/Meier-Credner 2024) sowie einer vergleichenden Literaturauswertung (Semmler 2021) vor und gibt einen Ausblick auf mögliche Konsequenzen.

1.1 Wortwahl: Begriffe wecken Assoziationen

Ganz egal, um welches Thema es geht: Die verwendeten Begriffe wecken bei denen, die sie hören, Bilder und Assoziationen. So setzt Sprache Dinge in einen Rahmen (engl. Frame), der die Sicht auf diese Dinge beeinflusst (Lakoff & Johnson 1998). Je nachdem, welche Begriffe verwendet werden, können auf diese Weise ganz unterschiedliche mentale Repräsentationen eines Sachverhalts, d.h. ganz unterschiedliche *Konzepte* (Margolis & Laurence 2007), aktiviert werden. Begriffe können gezielt eingesetzt werden, um bestimmte Konzepte zu aktivieren, z. B. in

1 Die genaue Datengrundlage und Berechnung dieser Schätzung ist unklar.

der Werbung oder in der Politik. So mag dieselbe Person – je nach Perspektive oder beabsichtigter Botschaft einmal als Terrorist und ein anderes Mal als Freiheitskämpfer bezeichnet werden.

Es ist nicht möglich, Begriffe zu verwenden, ohne eine Perspektive einzunehmen (Ziem & Fritsche 2016). Ganz gleich, welcher Begriff verwendet wird, jeder Begriff weckt mit ihm verknüpfte Assoziationen und vermittelt bzw. aktiviert auf diese Weise spezifische Konzepte. In der Alltagssprache verwenden Menschen Worte für gewöhnlich, ohne darüber nachzudenken, welche Assoziationen sie damit bei ihrem Gegenüber wecken wollen und reflektieren nicht weiter, was sie durch ihre Wortwahl über ihre eigenen Konzepte offenbaren. Spürbar werden unterschiedliche Konzepte z. B. dann, wenn eine Seite die geweckten Assoziationen für nicht passend hält. So könnte z. B. die Oma ihre kleine Enkelin arglos auffordern, doch bitte ihre *Latschen* (Konzept der Oma: bequemer, praktischer Schuh, dessen Optik nachrangig ist) in den Schrank zu stellen, woraufhin die Enkelin aufbraust, weil die Oma offenbar nicht wahrnimmt, was für hübsche *Clogs* (Konzept der Enkelin: modischer, schicker Schuh, dem maximale Aufmerksamkeit gebührt) sie hat. Es ist nicht möglich, ständig zu hinterfragen, welche Konzepte bei einem selbst gerade aktiviert werden und welche Alternativen es gäbe, wenn man einen Begriff hört. Dadurch gibt es keine Möglichkeit, sich dem latenten Framing-Effekt zu entziehen (Thibodeau/Boroditsky 2013). So ist es auch mit den Begriffen der Reproduktionsmedizin.

1.2 Das technische Konzept der Samenspende

Der Begriff *Spende* weckt vermutlich bei vielen Menschen die Assoziation, dass damit Gutes getan werde. So verheißt die Samenbank München „Samen spenden Leben schenken!" (Cryobank München, o. d.) und die Essener Samenbank Cryostore wendet sich auf ihrer Internetseite mit dem doppeldeutigen Slogan „Wir spenden für Kinder" (Cryostore, o. d.) an potenzielle Keimzellgeber. Etwas zu *spenden* bedeutet in der Regel außerdem, etwas wegzugeben, ohne dass die gebende Person sichtbar werden soll oder bedeutsam ist, wie z. B. bei einer Blut- oder Kleiderspende. So sieht auch das Konzept der Samenspende vor, dass sich menschliche Keimzellen losgelöst von menschlichen Bindungen weitergeben lassen. Vorgesehen ist, dass die Person, von der die Keimzellen stammen, darüber hinaus keine Bedeutung für das Kind und insbesondere keinen Kontakt zu diesem hat. Dies verdeutlicht die Empfehlung des Beratungsnetzwerks Kinderwunsch Deutschland [BKiD] zum Umgang mit Wunscheltern, die daran zweifeln, ob das entstandene Kind die Person, von der der Samen stammt, ebenfalls in der für ihn geplanten unbedeutenden Rolle sehen wird:

> „Ein weiteres Thema in der Beratung ist die Bedeutung des Spenders für das Kind. Manche Wunscheltern befürchten, dass sich das Kind nach einer Aufklärung aufgrund der biologischen Verbindung zum Spender hingezogen fühlt und den Vater als weniger wichtig erachtet und dass dies bspw. in der Pubertät zu einer Ablehnung des Vaters führen könne. Es ist wichtig darauf hinzuweisen, dass der soziale Vater die einzige reale Vaterfigur für das Kind ist, denn der Spender ist (meist; s.u. P. 6) keine präsente reale Bezugsperson" (BKiD 2021, S. 3).

Das technische Konzept der Samenspende verwendet für den Menschen, von dem der Samen kommt, also einen Begriff, der deutlich positiv konnotiert ist und nicht mit langfristigen Konsequenzen assoziiert wird. Mit dem Begriff *Spender* wird ein Bild von jemandem geschaffen, der punktuell Gutes tut, ohne persönliche und langfristige Verantwortung zu übernehmen. Das aufgeführte Beispiel aus den psychosozialen Beratungsleitlinien zeigt außerdem, dass das technische Konzept der Samenspende keineswegs auf die Reproduktionsmedizin begrenzt ist, sondern sich auch z.B. in der psychosozialen Beratung wiederfindet. Auch in der Politik sind reproduktionsmedizinische Maßnahmen bei der Familiengründung bedeutsam und als aktuelles gesellschaftlich relevantes Thema im Koalitionsvertrag 2021–2025 der Bundesregierung Deutschland aufgeführt. Darin werden ebenfalls die Begriffe des technischen Konzepts aus der Reproduktionsmedizin verwendet:

> „Das Samenspenderregister wollen wir auch für bisherige Fälle, private Samenspenden und Embryonenspenden öffnen. [...] Wir setzen eine Kommission zur reproduktiven Selbstbestimmung und Fortpflanzungsmedizin ein, die Regulierungen für den Schwangerschaftsabbruch außerhalb des Strafgesetzbuches sowie Möglichkeiten zur Legalisierung der Eizellspende und der altruistischen Leihmutterschaft prüfen wird" (Bundesregierung Deutschland 2021, S. 102 u. 116).

Es ist vom Samenspenderregister die Rede, das „private Samenspenden" sowie „Embryonenspenden" aufnehmen solle und dass die Regierung die Zulassung der „Eizellspende und der altruistischen Leihmutterschaft" prüfen wolle. Neben dem Konzept der Samenspende zeichnet sich an den Begriffen für die weiteren Verfahren mit oder ohne reproduktionsmedizinische Unterstützung außerdem eine grundsätzliche Denkweise ab, reproduktive Ressourcen Dritter, insbesondere Keimzellen, zu verwenden, ohne dass die Personen, von denen sie stammen, im Leben des Kindes präsent sein sollen. Diese Denkweise könnte man übergeordnet als Spendenparadigma bezeichnen.

1.3 Technisches Konzept der Samenspende versus Lebenspraxis

In der Lebenspraxis zeigte sich, dass Menschen, die erfahren, dass sie auf diese Weise entstanden sind, typischerweise mehr über den Menschen wissen möchten, von dem der Samen stammt (z. B. Scheib/Riordan/Rubin 2005). Und in Deutschland haben Spenderkinder ausdrücklich das Recht, dessen Identität zu erfahren. Darauf wies bereits 1970 die Bundesärztekammer hin:

> „Nach dem neuen Mitte 1970 in Kraft tretenden Unehelichenstrafrecht hat ein aus einer solchen Maßnahme stammendes Kind den unverzichtbaren Anspruch auf Anfechtung seiner Ehelichkeit und Feststellung der Vaterschaft – der Vater, also in diesem Falle der Samenspender, wird damit verwandt, sorgepflichtig und das Kind erbberechtigt. Der Arzt, der die Insemination vorgenommen hat, kann, wenn er nicht schadensersatzpflichtig oder wegen Personenstandsfälschung straffällig werden will, die Identität des Spenders nicht verschweigen; auch das „Poolen"[2] von Spendersperma ist kein Ausweg" (Bundesärztekammer 1970, S. 1982).

Darauf bezogen sich Reproduktionsmediziner schon Mitte der 80er Jahre des letzten Jahrhunderts, indem sie darlegten:

> „Ein wesentliches juristisches Problem dieser Behandlungsmethode ergibt sich aus der bewußten Verletzung des im Grundgesetz verankerten Rechtes auf Kenntnis der biologischen Abstammung. Juristisch spricht man von der planmäßigen Vereitelung der Feststellung der Abstammung, die mißbilligt wird" (Katzorke/Propping 1985, S. 20).

In der Lebenspraxis zeigte sich auch, dass Spenderkinder in der Regel nicht nur den Namen wissen, sondern mehr über die Person dahinter erfahren möchten (Ravelingien/Provoost/Pennings 2015). Dabei geht es um Fragen wie: Was ist das für ein Mensch? Wie sieht der aus? Was macht der? Was ist ihm wichtig? Warum hat er Samen zur Zeugung von Kindern abgegeben? (Siedler 2021). Oft möchten Spenderkinder auch ihre Halbgeschwister kennenlernen (Scheib/McCormick, Benward/Ruby 2020) – von denen sie meist sehr viele haben. Diese Befunde deuten darauf hin, dass das technische Konzept der Samenspende insofern die Lebenspraxis nicht abbildet, als diese Bedürfnisse der entstehenden Menschen nicht berücksichtigt werden. Anders als das Konzept es vorsieht, nehmen Spenderkinder den Menschen, von dem der Samen stammt, als Person wahr. Zudem wünschen sie sich von ihm, dass er langfristig Verantwortung für sein Handeln übernimmt, indem er z. B. ihren Kontaktwunsch erwidert. Ungeplante

2 [Anmerkung der Autorinnen: Mit „Poolen" ist gemeint, dass Sperma verschiedener Männer gemischt wird, so dass auch für den Arzt oder die Ärztin unklar ist, mit wessen Samenzelle das Kind letztlich gezeugt wurde.]

langfristige Konsequenzen zeigen sich auch dann, wenn die entstandenen Menschen Kontakt zu Halbgeschwistern aufnehmen, die als rechtliche Kinder der Person, von der der Samen stammt, aufgewachsen sind (Höllering 2022).

Gegenwärtig erleben sich viele Spenderkinder in einer zwischenmenschlich und emotional äußerst herausfordernden Situation, wenn sie mehr über den Menschen erfahren möchten, von dem der Samen stammt, oder wenn sie Kontakt mit ihm aufnehmen möchten. Weil das technische Konzept der Samenspende dies nicht vorsieht, erleben Spenderkinder Wunscheltern darauf unvorbereitet (Widbom et al. 2024). In einer internationalen Befragung an erwachsenen Spenderkindern berichteten nur gut ein Drittel, dass ihre rechtlichen Eltern von ihren Gefühlen wissen und weniger als ein Viertel gab an, dass ihre Eltern ihre Suche unterstützen (We are donor conceived 2020). Dieser Eindruck geht auch aus Erfahrungsberichten auf der Internetseite des Vereins Spenderkinder hervor (z. B. Erfahrungsbericht Florian, Erfahrungsbericht Sebastian). Auch der Mensch, von dem der Samen stammt, wird häufig als unvorbereitet erlebt. Schließlich ist es bisher eine Voraussetzung des technischen Konzepts der Keimzellabgabe, dass der Mensch, von dem der Samen stammt, möglichst kein Interesse an einer emotionalen Verbindung zum entstehenden Kind hat und er mit seiner Einwilligung in die Samenabgabe zustimmt, dass es für ihn in Ordnung wäre, das Kind nicht persönlich kennenzulernen.

Spenderkinder erleben sich deshalb gefordert, sich teilweise sehr diplomatisch zu zeigen, um den Kontakt, oder auch nur die Kontaktmöglichkeit, nicht zu gefährden (z. B. Erfahrungsbericht Anja; Erfahrungsbericht Claire) und gleichzeitig die Beziehung zu ihren rechtlichen Eltern, insbesondere zum rechtlichen Vater, durch die Suche oder Kontaktaufnahme nicht zu belasten (Widbom et al. 2024). Mehr als jedes fünfte Spenderkind erlebt, dass sein Kontaktversuch unerwidert bleibt oder der Mensch, von dem der Samen kommt, Kontakt ablehnt (We are donor conceived 2020). Im Folgenden stellen die Autorinnen ein alternatives Konzept vor, das diese Befunde aus der Lebenspraxis aufgreift: das relationale Konzept der Familiengründung.

1.4 Alternative: Ein relationales Konzept der Familiengründung

Ausgehend von den Befunden aus der Lebenspraxis zu den Bedürfnissen der entstehenden Menschen wäre alternativ zum technischen Konzept ein Konzept denkbar, das alle Beteiligten als Personen und ihre Verbindungen untereinander anerkennt. Abbildung 1 zeigt schematisch ein solches relationales Familienmodell, in dem die verschiedenen Arten der Verbindungen visualisiert sind. Abgebildet sind die Person, von der der Samen stammt, mit ihren Eltern, ggf. Partner:in, rechtliche Kinder, sowie zwei weitere rechtliche Familien, in denen ihre genetischen Kinder aufwachsen, die untereinander Halbgeschwister sind.

Abbildung 1: Darstellung relationales Familienmodell

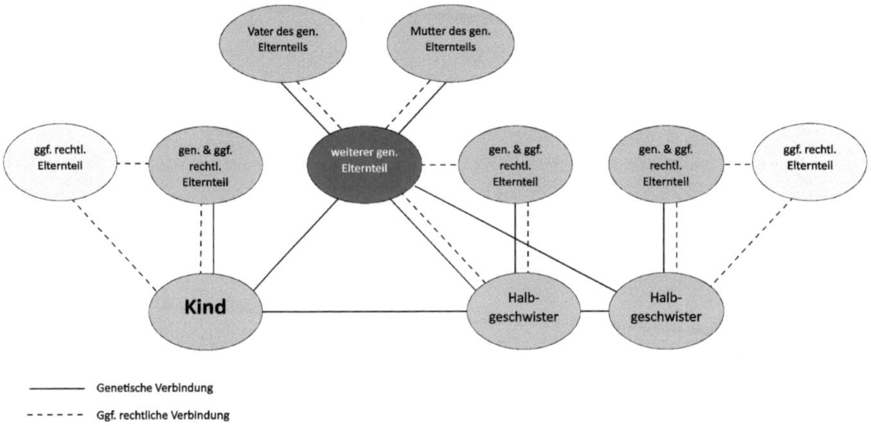

Diese Skizze ist stark vereinfacht und bildet auf Ebene der Kinder lediglich drei Halbgeschwister ab. In der Praxis gibt es meist sehr viel mehr rechtliche Familien, auf die sehr viele Halbgeschwister verteilt sind. Außerdem können Kinder mit weiteren Voll-, Halb-, Pflege-, Adoptiv- oder Stiefgeschwistern aufwachsen. Anders als frühere Versionen (z.B. Meier-Credner 2018) zeigt dieses Modell genetische und möglicherweise zusätzlich vorhandene rechtliche Verbindungen. Während die genetischen Verbindungen unabänderlich bestehen, können sich rechtliche Verbindungen verändern, z. B. durch Anerkennung einer Vaterschaft oder deren Anfechtung sowie durch Adoption. Zusätzlich können sich zwischen allen Beteiligten soziale Verbindungen entwickeln und über die Lebensdauer in ihrer Intensität variieren. In der Regel ist eine soziale Verbindung zum nicht genetisch verwandten *Wunsch*-Elternteil vorgesehen. Es kommt jedoch vor, dass sich ein Paar mit Kinderwunsch nach Eintreten der Schwangerschaft trennt und sich die soziale Verbindung nicht wie ursprünglich gewünscht entwickelt. Auch unabhängig von einer möglichen Trennung ist die Entwicklung einer sozialen Beziehung nicht planbar.

1.5 Studie: Welches Konzept spiegelt sich in der Fachliteratur, welches in den Freitextantworten der „Spenderkinderstudie2020"?

Mit den Daten der „Spenderkinderstudie2020" wurde untersucht, inwieweit das technische Konzept der Samen*spende* aus der Perspektive der entstandenen Menschen zu ihrer wahrgenommenen Lebensrealität passt. Ein Indiz dafür, ob das technische Konzept der Samenspende oder eher ein relationales Familienkonzept die Lebensrealität von Spenderkindern widerspiegelt, könnte der Begriff sein, mit dem Spenderkinder selbst den Menschen bezeichnen, von dem der Samen stammt. Begriffe wie *Spender* oder *Erzeuger* beschreiben eine Funktion und legen eine eher technische Bedeutung nahe. Begriffe, die eine menschliche Verbindung benennen wie (*genetischer/biologischer*) *Vater*, weisen eher auf ein relationales Konzept hin, das geprägt ist durch Verbindung, Persönlichkeit und Langfristigkeit. In der vorliegenden Studie wurde geprüft, welche Begriffe Spenderkinder für die Person, von der der Samen stammt, verwenden. Außerdem wurde überprüft, welche Begriffe und somit welche Konzepte parallel in der Fachliteratur kommuniziert werden. Dazu wurden die in den Antworten der „Spenderkinderstudie2020" verwendeten Begriffe den Begriffen aus einem Querschnitt der Fachliteratur aus 2020 und 2021 gegenübergestellt.

1.5.1 Methode

Die „Spenderkinderstudie2020" befragte 59 erwachsene Spenderkinder aus Deutschland per Online-Fragebogen, wie sie von ihrer Entstehungsweise erfuhren, welche Verwandten sie bisher gefunden und welche positiven sowie negativen Erfahrungen sie gemacht haben. Die Teilnehmenden waren 21 bis 46 Jahre alt ($M = 33,5$, $SD = 6,34$) und identifizierten sich überwiegend als weiblich (80 %). Sie hatten im Alter von 5 bis 46 Jahren ($M = 24,9$, $SD = 9,86$) unter verschiedenen Umständen von ihrer Entstehungsweise erfahren (eine genauere Beschreibung der Stichprobe findet sich in Bauer & Meier-Credner 2023). Neben Ja-Nein-Antwortmöglichkeiten und Ankreuzantwortmöglichkeiten auf Likert-Skalen gab es zu den meisten Fragen in der „Spenderkinderstudie2020" die Möglichkeit, eine freie Antwort oder ergänzende Ausführungen in einem Textfeld zu notieren. Diese Freitextantworten wurden für die hier berichtete Untersuchung verwendet. Mittels inhaltlich strukturierender qualitativer Inhaltsanalyse (Kuckartz 2018) wurde untersucht, welche Begriffe die Befragten in den Freitextantworten für die Person, von der der Samen stammte, verwendeten. Dazu wurde das Programm MAXQDA 2020 (VERBI Software 2019) verwendet. Da sich zeigte, dass die Teilnehmenden die Bezeichnungen auch kontextabhängig verwendeten, wurden nur solche Bezeichnungen einbezogen, mit denen die befragten Spenderkinder jeweils die Person bezeichneten, mit deren Samen sie entstanden waren. Ein Indikator dafür war das Wort „mein". Zur Veranschaulichung einige Beispiele aus den Freitextantworten:

> „Vielleicht liegt das daran, dass ich so sehr ‚aus der Rolle fiel' innerhalb meiner Familie, so stark anders war. Deshalb lege ich meinem biologischen Vater einen großen Wert bei, da ich wohl sehr viel von ihm mitbekommen habe."
>
> „Wenn ich meinen biologischen Vater suche, ihn bestenfalls kennenlernen möchte, dann auch, weil ich weiß, dass es sich schließlich um den Großvater meiner Kinder handelt und es sie auch mal interessieren könnte."

> „Ich bin immer sehr freundlich zu meinem Spendervater und erzähle ihm nicht, wie sehr sein Verhalten mich verletzt. Aber eines Tages, spätestens wenn er stirbt, werde ich meine Brüder kontaktieren."
>
> „Aktuell erhoffe ich mir, meinen Erzeuger über die von dem [Name des Inseminationsarztes] herausgegebenen Daten zu finden und habe mich auch bereits aktiv auf die Suche gemacht."

Nicht berücksichtigt wurden Begriffe, mit denen eventuell Dritte zitiert wurden, wie: „Meine Mutter hatte mir gesagt, dass die Spender alle Medizinstudenten waren", oder: „dann sagte er mir, dass es ein Ausnahmefall war und er selbst gespendet hatte und er mein leiblicher Vater war."

Die in den Freitextantworten der „Spenderkinderstudie2020" verwendeten Begriffe wurden mit den Begriffen verglichen, die ein Querschnitt der Fachliteratur aus den Jahren 2020 und 2021 ergab. Um zu erheben, welche Begriffe die Fachliteratur verwendete und in wie vielen Quellen sich die jeweiligen Begriffe fanden, wurden die Literaturdatenbanken Google Scholar und Scopus nach den geläufigen Stichworten *Samenspende, Spendersamenbehandlung* (auch: *Behandlung mit Spendersamen*), *donor sperm treatment und sperm donation* durchsucht. Diese beiden Literaturdatenbanken zeichnen sich dadurch aus, dass sie Literatur vieler verschiedener Fachrichtungen umfassen. Jeweils die ersten 20 Treffer pro Begriff, die über die Seiten der Technischen Universität Braunschweig als Volltext aufrufbar waren, wurden berücksichtigt. Anschließend wurde notiert, welche Begriffe in welcher Quelle für den Menschen, von dem der Samen stammt, verwendet wurden. Dabei war irrelevant, wie häufig ein Begriff pro Quelle vorkam.

Die gängigen Stichworte folgen dem verbreiteten technischen Konzept der Spende. Um zu prüfen, ob dadurch womöglich nur solche Fachliteratur identifiziert wurde, die dem technischen Konzept der Spende folgt, obwohl tatsächlich ein anderes Konzept in der zwischenmenschlichen Beratung vorherrscht, wurden zusätzlich gezielt drei Leitlinien für die psychosomatische und psychosoziale Beratung in diesem Bereich auf ihren Sprachgebrauch untersucht, und zwar die Leitlinien *Routine psychosocial care in infertility and medically assisted reproduction – A guide for fertility staff* (European Society of Human Reproduction and Embryology [ESHRE] 2015), *Psychosomatisch orientierte Diagnostik und Therapie bei Fertilitätsstörungen* (Arbeitsgemeinschaft der Wissenschaftlichen Medizinischen Fachgesellschaften e. V. [AWMF] 2020) (nicht berücksichtigt wurden für die Auswertung die Textbeiträge des Vereins Spenderkinder darin) sowie die *Leitlinien für die psychosoziale Beratung im Rahmen der Gametenspende* (BKiD 2021). Die Beratungsleitlinien spielen eine wichtige Rolle, da sich medizinische und psychosoziale Beratungsfachkräfte an ihnen orientieren. Auf diese Weise wirken diese Leitlinien maßgeblich darauf ein, welches Konzept (technisch oder relational) Beratungsfachkräfte Menschen mit Kinderwunsch, Menschen, die diesen Menschen ihre Keimzellen zur Verfügung stellen möchten, und ggf. auch gegenüber den auf diese Weise entstandenen Menschen kommunizieren.

Für den Vergleich der Begriffe aus der „Spenderkinderstudie2020“ mit denen in der Fachliteratur wurden die englischen Begriffe ins Deutsche übersetzt (z. B. „donor“ für „Spender“) und alle Begriffe danach geordnet, ob sie das technische Konzept oder das relationale Konzept vermittelten. Dem technischen Konzept wurden die Begriffe *Spender, Samenspender, Gametenspender, Samengeber, Erzeuger, Genitor, Spendeperson* zugeordnet. Die Begriffe *Vater, genetischer / leiblicher / biologischer Vater, biologisches / genetisches Elternteil, Spendervater, „Großvater“* wurden dem relationalen Familienkonzept zugeordnet. Verglichen wurden die jeweils verwendeten Begriffe pro Fachliteratur und Teilnehmenden der Spenderkinderstudie2020. Wenn eine Quelle bzw. Person verschiedene Begriffe verwendete, wurden ihr mehrere Kategorien zugeordnet. Wie häufig eine einzelne Quelle bzw. Person einen Begriff verwendete, war irrelevant. Anschließend wurde das Verhältnis von funktionalisierenden zu relationalen Begriffen für die Fachliteraturquellen sowie für die teilnehmenden Personen bestimmt.

1.5.2 Ergebnis

Überwiegend funktionalisierende Begriffe in der Fachliteratur

Sowohl die deutschsprachige als auch die englischsprachige Fachliteratur verwendete überwiegend die Begriffe *Spender / donor* (91 %) und *Samenspender / sperm donor / semen donor* (86 %) (siehe Tabelle 3). Relationale Begriffe, wie z. B. *genetischer Vater* (12 %) oder *biological father* (5 %) fanden sich nur in einzelnen Quellen. Nicht jeder Suchbegriff ergab 20 Treffer. Insgesamt wurden 107 Quellen einbezogen. Auch in den psychosozialen bzw. psychosomatischen Leitlinien überwiegen die Begriffe *Spender / donor* und *Samenspender / sperm donor*. Relationale Begriffe kommen gar nicht vor.

Überwiegend relationale Begriffe in den Freitextantworten der Spenderkinderstudie2020

Die befragten Spenderkinder verwendeten mehrheitlich die Bezeichnung *genetischer Vater* (53 %), gefolgt von *biologischer Vater* (24 %) und *Vater* (20 %) vor *Spender* (11 %) (siehe Tabelle 3). Insgesamt wurden die Begriffe *Vater, genetischer Vater, biologischer Vater, leiblicher Vater, Spendervater, Erzeuger, Spender, Samenspender, Samengeber* sowie eine Generation überspringend *Großvater meiner Kinder, leiblicher Großvater* und *Opa* identifiziert. Vierzehn Teilnehmende nutzten keine Bezeichnung für die Person, von der der Samen stammte, und wurden daher nicht einbezogen. Wenn sie Aussagen anderer wiedergeben, verwendeten die Teilnehmenden am häufigsten die Bezeichnung *Spender* (20 %). Bezeichnungen, die *Vater* beinhalten, werden dann nur halb so oft genutzt (11 %). Knapp die Hälfte der Befragten verwendete mehr als eine Bezeichnung, wobei *genetischer Vater* bei den meisten (56 %) vorkam.

Vergleich der in den Freitextantworten der Spenderkinderstudie2020 verwendeten Begriffe mit denen in der Fachliteratur

Die Fachliteratur verwendete am häufigsten die Begriffe *Spender / donor* (91 %) sowie *Samenspender / sperm donor* (86 %), die teilnehmenden Spenderkinder hingegen *genetischer Vater* (59 %) und *biologischer Vater* (27 %) (s. Tabelle 1 und Abbildung 2).

Tabelle 1: Häufigkeitsvergleich der verwendeten Begriffe für den Menschen, von dem der Samen stammt, in einem Querschnitt der Fachliteratur der Jahre 2020/2021 und den Antworten der Spenderkinderstudie2020

	Häufigkeit			
	Fachliteratur 2020/2021 (N=107)		**Spenderkindestudie2020 (N=41)**	
Verwendete Begriffe	**absolut**	**relativ**	**absolut**	**relativ**
Vater / father	3	2,8%*	9	22,0%
genetischer Vater & genetic father	13	12,1%	24	58,5%
biologischer Vater & biological father	5	4,7%	11	26,8%
leiblicher Vater	1	0,9%	3	7,3%
Spendervater		0%	4	9,8%
biological parent	6	5,6%		
genetic parent	3	2,8%		
Spender & donor	97	90,7%	5	12,2%
Samenspender & sperm donor & semen donor	92	86,0%	1	2,4%
gamete donor	6	5,6%		
Samengeber	2	1,9%	1	2,4%
Erzeuger	2	1,9%	4	9,8%
Genitor	2	1,9%		0%
Spendeperson	1	0,9%		0%
gamete provider	3	2,8%		
genetic provider	1	0,9%		
Generation überspringend		0%	4	9,8%

Anmerkung: Einige Quellen verwendeten mehrere Bezeichnungen, daher ergeben die relativen Häufigkeiten aufaddiert mehr als 100 Prozent.

Abbildung 2: Grafische Darstellung der Häufigkeit der verwendeten Begriffe für den Menschen, von dem der Samen stammt, in einem Querschnitt der Fachliteratur der Jahre 2020/2021 und den Antworten der „Spenderkinderstudie2020“

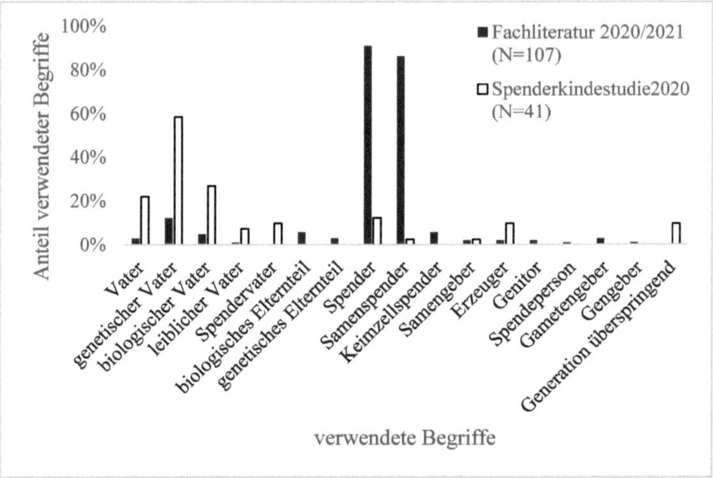

Stellt man die Begriffe aus der Fachliteratur und die Begriffe, die die befragten Spenderkinder verwendeten, einander gegenüber, zeigt sich, dass die befragten Personen etwa fünfmal so häufig relationale wie technisch-funktionalisierende Begriffe verwendeten. In der Fachliteratur findet sich ein deutlich umgekehrtes Verhältnis von technisch-funktionalisierenden zu relationalen Begriffen von 7:1 (siehe die nachfolgende Tabelle 2).

Tabelle 2 Verhältnis der Begriffe, die ein relationales Familienkonzept kommunizieren, und der Begriffe, die ein technisches Konzept vermitteln, in einem Querschnitt der Fachliteratur der Jahre 2020/2021 und den Antworten der „Spenderkinderstudie2020“

Konzept	Zusammengefasste Begriffe	Fachliteratur aus 2020/2021	Spenderkinder-studie2020
Relationales Familienkonzept	Vater, genetischer/ leiblicher/ biologischer Vater, biologisches/ genetisches Elternteil, Spendervater, Großvater	31	55
Technisches Konzept der Samenspende	Spender, Samenspender, Gametenspender, Samengeber, Erzeuger, Genitor, Spendeperson	206	11
		31:206 ≈ 1:7	55:11 = 5:1

1.5.3 Diskussion

Während die einbezogene Fachliteratur überwiegend technisch-funktionalisierende, eher distanzierende Begriffe verwendet, bevorzugen die befragten entstandenen Menschen relationale Begriffe. Ein Blick auf die Begriffe, die Spenderkinder international verwenden, bestätigt dieses Ergebnis: In einer internationalen Befragung von Spenderkindern im Jahr 2020 war *biologischer Vater / Mutter* der am häufigsten gewählte Begriff (74 % der Befragten), gefolgt von *Samen- / Eizellspender:in* (59 %) (We Are Donor Conceived 2020). Weitere häufig gewählte Bezeichnungen sind der internationalen Befragung zufolge *Spendervater/-mutter*, *genetische Mutter/Vater* und *Mutter/Vater*. Dies kann als Hinweis darauf interpretiert werden, dass sich das der Fachliteratur zugrundeliegende Konzept von dem der auf diese Weise entstandenen Menschen unterscheidet. Das vor allem reproduktionsmedizinisch geprägte, technische Konzept der Samen*spende* entspricht offenbar nicht den erlebten zwischenmenschlichen Verbindungen und Bedürfnissen, die für viele Spenderkinder im Laufe ihres Lebens bedeutsam werden.

Einschränkend ist zu berücksichtigen, dass die durch die Suchmaschinen identifizierte, einbezogene Literatur überwiegend aus dem medizinischen, medizinrechtlichen und -ethischen sowie psychosozialen Bereich stammte. Künftige Untersuchungen mögen prüfen, ob es Fachbereiche gibt, die in dieser Untersuchung nicht oder weniger präsent sind, und in denen nicht das technische Konzept der Samenspende bzw. bereits ein relationales Familienkonzept vorherrscht. Ein möglicher Bereich wäre z. B. die Adoptionsforschung. Dazu sollte die Suche gezielt mit den Begriffen des relationalen Familienkonzepts wie genetischer/biologischer Vater etc. erfolgen.

Ferner ist zu berücksichtigen, dass in dieser Untersuchung von der verwendeten Bezeichnung für den Menschen, von dem der Samen für die eigene Entstehung stammte, auf ein mental repräsentiertes Konzept geschlossen wurde. Auch wenn die ausführlichen Freitextantworten inhaltlich diesen Zusammenhang bestätigten, wäre er in künftigen Untersuchungen zu überprüfen. Künftige Untersuchungen könnten Spenderkinder direkt zu ihrem Familienkonzept befragen und dabei möglicherweise auch Veränderungen des individuellen Familienkonzepts im bisherigen Lebensverlauf in den Blick nehmen. Dazu gehören z. B. mögliche Vorstellungen von Kontakt und Art der gewünschten oder vorgestellten Beziehung zu der Person, von der der Samen kommt, sowie zu Halbgeschwistern und weiteren biologisch verwandten Menschen über diese Seite.

Fraglich ist außerdem, inwieweit die Begriffswahl und/oder das mental repräsentierte Konzept der teilnehmenden Spenderkinder durch ihr Umfeld beeinflusst ist. Wenn das Umfeld z. B. die Bezeichnung *Spender* verwendet, hat das Spenderkind diesen Begriff möglicherweise übernommen, ohne ihn zu hinterfragen, obwohl es diesen Menschen als Person wahrnimmt und sein Empfinden dem relationalen Familienkonzept entspricht. Dazu wäre es möglicherweise ergänzend interessant zu untersuchen, welches Konzept in reproduktionsmedizinischer und psychosozialer Beratung an Wunscheltern, Menschen, die ihren Samen zur Zeugung von Kindern abgeben möchten, sowie an Spenderkinder direkt vermittelt wird.

Die Rekrutierung der teilnehmenden Spenderkinder an der „Spenderkinderstudie2020" erfolgte über die Mailingliste des Vereins Spenderkinder mit der Bitte, die Einladung zur Teilnahme anderen Spenderkindern weiterzuleiten. So erreichte die Einladung z. B. Halbgeschwister, die nicht auf der Mailingliste standen. Zur Rekrutierungsstrategie bleibt offen, inwieweit die erreichte Auswahl an Spenderkindern repräsentativ für alle Spenderkinder in Deutschland ist. Dieses Problem ergibt sich bei jeder Rekrutierungsstrategie, da z. B. grundsätzlich nur Spenderkinder befragt werden können, die von ihrer Entstehungsweise wissen und bereit sind, im Rahmen der Befragung dazu Auskunft zu geben Grund für die gewählte Rekrutierung über die vereinsinterne Mailingliste war, dass sichergestellt werden sollte, dass die teilnehmenden Personen tatsächlich Spenderkinder sind. Das Vorgehen folgt damit früheren Untersuchungen an Spenderkindern (Baumann 2021; Bernard 2015; Funcke 2009 und 2013; Müller 2020; Oelsner/ Lehmkuhl 2016). Versuche, Spenderkinder für qualitative Interviewstudien über andere Wege wie Internetforen, eine Projekthomepage oder über die Deutsche Vereinigung von Familien nach Samenspende (DI-Netz) zu finden, wurden als wenig erfolgreich beschrieben (Baumann 2021; Müller 2020). Für die „Spenderkinderstudie2020" konnte auf diese Weise die bisher größte Spenderkinderstichprobe (N=59) in Deutschland rekrutiert werden.

Die teilnehmenden Spenderkinder wurden zwischen 1974 und 1999 geboren und wuchsen ursprünglich überwiegend bei einem heterosexuellen Elternpaar auf. Das überrascht nicht, da zu dieser Zeit ärztliche Samenvermittlung in der Regel nur an diese Zielgruppe erfolgte. Ergänzend wäre interessant zu untersuchen, welche Begriffe Spenderkinder verwenden, die mit anderen Konstellationen rechtlicher Eltern, z. B. mit einer alleinstehenden Mutter oder einem Mütterpaar, aufwachsen. In einer Studie aus dem Jahr 2011 mit 74 Teilnehmenden gaben Spenderkinder mit Mütterpaaren an, dass sie früher als Spenderkinder heterosexueller Eltern mehr über den Menschen, von dem der Samen zu ihrer Zeugung stammte, erfahren wollten (Beeson et al. 2011).

1.5.4 Praktische Konsequenzen

Unter Berücksichtigung der aufgezeigten Limitationen können aus den geschilderten empirischen Befunden aus der Lebenspraxis von Spenderkindern, einschließlich der Studienergebnisse zum Vergleich der Begriffswahl für den Menschen, von dem der Samen stammt, folgende praktische Konsequenzen abgeleitet werden. Die dargestellte empirische Befundlage deutet darauf hin, dass das theoretische, technisch-medizinische Konzept der Samenspende langfristig nicht trägt: Es sieht für Spenderkinder eine Rolle vor, der die meisten Spenderkinder nicht entsprechen. Die entstehenden Menschen nehmen den Menschen, von dem der Samen stammt, mit hoher Wahrscheinlichkeit nicht ausschließlich in dieser Funktion, sondern als Person wahr, über die sie mehr erfahren und von der sie selbst auch wahrgenommen werden möchten (Ravelingien/Provoost/Pennings 2015; Scheib/Riordan/Rubin 2005; Siedler 2021). Viele Spenderkinder möchten Kontakt mit diesem Menschen aufnehmen. Menschliche Verbindungen nehmen viele Spenderkinder auch zu ihren Halbgeschwistern, die in anderen Familien aufwachsen, wahr (Scheib et al. 2020). Das verlangt allen Beteiligten eine große Integrationsleistung ab. Außerdem ist damit verbunden, dass sich die Rollen, die Wunscheltern und die Personen, die ihre Keimzellen abgeben, für sich selbst vorsehen, nicht wie geplant verwirklichen.

Gleichzeitig gibt es deutliche Hinweise darauf, dass gegenwärtig das technische Konzept der Samenspende in der Fachliteratur sowie in der medizinischen und psychosozialen Beratung vorherrscht (AWMF 2020; BKiD 2021; Bundesregierung Deutschland 2021; ESHRE 2015; Semmler 2021). Dieses Konzept zeichnet sich dadurch aus, dass zwischen dem entstehenden Kind und der Person, von der der Samen kommt, kein Kontakt und keine persönliche Beziehung vorgesehen sind. So ist es bisher eine wesentliche Voraussetzung der Samenspende, dass die Person, von der der Samen stammt, möglichst kein Interesse an Kontakt zum entstehenden Kind hat.

Dadurch sind Wunscheltern und Personen, die Samen zur Zeugung von Kindern abgeben, unzureichend auf den Kontaktwunsch von Spenderkindern vorbereitet. Spenderkinder finden sich in sehr herausfordernden Vermittlungsrollen zwischen den übrigen Beteiligten wieder, weil sie mit ihrem Kontaktwunsch auf starke Ängste, Vorbehalte bis hin zu Ablehnung treffen. Auch für die Wunscheltern und die Person, von der der Samen stammt, ergeben sich emotionale und zwischenmenschliche Herausforderungen, wenn das Spenderkind vom technischen Konzept der Samenspende abweicht. Damit sie im Sinne eines Informed Consent eine informierte Entscheidung treffen können, wäre es notwendig, sie darauf vorzubereiten, welche menschlichen Herausforderungen sie mit ihrer Entscheidung, auf diese Weise ein Kind zu bekommen, erwarten. Dazu gehört es z. B., dass sie statistisch davon ausgehen sollten, dass das Kind sich für den Menschen, von dem der Samen kommt, interessieren wird, möglicherweise Kontakt mit ihm aufnehmen und von ihm als Person wahrgenommen werden möchte. Außerdem sollten sie wissen, dass es gut möglich ist, dass das Kind seine Halbgeschwister kennenlernen möchte. Zur emotionalen Vorbereitung könnte es hilfreich sein, in der psychosozialen und medizinischen Beratung solche Begriffe zu verwenden, die alle Beteiligten als Menschen und ihre Verbindungen untereinander wahrnehmbar machen (dazu auch Meier-Credner 2019 und 2020). Dem relationalen Familienkonzept folgend wäre das z. B. der Begriff *genetischer Vater* statt *Spender*.

Sollte das Kind wider Erwarten zu denjenigen gehören, die kein Interesse an einer Kontaktaufnahme haben, dürfte dies für die Wunscheltern und für die Person, von der der Samen stammt, unproblematisch sein. Zumindest könnten sie sich im Vorfeld mit beiden Möglichkeiten beschäftigen und für sich entscheiden, ob sie unter diesen Umständen der Zeugung eines Kindes zustimmen.

Die entstandenen Menschen verwenden selbst eine Vielzahl an Begriffen für die Person, von der der Samen stammt (Verein Spenderkinder 2017). Die Bezeichnung dieses Menschen ist für viele Spenderkinder ein wichtiges und sehr persönliches Thema, weil sie damit auch den familiären, verwandtschaftlichen und zwischenmenschlichen Status ausdrücken können. So ist es eine persönliche Angelegenheit, welche Bezeichnung einem Spenderkind im aktuellen Moment oder der aktuellen Lebensphase passend erscheint. Manche Spenderkinder verwenden je nach Kontext unterschiedliche Begriffe. Das deutete sich auch in den Daten der „Spenderkinderstudie2020" an. Die individuellen Bezeichnungen sind aus Respekt vor dessen subjektivem Erleben dem einzelnen Spenderkind zu überlassen. Möglicherweise entwickeln sich in manchen Familien auch individuelle Bezeichnungen durch die Verwendung von Vornamen oder eigenen Wortschöpfungen. Berücksichtigt man, dass Spenderkinder mit hoher Wahrscheinlichkeit Kontakt zu dem Menschen, von dem der Samen stammt, aufnehmen möchten, wäre es im Sinne der entstehenden Menschen, wenn Wunscheltern solche Menschen als genetische Elternteile wählen, die Interesse am entstehenden Kind als Person haben.

Die Vorbereitung auf die erwartbare Kontaktaufnahme und Integration könnte nicht nur in spezifischer Beratung stattfinden, sondern auch, indem an anderen Stellen die Person, von der die Keimzellen stammen, sichtbarer gemacht wird. Konkret wäre z. B. zu überlegen, ob bereits bei Infoabenden von reproduktionsmedizinischen Praxen interessierte Wunscheltern und potenzielle genetische Elternteile einander kennenlernen sollten. So könnten sie sich ein klareres Bild voneinander machen und der weitere genetische Elternteil des Kindes würde für die Wunscheltern unmittelbar sichtbar.

Dass viele Spenderkinder ein menschlich-persönliches Interesse an den Personen haben, von denen die Keimzellen stammen, erfordert ein grundlegendes Umdenken im Sinne eines Paradigmenwechsels vom Spendenparadigma hin zu einem relationalen Paradigma.

Literatur

Arbeitsgemeinschaft der Wissenschaftlichen Medizinischen Fachgesellschaften e. V. (AWMF) (2020): Psychosomatisch orientierte Diagnostik und Therapie bei Fertilitätsstörungen. https://register.awmf.org/assets/guidelines/016-003l_KF_S2k_-Psychosomatische-Diagnostik-Therapie-Fertilitaetsstoerungen_2020-02.pdf (Abfrage: 27.02.2025).

Bauer, Tobias/Meier-Credner, Anne (2024): Intra-familial dynamics of knowledge and ignorance experienced by donor-conceived adults in Germany. Manuskript zur Publikation eingereicht.

Bauer, Tobias/Meier-Credner, Anne (2023): Circumstances Leading To Finding Out about Being Donor-Conceived and Its Perceived Impact on Family Relationships: A Survey of Adults Conceived via Anonymous Donor Insemination in Germany. In Social Sciences 12, H. 3, 155. doi.org/10.3390/socsci12030155.

Baumann, Amelie (2021): Becoming Donor-Conceived. Bielefeld: Transcript.

Beeson, Diane R./Jennings, Patricia K/Kramer, Wendy (2011): Offspring searching for their sperm donors: how family type shapes the process. In: Human Reproduction 9, H. 26, S. 2415–2424.

Beratungsnetzwerk Kinderwunsch Deutschland (BKiD) (2021): Leitlinien für die psychosoziale Beratung im Rahmen der Gametenspende. https://www.bkid.de/wp-content/uploads/2021/06/Leitlinien-Gametenspende-2021.pdf (Abfrage: 27.02.2025).

Bernard, Andreas (2015): Kinder machen. Frankfurt a. M.: Fischer Taschenbuch.

Bundesärztekammer (1970): Entschließungen und Beschlüsse. In: Deutsches Ärzteblatt 24, S. 1982.

Bundesregierung Deutschland (2021): Koalitionsvertrag zwischen SPD, Bündnis 90/Die Grünen und FDP. www.spd.de/fileadmin/Dokumente/Koalitionsvertrag/Koalitionsvertrag_2021-2025.pdf (Abfrage: 27.02.2025).

Cryostore (o. d.): https://www.cryostore.de/samenspender/ (Abfrage: 27.02.2025).

Erfahrungsbericht Anja (o. d.). Verein Spenderkinder, Meinungen und Geschichten: Anja. www.spenderkinder.de/ueberuns/meinungenundgeschichten/anja/ (Abfrage: 27.02.2025)

Erfahrungsbericht Claire (o. d.). Verein Spenderkinder, Meinungen und Geschichten: Claire. www.spenderkinder.de/ueberuns/meinungenundgeschichten/claire/ (Abfrage: 27.02.2025).

Erfahrungsbericht Florian (o. d.). Verein Spenderkinder, Meinungen und Geschichten: Florian. www.spenderkinder.de/ueberuns/meinungenundgeschichten/florian/ (Abfrage: 27.02.2025).

Erfahrungsbericht Sebastian (o. d.). Verein Spenderkinder, Meinungen und Geschichten: Sebastian. www.spenderkinder.de/ueberuns/meinungenundgeschichten/sebastian/ (Abfrage: 27.02.2025).

European Society of Human Reproduction and Embryology (ESHRE) (2015): Routine psychosocial care in infertility and medically assisted reproduction – A guide for fertility staff. ESHRE Psychology and Counselling Guideline Development Group. www.eshre.eu/Guidelines-and-Legal/Guidelines/Psychosocial-care-guideline (Abfrage: 27.02.2025).

Funcke, Dorett (2009): Der unsichtbare Dritte: Ein Beitrag zur psychohistorischen Dimension der Identitätsfindung am Beispiel der Spendersamenkinder. In: Psychotheraphie & Sozialwissenschaft 11, S. 61–98.

Funcke, Dorett (2013): Die anonyme Samenspende und ihre Folgen: Strategien des Umgangs mit Ungewissheit und Nichtwissen. In Peter, Claudia/Funcke, Dorett (Hrsg.) Wissen an der Grenze: Zum Umgang mit Ungewissheit und Unsicherheit in der modernen Medizin. Frankfurt: Campus, S. 413–452.

Höllering, Maria (2022): Dem eigenen Ursprung auf der Spur: Kontakt- und Beziehungserfahrungen von durch anonyme Samenspende gezeugten Menschen aus Deutschland mit ihren „neugewonnenen" genetischen Verwandten. [unveröffentlichte Masterarbeit]. Technische Universität Braunschweig.

Katzorke, Thomas (2019): Entstehung, Entwicklung und gegenwärtiger Stand der Spendersamenbehandlung in Deutschland, In: Journal für Reproduktionsmedizin und Endokrinologie 16, H. 4, S. 151–162.

Katzorke, Thomas/Propping, Dirk (1985): Voraussetzungen und Ergebnisse der heterologen (donogenen) Insemination. In: Pro familia magazin 3, S. 20–22.

Kuckartz, Udo (2018): Qualitative Inhaltsanalyse: Methoden, Praxis, Computerunterstützung. 4. Auflage. Weinheim und Basel: Beltz Verlagsgruppe.

Lakoff, George/Johnson, Mark (1980): The Metaphorical Structure of the Human Conceptual System. In: Cognitive Science 4, S. 195–208.

Margolis, Eric/Laurence, Stephen (2007): The Ontology of Concepts: Abstract Objects or Mental Representations?. In: Noûs 41, H. 4, S. 561–593. doi.org/10.1111/j.1468-0068.2007.00663.x.

Meier-Credner, Anne (2018): Familiengründung mit Samenzellen eines Dritten und ihre besonderen Herausforderungen. In: Johne, Maria/Allert, Gebhard/Bouville Valérie/Frank, Claudia/Schmithüsen, Gerd/Rutsch, Andrea Maria/Hess, Gudrun (Hrsg.) Veränderung im psychoanalytischen Prozess – Entwicklung und Grenzen (S. 306–315). Herbsttagung 2017 Deutsche Psychoanalytische Vereinigung, Bad Homburg. Gießen: Psychosozial-Verlag.

Meier-Credner, Anne (2019): Familiengründung durch Samenspende oder Familiengründung zu dritt? Herausforderungen für alle Beteiligten. In: Marx, Rita/Scheerer, Ann Kathrin (Hrsg.) Auf neuen Wegen zum Kind. Chancen und Probleme der Reproduktionsmedizin aus ethischer, soziologischer und psychoanalytischer Sicht. Gießen: Psychosozial-Verlag, S. 85–114.

Meier-Credner, Anne (2020): Familiengründung zu dritt – psychologische und ethische Aspekte. Der Verein Spenderkinder. In Beier, Katharina/Brügge, Claudia/Thorn, Petra/Wiesemann, Claudia (Hrsg.) Assistierte Reproduktion mit Hilfe Dritter. Berlin: Springer, S. 329–345. doi.org/10.1007/978-3-662-60298-0.

Müller, Christine (2020): Der Schattenvater: Narrative Identitätskonstruktionen von „Kuckuckskindern" und „Spenderkindern". Gießen: Psychosozial-Verlag.

Oelsner, Wolfgang & Lehmkuhl, Gerd (2016): Spenderkinder: Künstliche Befruchtung, Samenspende, Leihmutterschaft und die Folgen. Munderfing: Fischer & Gann.

Ravelingien, An/Provoost, Veerle/Pennings, Guido (2015): Open-Identity Sperm Donation: How Does Offering Donor-Identifying Information Relate to Donor-Conceived Offspring's Wishes and Needs? In: Bioethical Inquiry 12, S. 503–509, doi.org/10.1007/s11673-014-9550-3.

Samenbank Erlangen (2018): https://www.erlanger-samenbank.de/2018/06/26/held-sein-wenn-andere-hoffen/ (Abfrage: 27.02.2025).

Samenbank München (o. d.): https://www.cryobank-muenchen.de/samenspender/samenspender-werden (Abfrage: 27.02.2025).

Scheib, Joanna E./McCormick, Emily/Benward, Jean/Ruby, Alice (2020): Finding people like me: contact among young adults who share an open-identity sperm donor, Human Reproduction Open 2020, H. 4, hoaa057, doi.org/10.1093/hropen/hoaa057.

Scheib, Joanna E./Riordan, Maura/Rubin, Susan (2005): Adolescents with open-identity sperm donors: reports from 12–17 year olds. In: Human Reproduction (Oxford, England), 20, H. 1, S. 239–252, doi.org/10.1093/humrep/deh581.

Semmler, Lea (2021): Narrative – Welche Begriffe verwenden Spenderkinder für ihren genetischen Vater? [unveröffentlichte Bachelorarbeit]. Technische Universität Braunschweig.

Siedler, Vreni (2021): Gefühle und Wünsche erwachsener „Spenderkinder" gegenüber ihrem genetischen Vater in Abhängigkeit von Dauer seit der Aufklärung und der Kenntnis der Person. [unveröffentlichte Masterarbeit]. Technische Universität Braunschweig.

Thibodeau, Paul. H./Boroditsky, Lera (2013): Natural Language Metaphors Covertly Influence Reasoning. In: PLoS ONE 8, H. 1: e52961. doi.org/10.1371/journal.pone.0052961.

VERBI Software (2019): MAXQDA 2020 [Computer Software]. Berlin, Germany: VERBI Software. Verfügbar unter maxqda.com.

We Are Donor Conceived (2020): We Are Donor Conceived Survey Report. www.wearedonorconceived.com/2020-survey-top/2020-we-are-donor-conceived-survey (Abfrage: 27.02.2025).

Verein Spenderkinder (2017): Spender oder Vater? www.spenderkinder.de/spender-oder-vater/ (Abfrage: 27.02.2025).

Widbom, Andreas/Isaksson, Stina/Sydsjö, Gunilla/Skoog Svanberg, Agneta/Lampic, Claudia (2024): The motives and experiences of donor-conceived persons requesting the identity of their sperm donors. In: Reproductive biomedicine online, 48, H. 1: e103413, doi.org/10.1016/j.rbmo.2023.103413.

Ziem, Alexander/Fritsche, Björn (2018): Von der Sprache zur (Konstruktion von) Wirklichkeit. In Felder, Ekkehard/Gardt, Andreas (Hrsg.) Wirklichkeit oder Konstruktion? (S. 243–276). Berlin, Boston: De Gruyter. https://doi.org/10.1515/9783110563436-012.

„Spenderkinder“ und ihre „sozialen Geschwister“: Intrafamiliärer Umgang mit Wissen und Nichtwissen aus der Perspektive erwachsener „Spenderkinder“[1]

Tobias Bauer

1. Einleitung

Ziel des Beitrages ist es, einen bisher in der einschlägigen Forschung zu durch eine anonyme Samenspende gezeugten Kindern, sogenannten „Spenderkindern“, vernachlässigten Aspekt herauszustellen. Es geht um die Frage, welche Bedeutung „sozialen Geschwistern“ von Spenderkindern bei deren Auseinandersetzung mit ihrer Entstehungsweise und den damit verbundenen Herausforderungen zukommen kann. Mit dem Terminus „soziale Geschwister“ sollen dabei – unabhängig vom genetischen Verwandtschaftsverhältnis – solche Geschwister von Spenderkindern bezeichnet werden, mit denen diese aufgewachsen sind, und somit von – im englischen Sprachraum auch als „donor siblings“ bezeichneten – Halbgeschwistern zu unterscheiden sind, die über DNA-Datenbanken ausfindig gemacht wurden. Untersuchungsgegenstand dieses Beitrages sind somit durch anonyme donogene Insemination gezeugte Spenderkinder mit sozialen Geschwistern.[2]

1 Dieser Beitrag beruht im Wesentlichen auf den Ergebnissen der in Bauer 2022 publizierten Interviewstudie und ist die überarbeitete Version meines Vortrags „Intrafamiliäre Dynamiken von Wissen und Nichtwissen aus der Perspektive erwachsener ‚Spenderkinder‘“, gehalten im November 2023 auf der Fachtagung „Vom Gewordenen zum Gemachten“ (FernUniversität in Hagen). Die Studie wurde durch die Japanische Gesellschaft zur Förderung der Wissenschaft (JSPS) gefördert (Scientific Research (B), Projektnummer 19H01186, 2019–2024, „Das Recht auf Kenntnis der eigenen Abstammung bei anonymer Kindesabgabe und in reproduktionsmedizinischen Verfahren im japanisch-deutschen Vergleich“ und Scientific Research (B), Projektnummern 23H00561/23K25258, 2023–2026, „Aufhebung der Anonymität von Samenspendern und der Einfluss auf Familienbeziehungen im internationalen Vergleich“).

2 Der Begriff „soziale Geschwister“ wird hier somit nicht im Sinne der Kennzeichnung einer genetischen Nichtverwandtschaft verwendet. Zu den möglichen genetischen Verwandtschaftsstatus sozialer Geschwister in Familien mit Kindern aus donogener Insemination siehe unten (Abschnitt 5.4, bes. Tabelle 1).

Da die Thematik der Geschwisterbeziehungen in Familien mit durch donogene Insemination gezeugten Kindern in der einschlägigen Literatur zwar als Forschungsdesiderat identifiziert (beispielsweise Zadeh 2024, S. 10), bisher jedoch lediglich kursorisch behandelt wurde (etwa Baumann 2021, S. 186–191 oder Daniels 2020, S. 453), soll es im vorliegenden Beitrag in erster Linie darum gehen, auf explorative Weise die mögliche Bandbreite der Erfahrungen von Spenderkindern mit ihren sozialen Geschwistern auszuloten. Konkret soll versucht werden, basierend auf den Daten einer Interviewstudie mit in Familien mit heterosexuellen Elternpaaren geborenen, erwachsenen Spenderkindern im Alter zwischen 23 und 46 Jahren Antworten auf Fragen zu finden, in denen es um die Auseinandersetzung mit der eigenen Entstehungsweise (Aufklärung über die Entstehungsweise, Umgang mit dem neu gewonnenen Wissen, Suche nach genetischen Verwandten) geht (Fragen [1] bis [3]) und um die Folgen für die Geschwisterbeziehung (Frage [4]).

(1) Welche Bedeutung können soziale Geschwister bei der Bewältigung der Herausforderungen haben, denen sich Spenderkinder vor und nach der Offenlegung der Umstände ihrer Entstehungsweise gegenübergestellt sehen?
(2) Wie gehen Spenderkinder gegenüber ihren sozialen Geschwistern mit dem (Nicht-)Wissen über die Tatsache der Zeugung durch donogene Insemination um?
(3) Wie verhandeln Spenderkinder mit ihren sozialen Geschwistern die Suche nach genetischen Verwandten?
(4) Welche Auswirkungen haben sowohl diese Interaktionen als auch die Implikationen der donogenen Insemination an sich auf die Beziehungen zwischen den Geschwistern?

Weiterhin möchte der vorliegende Beitrag die Aufmerksamkeit darauf lenken, dass nicht nur die Eltern-Kind-Beziehung, sondern auch die Beziehungen zwischen sozialen Geschwistern in erheblichem Maß von den Implikationen der donogenen Insemination – und insbesondere von den intrafamiliären Umgangsweisen mit Wissen und Nichtwissen bezüglich der Entstehungsweise – tangiert werden können und diese Geschwisterbeziehungen einen wichtigen Faktor in der Beziehungsdynamik von durch donogene Insemination entstandenen Familien darstellen können. Dazu greift der Beitrag auch einen Ansatz von Funcke (Funcke 2013) auf, der eine von Wehling (Wehling 2006) vorgeschlagene Taxonomie des Nichtwissens als heuristische Linse nutzt, um die psychosozialen Folgen anonymer Samenspenden zu analysieren. Der vorliegende Beitrag versucht dabei, das darin angeschnittene analytische Potenzial dieses Ansatzes weiter auszuloten, mit dem Ziel, die Frage zu klären, wie sich geschwisterliche Beziehungsdynamiken im Lichte von Konzepten des (Nicht-)Wissens interpretieren lassen.

Im Folgenden wird zunächst die aktuelle Situation der donogenen Insemination in Deutschland vorgestellt. In diesem Zusammenhang wird argumentiert, dass trotz der Sicherstellung des Rechts von Spenderkindern auf Kenntnis der eigenen Herkunft durch die Einrichtung eines Samenspenderregisters seit 2018 die hier betrachteten Fragen von Wissen und Nichtwissen eine Thematik von anhaltend hoher Relevanz darstellen (Abschnitt 2). Nachdem im Anschluss der aktuelle Forschungsstand zu Geschwisterbeziehungen in durch donogene Insemination entstandenen Familien referiert wurde (Abschnitt 3), wird die als empirische Grundlage dieses Beitrags herangezogene Interviewstudie vorgestellt (Abschnitt 4). Danach werden die obigen Forschungsfragen beantwortet (Abschnitt 5). Abschließend sollen dann inhaltliche, methodische und theoretische Ergebnisse des Vorangegangenen zusammengefasst, und dabei insbesondere das analytische Potenzial eines Modells der Dimensionen des Nichtwissens, auch im Hinblick auf Implikationen für die Forschung zu Geschwisterbeziehungen, diskutiert werden (Abschnitt 6).

2. Hintergrund: Anhaltende Relevanz von Fragen von Wissen und Nichtwissen in Bezug auf die donogene Insemination in Deutschland

Im Vergleich zu anderen, aktuell in Deutschland kontrovers diskutierten fortpflanzungsmedizinischen Verfahren wie Eizellspende oder Leihmutterschaft haben rechtliche Fragen der Verwendung von Spendersamen mit dem Inkrafttreten des Gesetzes zur Regelung des Rechts auf Kenntnis der Abstammung bei heterologer Verwendung von Samen (SaAbstG) und des darin enthaltenen Samenspenderregistergesetzes (Gesetz zur Errichtung eines Samenspenderregisters und zur Regelung der Auskunftserteilung über den Spender nach heterologer Verwendung von Samen, SaRegG) im Juli 2018 eine vorläufige Lösung gefunden. Durch das damit eingeführte Samenspenderregister wurde die zentrale Dokumentation der Spenderidentität bei medizinisch assistierten Samenspenden verpflichtend, sowie ein Auskunftsrecht der so entstandenen Kinder garantiert, welches diese nach Vollendung des 16. Lebensjahres selbstständig wahrnehmen können. Gleichzeitig erfolgte eine rechtliche Absicherung des Spenders, dessen Feststellung als rechtlicher Vater des Kindes ausgeschlossen wurde. Den involvierten medizinischen Einrichtungen wie Samenbanken und Reproduktionskliniken wurden nicht nur Dokumentations- sondern auch Aufklärungspflichten auferlegt, wonach sowohl Spender als auch Empfängerin u. a. über die Bedeutung zu informieren sind, die die Kenntnis der Abstammung für die Identitätsfindung und Entwicklung eines Menschen haben kann. Der Empfängerin soll darüber hinaus eine rechtzeitige und altersgerechte Aufklärung des Kindes empfohlen werden (BT-Drs. 18/11291, S. 17). Damit wurde eine jahrzehntelange Praxis der donogenen Insemination abgelöst, die prinzipiell durch Spenderanonymität und – noch bis in die 1990er Jahre – durch ärztlichen Rat zu strenger Geheimhaltung geprägt war (Thorn 2019).

Zeitgleich mit der Einführung des Samenspenderregisters führte die Aufhebung standesrechtlicher Restriktionen zu einer Öffnung der zuvor in der Regel auf verheiratete (heterosexuelle) Paare beschränkten donogenen Insemination für andere Familienformen (Bundesärztekammer 2006; 2018a; 2018b). Auch im Zuge einer Etablierung verbesserter Behandlungsmöglichkeiten männlicher Subfertilität mittels intrazytoplasmatischer Spermieninjektion (ICSI) und einem damit verbundenen Rückgang der Inanspruchnahme donogener Inseminationen durch heterosexuelle Paare lässt sich gegenwärtig eine Verschiebung der Nutzung der Samenspende hin zu lesbischen Paaren und alleinstehenden Frauen konstatieren[3] – Familienformen, in denen ein Erklärungsbedarf zur Abstammung väterlicherseits offenkundig ist und daher eine erhöhte elterliche Bereitschaft, das Kind über seine Entstehungsweise aufzuklären, angenommen werden kann (Appleby/Blake/Freeman 2012). Somit scheinen Fragen sowohl der Aufklärung von künftig durch donogene Insemination gezeugten Spenderkindern über ihre Entstehungsweise als auch insbesondere die der Sicherstellung ihres Rechts auf Kenntnis der genetischen Abstammung weitgehend gelöst zu sein, zumal die auch in Deutschland zunehmend Verbreitung findenden kommerziellen DNA-Tests die Möglichkeiten einer langfristigen Geheimhaltung einer donogenen Insemination gegenüber den so entstandenen Kindern prinzipiell in Frage stellen (Harper/Kennett/Reisel 2016; Gilman et al. 2024).

Trotz dieser Entwicklungen – und auf dieser Prämisse basiert der vorliegende Beitrag – sind Fragen des Umgangs der involvierten Akteure mit Geheimhaltung und Offenlegung im Zusammenhang mit einer donogenen Insemination aus mehreren Gründen auch für den deutschen Kontext nach wie vor von hoher ethischer, juristischer und familiensoziologischer Relevanz. Zum einen sieht das SaRegG gegenwärtig keine rückwirkende Registrierung von Spenderdaten zu vor Juli 2018 durchgeführten Inseminationen vor, wodurch für derartige „Altfälle" eine Durchsetzung des Rechts auf Kenntnis der eigenen Abstammung häufig mit nicht unerheblichen Schwierigkeiten verbunden bleibt. Schließt man sich der Annahme an, dass große Teile einer älteren Generation von Spenderkindern, deren Zahl für die Bundesrepublik Deutschland auf 125.000 Menschen,

3 Zur zeitlichen Entwicklung der Verteilung von donogener Insemination auf heterosexuelle Paare, gleichgeschlechtliche Paare und alleinstehende Frauen liegen keine umfassenden Statistiken vor, so dass diese nur anhand der Daten einzelner Samenbanken und Reproduktionskliniken abgeschätzt werden kann. So gibt etwa die Berliner Samenbank GmbH (www.berliner-samenbank.de) an, gegenwärtig zu etwa 20 % von heterosexuellen Paaren und zu jeweils etwa 40 % von gleichgeschlechtlichen Paaren und alleinstehenden Frauen in Anspruch genommen zu werden (Ann-Kathrin Klym, persönliche Kommunikation per E-Mail, 27. März 2024).

geboren seit den 1970er Jahren, geschätzt wird (Katzorke 2019), nicht über ihre Entstehungsweise aufgeklärt wurden (Meier-Credner 2020), so könnte etwa in Verbindung mit der zunehmenden Bedeutung zufälliger Aufdeckungen einer Entstehung durch donogene Insemination mittels kommerzieller DNA-Tests (Crawshaw 2018; Bauer/Meier-Credner 2023; Zadeh 2024) sich zukünftig eine steigende Zahl von Spenderkindern dieser älteren Generation mit Fragen nach Entstehungsweise und genetischer Herkunft konfrontiert sehen. Zum anderen verschwimmen bei den weiterhin ungeregelten Formen privater Samenspenden außerhalb medizinischer Einrichtungen, sog. „Becherspenden", insbesondere in Fällen einer Kontaktanbahnung zwischen Spender und Empfängerin über Online-Plattformen, die Kategorien anonymer und nicht-anonymer Spende (Jadva et al. 2018). Den so entstandenen Kindern kann das Ausfindigmachen ihres genetischen Vaters erschwert sein (Köppen 2020).

Über den Kontext der Samenspende hinausgehend bleiben auch bei der in Deutschland zwar gegenwärtig verbotenen, jedoch beispielsweise in Form der sog. Kinderwunschtage (www.wishforababy.de, Abfrage: 04.06.2025) beworbenen und reproduktionstouristisch zugänglichen Eizellspende Fragen der Spenderanonymität aktuell. Empfängerinnen haben hier die Wahl zwischen einer Behandlung in Ländern, in denen eine nicht-anonyme oder aber eine anonyme Spende gesetzlich vorgesehen sein kann (Laruelle et al. 2011). Schließlich soll an dieser Stelle auch auf Erkenntnisse hingewiesen werden, die – entgegen dem gegenwärtigen Trend in vielen Ländern hin zu einem offenen Umgang mit donogener Insemination (Allan 2018) – auf kulturell bedingte Präferenzen für anonyme Spender bzw. Nichtaufklärung aufmerksam machen (Tsui/Cheng 2021).

3. Untersuchungsgegenstand und Forschungsstand: Geschwisterbeziehungen in durch donogene Insemination entstandenen Familien

Die somit nach wie vor relevanten Fragen nach ethischen, rechtlichen und psychosozialen Implikationen einer Familienbildung durch donogene Insemination werden häufig im Kontext von Wissen und Nichtwissen der Spenderkinder bezüglich der Umstände der eigenen Entstehungsweise, sowie in Bezug auf die eigene genetische Abstammung, d. h. die Identität des genetischen Vaters, diskutiert. So ist der Umgang mit Wissen und Nichtwissen in durch donogene Insemination entstandenen Familien bereits seit Jahrzehnten Gegenstand der Forschung (bspw. Snowden/Mitchell/Snowden 1983), wobei sich diese u. a. auf die Fragen konzentrierte, wie sich eine (Nicht-)Aufklärung der durch donogene Insemination gezeugten Kinder über ihre Entstehungsweise auf deren psychosoziale Entwicklung und auf die Eltern-Kind-Beziehung auswirkt (bspw. Brewaeys 2001). Hinzu kommen Studien, die die familiensoziologischen Auswirkungen eines zunehmend offenen Umgangs mit donogener Insemination (bspw. Freeman et al. 2016), oder die der Suche von Spenderkindern nach dem genetischen Vater oder genetischen Halbgeschwistern (sog. „donor siblings“) beleuchten (bspw. Cosson/Dempsey/Kelly 2021). Während die Suche von Spenderkindern nach und die Gestaltung ihrer Beziehung zu genetischen Halbgeschwistern zunehmend mediale (bspw. Weber 2023) und fachwissenschaftliche Aufmerksamkeit (bspw. Hertz/Nelson 2019) erfährt, wurden bisherige Beobachtungen zu sozialen Geschwistern lediglich in vergleichsweiser knapper Form im Rahmen von Studien mit breiter angelegtem Erkenntnisinteresse präsentiert. Diese beschränkten sich weitgehend darauf, Einzelaspekte der Thematik anzureißen, etwa Formen der (Nicht-)Kommunikation zwischen sozialen Geschwistern über Fragen der Entstehungsweise und das darin liegende Konfliktpotenzial (Daniels 2020, S. 453), psychische Belastung durch zwischengeschwisterliches Ungleichgewicht bezüglich des (Nicht-)Wissens um die eigene Entstehungsweise (Baumann 2021, S. 186–190), oder mögliche Auswirkungen einer Abstammung von demselben Spender bzw. von unterschiedlichen Spendern auf die Geschwisterbeziehungen (Baumann 2021, S. 190–191). Der Mangel an eigenständigen Studien zu Geschwisterbeziehungen ist dabei jedoch nicht auf den Untersuchungsgegenstand der durch donogene Insemination entstandenen Familie beschränkt, sondern spiegelt vielmehr die allgemeine Tendenz der Familiensoziologie wider, „dass die Beziehungen von Geschwistern (intragenerationale Beziehungen) im Vergleich beispielsweise zu Eltern-Kind-Beziehungen (intergenerationale Beziehungen) einen immer noch relativ unerforschten Bereich der Familiensoziologie darstellen“ (Steinbach/Hank 2023, S. 426). Einige Möglichkeiten, wie die Ergebnisse der vorliegenden Studie zur familiensoziologischen Forschung zu Geschwisterbeziehungen beitragen könnten, werden daher am Schluss dieses Beitrags angerissen.

4. Empirische Grundlage: Interviewstudie mit 14 Spenderkindern mit sozialen Geschwistern

Als empirische Grundlage dieses Beitrags dienen die Daten einer Interviewstudie mit erwachsenen Spenderkindern (Bauer 2022). Diese wurden unter den Teilnehmenden einer schriftlichen Online-Befragung von Spenderkindern (*n*=59) rekrutiert, die über die Mailingliste der Betroffenen- und Selbsthilfeorganisation des Vereins „Spenderkinder“ (www.spenderkinder.de, Abfrage: 04.06.2025; Meier-Credner 2020) beworben wurde (Bauer/Meier-Credner 2023). Mit den 24 Teilnehmenden, die sich im Rahmen des Online-Fragebogens durch die Angabe einer E-Mail-Adresse für weiterführende Interviews zur Verfügung gestellt hatten, wurden zwischen November 2021 und Januar 2022 per Telefon oder

Videokonferenz semi-strukturierte Interviews durchgeführt.[4] Befragt wurden die Teilnehmenden dabei zu ihren Erfahrungen mit ihrer Entstehungsweise durch donogene Insemination, u. a. die Art und Weise, wie sie von dieser Tatsache erfahren hatten, welchen Einfluss das Wissen um ihre Entstehungsweise auf ihr Selbstverständnis sowie auf die Beziehungen zu ihren Familienmitgliedern hat, und ferner ihre Erfahrungen mit der Suche nach und ggf. mit Begegnungen mit dem genetischen Vater und genetischen Halbgeschwistern.

Der vorliegende Beitrag stützt sich auf die Daten derjenigen Teilnehmenden dieser Interviewstudie, die angaben, ein oder mehrere soziale Geschwister zu haben. Dies waren 14 Teilnehmende. Alle Teilnehmenden erklärten, Mitglieder des Vereins Spenderkinder zu sein. Neun von ihnen identifizierten sich als weiblich, drei als männlich, eine Person als divers und eine Person gab diesbezüglich keine Antwort. Das Alter der Teilnehmenden lag zum Zeitpunkt der Online-Befragung zwischen 23 und 46 Jahren (M=36.57; SD=6.51). Die Teilnehmenden verfügten über ein hohes Bildungsniveau: Zwölf gaben an, einen Universitätsabschluss zu besitzen, eine Teilnehmende war Studierende, eine Person gab keine Antwort. Elf Teilnehmende gaben an, in einer Partnerschaft zu leben, und acht Teilnehmende hatten bis zu drei eigene Kinder.

Die Aufklärung der Teilnehmenden über ihre Entstehungsweise war durch die Mutter (n=10), gemeinsam durch Mutter und Vater (n=2) oder durch eine Freundin (n=1) erfolgt, jeweils vor dem Hintergrund unterschiedlicher Ereignisse, wie beispielsweise eine Konfrontation der Mutter bzw. der Eltern mit Ergebnissen eines DNA-Tests oder dem Fund medizinischer Unterlagen, aber auch spontane oder geplante Aufklärung in mütterlicher Initiative. Die Aufklärung erfolgte im Alter zwischen neun und 46 Jahren (M=27.14; SD=10.30; zum Zeitpunkt der Online-Befragung).

Fünf Teilnehmende hatten bereits ihren genetischen Vater identifiziert, während die Suche von neun Teilnehmenden bisher noch nicht erfolgreich war. Neun Teilnehmende hatten jeweils bis zu 16 genetische Halbgeschwister identifiziert, fünf Teilnehmende bisher noch keine. Alle Teilnehmenden wurden in Familien mit einem heterosexuellen Elternpaar geboren. Durch Scheidung, Tod eines Elternteils, neue Paarbildungen und/oder Familienneugründungen kam es bei einem Teil der an der Studie Teilnehmenden zu neuen Elternkonstellationen. Dieser Umstand schlägt sich auch in den diversen Geschwisterkonstellationen nieder, die die Teilnehmenden berichteten. Teilnehmende hatten bis zu drei soziale Geschwister, darunter Spenderkinder, biologische Kinder der Mutter mit dem rechtlichen Vater oder einem neuen Partner der Mutter, Stiefgeschwister und Adoptivgeschwister in verschiedenen Konstellationen.

4 In einem Fall wurde einer Teilnehmenden auf ihren Wunsch hin ein schriftlicher Fragenkatalog zugeschickt, den diese dann durch einzelne Sprachnachrichten beantwortete.

Dem explorativ-deskriptiven Ansatz der Studie entsprechend, erfolgte die Analyse des Datenmaterials nach der von Kuckartz (Kuckartz 2014) vorgeschlagenen Methode der inhaltlich strukturierenden Inhaltsanalyse. Zunächst wurden die Interviewdaten in die Analysesoftware MAXQDA importiert. Während des Transkriptionsprozesses machte sich der Autor mit den Daten vertraut, hob wichtige Textpassagen hervor und verfasste Memos, auf deren Grundlage nach Abschluss der Transkription für jedes Interview eine Fallzusammenfassung erstellt wurde. Hauptkategorien wurden in einem deduktiv-induktiven Prozess entwickelt (Kuckartz 2014, S. 62–63, S. 71 f.); sie wurden zunächst deduktiv aus den Forschungsfragen abgeleitet und anschließend unter Berücksichtigung des Interviewmaterials bei Bedarf modifiziert. Unterkategorien für jede der Hauptkategorien wurden während des Datenanalyse- und Kodierungsprozesses induktiv konstruiert. Im Ergebnis ergaben sich die in den folgenden Abschnitten dargelegten vier thematischen Hauptkategorien: Soziale Geschwister und die Offenlegung der Entstehungsweise, Spenderkinder und die Aufklärung der sozialen Geschwister, Formen des Umgangs sozialer Spenderkinder-Geschwister mit (Nicht-)Wissen, und Auseinandersetzung mit dem Wissen um das tatsächliche genetische Verwandtschaftsverhältnis zu sozialen Geschwistern.

5. Ergebnisse

5.1 Soziale Geschwister und die Offenlegung der Entstehungsweise

Bisherige Studien zu den Umständen, unter denen Spenderkinder über ihre Entstehung durch donogene Insemination aufgeklärt werden oder diese eigenständig aufdecken, zeigen, dass sich dies nicht nur auf Fälle von – aus der Sicht des Spenderkindes völlig unerwarteter – elterlicher Aufklärung oder unbeabsichtigter Aufdeckung durch die plötzliche Konfrontation mit dem Familiennarrativ widersprechenden Tatsachen beschränken muss, beispielsweise durch das Auffinden medizinischer Unterlagen oder die Entdeckung genetischer Verwandter in Folge eines aus rein genealogischen Motiven heraus durchgeführten DNA-Tests (Bauer/Meier-Credner 2023). Einige Spenderkinder berichten zumindest retrospektiv von Gefühlen und Intuitionen familiärer Fremdheit und Andersartigkeit bis hin zu konkreten Zweifeln an der genetischen Verbindung zu ihrem rechtlichen Vater – Verdachtsmomente, deren Berechtigung sie bei der späteren Offenlegung ihrer Entstehungsweise bestätigt sehen (Turner/Coyle 2000; Daniels/Grace/Gillett 2011). Insbesondere in Fällen einer graduellen Verdachtsentwicklung im Vorfeld der Offenlegung der Entstehungsweise können soziale Geschwister von Spenderkindern auf verschiedene Weise beteiligt sein.

Zum einen können soziale Geschwister wichtige Gesprächspartner darstellen, mit denen sich Spenderkinder über die von ihnen gehegten Vermutungen austauschen, und diesen manchmal auch gemeinsam weiter nachgehen. In einigen Fällen berichteten die Teilnehmenden, dass es schließlich ihre sozialen Geschwister waren, die vor dem Hintergrund des geschwisterlichen Austausches die Mutter mit dem Verdacht konfrontierten und dadurch eine Offenlegung der Entstehungsweise auslösten. So hatte etwa eine Teilnehmende ihrem (ebenfalls durch donogene Insemination gezeugten) Bruder ihre Vermutung mitgeteilt, dass ihr (zu diesem Zeitpunkt bereits verstorbener) rechtlicher Vater möglicherweise nicht ihr genetischer Vater gewesen sei. Das veranlasste den Bruder, die Mutter genauer zum rechtlichen Vater zu befragen, was zur Aufklärung über die Entstehungsweise führte. In einem weiteren Fall ging der mütterlichen Aufklärung ein jahrelanger Prozess gemeinsam aufgeworfener und latent gehegter Verdachtsmomente der Teilnehmenden und ihrer (ebenfalls durch donogene Insemination gezeugten) Schwester voraus. Ausgangspunkt war eine Erklärung der Mutter zum Anlass des Todes des rechtlichen Vaters, dass beide Kinder durch (homologe) Insemination entstanden seien.[5] Im Zusammenhang mit dem ebenfalls von der Mutter mitgeteilten Namen der Klinik waren die Schwestern bei Internetrecherchen auf Zeitungsartikel zu anonymer Samenspende sowie auf die Seite des Vereins Spenderkinder gestoßen und hatten auch einen DNA-Test in Erwägung gezogen. Nach einer zeitweiligen Phase des Verdrängens durch beide Geschwister war es die Schwester der Teilnehmenden, die schließlich, sensibilisiert durch ihre eigene seltene Blutgruppe, nach dem Fund medizinischer Unterlagen ihres rechtlichen Vaters, die eine inkompatible Blutgruppe auswiesen, von der Mutter eine Bestätigung der Entstehungsweise durch donogene Insemination erhielt.

Weiterhin können auch Beobachtungen von Spenderkindern hinsichtlich Unterschieden im Aussehen und im Charakter zu solchen Geschwistern, die sich später als biologische Kinder des rechtlichen Vaters herausstellen, Intuitionen der eigenen „Andersartigkeit" hervorrufen oder beobachtete eigene Unterschiede zum rechtlichen Vater bestärken. So spielte etwa die Existenz des Bruders (biologisches Kind des rechtlichen Vaters) eine ambivalente Rolle in der Entwicklung des Verdachts eines Teilnehmenden, da diesen zunächst die Tatsache, einen Bruder zu haben, die Möglichkeit ausschließen ließ, adoptiert oder mit reproduktionsmedizinischer Hilfe gezeugt und ggf. genetisch nicht mit dem rechtlichen Vater verwandt zu sein; dazu nachfolgendes Zitat aus dem Interview:

> „Deswegen habe ich nicht an so was gedacht, wie dass wir adoptiert sind. Weil ich dachte immer: ‚Gut, ich habe einen Bruder, und wenn ich ein Einzelkind gewesen wäre, weiß ich nicht, hätte ich vielleicht anders gedacht, so: Warum habe ich keine Geschwister?' Also ich habe an Unfruchtbarkeit oder so was überhaupt nicht gedacht."

5 Zum Phänomen derartiger „Teilaufklärungen" siehe Readings et al. 2011.

Letztendlich setzte sich jedoch der Verdacht des Teilnehmenden durch, der sich durch die beobachteten Unterschiede sowohl zum rechtlichen Vater als auch zum Bruder und insbesondere durch eine wahrgenommene Bevorzugung des Bruders durch den rechtlichen Vater verfestigte. Dies führte dazu, dass der Teilnehmende seine Mutter mit dem Verdacht konfrontierte und daraufhin von ihr über die Entstehungsweise aufgeklärt wurde.

> „Und da [= nach Beobachtungen und Reflexionen über die äußerlichen und charakterlichen Gemeinsamkeiten von Bruder und Vater und die eigene Verschiedenheit; TB] kamen dann so die ersten Überlegungen, hm, und er [= der rechtliche Vater; TB] sieht dir auch nicht ähnlich und dein Bruder auch nicht. Und dann kam eins und eins zusammen. Das wäre ja möglich, dass deine Mutter ihn mal betrogen hat und keiner das weiß [...]. Und dann [...] habe ich sie direkt darauf angesprochen."

Eine dritte mögliche Beteiligung sozialer Geschwister bei der Offenlegung der eigenen Entstehungsweise betrifft Beobachtungen und Verdachtsmomente von Spenderkindern in Bezug auf die genetische (Nicht-)Verwandtschaft ihrer Geschwister zum rechtlichen Vater. Eine vor diesem Hintergrund initiierte Aufklärung hatte für die Teilnehmenden selbst unerwartete Konsequenzen, da diese ihren Verdacht nicht zwangsläufig auch auf ihre mögliche eigene Nichtverwandtschaft ausgedehnt hatten. So fand etwa eine Teilnehmende heraus, dass die Blutgruppe ihrer (ebenfalls durch donogene Insemination gezeugten) Schwester mit der ihres rechtlichen Vaters inkompatibel war und konfrontierte ihre Eltern mit dieser Tatsache, ohne dabei explizit ihre eigene Verwandtschaft zu ihrem rechtlichen Vater in Frage gestellt zu haben. Dies führte zur Offenlegung der Tatsache, dass nicht nur die Schwester, sondern auch die Teilnehmende selbst durch donogene Insemination gezeugt worden war.

In einem weiteren Fall machten Beobachtungen an ihrer (ebenfalls durch donogene Insemination gezeugten) jüngeren Schwester eine Teilnehmende auf Unterschiede in Persönlichkeitsmerkmalen und physischen Eigenschaften zwischen ihrer Schwester und ihrem rechtlichen Vater aufmerksam und ließ sie eine Zeugung ihrer Schwester durch donogene Insemination vermuten. Gleichzeitig war die Teilnehmende (irrtümlicherweise) von ihrer eigenen genetischen Verwandtschaft zum rechtlichen Vater überzeugt, dazu folgende Interviewpassage:

> „[Ich habe] immer gedacht: ‚Nein also bei mir hat es noch geklappt, ich bin noch das Kind meines Vaters, aber die [Name der Schwester], [da] könnte [es] sein, dass es dann nicht mehr geklappt hat.' Weil mein Vater und ich uns eigentlich sehr ähnlich und nah waren, also wir waren total auf einer Wellenlänge und mit meiner Schwester eher nicht so. Die sieht auch ganz anders aus."

Schließlich eröffnete die mütterliche Aufklärung jedoch, dass sowohl die Teilnehmende als auch ihre Schwester durch donogene Insemination gezeugt worden waren. Ein Vergleich der Blutgruppen und ein späterer DNA-Test offenbarten ihre Abstammung von unterschiedlichen genetischen Vätern.

5.2 Spenderkinder und die Aufklärung der sozialen Geschwister

Während einige der Teilnehmenden gemeinsam mit ihren sozialen Geschwistern aufgeklärt wurden, berichteten Teilnehmende auch davon, zeitlich vor ihren Geschwistern über ihre Entstehungsweise aufgeklärt worden zu sein. Hier sahen sich die Teilnehmenden nun mit den Fragen konfrontiert, wie sie mit dem dadurch entstehenden Ungleichgewicht im (Nicht-)Wissen gegenüber ihren Geschwistern umgehen sollten und wie sie sich zu etwaigen elterlichen Kontrollansprüchen auf dieses (Nicht-)Wissen verhalten sollten. Vor dem Hintergrund ihres eigenen Erlebens der elterlichen Geheimhaltung ihrer Entstehungsweise nahmen die Teilnehmenden (insbesondere bei ebenfalls durch donogene Insemination gezeugten Geschwistern) ein elterliches Zögern, die Geschwister aufzuklären, kritisch wahr und setzten sich für die rasche Auflösung dieses Nichtwissens ein. Dabei kollidierte in einigen Fällen ihre Perspektive des „Rechts der Geschwister auf Wissen" mit einer fehlenden Bereitschaft ihrer Eltern, die Geschwister aufzuklären, und mit elterlichen Bemühungen, die Teilnehmenden davon abzuhalten, „ihr" (das elterliche) Geheimnis weiter zu enthüllen. Einige Teilnehmende, die sich in einer derartigen Situation befanden, entschieden sich dafür, ihre Geschwister ungeachtet eines elterlichen Widerstands zu informieren.

> „Meine Mutter hat mir verboten, [die Tatsache meiner Entstehung durch donogene Insemination] irgendjemandem auch nur weiterzuerzählen. Aber ich habe mich nicht daran gehalten, ich habe das natürlich [meinem (ebenfalls durch donogene Insemination gezeugten) Bruder] sofort weiterkommuniziert. Weil das für mich total wichtig war."

Andere Teilnehmende drängten ihre Eltern dazu, ihre noch unwissenden Geschwister aufzuklären.

> „[Ich habe] unsere[n] Eltern auch gleich [nach der Aufklärung] gesagt: ‚Ihr müsst es meiner [ebenfalls durch donogene Insemination gezeugten] Schwester unbedingt sagen, die hat ein Recht darauf.' [...] Und ich habe ihnen wirklich ein Ultimatum gestellt, weil meine Schwester wollte in dem Jahr heiraten und ich habe dann gesagt: ‚Sagt ihr das bitte noch vor der Hochzeit. Ansonsten mache ich das.' Ich habe gesagt: ‚Sie hat ein Recht darauf, es zu erfahren' und sie haben es dann tatsächlich auch gemacht."

In Fällen von nicht durch donogene Insemination gezeugten Geschwistern war das Bestreben der Teilnehmenden, diese über die Entstehungsweise der Teilnehmenden zu informieren, weit weniger stark ausgeprägt, insbesondere in Fällen, in denen die Tatsache der donogenen Insemination nichts an dem genetischen Verwandtschaftsverhältnis zu den Geschwistern änderte (vgl. Abschnitt 5.4).

Viele Teilnehmende vertraten den Standpunkt, dass ihr „Recht auf Wissen" ihrer Entstehungsweise auch das Recht zur autonomen Entscheidung über den Zeitpunkt und die Art und Weise der Weitergabe dieses Wissens umfasse, womit sie elterliche Eingriffe in diesen Bereich zurückwiesen. Als Hintergrund dieses Anspruchs nannten die Teilnehmenden beispielsweise den Wunsch nach „Selbstbestimmung" oder ein „Bedürfnis nach Kontrolle nach dem Erleben des Kontrollverlusts [durch die elterliche Täuschung]". So nahm beispielsweise eine teilnehmende Person die Identifizierung genetischer Halbgeschwister über eine DNA-Datenbank zum Anlass, ihre sozialen Halbgeschwister (die biologischen Kinder zwischen der Mutter und einem neuen Partner) über die Tatsache der eigenen Entstehungsweise zu informieren, wobei sie das Recht zur Informationsweitergabe für sich reklamierte.

> „Und dann, als ich die anderen Halbgeschwister [= über eine DNA-Datenbank identifizierte genetische Halbgeschwister] gefunden habe, war mir klar: Also ich kann jetzt nicht eine Beziehung mit denen aufbauen und das geheim halten vor den Geschwistern, mit denen ich aufgewachsen bin. Und dann habe ich meiner Mutter gesagt, dass sie das wissen müssen. Meine Mutter meinte so, okay, dann erzähle ich es denen in den nächsten Tagen. Und ich so häh, wie, nein, ich erzähle es denen! Und dann habe ich [...] beide angerufen [...] und habe das erzählt und es war dann auch ganz entspannt."[6]

5.3 *Formen des Umgangs sozialer Spenderkinder-Geschwister mit (Nicht-)Wissen*

Teilnehmende mit ebenfalls durch donogene Insemination gezeugten sozialen Geschwistern berichteten von unterschiedlichen Formen ihrer gemeinsamen Aushandlungen des Umgangs mit dem (Nicht-)Wissen bezüglich ihrer Entstehungsweise, möglicher genetischer Verwandter und ihres genetischen Verwandtschaftsstatus als Geschwister. Einige Teilnehmende erlebten dabei ihre sozialen Geschwister als Quelle emotionaler Unterstützung, während andere von Konflikten berichteten, welche sich auf unterschiedliche Herangehensweisen und Perspektiven bei der Bewältigung des (Nicht-)Wissens gründeten.

---

6 Der Verwandtschaftsstatus zwischen der teilnehmenden Person und ihren sozialen Geschwistern als Halbgeschwister war allen Beteiligten bereits bekannt. Die teilnehmende Person war bereits als Teenager über ihre Entstehungsweise aufgeklärt worden und hatte in ihren Zwanzigern genetische Halbgeschwister gefunden.

Einige Teilnehmende erlebten die geschwisterliche Kommunikation als durch zumindest temporäres „Nicht-Wissen-Wollen" oder Formen von *topic avoidance* seitens ihrer Geschwister beeinträchtig. Sie berichteten, dass ihre ebenfalls durch donogene Insemination gezeugten sozialen Geschwister durch die Offenlegung der Entstehungsweise überfordert schienen und zumindest vorübergehend nicht in der Lage oder nicht bereit waren, sich gemeinsam mit den Teilnehmenden mit den daraus resultierenden Fragen auseinanderzusetzen.

> „Ja, meine [ebenfalls durch donogene Insemination gezeugte] Schwester [war] erst einmal ziemlich überfordert. [...] Mein [ebenfalls durch donogene Insemination gezeugter] Bruder war auch super überfordert und sprachlos. Für den war das auch sehr hart, der hat sich sehr zurückgezogen. Meine Schwester hat nach eigener Aussage so ein Wochenende gebraucht, und [...] dann war es für sie in Ordnung. Ich persönlich glaube allerdings, dass sie das Thema sehr stark verdrängt und sich ablenkt mit allen anderen Themen, die sie so drum herum hat. Und das sind sehr viele, also Job und Weiterbildung und so. Meine Schwester sagt, sie will nicht wissen, wer ihr leiblicher Vater ist, sie will auch gar nicht über das Thema sprechen. Also nach wie vor nicht."[7]

In derartigen Fällen wurden für Teilnehmende, die einen offeneren Umgang mit dem Thema bevorzugten, andere Mitglieder des Vereins Spenderkinder oder durch DNA-Datenbanken ausfindig gemachte genetische Halbgeschwister oft zu wichtigen Gesprächspartnern.

In einigen Fällen führten Präferenzen der sozialen Geschwister für privatere und passivere Methoden der Auseinandersetzung mit dem erlangten Wissen um die eigene Entstehungsweise – im Vergleich zu den eher offenen und aktiven Umgangsweisen der Teilnehmenden gegenüber Familie und sozialem Umfeld – zu geschwisterlichen Konflikten. Dies war insbesondere dann der Fall, wenn die Teilnehmenden Umgangsweisen wählten, die ihre sozialen Geschwister dem Risiko aussetzten, gegenüber Familie, Freunden und der Öffentlichkeit als ebenfalls durch donogene Insemination gezeugt „geoutet" zu werden, wie beispielsweise durch das Öffentlichmachen der eigenen Entstehungsweise über (soziale) Medien.

7 Während sich der Bruder auf ihr Drängen hin schließlich einem DNA-Test unterzog, der eine Abstammung von einem anderen genetischen Vater offenbarte, war die Schwester dazu bisher nicht bereit (die Teilnehmende vermutet die Abstammung von einem dritten genetischen Vater).

„Das war wie so ein Befreiungsschlag erstmal für mich. Meine [ebenfalls durch donogene Insemination gezeugte] Schwester wollte das nicht, also wollte nie, dass ich darüber kommuniziere, dass sie auch ein Spenderkind ist. Aber das war dann der erste Schritt, dass ich dann an die Öffentlichkeit gegangen bin in der Form, dass ich bekannt gemacht habe, dass ich bei [dem Verein Spenderkinder] Mitglied bin, ganz viel gepostet habe, auf WhatsApp, auf Facebook, über Aufklärung, bei Aktionen mitgemacht habe, bei Öffentlichkeitsaktionen und dann kamen immer mehr Fragen. Und in meiner Familie gab es halt auch einige Leute, die natürlich auch bei Facebook und WhatsApp sind. [...] Auf einmal ist der Sack geplatzt, ja."

Eine weitere wichtige Frage, die sich den Teilnehmenden nach dem Herausfinden der eigenen Entstehungsweise stellte und eine Aushandlung zwischen den Geschwistern erforderte, war die, ob eine Suche nach genetischen Verwandten begonnen werden sollte oder nicht. Hier berichteten die Teilnehmer unterschiedliche Perspektiven ihrer Geschwister. Eine Teilnehmende nannte beispielsweise verschiedene Einstellungen zur Rücksichtnahme auf die elterlichen Gefühle als Hintergrund divergierender Perspektiven auf die Suche nach genetischen Verwandten.

„Zu Anfang war es eben so, dass ich glaube ich eher auf der Seite meiner Eltern war und auch gar nicht so sehr zum Beispiel meinen genetischen Vater suchen wollte. Das war dann eher meine [ebenfalls durch donogene Insemination gezeugte] Schwester – also das war ein bisschen witzig, weil wir ganz unterschiedlich reagiert haben – sie hatte dann direkt nachdem wir es [= die Entstehungsweise durch donogene Insemination] erfahren hatten in der Nacht schon eine Recherche gestartet, um herauszufinden, wie man das, ob man den genetischen Vater finden kann. Und ich war so ein bisschen so, krass, nee, das hätte ich mich niemals getraut, überhaupt nur zu denken, dass ich den jetzt suche, weil ich noch so sehr bei meinen Eltern war und so sehr bei deren Bedürfnissen und nicht bei meinen Bedürfnissen, und das war dann auch länger noch so."

Andere Teilnehmende betonten die geschwisterliche Kooperation im Bemühen, genetische Verwandte zu identifizieren. In ihrem gemeinsamen Entscheidungsprozess wurden auch die möglichen irreversiblen Konsequenzen der Ergebnisse von DNA-Tests für die Geschwisterbeziehung thematisiert.

„Für mich war von Anfang an klar, dass ich den Test machen möchte, weil ich nichts zu verlieren hatte. Im besten Fall würde ich mehr über mich selber herausfinden. Und den schlimmsten Fall werde ich schon verarbeitet bekommen. Mein [ebenfalls durch donogene Insemination gezeugter] Bruder ist da generell vorsichtiger. [...] Er hatte [...] Angst, wir könnten etwas erfahren, das wir nicht wissen wollen bzw. schwer verarbeiten können. Und dann könnten wir es nie wieder rückgängig machen. Vor allem war uns beiden aber bewusst, dass wir evtl. erfahren werden, dass wir nur Halbgeschwister sind. Wir wussten nicht, was diese endgültige Erkenntnis verändern würde, wobei ich mich eher auf diese Veränderung einlassen wollte.“[8]

Waren Geschwister nicht bereit, sich an DNA-Tests zu beteiligen, konnten die Teilnehmenden nur aufgrund äußerlicher Merkmale oder Charaktereigenschaften über den geschwisterlichen Verwandtschaftsstatus spekulieren. Einige Geschwister unterzogen sich nur widerwillig Tests, manche weniger aus eigenem Interesse daran, genetische Verwandte zu finden, als vielmehr, um die Teilnehmenden bei ihrer Suche zu unterstützen.

„Mein [ebenfalls durch donogene Insemination gezeugter] Bruder hat jetzt nach, ja, zwei Jahre hat es ungefähr gedauert, dann hat er auch einen DNA-Test gemacht. Aber auch auf mein Drängen hin, eben weil ich wissen wollte, weil ich ja meinen leiblichen Vater suche und wissen wollte, ob wir Vollgeschwister sind oder Halbgeschwister. Es hätte mir bei meiner Suche geholfen, wenn wir Vollgeschwister gewesen wären, sind wir aber nicht. Wir haben festgestellt, [dass wir] einen unterschiedlichen Samenspender [haben]. Entgegen dem Versprechen, das die Ärzte meinen Eltern gemacht haben.“[9]

5.4 *Auseinandersetzung mit dem Wissen um das tatsächliche genetische Verwandtschaftsverhältnis zu sozialen Geschwistern*

Spenderkinder, die – wie die Teilnehmenden der hier vorgestellten Studie – nicht „schon immer“ von ihrer Entstehungsweise wussten, also beispielsweise erst im Jugend- oder Erwachsenenalter aufgeklärt werden, sehen sich durch eine Aufklärung über die Entstehungsweise mit weiteren Feldern des Nichtwissens und damit einhergehenden psychosozialen Herausforderungen sowie potenziellen intrafamiliären Konfliktfeldern konfrontiert. Diese umfassen u. a. Nichtwissen

- darüber, wem in der (erweiterten) Familie die eigene Entstehungsweise bereits bekannt ist,[10]

8 Ein späterer DNA-Test offenbarte die Abstammung der Geschwister von unterschiedlichen genetischen Vätern.

9 Die Teilnehmende hatte gehofft, durch die Daten eines Vollbruders über dessen väterliche Linie ihre Suchergebnisse in DNA-Datenbanken in Bezug auf den genetischen Vater zu verbessern (Levy o. J.).

10 Einige Teilnehmende berichteten, dass die elterliche Aufklärung über die eigene Entstehungsweise nicht unbedingt mit einer umfassenden und korrekten Information über die familiären (Nicht-)Wissensstrukturen einherging. Manchmal schienen diese auch den Eltern nicht vollständig und korrekt bekannt zu sein.

- über die Identität des Spenders, sowie die Möglichkeit, diesen ausfindig zu machen, darüber, ob es genetische Halbgeschwister gibt, wenn ja, wie viele und ob diese ausfindig gemacht werden können,[11] sowie
- über den genetischen Verwandtschaftsstatus zu den sozialen Geschwistern.

Bezüglich der Frage nach dem genetischen Verwandtschaftsverhältnis zwischen den Teilnehmenden und ihren sozialen Geschwistern lassen sich auf der Grundlage des Datenmaterials vier Szenarien beschreiben (Tabelle 1).

Tabelle 1: Szenarien der Verschiebung des angenommenen genetischen Verwandtschaftsverhältnisses

	angenommener Verwandtschaftsstatus	tatsächlicher Verwandtschaftsstatus	Beispiel
Szenario 1	keine genetische Verwandtschaft		Stiefgeschwister
	Halbgeschwister		Kind der Mutter mit einem neuen Partner
	Vollgeschwister		Spenderkind (gleicher genetischer Vater)
Szenario 2	Vollgeschwister	Halbgeschwister	Spenderkind (anderer genetischer Vater), genetisches Kind des rechtlichen Vaters
Szenario 3	Halbgeschwister	keine genetische Verwandtschaft	Spenderkind oder genetisches Kind zwischen dem rechtlichen Vater und einer Frau, die nicht Mutter der Teilnehmenden ist
Szenario 4	Vollgeschwister	?	(bisher noch keine Klärung des Verwandtschaftsstatus durch DNA-Test)

In einigen Fällen ergab sich nach der Aufklärung der Teilnehmenden bzw. nach der Nutzung eines DNA-Tests keine Diskrepanz zwischen dem zuvor angenommenen und dem tatsächlichen genetischen Verwandtschaftsstatus der Geschwister (Szenario 1). Dies war der Fall in Geschwisterkonstellationen, in denen eine genetische Nichtverwandtschaft bereits durch die Umstände der Familienbildung offenkundig war (z. B. im Fall von Stiefgeschwistern, die ein neuer Partner der

11 Bei einer Nutzung von DNA-Tests und -Datenbanken kann die Offenlegung der eigenen Entstehungsweise zeitlich mit der Identifizierung genetischer Halbgeschwister oder des genetischen Vaters zusammenfallen, bzw. die Aufdeckung eines Halbgeschwisterverhältnisses via DNA-Datenbank einer Einsicht in die Entstehung durch donogene Insemination vorangehen. Dies kann die involvierten Spenderkinder – sowohl die aufzuklärende als auch die aufklärende Seite – vor besondere Herausforderungen stellen. So berichtete etwa eine (bereits über ihre Entstehungsweise aufgeklärte) Teilnehmende, über eine DNA-Datenbank einen genetischen Halbbruder identifiziert zu haben, „der aber anfangs nicht glauben wollte, dass er von einer Samenspende abstammt und das jetzt vermutlich erstmal verarbeiten muss."

Mutter mit in die Familie brachte), oder bereits offen kommuniziert worden war (z. B. adoptierte Geschwister ohne genetische Verbindung zu Eltern und Geschwistern). Auch im Fall von biologischen Kindern der Mutter mit einem neuen Partner, oder bei durch donogene Insemination gezeugten Geschwistern mit identischem genetischen Vater, stellte sich der angenommene Verwandtschaftsstatus als korrekt heraus, wobei dieser im letzteren Fall erst nach einer Bestätigung durch einen DNA-Test als sicher angenommen werden konnte.

Weiterhin konnte sich ein Geschwister als „nur" Halbgeschwister herausstellen, das entweder als Spenderkind von einem anderen genetischen Vater abstammte, oder aber das genetische Kind zwischen Mutter und rechtlichem Vater war (Szenario 2). In Fällen von (biologischen oder ebenfalls durch donogene Insemination gezeugten) Kindern des rechtlichen Vaters mit einer neuen Partnerin nach einer Trennung von der Mutter der Teilnehmenden stellte sich heraus, dass anstelle der angenommenen Halbgeschwisterschaft tatsächlich überhaupt keine genetische Verwandtschaftsbeziehung gegeben war (Szenario 3). Schließlich war bei einigen der Teilnehmenden der Verwandtschaftsstatus zu ihren Geschwistern noch ungeklärt, beispielsweise aufgrund der fehlenden Bereitschaft eines Geschwisters zur Beteiligung an einem klärenden DNA-Test (Szenario 4). Im Falle eines veränderten Verwandtschaftsstatus (Szenarien 2 und 3) standen die Teilnehmenden nun vor der Notwendigkeit, sich mit dem (teilweisen) Wegfall der zuvor angenommenen genetischen Verwandtschaftsbeziehung auseinanderzusetzen und die Beziehung zu ihren sozialen Geschwistern neu auszuhandeln. Die Teilnehmenden beschrieben diesbezüglich ein breites Spektrum unterschiedlicher Auseinandersetzungsweisen.

Ein Teil der Teilnehmenden schilderte Fälle von *topic avoidance* ihrer Geschwister bezüglich der Entstehungsweise und insbesondere deren Zögern, den als Verlust empfundenen (teilweisen) Wegfall der genetischen Verwandtschaftsbeziehung anzuerkennen oder durch einen DNA-Test zu manifestieren (vgl. Abschnitt 5.3).

> „Und mein kleiner Bruder [= biologisches Kind der Mutter und des rechtlichen Vaters], der hat das [= die Entstehung der Teilnehmenden durch donogene Insemination] aber auch ganz lange gar nicht hören wollen, weil das für ihn auch irgendwie, also er wollte das Thema einfach nicht da haben, er wollte nicht mein Halbbruder sozusagen nur sein."

In anderen Fällen drückten die Teilnehmenden ihr Bedauern über den Wegfall der Hälfte der genetischen Verbindung zu ihren nun „nur noch" Halbgeschwistern aus und beklagten eine „auseinandergerissene" Geschwisterbeziehung. Beispielsweise erlebte eine Teilnehmende eine gewisse Entfremdung von ihrem (mittels donogener Insemination durch einen anderen genetischen Vater gezeugten) sozialen Bruder, auch vor dem Hintergrund positiv erlebter Kontakte zu den jeweiligen (nicht-sozialen) genetischen Halbgeschwistern.

> „Ich habe das Gefühl, das [= das Wissen, nicht Voll- sondern Halbgeschwister zu sein] hat nichts [an der Geschwisterbeziehung] verändert, eigentlich. Also jetzt vielleicht schon ein bisschen, weil wir jetzt halt noch andere [nicht-soziale] Halbgeschwister haben, und man sich teilweise mit denen ja noch besser versteht [als mit dem sozialen Halbgeschwister]."

Einige Teilnehmende beschrieben dagegen eine Verbesserung ihrer Geschwisterbeziehungen, nachdem sich herausgestellt hatte, dass sie nicht den gleichen genetischen Vater hatten, also Halbgeschwister waren. Die Teilnehmenden führten eine solche Verbesserung darauf zurück, dass sowohl sie selbst als auch ihre sozialen Halbgeschwister ihre Unterschiede durch das Wissen um den zugrunde liegenden genetischen Hintergrund nun besser verstehen und akzeptieren konnten, wodurch beispielsweise frühere Rivalitäten zwischen den Geschwistern gemildert wurden.

> „Mit meiner [ebenfalls durch donogene Insemination, allerdings durch einen anderen genetischen Vater gezeugten] Schwester [war] das Verhältnis nie so hundertprozentig. Hat glaube ich auch [...] eben irgendwie mit der Entstehungsart zu tun, ganz sicher sogar, weil meine Schwester sich auch immer sehr stark mit mir verglichen hat. Und ich glaube es wäre einfacher gewesen für sie, wenn sie einfach gewusst hätte: ‚Ich habe auch einen ganz anderen [genetischen] Vater als [die Teilnehmende]. [Die Teilnehmende] kann ganz andere Sachen als ich. Automatisch durch die Gene. [Die Teilnehmende] hat andere Interessen als ich, automatisch durch die Gene. Und ich muss mich an ihr nicht messen.' Das war sehr sehr stark. Und ich glaube, dass das langsam, [...] also möglicherweise legt sich da etwas bei ihr und sie ist auch irgendwie zarter mir gegenüber. Da war sonst immer so eine Mauer."

Andere Teilnehmende schilderten verschiedene Versuche, entweder ihre eigenen oder die ihrer sozialen Geschwister, einen (teilweisen) Wegfall der zuvor angenommenen genetischen Verbindung durch die Betonung der Bedeutung der geteilten Erfahrung der Entstehungsweise oder des gemeinsamen Aufwachsens auszugleichen, um die Geschwisterbeziehung zu stärken. In einem proaktiven Versuch, die fortbestehende Stabilität der geschwisterlichen Beziehung zu betonen, wurde eine Teilnehmende von ihrer Halbschwester (biologisches Kind der Mutter und des rechtlichen Vaters) nach der Aufklärung über die Entstehungsweise (und dem damit erfolgten Wegfall der Hälfte der zuvor angenommenen genetischen Verbindung zwischen den Geschwistern) zur Patentante ihres Kindes ernannt.

„Ich weiß nicht, ob [meine Schwester] da schon schwanger war, also es war irgendwie um den Dreh herum, als sie ihr erstes Kind bekommen hat. Und, gut, ihre Reaktion [auf die Information über die Entstehungsweise der Teilnehmenden] war dann so: ‚Ja, du gehörst zur Familie.' Deswegen hat sie mich da auch zur Patentante gemacht. Also [es] war wie [um] nochmal [zu] betonen: ‚Ja, du gehörst dazu, wir wollen dich dabeihaben.'"

6. Inhaltliche, methodische und theoretische Implikationen der Untersuchung zu sozialen Geschwistern von Spenderkindern

Wie die in den Abschnitten 5.1 bis 5.4 angestellten Betrachtungen gezeigt haben, können soziale Geschwister von Spenderkindern auf unterschiedliche Weise vor, bei und nach der Offenlegung der Tatsache der Entstehungsweise durch donogene Insemination, sowie bei der Auseinandersetzung von Spenderkindern mit den damit einhergehenden psychosozialen Herausforderungen beteiligt sein. Da die Thematik sozialer Geschwister in durch donogene Insemination entstandenen Familien in der bisherigen Forschung weitgehend unberücksichtigt geblieben ist, erweitern die hier vorgelegten Beobachtungen den gegenwärtigen Forschungsstand in inhaltlicher Hinsicht insbesondere in den folgenden drei Bereichen.

Auf ein von spät aufgeklärten Spenderkindern oft retrospektiv berichtetes Spüren des Familiengeheimnisses vor der Offenlegung ihrer Entstehungsweise ist in der einschlägigen Forschung wiederholt hingewiesen worden. Dass sich derartige Intuitionen nicht nur auf vage Ahnungen, „dass in ihren Familien etwas nicht stimmte" (Turner/Coyle 2000, S. 2045), oder konkreter auf das Vermuten einer genetischen Nichtverwandtschaft zum rechtlichen Vater beschränken müssen, sondern auch in Bezug auf soziale Geschwister (Daniels/Grace/Gillett 2011) oder gemeinsam mit diesen entwickelt werden können, stellt einen bisher vernachlässigten Aspekt der Untersuchungen zu durch donogene Insemination entstandenen Familien dar. Die vorliegende Studie gibt Hinweise auf mögliche Anknüpfungspunkte für weitergehende Untersuchungen der Dynamiken gemeinsamer Verdachtsentwicklung, geschwisterlicher Aushandlung und Entscheidungsprozesse im Umgang mit Familiengeheimnissen.

Die Beobachtung, dass Spenderkinder eine „ungleichmäßige Verteilung von Wissen" bezüglich ihrer Entstehung durch donogene Insemination zwischen ihnen und ihren sozialen (ebenfalls durch donogene Insemination gezeugten) Geschwistern als „extrem belastend und unangenehm" erleben können (Baumann 2021, S. 187), konnte in der vorliegenden Studie bestätigt werden. Die hier vorgestellte Studie erweitert diese Befunde jedoch, indem sie darauf hinweist, dass Spenderkinder die Aufklärung ihrer sozialen Geschwister nicht unbedingt als die Aufgabe ihrer Eltern betrachten (Baumann 2021). Im Gegenteil legt das hier herangezogene Datenmaterial vielmehr nahe, dass sich Spenderkinder – nicht selten in Kollision mit elterlichen Besitz- und Kontrollansprüchen auf dieses Wissen – auch in einer Mitverantwortung für eine Aufklärung ihrer sozialen Geschwister sehen können und aktiv auf deren Aufklärung hinwirken. Zumindest ein Teil der Spenderkinder fordert zudem ihr Recht ein, die sozialen Geschwister selbst zu informieren. Derartige Forderungen von Spenderkindern nach informationeller Autonomie und Kontrolle können als eine Ausformung des Versuchs der „bewusste[n] Einnahme einer Subjektrolle“ (Oelsner/Lehmkuhl 2022, S. 138) interpretiert werden, die Funcke in ihrer Rezension des ebenzitierten Bandes als eine mögliche Strategie identifiziert, „um Handlungsprobleme, die aus multipler Elternschaft resultieren, zu bewältigen“ (Funcke 2023, S. 81).

Die vorliegende Studie bestätigt nicht nur bisherige Erkenntnisse, dass Fälle von *topic avoidance* zur Thematik der donogenen Insemination seitens sozialer Geschwister die Ursache für Spannungen und Konflikte zwischen Geschwistern sein können (Daniels 2020), sondern liefert darüber hinaus auch Beispiele für gemeinsame Entscheidungsfindung und Zusammenarbeit zwischen Geschwistern im Hinblick auf ihre Suche nach genetischen Verwandten. Dadurch wird das breite Spektrum möglicher Ausgestaltungen von Geschwisterbeziehungen nach der Offenlegung der Entstehungsweise hervorgehoben. Weiterhin erlauben die Befunde dieser Studie die Annahme, dass das bereits für die Vater-Kind-Beziehung in durch donogene Insemination entstandenen Familien diskutierte Phänomen einer Beziehungsverbesserung nach der Aufklärung des Spenderkindes, beispielsweise aufgrund des Wegfallens des Drucks, dem Vorbild eines vermeintlich leiblichen Vaters entsprechen zu müssen (Bauer/Meier-Credner 2023), auch auf die Beziehungen sozialer Geschwister übertragbar sein könnte. Wie oben (Abschnitt 5.4) gezeigt wurde, kann nämlich die Einsicht in den tatsächlichen Status des genetischen Verwandtschaftsverhältnisses (etwa ein tatsächliches Verhältnis als genetische Halbgeschwister statt eines zuvor angenommenen Verhältnisses als genetische Vollgeschwister) es sozialen Geschwistern auch ermöglichen, vergangene Konflikte neu zu bewerten und Toleranz gegenüber gegenseitiger Andersartigkeit zu entwickeln.

Auch bezüglich methodischer Fragen der Forschung mit Spenderkindern zu ihren Erfahrungen und familiären Beziehungen können die Beobachtungen der vorliegenden Studie einen Beitrag leisten. Zunächst muss jedoch erneut darauf hingewiesen werden, dass es sich bei dem hier herangezogenen Material um Daten von Spenderkindern im Alter zwischen 23 und 46 Jahren (zum Zeitpunkt der Online-Befragung; M=36.57; SD=6.51) handelt, die ausschließlich in Familien mit heterosexuellen Elternpaaren weit vor der Implementierung des Samenspenderregisters geboren wurden, wodurch eine Übertragbarkeit der Ergebnisse auf eine jüngere Generation von Spenderkindern eingeschränkt ist. Weiterhin teilt die vorliegende Studie die grundsätzlichen Probleme anderer Studien, die Erfahrungswerte der betroffenen Spenderkinder selbst erheben, insbesondere das

Problem des *sample bias*. Die Rekrutierung der Teilnehmenden über die Selbsthilfe-/Betroffenenorganisation „Verein Spenderkinder", das zweistufige, und damit hochschwellige Verfahren von Interviews mit vorausgehender Online-Befragung, sowie das hohe Bildungsniveau der Teilnehmenden lassen vermuten, dass diese ein überdurchschnittlich starkes Interesse an der Thematik und eine Affinität zu den themenrelevanten Diskursen haben, sowie über ein hohes Reflexionsniveau und eine ausgeprägte Motivation verfügen, sich zu diesem Thema zu äußern. Die Erfahrungen von Spenderkindern, die nicht von ihrer Entstehungsweise wissen, oder sich aus den verschiedensten Gründen nicht an derartigen Studien beteiligen wollen oder können, konnten auch von der hier vorgestellten Studie nicht erfasst werden.[12]

Hier zeigt der von dieser Studie gewählte Fokus auf die Beziehungen von Spenderkindern zu ihren sozialen Geschwistern jedoch einen möglichen Ansatzpunkt auf, zumindest rudimentär die mögliche Bandbreite an Einstellungen und Herangehensweisen von nur schwer für eine Studienteilnahme zu gewinnenden Spenderkindern auszuloten. So lassen Berichte der Teilnehmenden über ihre (ebenfalls durch donogene Insemination gezeugten) sozialen Geschwister indirekt Einsichten in alternative Perspektiven und Umgangsweisen von solchen Spenderkindern zu, die etwa durch fehlende Vernetzung oder Aufmerksamkeit keine Kenntnis von derartigen Studien erlangen, oder aber aufgrund von Desinteresse, einer kommunikationsverweigernden Haltung, oder ihrer Präferenz für eine privatere Auseinandersetzung mit der Thematik nicht zu einer Studienteilnahme zu bewegen wären. Eine systematische und tiefergehende Befragung von Spenderkindern in Bezug auf geschwisterliche Umgangsweisen mit den durch donogene Insemination entstehenden Herausforderungen könnte es zukünftigen Studien ermöglichen, die von den Teilnehmenden selbst berichteten Perspektiven im Hinblick auf die Problematik des *sample bias* kritisch einzuordnen.

Abschließend sollen Anknüpfungspunkte für eine mögliche Theoretisierung der hier betrachteten Formen des intrafamiliären Umgangs mit (Nicht-)Wissen diskutiert werden. Wie gezeigt wurde, kann die Frage, wie mit Wissen und Nichtwissen – dem eigenen sowie dem anderer Familienmitglieder – umzugehen sei, eine zentrale Herausforderung für Spenderkinder darstellen. Aufgrund der tangierten sozialen und genetischen Verbindungen hat die Art und Weise der Handhabung der verschiedenen Bereiche des (Nicht-)Wissens nicht

12 Weiterhin teilt die hier vorgestellte Studie auch eine weitere Tendenz mit anderen Erhebungen zu den Erfahrungen von Spenderkindern, nämlich das Phänomen eines überdurchschnittlich hohen Anteils weiblicher Teilnehmenden (Blyth et al. 2020; Indekeu et al. 2021). Darüber hinaus vermittelt das Datenmaterial den Eindruck, dass die Teilnehmenden (temporäre) Kommunikationsverweigerung oder Zurückhaltung gegenüber DNA-Tests häufig bei Brüdern beschrieben, wobei hier selbstverständlich keine statistischen Aussagen getroffen werden können. Vgl. auch den in Fußnote 11 geschilderten Fall.

nur Auswirkungen auf die Spenderkinder selbst, sondern besitzt auch hohe Relevanz für deren Eltern und soziale Geschwister und bringt Konsequenzen für die intrafamiliären Beziehungen mit sich.

In ihrem Versuch, im Rekurs auf eine von Wehling (Wehling 2006) vorgeschlagene Taxonomie des Nichtwissens theoretische Auseinandersetzungen mit einer Soziologie des Nichtwissens für die psychosoziale Analyse der Erfahrungen von Spenderkindern fruchtbar zu machen, demonstrierte bereits Funcke die Geeignetheit derartiger Konzepte als „heuristische[r] Rahmen" (Funcke 2013, S. 422) für die Analyse intrafamiliären Nichtwissens. Im Folgenden soll der Grundgedanke dieser, auf einer Unterscheidung von drei Dimensionen des Nichtwissens basierenden Taxonomie Wehlings kurz vorgestellt und dabei gezeigt werden, dass auch eine Auseinandersetzung mit den Geschwisterbeziehungen in durch donogene Insemination entstandenen Familien vom deskriptiven und analytischen Potenzial dieses Modells profitieren kann.

Wehlings erste seiner drei „Unterscheidungsdimensionen" (Wehling 2006, S. 116) bezieht sich auf die epistemische Dimension, nach der sich der Grad, der sich eine Person ihres Nichtwissens bewusst ist, auf einer zwischen einem unerkannten Nichtwissen (*unknown unknown*) und einem explizit gewussten Nichtwissen (*known unknown*) aufgespannten Skala verorten lässt (Tabelle 2). Hier ist insbesondere Wehlings Hinweis auf mögliche Zwischenformen aufschlussreich, die etwa Formen eines „vermutete[n], geahnte[n], befürchtete[n] Nichtwissen[s]" (Wehling 2006, S. 118) annehmen können. Derartige Zwischenformen des (Nicht-)Wissens des Nichtwissens – etwa die in Abschnitt 5.1 beschriebenen Verdachtsmomente – können nach Wehling „handlungsmotivierend und orientierend", bzw. als ein „auslösende[s] Motiv, sich um eine exaktere Spezifizierung des Nichtwissens zu bemühen" (Wehling 2006, S. 118), wirken.

Tabelle 2: Unterscheidungsdimensionen des Nichtwissens nach Wehling

explizit gewusstes Nichtwissen	← epistemische Dimension → (Ausmaß des Wissens des Nichtwissens)	nicht-gewusstes Nichtwissen
bewusstes Nicht-Wissen-Wollen / Nicht-Wissen-Lassen-Wollen	← intentionale Dimension → (Ausmaß der beabsichtigten Erzeugung / Aufrechterhaltung des Nichtwissens)	unbeabsichtigtes Nichtwissen
temporäres Nichtwissen	← zeitliche Dimension → (Ausmaß der zeitlichen Stabilität des Nichtwissens)	permanentes Nichtwissen

(Wehling 2006; Beck/Wehling 2013)

Auch für Wehlings zweite Dimension, die den Grad anzeigt, in dem Nichtwissen auf die Intention einzelner Akteure zurückzuführen ist, finden sich im dargestellten Interviewmaterial zahlreiche Anwendungsmöglichkeiten. Besonders Wehlings Vorstellung, dass diese Dimension nicht nur „gewolltes eigenes Nichtwissen", sondern auch die „gezielt erzeugte und aufrechterhaltene Unkenntnis anderer“ umfasse (Wehling 2006, S. 127), kann beispielsweise durch das von einigen Teilnehmenden geschilderte „Nicht-Wissen-Wollen“ des geschwisterlichen genetischen Verwandtschaftsgrades seitens ihrer sozialen Geschwister (Abschnitt 5.4), sowie durch das „Nicht-Wissen-Lassen-Wollen“ in Form eines elterlichen Unwillens, soziale Geschwister der Teilnehmenden ebenfalls über die Entstehungsweise durch donogene Insemination aufzuklären (Abschnitt 5.2), illustriert werden. Weiterführende Überlegung könnten sich hier mit der Frage auseinandersetzen, ob man die an diesen Stellen entstehenden (und in den Abschnitten 5.2 und 5.3 angedeuteten) intrafamiliären Konflikte als Ergebnis kollidierender Besitz- und Kontrollansprüche der Akteure auf „ihr“ (Nicht-) Wissen-(Lassen-)Wollen interpretiert, oder aber Wehlings Modell um eine moralische Dimension erweitern möchte, die – etwa in Anlehnung an Reschers Modell des Nichtwissens (Rescher 2009) – aufzuhebendes von aufrechtzuerhaltendem Nichtwissen differenzieren könnte.

Wehlings dritte, zeitliche Dimension des Nichtwissens schließlich weist auf die Rahmenbedingungen der donogenen Insemination, deren Wandel, und die daraus entspringenden Konsequenzen für durch donogene Insemination entstandene Familien hin. Während zur Zeit der Zeugung der Teilnehmenden dieser Studie sowohl die Anonymität des Spenders als eine Form permanenten Nichtwissens erachtet wurde, als auch die fortgesetzte elterliche Geheimhaltung der Tatsache der donogenen Insemination gegenüber den Spenderkindern, den Mitgliedern der erweiterten Familie und dem sozialen Umfeld empfohlen wurde, ist die Situation, mit der sich durch donogene Insemination entstandene Familien gegenwärtig konfrontiert sehen, aufgrund von technischen und legislativen Neuerungen und sozialem Wandel eine grundlegend andere. Als der wohl einschneidendste Wandel im Hintergrund der hier geschilderten Familiendynamiken kann die Verschiebung des zuvor als permanent erachteten Nichtwissens bezüglich der tatsächlichen Identität des genetischen Vaters hin zu einem lediglich temporären Noch-nicht-Wissen angesehen werden. Die zunehmend Verbreitung findenden kommerziellen DNA-Tests erlauben es einem Spenderkind prinzipiell, eigenständig, d.h. ohne ärztliche oder elterliche Mitwirkung, sowohl eine vermutete Nichtverwandtschaft zum rechtlichen Vater aufzudecken, als auch genetische Verwandte, einschließlich den genetischen Vater, zu identifizieren.

Weitergehende Versuche, empirische Daten im Kontext von Samen- oder auch Eizellspenden mit neueren Erkenntnissen aus der Nichtwissens-Forschung (siehe bspw. Gross/McGoey 2023) zu verknüpfen, könnten – über die hier angerissenen deskriptiven Möglichkeiten hinausgehend – auch nach Ursachen für intrafamiliäre Konflikte und Lösungsmöglichkeiten fragen, sowie Implikationen für psychosoziale Beratung im Kontext von Gametenspenden theoriegeleitet eruieren.

Darüber hinaus ist die vorliegende Betrachtung der Beziehungen sozialer Geschwister in durch donogene Insemination entstandenen Familien aus der Perspektive des (Nicht-)Wissens auch für weitere familiensoziologische und

-theoretische Überlegungen anschlussfähig, insbesondere im Kontext der Forschung zu „unkonventionelle[n] Familien“ (Funcke/Hildenbrand 2009). So könnte man die in diesem Beitrag vorgestellten Herausforderungen für Spenderkinder und ihre sozialen Geschwister durch Formen vermuteten Nichtwissens (Abschnitt 5.1), durch zwischengeschwisterliches (Nicht-)Wissens-Ungleichgewicht (Abschnitt 5.2) oder durch Transformationen (entweder von Nichtwissen in Wissen, oder von nicht-gewusstem in explizit gewusstes Nichtwissen; Abschnitte 5.1, 5.3 und 5.4) als „kritische Lebensereignisse“ oder „Übergänge“ (Steinbach/Hank 2023), die Einfluss auf die Entwicklung der Geschwisterbeziehung haben, weiter analysieren. Ihre besondere Wirkung – aber auch Komplexität – entfalten diese Herausforderungen dadurch, dass sie von den Betroffenen nicht nur eine Auseinandersetzung mit ihrem individuellen Selbstverständnis verlangen und potenziell eine Korrektur des angenommenen genetischen Verwandtschaftsstatus zu sozialen Geschwistern erfordern, sondern zugleich auch die Beziehungen zu den Eltern tangieren. Die Ergebnisse der vorliegenden Studie verdeutlichen diesbezüglich die Notwendigkeit, die hier nur unzureichend berücksichtigten weiteren Familienbeziehungen, insbesondere die Eltern-Kind-Beziehung miteinzubeziehen. Der Fokus dieses Beitrags auf die Geschwisterdyade muss somit ergänzt werden durch den Blick insbesondere auf die jeweiligen Eltern-Kind-Beziehungen, sowie ggf. auf die Beziehungen zum Samenspender oder zu genetischen Halbgeschwistern, um etwa mögliche Spillover- oder Kompensationseffekte dieser Beziehungen für die Geschwisterbeziehung herauszuarbeiten (Voorpostel/Blieszner 2008; McHale et al. 2012, S. 917 f.). Weiterhin entspricht die hier angestellte Beobachtung einer großen Bandbreite möglicher Ausgestaltungen der Geschwisterbeziehungen in der Folge einer Einsicht in die anders gelagerte als zuvor angenommene genetische Verbindung zu sozialen Geschwistern den bisher widersprüchlichen Erkenntnissen der Geschwisterforschung zum Einfluss kritischer Lebensereignisse und Übergänge im Familienleben in anderen Kontexten (Steinbach/Hank 2023). Eine genauere Untersuchung zu den Faktoren, die dazu beitragen, dass sich die Beziehungen zwischen sozialen Geschwistern in durch donogene Insemination entstandenen Familien intensivieren oder verschlechtern, könnte dadurch einen wichtigen Beitrag zur Geschwisterforschung leisten. Auch die hier vorgestellte Verbesserung der Geschwisterbeziehung infolge einer Feststellung der Abstammung von unterschiedlichen genetischen Vätern (Abschnitt 5.4) lässt die Geschwisterbeziehungen in durch donogene Insemination entstandenen Familien als lohnendes Studienobjekt erscheinen – etwa für eine Analyse von Prozessen der Geschwisterdifferenzierung (Feinberg et al. 2003; McHale et al. 2012, S. 921).

Literatur

Allan, Sonia (2018): Donor conception and the search for information. From secrecy and anonymity to openness. London: Routledge.
Appleby, John B./Blake, Lucy/Freeman, Tabitha (2012): Is disclosure in the best interests of children conceived by donation? In: Richards, Martin/Pennings, Guido/Appleby, John B. (Hrsg.): Reproductive donation. Practice, policy and bioethics. Cambridge: Cambridge University Press, S. 231–249.
Bauer, Tobias (2022): Finding out about being donor-conceived, social siblings, and the management of (non-)knowing. In: Journal of Philosophy and Ethics in Health Care and Medicine 16, S. 49–63.
Bauer, Tobias/Meier-Credner, Anne (2023): Circumstances leading to finding out about being donor-conceived and its perceived impact on family relationships. A survey of adults conceived via anonymous donor insemination in Germany. In: Social Sciences 12 (3), S. 155.
Baumann, Amelie (2021): Becoming donor-conceived. The transformation of anonymity in gamete donation. Bielefeld: Transcript.
Beck, Ulrich/Wehling, Peter (2013): The politics of non-knowing. An emerging area of social and political conflict in reflexive modernity. In: Rubio Domínguez, Fernando/Baert, Patrick (Hrsg.): The politics of knowledge. London: Routledge, S. 33–57.
Blyth, Eric/Crawshaw, Marilyn/Frith, Lucy/Jones, Caroline (2020): Donor-conceived people's views and experiences of their genetic origins. A critical analysis of the research evidence. In: Beier, Katharina/Brügge, Claudia/Thorn, Petra/Wiesemann, Claudia (Hrsg.): Assistierte Reproduktion mit Hilfe Dritter. Medizin, Ethik, Psychologie, Recht. Berlin: Springer, S. 361–388.
Brewaeys, Anne (2001): Parent-child relationships and child development in donor insemination families. In: Human Reproduction Update 7, H. 1, S. 38–46.
Bundesärztekammer (2006): (Muster-)Richtlinie zur Durchführung der assistierten Reproduktion. Novelle 2006. In: Deutsches Ärzteblatt 103, H. 20, A1392–A1403.
Bundesärztekammer (2018a): Richtlinie zur Entnahme und Übertragung von menschlichen Keimzellen im Rahmen der assistierten Reproduktion. In: Deutsches Ärzteblatt vom 11.05.2018, A1–A22.
Bundesärztekammer (2018b): Beschluss der Bundesärztekammer über die Richtlinie zur Entnahme und Übertragung von menschlichen Keimzellen im Rahmen der assistierten Reproduktion. In: Deutsches Ärzteblatt 115, H. 22, A1096.
Cosson, Barbara/Dempsey, Deborah/Kelly, Fiona (2021): Secret shame. Male infertility and donor conception in the wake of retrospective legislative change. In: Men and Masculinities 25, H. 3, S. 497–515.
Crawshaw, Marilyn (2018): Direct-to-consumer DNA testing. The fallout for individuals and their families unexpectedly learning of their donor conception origins. In: Human Fertility 21, H. 4, S. 225–228.
Daniels, Ken (2020): The perspective of adult donor conceived persons. In: Beier, Katharina/Brügge, Claudia/Thorn, Petra/Wiesemann, Claudia (Hrsg.): Assistierte Reproduktion mit Hilfe Dritter. Medizin, Ethik, Psychologie, Recht. Berlin: Springer, S. 443–459.
Daniels, Ken R./Grace, Victoria M./Gillett, Wayne R. (2011): Factors associated with parents' decisions to tell their adult offspring about the offspring's donor conception. In: Human Reproduction 26, H. 10, S. 2783–2790.
Deutscher Bundestag (2017): Entwurf eines Gesetzes zur Regelung des Rechts auf Kenntnis der Abstammung bei heterologer Verwendung von Samen v. 22.02.2017, BT-Drs. 18/11291.
Feinberg, Mark E./McHale, Susan M./Crouter, Ann C./Cumsille, Patricio (2003): Sibling differentiation. Sibling and parent relationship trajectories in adolescence. In: Child Development 74, H. 5, S. 1261–1274.
Freeman, Tabitha/Zadeh, Sophie/Smith, Venessa/Golombok, Susan (2016): Disclosure of sperm donation. A comparison between solo mother and two-parent families with identifiable donors. In: Reproductive Biomedicine Online 33, H. 5, S. 592–600.

Funcke, Dorett (2013): Die anonyme Samenspende und ihre Folgen. Strategien des Umgangs mit Ungewissheit und Nichtwissen. In: Peter, Claudia/Funcke, Dorett (Hrsg.): Wissen an der Grenze. Zum Umgang mit Ungewissheit und Unsicherheit in der modernen Medizin. Frankfurt, New York: Campus, S. 413–452.

Funcke, Dorett (2023): [Rezension von] Wolfgang Oelsner, Gerd Lehmkuhl (2022). Familienplanung 2.0. Identität in Zeiten sich auflösender biologischer Verwandtschaftsbeziehungen. In: Familiendynamik 48, H. 1, S. 80–82.

Funcke, Dorett/Hildenbrand, Bruno (2009): Unkonventionelle Familien in Beratung und Therapie. Heidelberg: Carl-Auer.

Gilman, Leah/Redhead, Caroline/Hudson, Nicky/Fox, Marie/Nordqvist, Petra/MacCallum, Fiona/Kirkman-Brown, Jackson/Frith, Lucy (2024): Direct-to-consumer genetic testing and the changing landscape of gamete donor conception. Key issues for practitioners and stakeholders. In: Reproductive Biomedicine Online 48, H. 1, 103421.

Gross, Matthias/McGoey, Linsey (Hrsg.) (2023): Routledge international handbook of ignorance studies. 2. Auflage. New York: Routledge.

Harper, Joyce C./Kennett, Debbie/Reisel, Dan (2016): The end of donor anonymity. How genetic testing is likely to drive anonymous gamete donation out of business. In: Human Reproduction 31, H. 6, S. 1135–1140.

Hertz, Rosanna/Nelson, Margaret K. (2019): Random families. Genetic strangers, sperm donor siblings, and the creation of new kin. New York: Oxford University Press.

Indekeu, Astrid/Maas, A./Janneke. B. M./McCormick, Emily/Benward, Jean/Scheib, Joanna E. (2021): Factors associated with searching for people related through donor conception among donor-conceived people, parents, and donors. A systematic review. In: F&S Reviews 2, H. 2, S. 93–119.

Jadva, Vasanti/Freeman, Tabitha/Tranfield, Erika/Golombok, Susan (2018): Why search for a sperm donor online? The experiences of women searching for and contacting sperm donors on the internet. In: Human Fertility 21, H. 2, S. 112–119.

Katzorke, Thomas (2019): Entstehung, Entwicklung und gegenwärtiger Stand der Spendersamenbehandlung in Deutschland. In: Journal für Reproduktionsmedizin und Endokrinologie 16, H. 4, S. 151–162.

Köppen, Saskia (2020): Samenspende und Register. Analyse und rechtsvergleichende Bewertung. Berlin: Springer.

Kuckartz, Udo (2014): Qualitative text analysis. A guide to methods, practice & using software. Los Angeles: Sage.

Laruelle, Chantal/Place, Isabelle/Demeestere, Isabelle/Englert, Yvon/Delbaere, Anne (2011): Anonymity and secrecy options of recipient couples and donors, and ethnic origin influence in three types of oocyte donation. In: Human Reproduction 26, H. 2, S. 382–390.

Levy, Daniella (o. J.): How do I trace my maternal and paternal heritage with MyHeritage DNA? education.myheritage.com/article/how-do-i-trace-my-maternal-and-paternal-heritage-with-myheritage-dna (Abfrage: 02.03.2025).

McHale, Susan M./Updegraff, Kimberly A./Whiteman, Shawn D. (2012): Sibling relationships and influences in childhood and adolescence. In: Journal of Marriage and Family 74, H. 5, S. 913–930.

Meier-Credner, Anne (2020): Familiengründung zu dritt – psychologische und ethische Aspekte. Der Verein Spenderkinder. In: Beier, Katharina/Brügge, Claudia/Thorn, Petra/Wiesemann, Claudia (Hrsg.): Assistierte Reproduktion mit Hilfe Dritter. Medizin, Ethik, Psychologie, Recht. Berlin: Springer, S. 329–345.

Oelsner, Wolfgang/Lehmkuhl, Gerd (2022): Familienplanung 2.0. Identität in Zeiten sich auflösender biologischer Verwandtschaftsbeziehungen. Göttingen: Vandenhoeck & Ruprecht.

Readings, Jennifer/Blake, Lucy/Casey, Polly/Jadva, Vasanti/Golombok, Susan (2011): Secrecy, disclosure and everything in-between. Decisions of parents of children conceived by donor insemination, egg donation and surrogacy. In: Reproductive Biomedicine Online 22, H. 5, S. 485–495.

Rescher, Nicholas (2009): Ignorance. On the wider implications of deficient knowledge. Pittsburgh: University of Pittsburgh Press.

Snowden, Robert/Mitchell, Geoffrey Duncan/Snowden, Elizabeth M. (1983): Artificial reproduction. A social investigation. London: George Allen & Unwin.

Steinbach, Anja/Hank, Karsten (2023): Geschwisterbeziehungen. In: Arránz Becker, Oliver/Hank, Karsten/Steinbach, Anja (Hrsg.): Handbuch Familiensoziologie. 2. Auflage. Wiesbaden: Springer Fachmedien, S. 425–444.

Thorn, Petra (2019): Kontakt zwischen Samenspendern und ihren durch Samenspende gezeugten Kindern. Eine kritische Würdigung des Samenspenderregistergesetzes. In: Gynäkologische Endokrinologie 17, S. 39–41.

Tsui, Elaine Yin-Ling/Cheng, Joanna Oi Yue (2021): The living experience of losing genetic continuity. Concealment tendency in Chinese recipients of donor-assisted conception. In: Journal of Health Psychology 26, H. 4, S. 525–542.

Turner, Amanda J./Coyle, Adrian (2000): What does it mean to be a donor offspring? The identity experiences of adults conceived by donor insemination and the implications for counselling and therapy. In: Human Reproduction 15, H. 9, S. 2041–2051.

Voorpostel, Marieke/Blieszner, Rosemary (2008): Intergenerational solidarity and support between adult siblings. In: Journal of Marriage and Family 70, H. 1, S. 157–167.

Weber, Jenny (2023): 20 Geschwister… und die Frage: Habe ich noch mehr? Wie die Nachkommen eines Samenspenders für ihre Rechte kämpfen und einen Präzedenzfall schaffen könnten. In: Die Zeit vom 05.04.2023, S. 33–34.

Wehling, Peter (2006): Im Schatten des Wissens? Perspektiven der Soziologie des Nichtwissens. Konstanz: UVK Verlagsgesellschaft.

Zadeh, Sophie (2024): Direct-to-consumer DNA testing. The perspectives and experiences of donor conceived young adults in the UK. In: Reproductive Biomedicine Online, 49, H. 1, 103969.

Das Konzept der Triangulierung im Kontext einer Familiengründung durch Samenspende

Lena Barth

1. Einleitung

In dem folgenden Beitrag werden erste Ergebnisse einer qualitativen Studie zur Familiengründung durch Samenspende vorgestellt. Dafür wurden drei Gruppen, bestehend aus homosexuellen, lesbischen Paaren, Solo-Müttern sowie heterosexuellen Paaren mit Fruchtbarkeitsproblemen, in Bezug auf das psychodynamische Konzept der Triangulierung untersucht. Die Triangulierung beschreibt in der psychodynamischen Lehre die (reale oder phantasierte) Beziehung zwischen zwei Elementen, die durch ihre Verbindung zu einem dritten Element reguliert oder definiert wird. Übergreifend wird die Studie zum Diskurs über Vielfalt und gesellschaftlichen Zusammenhalt beitragen, indem sie die Komplexität moderner Familienstrukturen im Kontext einer psychodynamischen Perspektive hervorhebt. Dadurch werden traditionelle heteronormative Ideale (der Psychoanalyse) in Frage gestellt und die Notwendigkeit inklusiver Perspektiven auf ein erfülltes Leben betont, das von traditionellen (Geschlechter-)rollen losgelöst ist.

Im Folgenden soll ein kurzer historischer Überblick über das Konzept Familie sowie die Familiengründung durch Samenspende erfolgen. Weiterführend wird das psychodynamische Konzept der Triangulierung beschrieben und in Bezug auf die drei Probandengruppen erläutert. Nach einer kurzen methodischen Einordnung folgen Darstellung und Diskussion erster Ergebnisse.

2. Konzeptuelle Grundlagen

2.1 Das Konzept Familie

Das Konzept Familie besitzt eine umfangreiche historische Entwicklung und transformiert sich beständig, geprägt von vielfältigen sozialen, kulturellen und historischen Kontexten. Das Leitbild einer „klassischen" Vorstellung von Familie als sozialer Einheit, bestehend aus Vater, Mutter und ihren leiblichen Kindern, steht einer gesellschaftlichen Realität der Moderne gegenüber, geprägt von Pluralisierung und dem ständigen Wandel der Kombinationsmöglichkeiten verschiedener Dimensionen (Eisenstadt 2000). Zudem, um die Heterogenität sowie die Differenzierungen innerhalb von Familie, etwa in den Dimensionen Partnerschaft, Ehe und Elternschaft, erkennen zu können, muss notwendigerweise von den „Einheits- und Ganzheitssuggestionen des Begriffs Familie“ (Tyrell 2006, S. 145) Abstand genommen werden. Die Definition von Familie ist eng mit den sozialen Funktionen verknüpft, die diese erfüllt. Gemäß dem neunten Familienbericht des Bundesministeriums für Familie, Senioren, Frauen und Jugend (BMFSFJ 2021) fungiert die Familie als Raum, in dem soziale Beziehungen, Betreuung und soziale Unterstützung gedeihen können. Andere Definitionen betonen zudem Aspekte der Fortpflanzung, der Bereitstellung sozialer und emotionaler Unterstützung, der Kindererziehung und Sozialisation sowie der Vermittlung von Werten und Normen. In der Encyclopedia Britannica definiert Barnard (2023) den Begriff Familie als „eine Gruppe von Personen, die durch die Bindungen der Ehe, des Bluts oder der Adoption vereint sind, die einen einzigen Haushalt bilden und in ihren jeweiligen sozialen Positionen miteinander interagieren, normalerweise die von Ehepartnern, Eltern, Kindern und Geschwistern“. Zudem spielen kultur- und kontextspezifische Faktoren eine entscheidende Rolle bei der Definition von Familie, da Familienstrukturen und -funktionen variieren können.

Die Industrialisierung und Urbanisierung beeinflussten die Familienbildung in hohem Maße, wenngleich diese Veränderungen anders verliefen als in dem romantisierten Mythos der klassischen früheren Großfamilie. Beide Prozesse förderten sowohl die Kernfamilie als auch neue verwandtschaftliche Solidaritätsformen (Funcke & Hildenbrand 2018). Die Industriearbeit und die daraus resultierenden Migrationsbewegungen stärkten verwandtschaftliche Solidarität, ohne dabei traditionelle Familienformen zu zerstören. Trotz der wachsenden Bedeutung von Verwandtschaft blieben Zwei-Generationen-Familien und nukleare Haushaltsformen zentrale Ordnungsprinzipien (Funcke & Hildenbrand 2018). Die Entwicklung der Kernfamilie in West- und Mitteleuropa (oder: westlich der Hajnal-Linie) zeigt sich als das Ergebnis eines komplexen Zusammenspiels von religiösen, ökonomischen, sozialen und historischen Faktoren. Diese Einflüsse führten zu der spezifischen Familienform, der Zwei-Generationen-Familie, auch als Kernfamilie geläufig, die sich von anderen Regionen Europas deutlich unterschied (Brunner 1980; Funcke & Hildenbrand 2018). Die Rollenbilder wandelten sich im Rahmen der Entstehung einer ödipalen Kernfamilie (siehe auch Schierbaum 2020). Mütter erfuhren eine zunehmende Isolation im Rahmen einer ausschließlichen Kinderbetreuung und finanziellen Abhängigkeit von ihren Ehemännern, was zudem häufig zu einem Ausschluss des Vaters aus der Mutter-Kind-Beziehung führte. In den 1980er Jahren entstanden gesellschaftliche Debatten über einen möglichen Zerfall dieser „klassischen“ Kernfamilie im Zuge der neosexuellen Revolution, geprägt von Pluralisierung und Individualisierung. Veränderungen in Lebensstilen führten zu neuen Familienmodellen wie

Patchwork-Familien und gleichgeschlechtlichen Partnerschaften. In aktuellen wissenschaftlichen Debatten wird die Definition von Familie und Elternschaft um Aspekte wie Fortpflanzung, Geburt sowie gewollte und ungewollte Kinderlosigkeit erweitert. Auch Hajek (2020) identifiziert in ihrer umfangreichen Analyse vier Schlüsselaspekte der Neuorganisation sozialer Reproduktion: Das traditionelle heteronormative Kleinfamilienmodell verliert an normativem Einfluss, während sich alternative Familienmodelle differenzieren. Die weibliche Familiensubjektivität erlebt einen tiefgreifenden Wandel hin zur erwerbstätigen Frau und Mutter. Die Familie fungiert zunehmend als Bildungsinstitution, begleitet von verstärkter staatlicher Intervention im privaten Raum. Zugleich werden Familien entlang rassistischer und klassistischer Linien hierarchisiert, und soziale Verhältnisse individualisieren sich weiter (Hajek 2020).

2.2 Die Gründung von Familien durch Samenspende

Über viele Jahrhunderte fand der Einsatz von Samenspenden ausschließlich als verdeckte medizinische Intervention statt, ein genauer Beginn dieser Praxis ist schwer zu identifizieren. Der erste dokumentierte Fall einer künstlichen Befruchtung mit Spendersamen fand 1884 in den USA statt, als ein Arzt in Philadelphia die Prozedur (heimlich) an einer Frau durchführte, deren Ehemann unfruchtbar war (Joffe 2009; Perloe 2014). Diese historische Insemination erfolgte ohne das Wissen der Beteiligten, was später ethische Debatten auslöste. Der erste dokumentierte und öffentlich bekannte Fall einer künstlichen Befruchtung mit Spendersamen in Europa fand in den 1940er Jahren in Großbritannien statt (Amor 1996). In Deutschland wurde bis 1959 ein Nutzen von Samenspenden als moralisch unwürdig angesehen und als im Widerspruch zur Ehe stehend. Bis 1970 wurde die heterologe Insemination, bei der ein gespendeter Samen eines Dritten verwendet wird, nicht mehr als unwürdig des (ärztlichen) Berufsstands betrachtet, sondern nur als mit zahlreichen Problemen behaftet (Fischer 2012). Schließlich erklärte der 56. Deutsche Juristentag 1986 die Donogene Inseminationsbehandlung für nicht sittenwidrig und auch nicht rechtswidrig oder ablehnenswert, aber doch für nur unter bestimmten Voraussetzungen zulässig (Fischer 2012). Das Kindschaftsrechtsreformgesetz von 1998 festigte die rechtliche Grundlage für Kinder, die durch Samenspenden gezeugt wurden. 2018 trat das Samenspenderregistergesetz (SaRegG) in Kraft, das das Recht auf Kenntnis der Abstammung in Fällen heterologer Samennutzung regelt. Dieses neue Gesetz ermöglicht es nicht nur weiterhin heterosexuellen Paaren, sondern auch homosexuellen (lesbischen) Paaren und Solo-Müttern, offiziell auf Spendersamen im Rahmen einer reproduktionsmedizinischen Behandlung zuzugreifen.

3. Das Konzept der Triangulierung

Übergreifend werden die Daten der vorliegenden Studie auf unterschiedliche psychodynamische Konzepte untersucht. Der vorliegende Beitrag konzentriert sich ausschließlich auf die Darstellungen und Neuformulierungen des Konzepts der Triangulierung, welches das Einbeziehen eines dritten Elements in eine bestehende Zweierbeziehung im Rahmen der ödipalen Entwicklungsphase beschreibt. Der innerhalb dieser psychosexuellen Entwicklungsphase verortete Ödipuskomplex bezeichnet in seiner klassischen psychoanalytischen Auslegung das unbewusste Begehren des Kindes nach dem gegengeschlechtlichen Elternteil und die gleichzeitige Angst vor dem gleichgeschlechtlichen Elternteil als Rivalen. Die von Abelin (1971b) postulierte frühe Triangulierung bezieht sich auf die Einbindung des Vaters als bedeutenden „Dritten" in der kindlichen Entwicklung. Abelin argumentierte, dass das Kind die Anwesenheit des Vaters benötigt, um eine gesunde Ablösung von der übermäßigen Bindung zur Mutter zu erreichen. Der Vater übernimmt dabei die Rolle eines Vermittlers, der dem Kind erlaubt, ambivalente Gefühle gegenüber der Mutter zu entwickeln und zu bewältigen. Auch die Objektbeziehungstheorie hebt die Bedeutung der Triangulierung bereits in der frühen Kindheit hervor. Melanie Klein ging von einem frühen Stadium des Ödipuskomplexes aus, wenn das Kind sich dem Vater zuwendet aufgrund der Enttäuschung durch die Verweigerung der Mutter beim Stillen (Klein 1928). Im Gegensatz zu Freud postulierte sie einen viel früheren Beginn des Ödipuskomplexes innerhalb des ersten Lebensjahres. Eng verbunden mit diesem Entwicklungsschritt ist der Übergang des Kindes von der paranoid-schizoiden Position zur depressiven Position (Klein 1971).

Während Freuds und Kleins Verständnis der Triangulierungsprozesse durch das oben beschriebene gesellschaftliche Leitbild einer „klassischen" Vorstellung von Familie geprägt war, beschäftigen sich moderne Konzepte der Triangulierung überwiegend damit, wie und welches dritte Element die Dyade zu einer Triade erweitert, unabhängig von heteronormativen Vorstellungen zu Geschlechterrollen. Winnicotts Theorie beschreibt, wie Kinder in der zweiten Hälfte ihres ersten Lebensjahres Übergangsobjekte verwenden, um mit der vorübergehenden Abwesenheit ihrer Mutter zurechtzukommen (Winnicott, 1969). Diese Objekte stellen eine Brücke zwischen der inneren und äußeren Welt dar. Sie dienen als Vorläufer von Symbolen, ein Konzept, das sich erst vollständig entfaltet, wenn das Kind die Fähigkeit entwickelt hat, zwischen Fantasie und Realität, sowohl symbolisch als auch in Bezug auf innere und äußere Objekte, zu differenzieren. Die Verwendung von Übergangsobjekten schafft einen Übergangsraum, einen Bereich, in dem Individuen symbolische Elemente aus ihren Beziehungserfahrungen nutzen können, um kreative Lösungen für verschiedene Herausforderungen zu finden. Durch projektive Identifizierung projizieren Kinder unerwünschte Affekte auf ihre Bezugspersonen, die diese aufnehmen, transformieren und in einer handhabbaren Form zurückgeben. Das Kind lernt, mit Affekten umzugehen, und versteht, wie es zwischen seinen eigenen Emotionen und denen der Bezugsperson unterscheiden kann. Symbole erleichtern dadurch die Kommunikation und fördern die Entwicklung von Autonomie.

Für die elterliche Ebene bedeutet eine triadische Kompetenz die Fähigkeit, ihre (auch zukünftigen) familiären Beziehungen zu antizipieren und zu konzeptualisieren. Dies bedeutet, dass Eltern in der Lage sind, das Kind als eine dritte Instanz bereits in ihren Gedanken und Vorstellungen in ihre Beziehungswelt zu integrieren, ohne dabei sich selbst oder das partnerschaftliche Gegenüber aus der Verbindung zum Kind auszuschließen (von Klitzing/Stadelmann 2011). Die Forschung zu Triangulierung und Familiengründung untersucht die Zusammenhänge zwischen pränataler Bewertung der elterlichen triadischen Kompetenz, Eltern-Kind-Interaktionen in den ersten Jahren und der kindlichen Entwicklung bis zum fünften Lebensjahr. Höhere elterliche triadische Kompetenz war mit besserer Interaktionsqualität und flexiblerem Verhalten der Kinder verbunden. Kinder von Eltern mit höherer triadischer Kompetenz zeigten weniger externalisierende Symptome im Alter von vier Jahren. Klitzing/Stadelmann haben weiterhin festgestellt, dass familiäre triadische Kompetenz im ersten Lebensjahr der Kinder das Familienklima und prosoziales Verhalten positiv beeinflusst. Im Alter von neun Jahren wiesen Kinder aus Familien mit höherer triadischer Kompetenz weniger emotionale und Verhaltensprobleme auf, was auf ein positives Familienklima zurückzuführen war.

Entsprechend der beschriebenen psychodynamischen Konzeption von Symbolen können diese auch als drittes Element eine semiotische Triade bilden, bestehend aus dem Kind, der Bezugsperson und dem Symbol. Dementsprechend repräsentiert sich über diese Symbole die Fähigkeit, mit der Abwesenheit von Objekten umzugehen. In diesem Zusammenhang besteht, nach Grieser (2021) die Möglichkeit, dass ein persönliches oder kulturelles Element als drittes Element dient, um die Dyade von außen zu erweitern oder dass das dritte Element als gemeinsames Produkt der dyadischen Beziehung entsteht, wenn die Mutter beispielsweise innerhalb ihrer Beziehung zum Kind das Potenzial für das Entstehen von etwas Drittem schafft. Triangulierung impliziert somit, dass „die Beziehung zwischen zwei Elementen durch ihre Verbindung zu einem dritten Element reguliert oder definiert wird“ (Grieser 2021, S. 16). Triangulierung repräsentiert ein phasenübergreifendes Entwicklungskonzept, das hauptsächlich in den frühen Lebensjahren entfaltet wird (Müller 2020). Es dient als Grundlage für eine innere Ordnung, die Beziehungen zwischen zwei verschiedenen Objekten ermöglicht und sowohl positive als auch negative Aspekte umfasst. Diese Erfahrungen werden als psychologische Grundstruktur des Kindes internalisiert und können in neuen Situationen reaktiviert werden, wodurch sie das Verhalten des Kindes beeinflussen (Schlobohm 2024). Während des gesamten Lebens gibt es wiederkehrende Schritte der Triangulierung, die ein neues drittes Element einführen, das die Entwicklung erleichtern oder erschweren kann. Diese Entwicklung verläuft im Allgemeinen von einer symbiotisch-dyadischen Fusion zu einer zentrifugalen, triangulierenden Öffnung. Beispiele für solche Triangulierungsschritte sind die Geburt eines Geschwisterkindes, die Trennung von den Eltern während der Adoleszenz bei gleichzeitiger Hinwendung zur Peer-Group oder die Einführung neuer Familienmitglieder im späteren Leben (Grieser 2021). Diese neuen Modelle beschreiben, entgegen der Freud'schen Vorstellung eines heteronormativen, psychosexuellen Entwicklungsschrittes (der gelingt oder nicht gelingt), dass ödipale Themen das ganze Leben hindurch präsent sind und auf einer reiferen Ebene aktiviert und neu interpretiert werden können, ohne dass eine neurotische Fixierung auftritt.

3.1 *Psychodynamische Aspekte alternativer Triangulierung*

Im nachfolgenden Abschnitt werden drei Familienformen beschrieben, die mithilfe von Samenspenden gegründet wurden. Das Ziel ist, neben einer einführenden Beschreibung psychodynamischer Besonderheiten dieser (bisher psychodynamisch wenig beforschten) Gruppen, im zweiten Absatz potenzielle Varianten alternativer Triangulationen zu identifizieren und zu analysieren. Diese Familien haben sich jenseits des traditionellen gesellschaftlichen Leitbildes einer „klassischen" Familie, bestehend aus Vater, Mutter und ihren leiblichen Kindern, formiert. Dabei berichten sie über verschiedene Herausforderungen, die sie während dieses Prozesses erlebt haben und zeigen unterschiedliche Formen der Triangulierung auf.

3.1.1 *Familiengründung durch Samenspende bei homosexuellen, lesbischen Paaren*

Die Aspekte einer Familiengründung durch Samenspende bei lesbischen Paaren werden durch eine Vielzahl von wissenschaftlichen Untersuchungen beleuchtet. Dunne (2000) untersucht lesbische Lebensweisen im Hinblick auf Arbeitsteilung und Geschlechterpolitik, während Rupp (2009) und Golombok et al. (2011) Studien präsentieren, die zeigen, dass Kinder, die von gleichgeschlechtlichen Eltern erzogen werden, keine Entwicklungsbenachteiligungen erfahren und vergleichbares Wohlbefinden, soziale Kompetenzen und psychische Gesundheit aufweisen wie Kinder in traditionellen Familien. Allerdings weist Baiocco (2015) darauf hin, dass negative Einstellungen gegenüber gleichgeschlechtlicher Elternschaft soziokulturelle Ungleichheiten widerspiegeln und dass homosexuelle Paare zwar das Recht auf gemeinsame Elternschaft haben, aber oft auf Hürden wie die Stiefkindadoption stoßen. Die Identifikation der biologischen Mutter mit traditionell „weiblichen" Merkmalen scheint eine feste Rolle zu haben, die selbst im rechtlichen Sinne kaum verhandelbar ist.

Triangulierungskonstellationen werden frühzeitig diskutiert, wobei lesbische Paare offen über die Einbindung des Spenders sprechen. Durch die Samenspende entsteht eine Trennung von Sexualität und Zeugung, was zu einer Auseinandersetzung mit ödipalen Phänomenen führt, die geschlechtsunabhängig sind. Naziri und Feld-Elzon (2012) zeigen, dass Samenspender in den Fantasien oft als dritte Partei repräsentiert werden, was zu Kränkungserleben durch das Angewiesensein auf einen Dritten führen kann. Lesbische Paare dekonstruieren die Gleichsetzung von Weiblichkeit, Mutterschaft und Mütterlichkeit, indem sie Maternität als grundlegende Form der menschlichen Fürsorge betrachten, unabhängig vom Geschlecht. Die Erfahrungen von Co-Müttern bieten einzigartige Einblicke in Mutterschaft jenseits genetischer Aspekte, obwohl politische Ungleichbehandlung durch Stiefkindadoptionsverfahren oft eine Hürde darstellt. Die Behandlung durch Samenspende erfordert einen finanziellen Hintergrund, was viele ausschließt und die Ungleichheit in Bezug auf den Zugang zu reproduktiven Dienstleistungen weiter verstärkt. Insgesamt werden heteronormative Ideale eines guten Lebens neu verhandelt, was Rollenbilder, Identitätszuschreibungen und Bindungserleben betrifft.

3.1.2 Familiengründung durch Samenspende bei Solo-Müttern

Auch die Familiengründung durch Samenspende bei Solo-Müttern wird durch verschiedene wissenschaftliche Studien beleuchtet. García et al. (2020) zeigen, dass Solo-Mütter oft höhere Bildungsabschlüsse haben und eher in Vollzeit beschäftigt sind im Vergleich zu alleinerziehenden Müttern (nach Trennung). Mayer-Lewis (2020) weist darauf hin, dass sie ethischen Dilemmata und gesellschaftlichen Vorurteilen ausgesetzt sind, während das Konzept der „Elternschaft um jeden Preis“ kritisiert wird. Brewaeys, Dufour und Kentenich (2005) argumentieren für die Notwendigkeit eines Vaters für die psychologische Entwicklung und Identität von Kindern, während Carone et al. (2020) und Golombok et al. (2016) zeigen, dass Kinder von Solo-Müttern keine signifikanten Unterschiede in psychologischen und sozialen Ergebnissen im Vergleich zu Kindern aus Zwei-Eltern-Familien aufweisen.

Die Triangulierung mit dem Samenspender ist für viele Solo-Mütter wichtig, und die Aufklärung der Kinder sowie der Kontakt zum Spender haben einen großen Stellenwert. Es zeigen sich sichere Bindungen zu den Kindern, und soziale Unterstützung und Verbindungen zu Gleichgesinnten spielen eine wichtige Rolle für die mentale Stabilität und Resilienz. Hanly (1999) betont die Bedeutung des „intersubjektiven Dritten“ für die ödipale Übergangsbeziehung, während Rohde-Dachser et al. (1994) Diversität im familiären Kontext als wichtig erachten, um Kindern die Möglichkeit zu geben, sich innerhalb eines Kontinuums der Unterschiedlichkeit zu verorten. Allerdings schließt die Behandlung durch Samenspende oft viele aufgrund des finanziellen Hintergrunds aus, und es gibt keine Fördermöglichkeiten für Solo-Mütter.

3.1.3 *Familiengründung durch Samenspende bei heterosexuellen Paaren mit Fruchtbarkeitsproblemen*

Während Cousineau et al. (2007) sich mit den psychologischen Auswirkungen von Unfruchtbarkeit innerhalb heteronormativer Paare auseinandersetzen, versuchen Wischmann et al. (2015) psychosoziale Aspekte der männlichen Behandlung von Unfruchtbarkeit darzustellen, welche in der vorliegenden Studie ausschließlich als Hintergrund für die Familiengründung durch Samenspende verstanden wird. Edelmann et al. (2000) untersuchen geschlechtsspezifische Unterschiede in der Reaktion auf Unfruchtbarkeit, während Fisher et al. (2010) die langfristigen Auswirkungen von Unfruchtbarkeit auf die Gesundheit, das Wohlbefinden und Einstellungen zur Elternschaft bei Männern erforschen.

Im ödipalen Geschehen einer sich wandelnden Gesellschaft werden normative Konzepte von Männlichkeit und Weiblichkeit in Frage gestellt (Heenen-Wolff 2017). Auch Sippmann (2015) untersucht die Enttraditionalisierung der Leitbilder und Ideale von Männern, während Heenen-Wolff (2017) die Dekonstruktion der normativen Vorstellungen von weiblicher und männlicher Psychosexualität vorantreibt. Die emotionalen Prozesse, denen Männer bei Unfruchtbarkeit unterliegen, werden von vielfältigen Faktoren beeinflusst. Die Diagnose der Unfruchtbarkeit stellt eine tiefgreifende narzisstische Kränkung dar, die mit einem Erleben von Kastration und Depotenzierung einhergehen können. Es besteht dabei die Herausforderung, nicht nur die Unfruchtbarkeit zu akzeptieren, sondern auch eine Verortung innerhalb des ödipalen Geschehens (und der damit einhergehenden Triangulierung) zu erzielen. Eine Integration des gleichgeschlechtlichen, zunächst unbekannten, Dritten kann dabei die Neuformulierung eigener Vorstellungen von Männlichkeit und Vaterschaft erfordern und benötigt eine offene Kommunikation der Paare um die spezifische Position des Dritten gemeinsam zu identifizieren. Der Umgang mit Unfruchtbarkeit kann jedoch auch regressive Abwehrmechanismen (in beiden Eltern) hervorrufen, die von Spaltung bis hin zu Idealisierung reichen können. Diese Mechanismen dienen dazu, mit den emotionalen Belastungen umzugehen, können aber auch zu einer verzerrten Wahrnehmung der Realität führen (Freud 1900; Metzger 2017) und etwa das Etablieren von Familiengeheimnissen unterstützen.

4. Ergebnisse

4.1 Kurze Einführung in die Studie

Die im Folgenden beschriebene Stichprobe umfasst 50 Proband:innen, darunter zwölf homosexuelle, lesbische Paare, 12 Solo-Mütter sowie sieben heterosexuelle Paare, die jeweils mit Hilfe einer Samenspende eine Familie gegründet haben. Das Durchschnittsalter der Gesamtstichprobe beträgt 39,95 Jahre (SD=5,78). Die Mehrheit der Teilnehmenden entschied sich, den Samen über eine Samenbank zu beziehen. Mit allen Proband:innen wurde in bilateralen Gesprächen ein qualitatives, semistrukturiertes Interview durchgeführt. Die Akquise verlief ausschließlich über soziale Netzwerke (dabei vor allem „Instagram") und umfasste eine Stichprobe, die sich über alle Regionen Deutschlands erstreckte. Der Interviewleitfaden umfasst verschiedene Themen wie Beziehungserfahrungen, Selbstwahrnehmung und Selbstbild, die Phase der Familienplanung und die Realisierung der Familiengründung, Familiendynamiken, soziale Bedingungen, Werte und Prioritäten im eigenen Leben sowie Träume (Alpträume und Lebenswünsche). Die Interviews wurden Ende 2022 von mir durchgeführt, nach Genehmigung der Ethikkommission der MSH Medical School Hamburg. Die bilateralen Gespräche dauerten 50–90 Minuten. Alle Interviews wurden einzeln transkribiert und dabei sowohl pseudonymisiert als auch anonymisiert.

Die qualitative Analyse basiert auf der Methode der Grounded Theory (Strauss & Corbin 1998) und der qualitativen Inhaltsanalyse (Mayring 1994). Zunächst wurde eine Probekodierung der ersten zehn Interviews durchgeführt. Auf der Grundlage dieser Kodierungen wurde ein Codebuch erstellt, welches als Grundlage für die Kodierung aller Interviews diente. Strukturale Codes (SC) wurden aus der psychoanalytischen bzw. kulturwissenschaftlichen Theorie abgeleitet. Bei der Datenanalyse der ersten zehn Interviews wurden dann induktive, aus den Äußerungen der Proband:innen abgeleitete offene Codes (OC) entwickelt. Alle Codes wurden in einem Codebuch mit einer Definition und Ankerbeispielen beschrieben. Alle weiteren Interviews wurden anhand dieses Codebuchs kodiert. Mit Hilfe des „Memo Writings" wurden alle Ideen, Assoziationen und Mini-Theorien während des Kodierungsprozesses in der Software „Atlas.ti" (Version 8.3.1) aufgezeichnet (Glaser & Holton 2004). Ferner wurde auf Grund einer Co-Occurence-Analyse das gleichzeitige Auftreten strukturaler und offener Codes untersucht. Die Interrater-Reliabilität (Übereinstimmung zwischen zwei Ratern) wurde anhand des statistischen Maßes „Krippendorffs Alpha" berechnet. In der vorliegenden Studie wiesen alle Codes eine ausgezeichnete Interrater-Übereinstimmung auf (cu-α = .99). Auf die einzelnen Codes sowie die Interrater-Reliabilität soll in diesem Beitrag weniger eingegangen werden aufgrund des noch eher explorativen Stadiums der Ergebnisdarstellung. Im folgenden Abschnitt werden demnach erste Ergebnisse zur Triangulierung aufgeführt und mit Zitaten der Proband:innen illustriert.

4.2 Erste Ergebnisse und Diskussion der Familiengründung bei homosexuellen, lesbischen Paaren

Wir werden zunächst einige typische Ergebnisse aus der qualitativen Datenanalyse darstellen, welche den strukturalen Code der *Triangulierung* und einem weiteren offenen Code *Hinweise auf Tetrade mit dem Samenspender* darstellen, um diese ersten Ergebnisse in einem zweiten Schritt zu diskutieren.

In der Gruppe der lesbischen Paare bestehen Äußerungen zu einer *Triangulierung* (n = 49) sehr häufig (z.B. im Vergleich zu dem strukturalen Code *Rollenverteilung*, n = 8). Im Rahmen unserer Stichprobe tritt die *Triangulierung* v.a. mit den offenen Codes *Hinweise auf Tetrade mit dem Samenspender* (n = 14) auf. Der offene Code *Hinweise auf Tetrade mit dem Samenspender* kann als Ergänzung zur beschriebenen Triangulierung diskutiert werden. Dabei geht es um das Dazukommen eines Vierten, in unserer Stichprobe der Samenspender, in die Dreierbeziehung zwischen den zwei Müttern und ihrem Kind. In der Philosophie bezeichnet der Begriff Tetrade das „aus vier Einheiten bestehende Ganze" (griechisch: tetradeĩon = Vierzahl). Es folgen zwei Zitate von Probandinnen dieser Gruppe zu den beschriebenen Codes:

> „Dass wir ein Kind wollten, das wussten wir schon ganz, ganz früh und es ist noch schöner als wir es uns vorgestellt haben. Das bringt so viel Spaß und macht so viel Glück. Deswegen ist es einfach das Schönste, wenn wir zu dritt die Welt erleben" (Triangulierung, Zitat einer Co-Mutter).

> „Und ja, ich möchte nicht, dass er (der Samenspender) jetzt ein Teil meines Lebens ist oder so etwas. Auf keinen Fall. Also, ich meine... Natürlich kann er nicht einfach Kontakt zu uns aufnehmen; das kommt nicht infrage. Andererseits, wenn mein Kind das in der Zukunft möchte, wenn es alt genug ist, kann es das sicherlich tun. Aber insgeheim hoffe ich eigentlich, dass er sich nicht meldet, um ehrlich zu sein. Ich kann mir vorstellen, dass es vielleicht keine enge Beziehung zwischen [Name des Kindes] und dem Spender geben könnte, aber wenn es so wäre, müsste ich zugeben, dass ich das ziemlich seltsam finden würde. Ich würde mich damit nicht wohl fühlen, also... Ja, ich hoffe einfach. Und ich möchte nicht zu viel darüber nachdenken. Ich meine... Ich will es nicht überanalysieren, weil es im Moment nicht der Fall ist" (Hinweise auf Tetrade mit dem Samenspender, Zitat einer Co-Mutter).

In den durchgeführten Interviews wird das Einbeziehen der Co-Mutter in die Beziehung zwischen der biologischen Mutter und dem Kind als angenehm geschildert. Zusätzlich beschreiben die Probandinnen hauptsächlich ein Gefühl der Erleichterung, welches sich aus der Anwesenheit der Co-Mutter ergibt. Gefühle von Eifersucht und Konkurrenz werden selten, aber ausschließlich von Co-Müttern erwähnt: In einem Fall bedauert die Co-Mutter nicht stillen zu können und das Gefühl, dadurch ausgeschlossen zu sein, in einem anderen Fall äußert eine Co-Mutter Frustration über erfolglose Inseminationsversuche, die zuvor an ihr durchgeführt wurden. Auch im gesellschaftlichen Diskurs wird die „biologische Mutter" dabei häufig als unverhandelbar angesehen, während Diskussionen über Co-Mutterschaft andauern. Die Existenz des Samenspenders wird offen nach Außen kommuniziert und die Paare berichten von langen Diskussionen und Reflexionen vor der Reproduktionsbehandlung. Eine herausfordernde Frage vor allem für Co-Mütter ist die zukünftige Beziehung des Kindes zum Samenspender.

In Bezug auf eine ödipale Perspektive wird deutlich, dass dem Samenspender eine vergleichsweise geringe Rolle in der Ich-Entwicklung der Kinder zugewiesen wird. Übergreifend beabsichtigen die Mütter, über die Geschichte der Samenspende aufzuklären, und es werden keine Einwände gegen einen späteren Kontakt zum Samenspender erhoben. Es sollte jedoch beachtet werden, dass die Co-Mütter teilweise Gefühle von Eifersucht und Wettbewerb gegenüber dem Samenspender berichten. Dies scheint jedoch nicht auf alle Frauen in der vorliegenden Stichprobe zuzutreffen. In einem explorativen Sinne scheint es, dass Gefühle des Ausschlusses eher mit der Persönlichkeit jedes einzelnen oder den Erfahrungen von Minderheitsstress und/oder Diskriminierung zusammenhängen und nicht universell anwendbar sind für den Fall der Familiengründung durch Samenspende. Bei einem privaten Samenspender (der auch im Leben des Kindes präsent sein will und Aufgaben regelmäßig übernimmt) kann das Familiensystem triadisch aufgebaut sein mit dem Kind im Zentrum. Innerhalb der Interviews zeigte sich bei einem zum Zeitpunkt der Geburt unbekannten Samenspender eher eine Tetrade. In lesbischen Beziehungen werden Rollen und Pflegedynamiken oft frühzeitig und bewusst diskutiert. Die Vorstellung vom „Traumkind", das Glück in die Familie bringt, unabhängig von der biologischen Reproduktion, spielt eine wichtige Rolle. Diese „imaginären Kinder" repräsentieren sowohl unbewusste als auch bewusste Inhalte, die sich im Laufe der Zeit verändern können.

Abbildung 1: Aspekte von Triangulierung bei homosexuellen, lesbischen Paaren

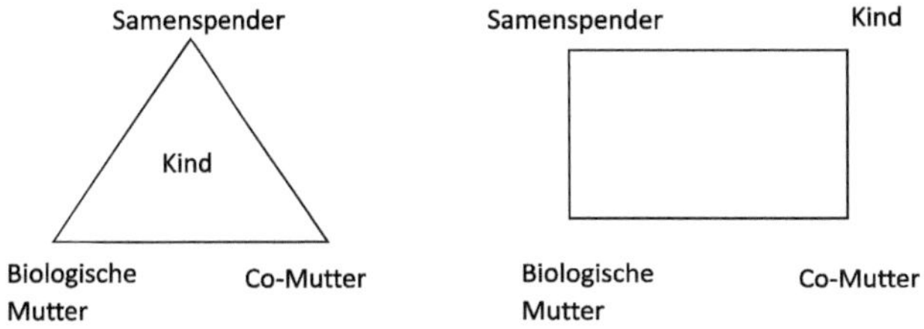

Es kann festgehalten werden, dass lesbische Paare durch ihren Familienbildungsprozess die traditionelle Gleichung von Weiblichkeit, Mutterschaft und biologischer Abstammung dekonstruieren. Dies stellt eine Herausforderung für die Gesellschaft als Ganzes dar und betont die Bedeutung einer umfassenden Anerkennung verschiedener Familienformen und einer inklusiven Unterstützung für alle gelebten Elternschaftsmodelle.

4.3 Erste Ergebnisse und Diskussion der Familiengründung bei Solo-Müttern

Im Rahmen der qualitativen Datenanalyse zeigt sich, dass Äußerungen zu einer *Triangulierung* (n = 23) deutlich häufiger als diese zu einer *Mutter/Kind-Dyade* (n = 9) gemacht wurden. Der strukturale Code *Triangulierung* erforscht mögliche Einbindungen Dritter (hier auch die des Samenspenders). Ferner wird die Abwehr des Eindringens dieses Dritten und so auch der Verschluss der Mutter-Kind-Dyade, sofern vorhanden, kodiert. Im Rahmen unserer Stichprobe tritt die *Triangulierung* v.a. mit den offenen Codes *Samenspender* (n = 14) als auch *Einbezug erweiterter Familienpersonen* (n = 13) auf. Der strukturale Code *Mutter/Kind-Dyade* tritt vor allem mit dem offenen Code *Eigene Mutterrolle, positiv* (n = 18) auf. Zwei Probandinnen schildern die Triangulierung folgendermaßen:

> „Aber ich habe auch immer mal auf mein Kind geschaut: Wie sieht der Spender aus? Eigentlich ist das für mich noch ein kleines Thema. Ich fühle mich wohl dabei, ich kann nichts anderes sagen. Beim Samenspender ist das klar, da gibt es keine Konkurrenz mit mir. Aber ich glaube, ich habe die Eizellspenderin vielleicht ein bisschen als Konkurrenz mit mir gesehen“ (Triangulierung, Zitat einer Solo-Mutter).

> „Nun, ich glaube, die Beziehung zu meinem Kind ist ziemlich besonders. Ich denke, das hängt auch mit der Reise zusammen, wissen Sie, mit der ganzen Geschichte, wie man sich auf die Schwangerschaft vorbereitet, und so weiter. Ich glaube, das macht es sehr besonders. Folglich war es von Anfang an eine sehr intime Reise, denke ich. Und auch irgendwie sehr selbstbestimmt von meiner Seite“ (Mutter/Kind-Dyade, Zitat einer Solo-Mutter).

Alle Solo-Mütter beschrieben den Wunsch, das Kind von Beginn an über die Umstände einer Zeugung durch Samenspende vertraut zu machen und einen (späteren) Kontakt zum Samenspender zu fördern. Andere Bezugspersonen wie Großeltern und Freunde spielten ebenfalls entscheidende Rollen. Durch die engen Bindungen, die ihre Kinder zu anderen Bezugspersonen entwickelten, entstanden unterschiedliche triadische Beziehungsmuster. Unsere Ergebnisse stimmen mit Untersuchungen etwa von Golombok et al. (2015) überein. Diese Forschergruppe verglich Solo-Mütter mit heterosexuellen Paarfamilien, deren Kinder ebenfalls durch Samenspende gezeugt wurden. Sie stellten keine Unterschiede zwischen den Solo-Müttern und den Paaren in Bezug auf positive elterliche Eigenschaften fest: Solo-Mütter zeigen dasselbe Maß an emotionaler Wärme und emotionalem Engagement in ihren Beziehungen zu ihren Kindern wie Partner. Dies gilt auch für die Interaktionsqualität und die Mutter-Kind-Bindung. Golombok et al. (2016, S. 416) ziehen aus ihren Beobachtungen folgendes Fazit: „(E)s ist denkbar, dass die Absicht, alleinerziehend zu sein, zu positiven Mutter-Kind-Beziehungen und damit zu günstigen Kindesergebnissen beiträgt."

Die vorläufigen Ergebnisse dieser Studie zeigen Fälle struktureller und institutioneller Diskriminierung auf, die sich durch begrenzte finanzielle Unterstützung, kostspielige Behandlungsmethoden und medizinische Bevorzugung heteronormativer „Standardfamilien" zeigen (Fischer 2012). Dennoch zeigen Solo-Mütter eine höhere Selbstwirksamkeitserwartung als alleinerziehende Mütter nach einer Trennung. Dies kann auch erklären, warum sie die Herausforderungen des Alleinerziehens als weniger negativ wahrnehmen und bewerten. Jede Solo-Mutter äußerte ein frühzeitiges und tiefgreifendes Verlangen, Mutter zu werden, was aufgrund äußerer Umstände nur auf diesem Weg möglich schien. Trotz der finanziellen Belastungen, psychisch anspruchsvollen Verfahren und Bedenken hinsichtlich Gefühle der Isolation und überwältigender Verantwortung zeigen diese Frauen eine starke Entschlossenheit, ihren Wunsch nach Mutterschaft zu erfüllen. Die Unterstützung aus dem engen sozialen Umfeld und die Verbindungen, die sie zu gleichgesinnten Personen aufbauten, wurden während der Interviews häufig betont. Darüber hinaus wird deutlich, dass im Rahmen der Solo-Mutterschaft verschiedene Formen der Triangulierung entstehen. Diese wird hauptsächlich durch die Beziehungen des Kindes zu Drittpersonen erleichtert, da Solo-Mütter häufig zusätzliche Personen in die Betreuung ihrer Kinder einbeziehen. Es gibt auch Anzeichen von Triangulierung in Bezug auf die Fantasien und Emotionen der Solo-Mütter gegenüber dem Samen- und/oder der Eizellspenderin. Innerhalb unserer Stichprobe gab es zwei Solo-Mütter, die sowohl von einer Samenspende als auch einer Eilzellspende berichteten. In diesem Zusammenhang äußern sich die damit verbundenen Emotionen unterschiedlich. Während die Samenspender im Rahmen unserer Stichprobe nicht als Konkurrent wahrgenommen werden und überwiegend mit Gefühlen von Dankbarkeit verbunden waren, äußern die beiden Solo-Mütter unangenehme Affekte, oder etwa ein Konkurrenzerleben gegenüber der Eizellspenderin. Daraus folgend entschieden sich beide Probandinnen für eine offene Kommunikation der Samenspende, jedoch eine Geheimhaltung der Eizellspende, was auf ein unterschiedliches Erleben ödipaler Themen von Geschlechtlichkeit hinweisen kann.

Abbildung 2: Aspekte von Triangulierung bei Solo-Müttern

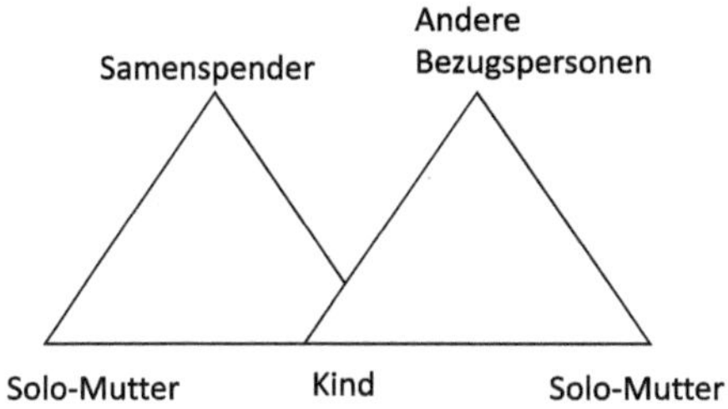

Zusammenfassend legen diese Ergebnisse eine potenzielle Offenheit innerhalb von Mutter-Kind-Dyaden, das Vorhandensein von Triangulierungsmöglichkeiten und eine ausgeprägte Toleranz gegenüber Ambiguität, als das Aushalten von Vielheit und Vagheit, (Bauer 2011) nahe. In diesem Zusammenhang wird deutlich, dass die Lebenserfahrungen von Solo-Müttern vielschichtig sind. Einerseits kämpfen sie mit Ängsten, wie der Angst vor Diskriminierung oder der schweren Verantwortung, sich allein um ein Kind zu kümmern. Darüber hinaus ist offensichtlich, dass reale strukturelle und institutionelle Vorurteile fortbestehen und das Leben der Solo-Mütter aufgrund der begrenzten finanziellen Unterstützungsmöglichkeiten für dieses Familienmodell nachteilig beeinflussen. Andererseits reagiert die umgebende Gemeinschaft zumeist positiver als von den Solo-Müttern ursprünglich erwartet.

4.4 Erste Ergebnisse und Diskussion der Familiengründung bei heterosexuellen Paaren mit Fruchtbarkeitsproblemen

Die erste Analyse unserer Daten präsentiert, dass Äußerungen zu einer *Triangulierung* (n = 40) innerhalb der heterosexuellen Gruppe ähnlich häufig erfolgten im Vergleich zu den anderen Gruppen, aber mit sehr ambivalenten Gefühlen in Verbindung gebracht wurden. Dies zeigt sich sowohl in dem gemeinsamen Auftreten zwischen dem strukturalen Code *Triangulierung* und dem offenen Code *Identifikation und Verbundenheit mit dem Samenspender* (n = 10) als auch zwischen dem strukturalen Code *Triangulierung* und dem offenen Code *Rivalität und Abwertung des Samenspenders* (n = 14). Drei Probanden schildern diese Codes folgendermaßen:

„Aber trotzdem wird es irgendwas sein im Laufe der Zeit, wo wir feststellen, ok das ist vom Vater wahrscheinlich. Oder da ist irgendwas, das kennen wir nicht. Und da ist da meine Neugier auch im positiven Sinne. Also ich bin mal gespannt, was da kommt. Da wird irgendwas sein" (Triangulierung, Zitat eines heterosexuellen Vaters).

„Wir glauben von dem Spender ja ein paar Sachen zu wissen. Aufgrund des Profils haben wir Sachen ausgesucht, zum Beispiel wo wir beide ein großes Ja haben. Der hört die gleiche Musik wie wir zum Beispiel. Der liebt die gleichen Sänger, die ich hier in meinem CD-Regal hüte als Schatz. Die hört der auch. Von daher denke ich so, vielleicht sind wir da Brüder im Geiste" (Identifikation und Verbundenheit mit dem Samenspender, Zitat eines heterosexuellen Vaters).

„Ego-Mann hin, Ego-Mann her, das klingt jetzt vielleicht komisch, aber wissen Sie wie viele Chromosomen, wenn Sie ein Mann wären, für ein Kind beitragen? So viel wie für eine Erbse, wenn Sie sich den Chromosomensatz für eine Erbse angucken, ist das das, was der liebe Mann dazu beiträgt für ein Kind, und ich habe mir das angeguckt und mich gefragt: Wollt ihr Jungs euch ernsthaft über eine Erbse aufregen? Es ist nicht mehr. Der Chromosomensatz von einer Erbse, das ist lachhaft. Und dann habe ich zu meiner Frau gesagt, hier ich habe nicht so ein Ego, wir reden hier von einer Erbse, mehr nicht. Ich bin – stelle ich zumindest momentan immer noch fest, wenn meine Tochter nicht zickig ist, – ich bin der Papa. Und wegen einer Erbse? Nee, echt nicht. Dann bin ich zu meiner Frau hin und habe gesagt: Nee, brauche ich nicht. Lass' uns das machen. Das mit mir macht keinen Sinn. Und bei dem anderen gucke ich mir die Statistik an, das ist viel schöner" (Rivalität und Abwertung des Samenspenders, Zitat eines heterosexuellen Vaters).

Bei assistierter Reproduktion wird die Dynamik heterosexueller Paare in besonderem Maße herausgefordert. Die Einführung eines Samenspenders verstärkt diese Herausforderungen, da er als biologischer „Anderer" betrachtet wird und eine Bedrohung für die Paarbeziehung darstellen kann (Lebersorger 2018; Ehrensaft 2008). Die Bewältigung der Unfruchtbarkeit erfordert von den Beteiligten eine hohe Integrationsleistung und die Fähigkeit, mit den damit verbundenen Emotionen im Rahmen der Triade umzugehen. Einige der Paare können positive Gefühle in Verbindung mit dieser benennen. Häufiger wurden innerhalb dieser Gruppe aber Gefühle von Rivalität und Konkurrenz, bis hin zu Abwertung des Samenspenders benannt. Dies kann dazu führen, dass Paare Gedanken und Gefühle vermeiden, um den Erfolg der Behandlung nicht zu gefährden (Metzger 2015). Es zeigt sich ein emotional aufgeladenes und belastetes Spannungsfeld, welches mit einer erkennbaren Sprachlosigkeit einhergeht. Die beiden Beteiligten innerhalb der Paardynamik fühlen sich häufig emotional alleingelassen, trotz der im Außen gemeinsam durchlaufenen Reproduktionsreise. Die weiblichen Probandinnen dieser Gruppe suchen das Gespräch über den Samenspender kaum, möglicherweise auch in dem Versuch den Partner nicht noch mehr aufzuwühlen und dadurch die Kernfamilie in den Mittelpunkt zu rücken. Der Abwehrmechanismus von Vermeidung zeigte sich häufig im Rahmen einer Sprachlosigkeit, welche sich bereits im Rahmen der Probandenakquise zeigte.

Abbildung 3: Aspekte von Triangulierung bei heterosexuellen Paaren mit Fruchtbarkeitsproblemen

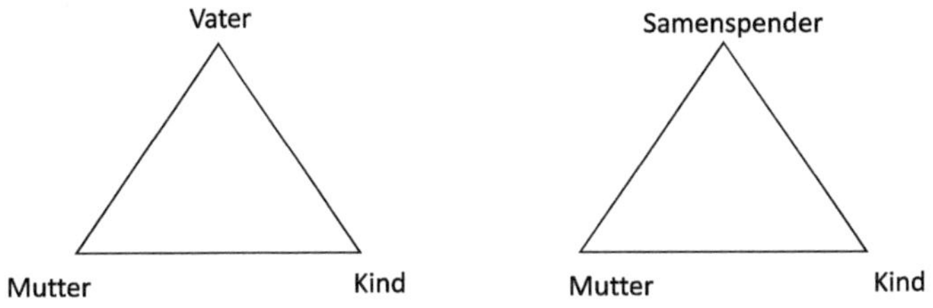

Zusammenfassend zeigen sich große Herausforderungen in Bezug zu dem Samenspender und dem Aufbau einer Triade mit diesem. Ehrensaft (2018) beschreibt, dass in Anbetracht verschiedener Familienkonstellationen, eine Integration mehrerer familiärer Triaden zu einer Polyade erforderlich ist. Dies erfordert eine persönliche Aufarbeitung und einen möglicherweise damit verbundenen offenen Austausch über die eigenen Herausforderungen (z. B. mit der eigenen Infertilität), um somit einen Raum für das „Fremde" im Rahmen einer ödipalen Polyade zu schaffen.

5. Abschlussgedanken

Frühe Erfahrungen innerhalb der Familie, wie Bindungserfahrungen und Identifikationsprozesse, haben eine besondere Bedeutung für die Entwicklung des Kindes. Eine sichere Bindung an frühe Bezugspersonen ist grundlegend für den Aufbau einer stabilen psychischen Struktur. Die frühe (bedingungslose) Liebe zwischen einer Bindungsperson und dem Kind trägt eine weitreichende Bedeutung für die Entwicklung gesunder und kongruenter Selbst- und Objektrepräsentationen. Wenn Eltern auf ihr Kind reagieren, übernehmen sie unterstützende Ich-Funktionen, fördern die mentalisierende Kapazität und helfen dadurch dem Kind, mit aufkommenden Emotionen umzugehen.

Im Rahmen der vorliegenden Studie wurde versucht, die Perspektive auf den Samenspender als triangulierendes Element in den Mittelpunkt des Vergleichs unterschiedlicher Formen von Triangulierung zu stellen. Wenngleich die unterschiedlichen realen und psychologischen Herausforderungen der drei Gruppen deutlich werden, zeigt sich, dass in dem Prozess einer Familiengründung durch Samenspende jede interagierende (reale oder phantasierte) Bezugsperson zu einem Objekt der Triangulierung werden kann. Wenn etwas Drittes entsteht, oder auch etwas Fremdes einbezogen wird, schafft dies einen Raum und „es gibt Möglichkeiten, sich hin und her zu bewegen, Nähe und Distanz zu regulieren, zu denken und zu reflektieren“ (Grieser 2021, S. 11). Dadurch kann sowohl die Verortung in einer gemeinsamen Realität mit anderen Objekten als auch eine exzentrische Position eingenommen werden.

Dem Samenspender werden innerhalb der Gruppen unterschiedliche Rollen in dem ödipalen Geschehen und damit auch in der Ich-Entwicklung des Kindes zugewiesen. Unbewusste Wünsche liegen allen Bezugspersonen zugrunde und äußern sich als rätselhafte Botschaften für das Kind, die den Kern seines Unbewussten bilden. Der Ödipuskomplex, verstanden als Reaktion auf diese „Verführung“, kennzeichnet den Übergang des Kindes vom Objekt des Begehrens zum Subjekt des Begehrens. Es zeigt sich, dass es nicht entscheidend ist, den Ödipuskomplex in eine heteronormative Kernfamilienstruktur einzubetten. Vielmehr ist der entscheidende Aspekt die Erfahrung des „Begehrens“ in passiver und aktiver Form. Im Hinblick auf eine queere Psychoanalyse betont Quindeau (2019) die Bedeutung mehrerer Personen, die dem Kind zur Verfügung stehen und eine Triangulierung ermöglichen, die in gleichgeschlechtlichen und gegengeschlechtlichen Begehren existieren kann. Wenn die Triangulierung erfolgreich ist, fördert dies die Entwicklung eines gesunden Ich-Ideals, das, nach Kernberg, eine wichtige Voraussetzung für die reife Liebesfähigkeit darstellt (Kernberg 1976).

Literatur

Abelin, E. L. (1971b). The Role of the Father in the Separation-Individuation Process. In: Separation-Individuation, ed. J. B. McDevitt and C. F. Settlage; 229–252. New York: International Universities Press.

Amor, D. J. (1996). A history of the use of donor insemination in the United Kingdom. Human Reproduction, 11(11), 2348–2354.

Baiocco, R., Argalia, M., Ioverno, S., Santamaria, F. & Lingiardi, V. (2015). Attitudes toward lesbian and gay men among lesbian mothers and heterosexual parents. Journal of GLBT.

Barnard, A. J. (2023). Family. Encyclopedia Britannica.

Bauer, T. (2011). Die Kultur der Ambiguität: Eine andere Geschichte des Islams. Berlin: Verlag der Weltreligionen.

Brewaeys, A. (2010). Review: Parenting and Child Development in Homosexual Parent Families. Fertility and Sterility, 93(5), 978–982.

Brunner, O. (1980). Das „ganze Haus“ und die alteuropäische Ökonomik, in: ders., Neue Wege der Verfassungs- und Sozialgeschichte (3. Aufl.). Göttingen.

Bundesministerium für Familie, Senioren, Frauen und Jugend (BMFSFJ) (2021). 9. Familienbericht: Familie – der beste Start ins Leben. BMFSFJ – Neunter Familienbericht „Eltern sein in Deutschland“. Abgerufen am 06.03.2025.

Carone, N., Baiocco, R., Lingiardi, V., Chirumbolo, A., Foglietta, R. & Nappa, M. R. (2020). Psychological adjustment, parental bonding, and quality of life in children born to solo mothers by choice using donor insemination. Journal of Family Psychology, 34(2), 253–263.

Cousineau, T. M. & Domar, A. D. (2007). Psychological impact of infertility. Best practice & research Clinical obstetrics & gynaecology, 21(2), 293–308.

Dunne, Gillian A. (2000): Opting into Motherhood. Lesbians Blurring the Boundaries and Transforming the Meaning of Parenthood and Kinship. In: Gender & Society 14 [Nr. 1], 11–35.
Edelmann, R. G. & Connolly, K. J. (1985). Psychological consequences of infertility. Brit J Med Psychol, 59, 202–19.
Ehrensaft, D. (2016). Baby making: It takes an egg and sperm and a rainbow of genders. In The business of being made. The temporalities of reproductive technologies, in psychoanalysis and cultures. Abington: Routledge.
Eisenstadt, S. N. & Schluchter, B. (2000). Die Vielfalt der Moderne. Weilerswist: Velbrück Wissenschaft.
Fischer, T. (2012). Ethische Aspekte der Donogenen Insemination, 2. Aufl. Kassel: Kassel University Press GmbH.
Fisher, J. R., Baker, G. H. & Hammarberg, K. (2010). Long-term health, well-being, life satisfaction, and attitudes toward parenthood in men diagnosed as infertile: challenges to gender stereotypes and implications for practice. Fertility and sterility, 94(2), 574–580.
Freeman, E. W., Boxer, A. S., Rickels, K., Tureck, R. & Mastroianni, L., Jr (1985). Psychological evaluation and support in a program of in vitro fertilization and embryo transfer. Fertility and sterility, 43(1), 48–53.
Freud, S. (1900). Die Traumdeutung. Leipzig: Franz Deuticke.
Funcke, D. & Hildenbrand, B. (2018). Ursprünge und Kontinuität der Kernfamilie. Springer Fachmedien Wiesbaden.
García, L. (2019). Lesbian motherhood: Stories of becoming. Oxford University Press.
Glaser, B. G. & Holton, J. (2004). Remodeling grounded theory. Qualitative Market, Media and Opinion Research 2(5).
Golombok, S. (2011). The European study of assisted reproduction families: Family functioning and child development. Human Reproduction 26(10): 2996–3003.
Golombok, S. (2015). Modern families: Parents and children in new family forms. Cambridge: Cambridge University Press.
Golombok, S., Zadeh, S. Imrie, S. Smith, V. & Freeman, T. (2016). Single mothers by choice: Mother–child relationships and children's psychological adjustment. Journal of Family Psychology 30(4): 409–418.
Grieser, J: (2021). Triangulierung. Gießen: Psychosozial-Verlag.
Hajek, K. (2020). Familie und Biopolitik: Regulierung und Reproduktion von Bevölkerung in der „nachhaltigen Familienpolitik" (Vol. 62). Frankfurt am Main: Campus Verlag.
Hanly, C. (1999). On Subjectivity and Objectivity in Psychoanalysis. Journal of the American Psychoanalytic Association, 47(2), 427–444.
Heenen-Wolff, S. (2017). „Dekonstruktion der normativen Vorstellungen von weiblicher und männlicher Psychosexualität." In Heteronormativität: Empirische Studien zu Geschlecht, Sexualität und Macht, Hrsg S. Hark und P. Villiez, 77–93. Bielefeld: Transcript Verlag.
Joffe, S. (2009). The first recorded case of artificial insemination. The Journal of the American Medical Association (JAMA).
Kernberg, O. F. (1976). Objektbeziehung und Praxis der Psychoanalyse. Stuttgart: Klett Cotta.
Lebersorger, K. J. (2018). Kinder jenseits der Urszene?. *Psyche, 72*(8), 611–640.
Mayer-Lewis, C. (2020). Solo motherhood: Ethical dilemmas, societal opinions, and critiques of „parenthood at any cost." Journal of Gender Studies 18(2): 215–230.
Mayring, P. (1994). Qualitative Inhaltsanalyse. In A. Boehm et al. (Hrsg.), Texte verstehen: Konzepte, Methoden, Werkzeuge (S. 159–175). UVK Univ.-Verl. Konstanz.
Metzger, H. G. (2017). Künstliche Befruchtungen, neue Sexualitäten und die Bedeutung der heterosexuellen Urszene. In Männlichkeit, Sexualität, Aggression – Zur Psychoanalyse männlicher Identität und Vaterschaft. Gießen: Psychosozial-Verlag.
Metzger, H. G. (2015). Chancen und Konflikte der Vaterschaft – andere Sexualitäten, neue „Eltern" und die Väter. Analytische Kinder- und Jugendlichen-Psychotherapie 46: 291–312.
Naziri, D. & Feld-Elzon, E. (2012). Samenspender in den Fantasien oft als „dritte Partei" repräsentiert, zwischen Idealisierung und Verfolgung. Gießen: Psychosozial-Verlag.
Perloe, M. (2014). History of artificial insemination. In: The Reproductive Science Center of Atlanta.

Quindeau, I. (2019). „Dekonstruktion des dichotomen, binär kodierten Geschlechterkonzepts." In Geschlecht und Emotion: Sozial- und kulturwissenschaftliche Perspektiven, Hrsg. I. Quindeau und T. Schmidt. Wiesbaden: Springer.

Rohde-Dachser, C. et al. (1994). The importance of diversity in parenthood: Providing children with the opportunity to locate themselves on a continuum of difference. Journal of Family Diversity 10(3): 30–245.

Rupp, L. J. (2009). Studies show that children raised by same-sex parents do not experience developmental disadvantages. New York: Columbia University Press.

Schierbaum, A. (2021). Zur Geschichte von Familie und Gesellschaft. In: Ecarius, J., Schierbaum, A. (Hrsg.) Handbuch Familie. Springer VS, Wiesbaden.

Schlobohm, L. (2024). *Das Dritte – Triangulierung aus psychoanalytischer Sicht und die kunsttherapeutische Triade: Schlussfolgerungen für die Kunsttherapie ausgehend von psychoanalytischen Konzepten der Triangulierung mit dem Schwerpunkt der Autonomieentwicklung* [Masterarbeit, MSH Medical School Hamburg, University of Applied Sciences and Medical University].

Sippmann, R. (2015). Moderne Männlichkeit: Zur intersektionalen Konstitution von Mannbildern in der Gegenwart. Zeitschrift für Männerforschung 29(3), 274–289.

Strauss, A. L. & Corbin, J. M. (1998). *Basics of qualitative research: Techniques and procedures for developing grounded theory* (2nd ed.). Kalifornien: Sage Publications.

Soénius, U. S. (2000). Wirtschaftsbürgertum im 19. und frühen 20. Jahrhundert. Die Familie Scheidt in Kettwig 1848–1925. Köln.

Tyrell, H. (2006). Familienforschung – Familiensoziologie: Einleitende Bemerkungen: Family research – family sociology: some introductory remarks. Journal of Family Research, 18(2), 139–147.

von Klitzing, K. & Stadelmann, S. (2011). Das Kind in der triadischen Beziehungswelt. Psyche, 65(9–10), 953–972.

Winnicott, D. (1969). Übergangsobjekte und Übergangsphänomene. Eine Studie über den ersten, nicht zum Selbst gehörenden Besitz, zuerst als Vortrag 1951, dann engl. 1953. Psyche, 23, 1969.

Wischmann, T., Thorn, P., Bals-Pratsch, M. & Rohde, A. (2018). Adjustment to cancer and fertility issues: Current knowledge and future directions for fertility preservation. Journal of Psychosomatic Obstetrics & Gynecology, 39(2), 81–90.

Das Gemachte ins Werden bringen – Synergien aus der Praxis des Adoptionsdienstes und der systemischen Kinderwunschberatung für die Begleitung der Familienbildung im Rahmen einer Gametenvermittlung

Bettina Klenke-Lüders & Kerstin Dauses

1. Zusammenfassung

Eine Familie mit Hilfe Dritter zu gründen, dies geschieht seit jeher im Rahmen einer „adoptio", der Adoption als Annahme an Kindes statt. Die medizinisch assistierten Formen der Familienbildung mit Hilfe Dritter gewinnen zunehmend an Bedeutung: Dazu zählen die sog. Samen-, Embryonen- und Eizellspende sowie die Leihmutterschaft. Parallel zu dieser Entwicklung ist die Anzahl von Fremdadoptionen in der Bundesrepublik in den letzten Jahren kontinuierlich gesunken. Auch wenn die Gametenvermittlung von Eizellen und ebenso die Leihmutterschaft in Deutschland weiterhin illegal sind, hat sich in Bezug auf die nicht kommerzialisierte Form mit den Keimzellen einer anderen Frau schwanger zu werden, im wissenschaftlichen und psychosozialen Diskurs weitgehend die Position durchgesetzt, für eine politische Öffnung zu votieren. Allerdings lässt sich das Thema ohnehin nicht ausschließlich national regulieren. Für immer mehr Menschen verwirklicht sich der Traum vom Kind durch die Möglichkeiten der Reproduktionsmedizin im Ausland. Auf diese Weise gezeugte Kinder leben also bereits mit ihren Familien hierzulande, strafrechtlich droht keine Verfolgung. Allerdings ist ein offener Umgang aufgrund der Furcht vor Stigmatisierung erschwert. Die frühe Aufklärung gilt für eine stabile Identitätsentwicklung des Kindes und als tragfähiges Fundament des gesamten Familiensystems als Goldstandard. Wie diese Integration gut gelingen kann, ist inzwischen für viele alleinstehende Frauen ein wichtiges Thema, die durch das Samenspenderregistergesetz von 2018 auch rechtlich abgesichert mit einer Spendersamenbehandlung „Solo-Mutter" werden können. In all diesen in Deutschland legalen Formen der Entnahme und Übertragung menschlicher Keimzellen im Rahmen der assistierten Reproduktion empfiehlt die Bundesärztekammer im Vorfeld eine psychosoziale Beratung.

Wunscheltern können auf diese Weise zumindest bei den juristisch regulierten Verfahren durch Psychoedukation für den Wert der frühen Aufklärung des Kindes erreicht und sensibilisiert werden. Wie diese konkret funktioniert, kann auch aus der langjährigen Praxis der Adoptionsvermittlung und ihrem reichen Erfahrungsschatz gelernt werden. Dieser Wissenstransfer für die Familienbildung im Rahmen einer Gametenvermittlung wird im Folgenden als eines der zentralen Zukunftsthemen der systemischen Kinderwunschberatung vorgestellt.

2. Die politische Dimension der medizinisch assistierten Familienbildung mit Hilfe Dritter

Alle Elternschaft ist ein Versuch. Etwas ins Werden bringen, das sich dem bisherigen Erfahrungsraum entzieht, ist mit der Familienplanung immanent verbunden. Und dies völlig unabhängig von der Entstehungsweise des Kindes. Dieses *„ins Werden Bringen“* ist eben nicht nur auf das körperliche Erlebnis einer Schwangerschaft beschränkt. Banal ließe sich sagen: Dann könnten Männer auch nicht Väter werden. Das Prozesshafte in seiner Ambivalenz des Unfertigen, niemals Abgeschlossenen zu akzeptieren, ist also das Anforderungsprofil aller Elternschaft – völlig unabhängig einer natürlichen oder medizinisch assistierten Entstehungsweise des Kindes.

Die in Deutschland nicht nur beim Thema Familienplanung überwiegende und auch historisch bedingte Abwehr gegen das „künstliche“ Eingreifen in naturwüchsige Abläufe sollten wir allerdings gerade in diesem Zusammenhang weiterhin sehr ernst nehmen und keinesfalls bagatellisieren. Im Gegenteil: „Das Gemachte“ in der Reproduktionsmedizin mit einer gewissen Grundskepsis im Blick zu behalten, heißt ja eben auch aus der Historie zu lernen. So werden die ungeheuerlichen und leidvollen Erfahrungen der verheerenden nationalsozialistischen Selektionspraxis basierend auf pseudowissenschaftlichen Ideologien von Eugenik und Rassenhygiene nicht dem Vergessen ausgeliefert. Das Ringen um Positionen, wie es im Vorfeld der Verabschiedung des Embryonenschutzgesetzes von 1990 vorausging, in der die sog. „künstliche Befruchtung“ legitimiert wurde, ist ein wichtiger demokratischer Prozess angesichts der politischen, rechtlichen, ethischen und auch religiösen Dimension des Themas. Festgelegt wurde damals in dem bisher zuletzt 2011 durch die Erlaubnis der Präimplantationsdiagnostik in engen Grenzen novellierten Embryonenschutzgesetz drei Kernpunkte:

1. „Künstliche Befruchtungen“ werden erlaubt. Dies aber nur wenn die Eizelle, die befruchtet werden soll, von der Frau stammt, der die Eizelle entnommen wurde.

2. Die Geschlechtswahl, die sog. Eizellspende und die Leihmutterschaft[1] sind verboten.
3. Es besteht ein absolutes Forschungsverbot an Embryonen.

Bis heute ist häufig im Alltagssprachgebrauch von „künstlicher Befruchtung“ anstatt von „assistierter Reproduktionsmedizin“ die Rede. Das „Retortenbaby“ hält sich als Begriff seit der ersten erfolgreichen In Vitro-Fertilisation (IVF) und der Geburt von Louise Brown im Jahre 1978 weiterhin hartnäckig, und selbst knapp ein halbes Jahrhundert später ist in den Kinderwunschpraxen noch immer selbstverständlich von der „Eizellqualität“ respektive der „Spermienqualität“ ebenso die Rede wie von der „Vernichtung“ kryokonservierter Gameten, dies beispielsweise wenn die Kinderwunschbehandlung und damit die Familienplanung abgeschlossen ist. Ein solcher partiell bewertender und in Teilen existentiell anmutender Sprachgebrauch hat allerdings einen Effekt: Menschen werden durch die Formulierung oder zeitgemäßer ausgedrückt durch das „Wording“ in dem Feld der Reproduktionsmedizin beschämt. Scham hat evolutionär gesehen auch eine soziale Schutzfunktion. Wer sich schämt, wird daran gehindert, die Regeln zu brechen. In diesem Sinne wiegt der Gang ins Kinderwunschzentrum für Viele doppelt schwer: Scham, weil die scheinbar „natürlichste Sache der Welt“ nicht klappen mag. Und Scham angesichts der Konfrontation mit dem Klischee nun auf übergriffige – zumindest unnatürliche Weise in den Entstehungsprozess des Lebens einzugreifen.

Angesichts der strapaziösen Behandlungsversuche in den Kinderwunschzentren ist die psychosoziale Kinderwunschberatung in ihrer spezifisch systemisch ausgerichteten Begleitung auch das Angebot, die gesellschaftlichen Rahmenbedingungen zu thematisieren und einzubeziehen, beispielsweise durch die Reflexion der strukturell und politisch bedingten Schwierigkeiten von gut ausgebildeten und dadurch auch älter gewordenen Frauen, eine Familie zu gründen (vgl. Klenke-Lüders 2022, S. 44). Diese gesellschaftliche Rahmung jenseits der Einzelfallbetrachtung führt häufig zu einer individuellen und schließlich auch partnerschaftlich erlebten Entlastung. Menschen mit unerfülltem Kinderwunsch fragen sich, was sie individuell falsch oder zumindest noch nicht richtig gemacht haben – wie weit sie gehen sollen für den Wunsch nach einem Kind. In der Kinderwunschzeit haben wir es also häufig mit individuellen Prozessen zu tun, etwas ins Werden zu bringen, vordergründig primär die Schwangerschaft. Sich mit dem Plan B auseinanderzusetzen, liegt aber genauso immanent in diesem

1 Die in Deutschland verbotene Leihmutterschaft wirft besonders schwierige ethische und rechtliche Fragen auf, sodass die juristische Zulassung in der Bundesrepublik perspektivisch nicht zu erwarten ist. Die intendierte Trennung der austragenden Frau von dem in Auftrag gegebenen Kind unterscheidet sich von den übrigen Formen der Familienbildung mit Hilfe Dritter durch die Planung einer Schwangerschaft im Körper einer anderen Frau, die die soziale Mutterrolle nicht übernehmen will.

Entwicklungsprozess – völlig unabhängig von dem Ausgang der Behandlung. In der systemischen Kinderwunschberatung stellen wir also einen größeren Sinnzusammenhang her und *ermächtigen* gewissermaßen zu einer persönlichen Haltung angesichts der medizinischen, ethischen, politischen und rechtlichen Implikationen der assistierten Familienbildung. In diesem Sinne ist das „*Gemachte*" der Standpunktentwicklung einer so intimen Angelegenheit im Rahmen der Kinderwunschberatung auch das Begleiten einer „*Ermächtigung*", das Thema nicht auf die Privatsphäre zu reduzieren. Die politische Dimension, wie sie das Konstrukt des „Homo Politicus" anregt, bedeutet in diesem Zusammenhang also gerade das durch die Medizin in den rechtlichen Grenzen „*Machbare*" zu nutzen. Die individuelle Positionierung – angesichts der Wahlmöglichkeiten und mitunter auch Umgehung der hiesigen Gesetzeslage durch eine Behandlung im Ausland – ist bei aller Privatheit des Themas eben doch auch politisch. Umso deutlicher wird dies bei der medizinisch assistierten Familienbildung durch die Gametenspende dritter Personen, wie sie als sog. Samen- oder Embryonenspende in Deutschland benannt und praktiziert wird. Im benachbarten europäischen Ausland wird die sog. Eizellspende auch von ungewollt kinderlosen Paaren aus Deutschland nachgefragt. Bisher ist diese in der Bundesrepublik also nach wie vor nicht erlaubt, allerdings spricht sich ein Großteil der reproduktionsmedizinischen Fachwelt inzwischen für eine Legalisierung in der nicht kommerzialisierten Form aus (vgl. Leopoldina 2019, S. 71 f.; vgl. BKiD 2022, S. 3 ff.). Eine Aufwandsentschädigung für die Frau, die ihre Eizellen zur Verfügung stellt, solle es respektive der Samenspende dennoch geben.

Knapp die Hälfte aller Beratungsanliegen der psychosozialen Kinderwunschberatung betrifft inzwischen eine Familiengründung mit Hilfe Dritter (vgl. Thorn/Wischmann 2022, S. 277). Der damit einhergehende Diskurs über eine adäquate Namensgebung bildet das Suchen und streng genommen das zeitweise Ausblenden der Warenförmigkeit einer medizinisch assistierten Familienbildung mit Hilfe Dritter ab. Die Vorschläge für die Benennung reichen von „Spende" über „Gabe" bis hin zur „Embryonenadoption", die zu Ende gedacht aber eine Verkürzung der Sichtweisen aller beteiligten Personen bewirkt. Der Blick auf das Adoptionswesen lohnt sich auch hier und ganz basal auf den lateinischen Ursprung des Wortes „adoptare" als das „sich Hinzuwünschen". Dieser Begriff zeigt, dass der Ausgangspunkt auch im Adoptionswesen vorerst das kinderlose Paar gewesen ist. Die sich dann aber historisch entwickelte Betrachtungsweise geht inzwischen unumstritten und bewährt von einer kindzentrierten Perspektive aus und diese spiegelt sich auch in dem Begriff der „Adoptionsvermittlung" wider. Die nüchtern anmutende Benennung bildet einen Vorteil in der Inklusion aller Beteiligten: Das Kind rückt mehr in das Zentrum allen Handelns. Das Wort der Vermittlung hebt also das Vermitteln zwischen den unterschiedlichen beteiligten Personen und ihren Vorstellungen, Bedürfnissen und Rechten hervor. Und genau um eine solche allparteiliche Sichtweise sollte es auch im medizinischen

Kontext der *Gametenvermittlung* gehen. Bereits in der Namensgebung ist damit ein erster Transfer zur Adoptionsvermittlung möglich. Im Folgenden wird daher die Verwendung des Wortes Gametenvermittlung angeregt.

Der kategoriale Unterschied bei der Familienbildung durch eine Gametenvermittlung im Gegensatz zu einer Adoption ist die Planbarkeit, die Zeit für eine besonders sorgsame Betrachtung eröffnet und zu einer Würdigung der Rechte des geplanten Wunschkindes führen sollte. Das Stichwort hier: die frühe Aufklärung des Kindes über seine Herkunft. Für die Identitätsbildung wird diese Offenheit bei allen Formen der Familienbildung mit Hilfe Dritter empfohlen und ist bei den Fachkräften der Adoptionsvermittlung und der psychosozialen Kinderwunschberatung unumstritten (vgl. Blyth et al. 2012, S. 387; vgl. Golombok 2023, S. 11). Dies bedeutet für die Begleitung von ungewollt kinderlosen Menschen von Anfang an, ihre Verantwortung für das entstehende Familiensystem sowohl in seinen systemischen Gemeinsamkeiten als auch in der Reflexion individueller Grenzen bzw. derer auf Ebene des Paares zu reflektieren.

3. Synergien aus der Praxis des Adoptionsdienstes und der systemischen Kinderwunschberatung

Wenn wir aufgefordert sind, Gewissheiten über Bord zu werfen, dann öffnen sich neue Möglichkeiten für Wachstum. Das Kind gut zu begleiten, hängt also wesentlich von der Bereitschaft der Eltern ab, sich auch selbst weiterzuentwickeln – gemeinsam zu wachsen. Doch das „Eigene“ ist mehr mit dem natürlich so „*Gewordenen*“ assoziiert als mit dem „*Gemachten*“ – sei es medizinisch oder sozial. Plakativ ausgedrückt: Leiblichen Eltern wird zugetraut zu wissen, was für das eigene Kind am besten ist. Werdende Eltern oder soziale Elternteile im Rahmen einer Adoptions- oder Gametenvermittlung können diese Gewissheit nicht teilen. Sie haben nach häufig jahrelangen leidvollen Erfahrungen Abschied von dem imaginierten eigenen und vollumfänglich leiblichen Kind genommen. Diese Krisenerfahrung führt zu einer Erosion der Gewissheiten und kann den Blick für das Gegenüber in Form des Angenommenen weiten. Ein solcher Perspektivenwechsel für die Bedürfnisse des nicht „eigenen“ und „gewordenen“ Kindes lässt sich also abschauen von den jahrzehntelangen Erfahrungen im Bereich des Adoptionswesens. Denn in der Praxis wird selbstverständlich nicht ein passendes Kind für Wunscheltern gesucht, sondern gefunden werden müssen die passenden sozialen Eltern für dieses eine Kind. Auf einem solchen „anderen Weg“ der Familienwerdung liegen bedeutende persönliche und seelische Entwicklungsprozesse für alle beteiligten Personen. Dieses Entstehen des Familiensystems wird in den Adoptionsdiensten als Maßnahme der Jugendhilfe, die der öffentlichen Sache verpflichtet ist, in allen Phasen professionell vorbereitet und begleitet.

Das viele „Machen“ in der Kinderwunschzeit – Zyklus um Zyklus und Versuch um Versuch – wird in der psychosozialen Kinderwunschberatung ebenso prozesshaft gewürdigt und in ein Werden mit offenem Ausgang – therapeutisch gesprochen – „verflüssigt“. Es handelt sich hierbei um ein freiwilliges Unterstützungsangebot, eine Offerte ohne öffentlichen Auftrag. Wenn schließlich Überlegungen reifen, eine Gametenvermittlung oder eine Adoption zu erwägen, dann geschieht dies in der Regel auch nicht wie am Reißbrett, schließlich sind dies enorme seelische Prozesse und die Trauer um das nichtgeborene leibliche Kind lässt sich nicht zeitlich planen oder eingrenzen. Auf der Fachebene ist 2020 die Idee entstanden, sich viel enger zu vernetzen und die Erfahrungshorizonte aus der langjährigen Praxis zu bündeln. Den kontinuierlichen Austausch und die Zusammenarbeit zwischen uns – einer Adoptionsfachkraft und einer in eigener familientherapeutischer Praxis tätigen Kinderwunschberaterin erleben wir seitdem als sehr bereichernd.[2] Die gewonnenen Einsichten aus Adoptionsvermittlung und systemischer Kinderwunschberatung sind für den wissenschaftlichen und politischen Diskurs relevant. Diese sind auch in das Forschungsprojekt „KompKi – Kompetenzzentrum Kinderwunsch“ eingeflossen, das von 2021 bis 2024 durch das BFSFJ gefördert worden ist und die Grundlagen zur möglichen Errichtung eines deutschlandweiten Kompetenzzentrums Kinderwunsch erarbeiten sollte. In die wissenschaftliche Forschung ist die Expertise von den Stakeholdern aus der Praxis eingeflossen.[3]

Um die Lernerfahrung darzustellen, wählen wir nun auszugsweise die Gesprächsform. Auf diese Weise bildet der folgende Dialog auch formal ab, wie die wesentlichen Zusammenhänge bei den sozialen und den medizinisch assistierten Formen der Familienbildung mit Hilfe Dritter insbesondere durch die Synergie aus beiden Perspektiven noch besser verstehbar werden.

---

2 Unter ADOPTI:ONLine veranstalten die Autorinnen seit 2020 online und in Präsenz Fortbildungen und Netzwerktreffen für Menschen im Adoptionsprozess und für Adoptivfamilien.

3 Die Autorinnen waren eingeladen, im Rahmen eines KompKi-Fachtages in 2023 ihre Hypothesen zu den Möglichkeiten eines Transfers in einem Workshop vorzustellen. Unter dem Titel „Nicht aus dem Bauch heraus – Was wir aus der Adoptionspraxis für die medizinische Familienbildung mit Hilfe Dritter lernen können“ wurden Parallelen und Unterschiede zur Adoption sowie deren Konsequenz für die Aufklärung der Kinder im Rahmen der Gametenvermittlung skizziert und politisch wahrgenommen. Diese Weiterentwicklung der durch die Autorinnen in 2022 vorgestellten Thesen im Rahmen des Symposiums „Aktuelle Entwicklungen in der Familienbildung mit Hilfe Dritter: Positionierungen – Rahmenbedingungen – Grenzen“, das gemeinschaftlich von dem „Zentrum für Psychosoziale Medizin“ am Universitätsklinikum Heidelberg und durch das „Beratungsnetzwerk Kinderwunsch in Deutschland“ (BKiD) veranstaltet wurde, zeigt das Interesse an einer solchen systemischen Betrachtungsweise. Der vorliegende Fachartikel bildet somit eine Klammer um den Prozess dieses Wissens- und Erfahrungstransfers aus der Praxis für die Theoriebildung.

Bettina Klenke-Lüders: Viele der Gedanken sind nur durch unsere gemeinsamen Gespräche und Reflexionen entstanden. In der Kinderwunschberatung haben wir es natürlich sehr stark mit der Perspektive der Wunscheltern zu tun, von ihnen bekommen wir ja unseren Auftrag. In der Regel sollen wir die Menschen in der Verarbeitung der schweren Gefühle unterstützen. Zu diesem Zeitpunkt geht es also überhaupt noch nicht um einen Plan B und die Alternativen zum leiblichen Kind. „Was ist, wenn es tatsächlich nach weiteren Versuchen nicht klappen wird?" Diese Frage wird in der Regel nicht laut ausgesprochen, in der Beratung auch nicht konfrontativ als Intervention gestellt werden. Angemessen ist es, zuerst die Ohnmacht auszuloten, die ein unerfüllter Kinderwunsch auslöst. Da sind schwere Gefühle im Spiel: Angst, Verzweiflung, Erschöpfung, Neid und Wut gehören dazu. Und dahinter liegt die Trauer. Erst wenn diese Emotionen auch in der Beratung genügend Raum bekommen haben, ist es sukzessive möglich, den Plan B einzuführen. Der hat keinen guten Ruf, löst Abwehr aus, bedeutet er doch das unerwünschte Kontrastprogramm. Seine auch zu Unrecht diskreditierte Seite darzustellen, ist sehr hilfreich. Schließlich bedeuten Alternativen in jedem Kontext auch wieder mit einer gewissen *„Macht"* ausgestattet zu sein – oder etwas moderater ausgedrückt, einen Gestaltungsspielraum wahrnehmen zu können.

Wir hatten bei unseren ersten Gesprächen, das war ab 2019, schnell das Gefühl, dass es bei den aktuellen Entwicklungen wie der Eizell- und Embryonenvermittlung perspektivisch darum gehen wird, aus den Erfahrungen der älteren sozialen Formen der Familienbildung mit Hilfe Dritter zu lernen – allen voran aus der Adoptionsarbeit. Denn Vieles, was sich in diesem Bereich bewährt hat, lässt sich ja auch auf die relevanten Themen bei den medizinisch assistierten Formen der Familienbildung mit Hilfe Dritter anwenden, überraschend war das Ausmaß der Übertragbarkeit.

Kerstin Dauses: Die Annahme eines (fremden) Kindes gab es zu allen Zeiten. Heutige Sichtweisen und damit einhergehende Modalitäten in der Adoptionspraxis waren natürlich nicht ad hoc gegeben, sondern entwickelten sich prozesshaft und etappenweise. Ein Stück weit waren und sind sie auch immer ein Spiegelbild der gesamtgesellschaftlichen Situation. Der historische Blick zeigt, dass der ursprüngliche Fokus hierbei auf kinderlose Ehepaare gerichtet war und in erster Linie diesen zu einem rechtmäßigen Erben verhelfen sollte. Dies hielt sich bis in die Neuzeit hinein. Noch mit Einführung des BGB im Jahr 1900 wurde die Sicherung der Familiennachfolge als Hauptmerkmal und primäre Zielrichtung einer Adoption verstanden.

Die Reform des Adoptionsrechts von 1977 – insgesamt ein Jahr mit vielerlei, längst überfälligen familienrechtlichen Neuerungen – brachte dann umfassende strukturelle Veränderungen, eine Verlagerung der Schwerpunktsetzung und daraus resultierende schrittweise Umorientierungen in der Fachwelt. Die Perspektive des Kindes sollte nun an erster Stelle stehen (vgl. Paulitz 2000, S. 21; vgl. Kühn 2010, S. 23 f.). Die Weiterentwicklung der psychologischen und soziologischen Forschung und Praxis seit Ende des zweiten Weltkrieges, insbesondere auch Erkenntnisse aus der Bindungstheorie, und damit einhergehende veränderte Sichtweisen, schufen hierfür bedeutende Grundlagen (vgl. Paulitz 2000, S. 19).

Eine der Kernaufgaben des Adoptionsdienstes besteht seitdem in der Suche nach einer geeigneten Familie für ein Kind – und man kann es nicht oft genug sagen: nicht umgekehrt. Hierbei sind in erster Linie das Wohl des Kindes und dessen individuelle Bedürfnisse wichtige Entscheidungskriterien. Die Entstehung eines Eltern-Kind-Verhältnisses zwischen dem zu adoptierenden Kind und den annehmenden Eltern stellt eine der wichtigsten Voraussetzungen für den Adoptionsvollzug dar. Nach der gesetzlich vorgeschriebenen Adoptionspflegezeit ist es offiziell: Durch das juristische Verfahren und den familiengerichtlichen Beschluss werden alle Elternrechte nun auf die Adoptiveltern übertragen. Die frühe Aufklärung eines Kindes über seine Adoption, ein allgemein offener Umgang damit, die Einbeziehung von Wünschen und Vorstellungen der leiblichen Eltern, Anspruch auf langfristige fachliche Beratung und Begleitung aller Beteiligten – all dies sind allgemein anerkannte Bausteine bei den Fachstellen. Durch die Initiierung des Adoptionshilfegesetzes im Jahr 2021 wurden sie nochmals explizit in den Blick genommen. Zur Visualisierung der Praxis dient die bewährte systemische Betrachtungsweise, die im sogenannten Adoptionsdreieck ihren Ausdruck findet. In eingängiger Weise wird so die Grundlage unserer Arbeit dargestellt:

Abbildung 1: Das Adoptionsdreieck

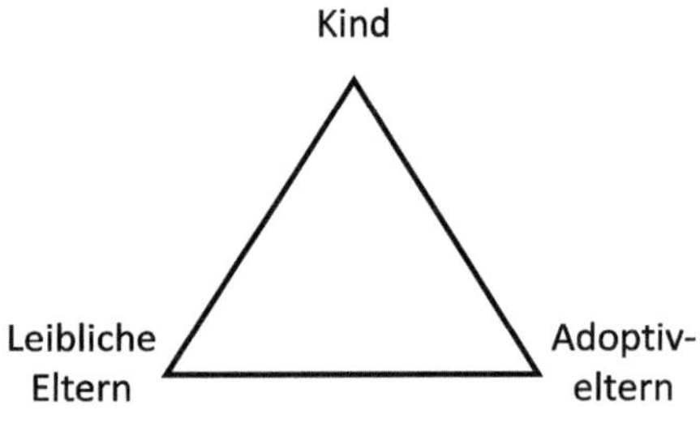

Das Kind mit seinem individuellen Hintergrund und daraus resultierenden Bedürfnissen steht symbolisch an der Spitze des Dreiecks und bildet den Ausgangspunkt allen Handelns. Eine Seite des Dreiecks repräsentiert die Herkunftsfamilie, die andere Seite stellt die Adoptiveltern dar. Über das Kind sind Herkunftseltern und soziale Eltern dauerhaft miteinander verbunden. Juristisch gesehen existiert nach vollzogener Adoption keinerlei Verwandtschaftsverhältnis mehr zwischen dem Kind und seinen leiblichen Eltern, man spricht von einer sog. „Volladoption". Im systemischen Sinne gehört das Dritte, die Herkunftsfamilie, jedoch stets dazu, die Tatsache ihrer Existenz kann nicht einfach verleugnet werden. Die genetische Verbindung, die Wurzeln eines Kindes, können nicht per Gerichtsbeschluss „gekappt" werden. Diese Grundannahme ist essentiell für die Vorbereitung künftiger Adoptiveltern sowie den gesamten weiteren Prozess der Beratung und Begleitung aller Beteiligten, auch und vielleicht sogar insbesondere, wenn Herkunftseltern nicht präsent oder vor dem Hintergrund besonderer Notlagen nicht bekannt sind, wie es bei anonymen Geburten der Fall ist. Die seit 2014 gesetzlich verankerte „Vertrauliche Geburt" sieht die Dokumentation der mütterlichen Daten vor, deren Kenntnisnahme ist dem Adoptierten frühestens im Alter von 16 Jahren möglich.

Das Zustandekommen und die Wirkweise jenes besagten Dreiecks ist wiederum eingebunden in größere systemische Zusammenhänge – es existiert ja nicht per se. Die Adoptionsvermittlungsstelle als die Instanz, welche die Seiten überhaupt erst zusammenführt, nimmt eine zentrale Funktion ein. Und in manch einer theoretischen Betrachtung führt dies auch dazu, den Adoptionsdienst innerhalb des Dreiecks anzusiedeln oder ihn als eine Seite eines Adoptionsvierecks zu benennen (vgl. Kühn 2010, S. 24f.). Sicherlich entsteht die Adoptivfamilie überhaupt erst durch den Fachdienst. Familienbildung mit Hilfe Dritter bedeutet also bei der Adoption durch die Fachkräfte einer Behörde respektive eines freien Trägers diese bestimmte Familienkonstellation überhaupt erst zu ermöglichen. Der Adoptionsdienst ist also sehr nah dran an der Familie und dies sicherlich gerade in den ersten Jahren, aber es wäre hingegen aus unserer Erfahrung zu viel zu behaupten, er sei ein Teil der Familie.

Adoptionstheorie und -praxis waren und sind aber auch immer verknüpft mit gesamtgesellschaftlichen Faktoren und – zumindest partiell abhängig vom jeweiligen politischen und juristischen Diskurs, bis hin zu unterschiedlichen fachlichen und persönlichen Haltungen einzelner Fachkräfte. Ausgehend von der Existenz stetiger zirkulärer Wechselwirkungsprozesse resultiert die Annahme, dass der offene Umgang mit der Herkunftsgeschichte unweigerlich beeinflusst wird von äußeren Gegebenheiten und beides sich gegenseitig bedingt. Eine umfassendere Betrachtungsweise unter Einbeziehung des sozialen Systems mit all seinen Facetten und eine damit einhergehende Erweiterung des bekannten Adoptionsdreiecks ist u. E. daher sinnvoll – symbolisiert durch den umliegenden perforierten Kreis. Somit ist die Position des Adoptionsdienstes außerhalb des Dreiecks anzusiedeln, zeitweise und auch langfristig im Rahmen der nachgehenden Beratung an jeder Seite des Dreiecks, gleichzeitig im Kontext des sozialen Systems.

Abbildung 2: Das Adoptionsdreieck im Kontext des sozialen Systems

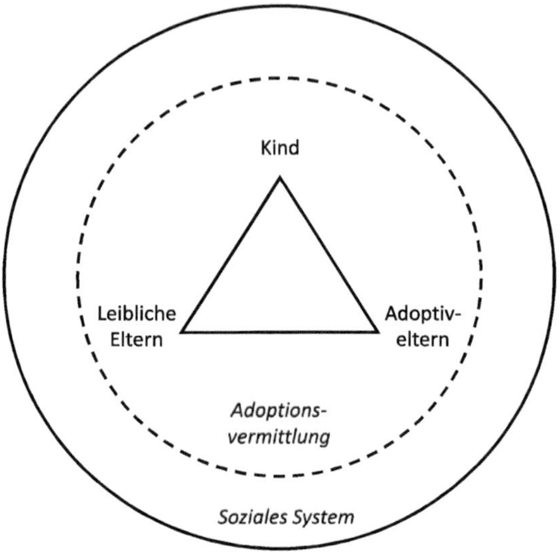

Bettina Klenke-Lüders: Ja, das Adoptionsdreieck ist tatsächlich die Basis. Es wirkt zugegeben etwas verstaubt – natürlich völlig zu Unrecht. Denn gerade dieser systemische Blick ermöglicht es den Fachkräften ja erst eine Ordnung herzustellen und eine wohltuende Distanz zu den schweren Themen zu schaffen, die einzelfallabhängig eine zentrale Rolle spielen können. Die drei wahrgenommenen und gewürdigten Seiten sensibilisieren von Anfang an für die notwendige Allparteilichkeit in der Begleitung dieser Familiensysteme. Abgebende Eltern, die ihr Kind zur Adoption freigeben, stehen vor der Entwicklungsaufgabe, das Loslassen zu bewältigen – dies in Anerkennung ihrer eigenen Grenzen und in elterlicher Fürsorge, Weitsicht und Liebe. Aus der Perspektive des Kindes ist die leibliche bzw. genetische Verbundenheit mit seinen Eltern also überhaupt nicht das allein entscheidende Kriterium, das über sein Wohlergehen entscheidet. Eine Lesart, die Bertolt Brecht in dem Gleichnis „Kaukasischer Kreidekreis" vorstellt (vgl. Brecht 1944/2023), einer Erzählung, die ursprünglich aus dem chinesischen Kulturraum stammt. Zwei Mütter streiten sich um ein Kind und werden vor den Richter in einen Kreidekreis gestellt. Diejenige, die am stärksten zieht, darf das Kind behalten. Doch die wahre Mutter kann es nicht ertragen, ihrem Kind Schmerzen zuzufügen, sie überlässt es schließlich selbstlos der anderen Frau. Brecht greift dieses altruistische Motiv der Mutterschaft aus der Urfassung dann wieder auf, allerdings wendet er es radikal. Dies indem er die soziale Rolle der Mutterschaft jenseits der leiblichen Verbundenheit stärkt: So spricht in seiner Fassung schließlich der Dorfschreiber Azdak also nicht der leiblichen Mutter das Kind zu; denn sie war es, die es zuvor in größter Not im Stich gelassen hatte. Er entscheidet sich stattdessen für die Magd Gusche, die das Kind in Kriegswirren versorgt und in Sicherheit gebracht hatte. In den kaukasischen Kreidekreis gestellt, beweist die Magd nun abermals, dass ihr das Wohl des Kindes sehr am Herzen liegt. Sie zerrt nicht weiter und lässt den Arm schließlich ganz los, sie ist bereit, das Kind aus Liebe freizugeben. Das Wohlergehen des Kindes im Blick zu behalten, diese Fürsorge, reduziert Brecht nicht länger naturwüchsig auf die biologische Ordnung einer leiblich verbundenen Elternschaft. Das „herkömmliche Verhältnis von sozialer Elternschaft und biologischer Abstammung" (Habermas 2001, S. 23) wird also nicht erst durch das Aufkommen reproduktionsmedizinischer Verfahren erweitert. Brecht stärkt die soziale Elternschaft, indem er das Kind in das Zentrum rückt, ihm soll es gut gehen. Diese Einfühlung in die Perspektive des Kindes ist schließlich sogar das einzig legitime Kriterium für die Übertragung elterlicher Verantwortung. Vielleicht ist jene Empathie für das Wohl des Kindes gewissermaßen auch die Geburtsstunde der Würdigung sozialer Elternschaft.

Kerstin Dauses: Zumindest bahnt Brecht damit den Weg zu einer bedürfnisorientierten Pädagogik, einer Haltung, die die Gefühle und Grenzen des Kindes und die der Eltern in ihren wechselseitigen Auswirkungen berücksichtigt. Das Kind hat einen Anspruch auf die bestmögliche Versorgung. Dies spiegelt unter der Prämisse der Kindeswohlorientierung auch die Sichtweise in der Adoptionsvermittlung als Maßnahme der Jugendhilfe wider: Für das Kind, das nicht in seiner Herkunftsfamilie verbleiben kann, müssen neue Eltern gefunden werden oder anders ausgedrückt „Sorgeberechtigte". Auch hier haben wir also die Vorstellung der zur Sorge berechtigten Personen. Auf diese Aufgabe gewissenhaft vorzubereiten, geschieht während einer jeden Eignungsprüfung im Rahmen eines Adoptionsbewerbungsprozesses, an dessen Ende der sog. „Sozialbericht" erstellt wird. Dies bedeutet gewissermaßen überprüft zu sein für eine besondere Form des Elternseins. Die Letztentscheidung über den tatsächlichen Vollzug einer Adoption trifft das Gericht – äquivalent zu dem von Brecht dargestellten Ausgang der Geschichte. Dem voranzustellen ist die Grundannahme, dass soziale Elternschaft gut gelingen kann. Der wesentliche Unterschied im Kontext der Adoptionspraxis liegt in der Würdigung beider Seiten, der sozialen Eltern gleichermaßen wie des Herkunftssystems. Denn es ist unbestritten: Die leiblichen Eltern handeln aus einer individuellen Notlage heraus. Über die Adoptionsvermittlungsstelle erteilen sie den Auftrag, eine gute Lösung zu finden. Die Abgabe eines Kindes und die Übernahme großer Verantwortung sind kein Widerspruch – im Gegenteil. Der Kreis schließt sich hier in gewisser Weise, um bei Brechts Metapher zu bleiben. Dennoch kann man nicht außer Acht lassen, dass die – bewusste und freiwillige – Adoptionsfreigabe eines Kindes nach wie vor mit einem großen gesellschaftlichen Tabu belegt ist. Die interessanterweise ausschließlich in Deutschland gängige Etikettierung als „Rabenmutter" hat in diesem Kontext an Aktualität leider nicht verloren.

Eine Adoptivfamilie stellt, sachlich formuliert, einen Ersatz für die nicht zur Verfügung stehende Herkunftsfamilie dar. Und hier schwingt automatisch eine Wertung mit: In der Regel wird Schlechteres durch Besseres ersetzt. Mag eine Adoption im Einzelfall auch die „bessere" Lösung sein, so ist es doch angebracht, nicht automatisch von „besserer Elternschaft" zu sprechen. Im Rahmen der Biografiearbeit sowie der Beratung von Adoptiv- und Herkunftseltern hat sich das Modell der vier Dimensionen von Elternschaft als äußerst gewinnbringend erwiesen. In dieser Betrachtung erfolgt eine Differenzierung zwischen leiblicher, sozialer, rechtlicher und zahlender Elternschaft (vgl. Lattschar/Wiemann 2008, S. 113). Den leiblichen Eltern verdankt das Kind seine Existenz. Soziale Eltern leben mit dem Kind zusammen und übernehmen die Erziehungsverantwortung. Rechtlich sind sie befugt, wichtige Entscheidungen für dieses Kind zu treffen. Die zahlende Komponente bedeutet die notwendigen finanziellen Mittel aufzubringen. In Bezug auf Adoptivfamilien ist die Konstellation rasch erklärt. Sie haben alle Dimensionen außer natürlich die leibliche. Und hier liegt die größte Differenz zum Pflegekinderwesen: Pflegeeltern sind in der Regel ausschließlich mit der sozialen Elternschaft betraut. Es existiert die Option, dass auch Pflegeeltern die rechtliche Vertretung für das Kind übernehmen können, doch dies ist für planende Wunscheltern keine Garantie. Eingängig können also durch dieses Modell Unterschiede zu einer leiblichen Elternschaft deklariert werden, es lässt sich eine gewisse Ordnung herstellen, ohne von vornherein eine Wertung oder Hierarchisierung der Elternschaft nach sich zu ziehen. Die gesetzlich vorgeschriebene Überprüfung im Hinblick auf die potenzielle Vermittlung eines Adoptivkindes zielt auf die Eignung, elterliche Verantwortung unter besonderer Berücksichtigung eines spezifischen Auftrags wahrnehmen zu können. Verschwiegen werden darf aber auch in diesem Zusammenhang nicht, dass die hohen gesellschaftlichen Erwartungen für alle Mütter und Väter eine immense Rolle spielen. Es geht im Adoptionswesen nicht darum, die „besseren" Eltern zu suchen.

Bettina Klenke-Lüders: Eine solche amtlich und formell bescheinigte Tauglichkeit, gewissermaßen der „Elternführerschein", wird ja regelmäßig für alle Eltern gefordert, diese Idee ist so wenig neu wie attraktiv. Pflicht ist nun mal keine gute Beraterin. Aber es ist wiederum bedauerlich, diesen Schatz der Vorbereitung, weiteren Begleitung und schließlich auch nachgehenden Beratung aus der Adoptionsarbeit nicht auch für die medizinisch gebildeten Familienformen mit Hilfe Dritter zur Verfügung zu stellen. Es ist so wertvoll, beispielsweise die so wesentlichen Fakten aus der Bindungstheorie kennenzulernen, die biografische Auseinandersetzung mit den Einflüssen und Glaubenssätzen im eigenen Elternhaus oder die professionell begleitete Reflexion über Zweifel und Sorgen, die eben auch zu einer jeden Familienplanung dazugehören. All dies trägt von Anfang an zu einer Sicherheit auf dem Weg zu einer bewussten und verantwortungsvollen Elternschaft bei. Und aus unseren Seminaren wissen wir von den Menschen, die eine Adoption erwägen und schließlich auch von den späteren Adoptiveltern, wie entlastend die Idee einer ausreichend wahrgenommenen Mutter- und Vaterrolle ist, so wie sie der britische Kinderarzt und Psychoanalytiker Donald Winnicott in den Fünfzigerjahren als der „good enough mother“ beschrieb. „Ausreichend gut“ als Maßstab gelingender elterlicher Fürsorge meint, das Kind nie komplett allein zu lassen, aber es bedeutet eben auch nicht perfekt sein zu müssen. Es ist das Gegenteil des Diktums eines permanenten Vergleichs in den sozialen Medien. Entwicklungspsychologische Forschungen zeigen es deutlich auf: Durch die sukzessive Loslösung von der symbiotischen Beziehung zur Hauptbindungsperson – beispielsweise der leiblichen Mutter oder des sozialen Adoptivvaters – kann das Kind überhaupt erst einen Eindruck von sich als autonomes Wesen bekommen und lernen, dass diese kein Teil von ihm ist.

Kerstin Dauses: Der „andere Weg“ eine Familie zu gründen, ist mit zusätzlichen Anforderungen verbunden – dies macht auch Sinn, wir orientieren uns ja am Kindeswohl und möchten die bestmöglichen Voraussetzungen für ein Kind schaffen. Ein wesentlicher Unterschied zwischen der leiblichen Elternschaft und der durch die Annahme eines fremden Kindes begründeten Familienbildung ist die bereits benannte gesetzlich vorgegebene und standardisierte Prüfung auf Eignung. Es wird – plakativ ausgedrückt – gewissermaßen eine Kehrtwende vollzogen von einem natürlichen Wunsch nach Familiengründung, wie ihn zahlreiche Menschen verspüren, zur vorgegebenen Erfüllung eines Anforderungsprofils. Das Sich-Einlassen auf den Adoptionsdienst, sich in Abhängigkeit von Fachkräften und Strukturen zu begeben und einen Bewerbungsstatus einzunehmen, noch dazu mit unklarem Ausgang, bedeutet sicherlich eine immense Herausforderung. Sehr persönliche Sachverhalte werden thematisiert, vielfältige Unterlagen müssen vorgelegt werden. Zahlreiche Gespräche, das Absolvieren eines Vorbereitungsseminars und ein Hausbesuch gehören dazu. All dies sind Kriterien, um ein sog. „Bewerberprofil“ zu erstellen. Dies alles kann aber eben auch die Chance einer vielschichtigen Auseinandersetzung sein. „Überprüft werden“ eröffnet auch immer die Möglichkeit für ein „Sich-Überprüfen“. Ohne Reflexion geht es nicht – Menschen, die eine Adoption in Erwägung ziehen, sind damit von Beginn an quasi automatisch konfrontiert. Adoptiveltern profitieren in jedem Fall von dieser Einstimmung auf das Kind. Sie besuchen also keinen Geburtsvorbereitungskurs, um sich auf das körperliche Geburtserlebnis und die spätere Versorgung des Säuglings einzustellen. Sie bereiten sich seelisch und mental bestmöglich auf die Rolle ihres weiteren Lebens – das „Jeden Tag-Mama und -Papa“ zu sein – vor. Das Kind gut zu begleiten, hängt dann auch später weiterhin von der Bereitschaft der Eltern ab sich selbst weiterzuentwickeln und damit den „Zusatzauftrag“ (Klenke-Lüders 2022, S. 94) zu erfüllen, den die Adoption eines Kindes mit sich bringt. Keine Frage: Wenn auch nicht in vollem Umfang und inhaltlich nicht gänzlich transferierbar, ist die gute Vorbereitung der potenziellen Adoptivfamilien als generelles Modell für die Familienplanung eine bisher noch nicht ausgeschöpfte Blaupause.

Bettina Klenke-Lüders: Das „Eigene“ kann die leibliche bzw. genetische Verbundenheit voraussetzen – aber eben nicht nur. Es bedeutet das Zusammenleben und in Verantwortung stehen für ein Kind, das an den Grundfesten der eigenen Identität rütteln wird und zu neuen Fragen und Erkenntnissen herausfordert. Eine spannende Reise für alle Mütter und Väter – völlig unabhängig davon, in welcher Konstellation sie elterliche Fürsorge übernehmen – sei es auf natürlichem Weg, als Adoptiveltern, als soziale Eltern im Rahmen einer Patchwork-Konstellation oder durch die Familienbildung mit Hilfe einer Gametenvermittlung.

Kerstin Dauses: Meist ist es ja so, dass Menschen mit einem Adoptionsvorhaben bereits auf einen langen Weg des Kinderwunsches blicken, mit Höhen und Tiefen, sehr häufig unter Zuhilfenahme unterschiedlichster reproduktionsmedizinischer Behandlungsmethoden. Häufig besteht das Vorurteil, dass eine Adoption als nachrangige Option gewählt wird, wenn alle anderen Wege ausgeschöpft sind. Aber es ist eben auch zu sehen, und die Kinderlosenstudie von 2020 zeigt es ja in eindrücklicher Weise: Die Inlandsadoption ist die favorisierte Möglichkeit mit Hilfe Dritter eine Familie zu gründen – zumindest in der Vorstellungswelt. Der gesamte Themenbereich Gametenvermittlung schneidet im Vergleich dazu deutlich schlechter ab (vgl. Wippermann 2020, S. 114). Insgesamt ist aber in der Realität seit Jahrzehnten ein rapider Rückgang von zu adoptierenden Kindern zu verzeichnen – dies sowohl im Inlandsbereich als auch bei den Vermittlungen aus dem Ausland. Die jährliche Zahl der Adoptionen in Deutschland liegt bereits seit etwa zehn Jahren auf einem recht konstanten Niveau um die 4000 Fälle insgesamt. Dies sind allerdings zu zwei Drittel Stiefkindadoptionen im Rahmen bereits bestehender Familiensysteme. Gleichzeitig ist eine Minimierung der Adoptionsbewerbungen für Fremdadoptionen zu beobachten. Diese Entwicklung ist sicherlich durch den Zulauf in den Kinderwunschzentren zu erklären und liegt in der gehäuften Inanspruchnahme der medizinisch assistierten Familienbildung mit Hilfe Dritter. Auf ein zur Adoption vorgemerktes Kind kommen etwa noch vier mögliche Adoptiveltern. Rechnerisch hat sich diese Relation in den letzten Jahren somit nahezu halbiert (vgl. Statistisches Bundesamt – Destatis 2022).

Der Weg hin zur Annahme eines fremden Kindes erfordert immer auch das Loslassen eines ursprünglichen Lebensplans. Das wesentliche Augenmerk bei der Eignungsprüfung liegt auf dem zu adoptierenden Kind. Ob und wie kann es seinen Platz einnehmen und wie wird es nicht zu einer Art Ersatz für das fehlende leibliche Kind? Die Forderung von Adoptionsdiensten nach einer Beendigung medizinischer Verfahren als Voraussetzung für die Adoptionsbewerbung hat demnach grundsätzlich seine Berechtigung, um eine gut gelingende „Transformation des – unerfüllten – Ziels der biologischen Elternschaft“ (Bovenschen 2023, S. 12) hin zur Öffnung für das angenommene Kind zu bahnen. Auf Augenhöhe mit Bewerberpaaren zu arbeiten und diese adäquat vorzubereiten, setzt allerdings auf allen Seiten eine Offenheit voraus und dies kann eben bedeuten, dass der Adoptionsweg bereits beschritten wird, auch wenn die Kinderwunschbehandlung im In- oder Ausland noch nicht abgeschlossen ist. Bei all diesen Prozessen geht es um die Vorbereitung der potenziellen Eltern, um sich mit ihrer zukünftigen Aufgabe zwischen „Macht und Demut“ (Oelsner/Lehmkuhl 2022, S. 73) auseinanderzusetzen.

Bettina Klenke-Lüders: Systemisch spielt dann auch die Betrachtung von Symmetrien bzw. Asymmetrien in der geplanten Familienkonstellation eine Rolle. Wenn beispielsweise auf ein leibliches Kind nach einer reproduktionsmedizinischen Behandlung noch ein Adoptivkind folgen soll, dann wird dies in der Familientherapie als Asymmetrie beschrieben. Was das bedeutet, lässt sich vereinfacht so veranschaulichen: Das Adoptivkind wird aller Voraussicht nach phantasieren, dass es nicht gleichermaßen wie das leibliche Geschwisterkind von seinen Eltern geliebt wird. Ein anderes Beispiel für ein asymmetrisches Familiensystem ist die Familienbildung durch eine donogene Insemination, also mit Hilfe einer Samenvermittlung. Der infertile Mann wird seine Gene nicht an das Kind vererben im Gegensatz zu seiner Frau, die genetisch und biologisch durch die Schwangerschaft mit dem Kind verbunden sein wird. Soziale Eltern werden dann wieder beide für das Kind sein. In der von den Kinderwunschzentren inzwischen regelhaft empfohlenen und zertifizierten psychosozialen Beratung im Vorfeld einer Samenvermittlung können wir die Bedeutungsebenen mit dem Paar eruieren. Eine solche professionell begleitete Auseinandersetzung sensibilisiert Wunscheltern also für eine belastbare Haltung im selbstbewussten Umgang mit einer donogenen Insemination. Dazu gehört auch die Reflexion über die Bedeutung der unbesetzten Position des Dritten im Kontext einer Solo-Mutterschaft und die fehlende Triade von Anfang an. Diese Planbarkeit bei den medizinischen Formen der Familienbildung mit Hilfe Dritter ist ein wesentlicher und kategorialer Unterschied zur Adoption. Der Annahme eines Kindes geht ja gerade ein ungeplantes Geschehen voraus, die Notlage einer ungewollten Schwangerschaft, die bei den leiblichen Eltern schließlich zu der Einsicht führt, das Kind in fürsorgende Hände sozialer Eltern abzugeben. Jene Planbarkeit bei einer Familienbildung mit Hilfe einer Gametenvermittlung ermöglicht und verpflichtet dazu, von Anfang an auch die Perspektive des geplanten Kindes zu berücksichtigen. Auf diese Weise werden das Persönlichkeitsrecht auf Kenntnis der genetischen Abstammung und das internationale UN-Kinderrecht auf Herkunft berücksichtigt. Die Forschung zeigt, dass das Kind durch diese Offenheit seine Entstehungsweise am besten in seine Biografie integrieren kann.

Kerstin Dauses: Wie diese Integration der Herkunfts- bzw. Entstehungsgeschichte des Kindes verlässlich funktionieren kann, wissen wir im Adoptionsbereich schon lange. Man hat in dieser Hinsicht aus der Historie gelernt. Adoptierte Menschen älterer Generation berichten nicht selten davon, zu einem späten Zeitpunkt in ihrem Leben, bisweilen mehr oder weniger per Zufall erfahren zu haben, nicht das eigene Kind ihrer Eltern zu sein. Diese (Adoptiv-) Eltern hatten schlicht den „richtigen“ Zeitpunkt eines klärenden Gesprächs verpasst oder waren sich der immensen Bedeutung dessen nicht bewusst. „Alle wussten es, nur ich nicht…" – der Satz eines erwachsenen Adoptierten im Rahmen eines Beratungstermins – lässt nur erahnen, was dies innerpsychisch bedeutet und welche Konsequenzen hieraus für das Vertrauensverhältnis zu den Adoptiveltern resultieren können.

Heutzutage ist die sog. „Wickeltischaufklärung" dagegen inzwischen im gesamten Adoptionsbereich etabliert – der Begriff mag zunächst verwirrend anmuten, ist es ja in dieser sehr frühen Entwicklungsphase kein „Aufklären" des Kindes und von diesem kognitiv noch nicht zu erfassen. Vielmehr geht es darum, Adoptiveltern daran zu gewöhnen, die Geschichte ihrer Familienbildung zu erzählen. Dies ist dann eine gute Voraussetzung, damit das Kind sukzessive auch die schweren Anteile seiner Lebensgeschichte wahrnehmen und vielleicht schließlich annehmen kann. „Kommunikative Offenheit […] als Schlüsselfaktor" (Bränzel 2019, S. 18) ist durch die Adoptionsforschung bestätigt. Welch hohen Stellenwert das Normativ der frühen Aufklärung und der Enttabuisierung einnimmt, spiegelt sich auch in der aktuellen Gesetzgebung wider. Das Adoptionshilfegesetz von 2021 verstärkt und betont genau diese beiden Punkte. Selbstverständlich ist an dieser Stelle aber auch Vorsicht geboten, insbesondere wenn es um die persönliche Geschichte des Kindes und die Gründe für die Adoptionsfreigabe geht. Adoptiveltern leben ein Stück weit mit der Aufgabe, einen Spagat zu bewältigen zwischen Offenheit und Aufklärung auf der einen sowie dem Schutz der Intimsphäre ihres Adoptivkindes und somit der gesamten Familie auf der anderen Seite.

Bettina Klenke-Lüders: Gelüftete Tabus beispielswiese durch einen Blutgruppenabgleich beim Arzt oder einen indiskreten beschwipsten Onkel haben eine hohe Sprengkraft und können Familien für immer trennen. Die Alltäglichkeit der Wickeltischaufklärung und die beständige Integration auch schwerer Lebensereignisse wirkt dem entgegen und ist ein wirkmächtiges Werkzeug für alle Familienbildungen mit Hilfe Dritter, sei es sozial oder medizinisch assistiert, um eine abschreckende Eröffnungsdynamik zu vermeiden nach dem Motto: „Heute müssen wir dir was sagen…!" Die Vorstellung einer singulären Aufklärung überträgt das Unwohlsein, das beim Gegenüber eher zu einem Aufstellen der Nackenhaare als zu einer neutralen Grundhaltung beiträgt. Die Bedeutung und den Vorteil der frühzeitigen Integration der Herkunfts- bzw. Entstehungsgeschichte können wir den Wunscheltern mit einer einheitlichen Metapher erklären: Der Ball der Aufklärung liegt also von Anfang an bei all diesen Familienformen im Feld der Wunscheltern – völlig unabhängig, ob beispielsweise eine Adoption oder eine Samen- bzw. Eizellvermittlung vorausgegangen ist. Damit ist die frühe Aufklärung des Kindes als eine immanente fünfte Dimension der Elternschaft bei der Familienbildung mit Hilfe Dritter zu deklarieren – und dies von Anfang an.

Eine solche Haltung schafft Erleichterung, da nicht auf den perfekten Moment gewartet werden muss. Wir wissen schließlich alle: irgendetwas ist immer. Frühzeitige Aufklärung bedeutet eine Entlastung für das gesamte Familiensystem. Wenn das Kind dann als Kleinkind in eine Fremdbetreuung kommt und nun mit dem sozialen Umfeld interagiert, haben ihm die Wunscheltern die Geschichte der Familienbildung schon hundertfach erzählt. Aufschlussreich ist wieder das System der Triade: Bei der Wickeltischaufklärung geht es tatsächlich weniger um das Kind als um die Stärkung der Eltern selbst. Sie werden dazu ermächtigt, die Familiengeschichte offen zu vertreten. Und dies steht in Wechselwirkung, denn durch das Lernen am Modell seiner Eltern wird wiederum das Kind von Anfang an in der Entwicklung einer selbstsicheren Einstellung gefördert. Bei der Integration der leiblichen Eltern bzw. der Personen, die ihre Gameten zur Verfügung gestellt haben, spielen phasenweise auch Trauerprozesse eine Rolle. Menschen, die durch Unterstützung mit den Keimzellen Dritter gezeugt wurden, berichten von ihrem Interesse an der Person. Diese sollte aus ihrer Sicht nicht auf einen einmaligen Vorgang der Gametenvermittlung reduziert werden. Sie fühlen sich ohnmächtig und kritisieren den „Vorsatz dieses Konstruktes“ (Meier-Credner 2019, S. 98), welches per se ein Desinteresse des Samenspenders an dem gezeugten Kind voraussetzt.

4. Der Transfer des Adoptionswissens für die Familiensysteme durch Gametenvermittlung

Wenn Dritte an der Familienbildung beteiligt sind, können wir es in der familiensystemischen Theorie der Betrachtung also bildlich mit einem Dreieck und auf der Beziehungsebene mit einer Triade übersetzen. Dem bereits vorgestellten Adoptionsdreieck kann als Äquivalent also ebenso ein Dreieck dienen, um jenseits des Einzelfalls die systemischen Gemeinsamkeiten hervorzuheben und auf diese Weise Komplexität zu reduzieren. Der perforierte Kreis um die medizinisch unterstützte Familienbildung mit Hilfe Dritter soll ebenso wie bei der sozialen Form einer Adoption also auch bei diesen Familiensystemen die Wechselwirkung mit dem gesellschaftlichen Kontext symbolisieren. In all diese Zusammenhänge ist die Aufklärung des Kindes eingebettet oder liegt eben auch dessen Tabuisierung.

Abbildung 3: Das Gametenvermittlungsdreieck

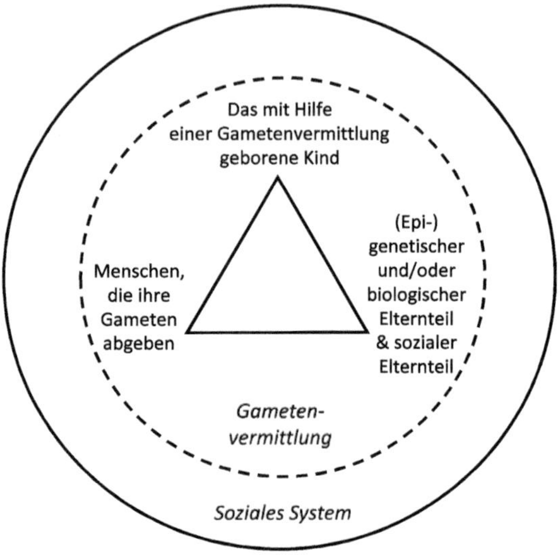

Systemisch gesehen gehört also ebenso wie bei der Adoption in den Familien, die sich mit Hilfe einer Samen-, Eizell- oder Embryonenvermittlung sowie durch Leihmutterschaft[4] realisiert haben, „das Dritte" dazu. Eine Sensibilisierung für die Bedeutung der Integration aller an der Entstehung dieser Familiensysteme beteiligten Personen ist gewissermaßen der bewährte Lerneffekt aus dem Adoptionswesen, der aus Erfahrungswissen und den validen Forschungsergebnissen aktiv auf den Bereich der Gametenvermittlung transferiert werden sollte. Dieser Transfer hat bereits begonnen und wird in der Theoriebildung und im Rahmen der alltäglichen Beratungspraxis in der psychosozialen Begleitung von ungewollt kinderlosen Menschen zukünftig eine der zentralen Kernaufgaben sein.

Eine solche Beratung im Vorfeld ist also nicht Pflicht, wird aber inzwischen von den meisten Kinderwunschzentren für Wunscheltern in allen Konstellationen vor einer Behandlung mit Spendersamen zur Auflage gemacht. Durch die nun geltende solide Gesetzeslage und die rechtliche Absicherung aller an dem entstehenden Familiensystem beteiligten Personen durch das Samenspenderregistergesetz zeigt sich die Reproduktionsmedizin inzwischen offen gegenüber Solo-Müttern in spe, zweifelsohne ist es eben auch ein lukrativer Markt. Eine Samenvermittlung für alleinstehende Frauen ist nun also mit der nötigen rechtlichen und monetären Sicherheit für die Kinderwunschzentren verbunden,

4 Im Bereich der Leihmutterschaft findet auch eine Gametenvermittlung statt. Allerdings vertreten wir die Auffassung, dass eine solche Familienbildung systemisch durch ein Quadrat darzustellen ist. Dies ermöglicht die Würdigung der austragenden Frau neben den an der Familienbildung beteiligten weiteren drei Seiten: die Menschen, die ihre Gameten zur Verfügung stellen, die Wunscheltern und das Kind.

die nicht weiter befürchten müssen, vielleicht doch noch eines fernen Tages auf Unterhaltszahlungen für das gezeugte Kind verpflichtet zu werden. Moralische Bedenken waren es in der Vergangenheit in der Regel demnach nicht, Frauen eine Solo-Mutterschaft zu verwehren. Es gibt keinen statistischen Überblick über Solo-Mutterschaften, erforscht ist, dass ihre Anzahl seit einigen Jahren steigt (vgl. Mayer-Lewis 2020, S. 214). Nicht bekannt und auch nicht zu erfassen sind natürlich die Familienbildungen außerhalb des medizinischen Systems, wenn eine sog. „Privatspende" zum Wunschkind führt. Die Solo-Mutterschaft gewinnt also zunehmend an Bedeutung – ebenso wird die nicht verpflichtende, aber von den Kinderwunschzentren empfohlene zertifizierte psychosoziale Kinderwunschberatung im Vorfeld der donogenen Insemination vor allem seit der Einführung des Samenspenderregistergesetzes in 2018 sehr regelmäßig und zunehmend von alleinstehenden Frauen nachgefragt und schließlich bescheinigt.

Auch aus entwicklungspsychologischer Sicht gibt es keine Bedenken; es ist bereits seit John Bowlby und Mary Ainsworth im Rahmen der Bindungstheorie bekannt: Kinder binden sich nur an eine Hauptbindungsperson, selbst wenn wir zwei Personen etwa in Form von Mutter und Vater anbieten, wird eine von den beiden die nachgeordnete Bindungsperson für das Kind. Prompt, angemessen und verlässlich auf den Säugling zu reagieren – immer und immer wieder vor allem im ersten Jahr feinfühlig für das Baby da zu sein – dies sind die gut erforschten Kriterien zur Förderung einer sicheren Bindung. Wer diese Aufgabe am häufigsten übernimmt, wird die Hauptbindungsperson für das Kind – genetisch verwandt oder nicht, Mutter oder Vater und ungeachtet deren sexueller Präferenz. Einer geplanten Solo-Mutterschaft steht also aufgrund dieser wissenschaftlichen Erkenntnisse genauso wenig im Weg wie einer Elternschaft in einer gleichgeschlechtlichen Beziehung. Die ausdrückliche Wunschkonstellation und das fürsorgliche Erziehungsverhalten in Regenbogenfamilien sind auf jeden Fall nicht von Nachteil für die Entwicklung des Kindes. Weder die sexuelle Orientierung, die Geschlechtsidentität der Eltern noch die genetische oder leibliche Verbundenheit sind entscheidend, es ist die Beziehungsqualität in der Familie (vgl. Golombok et al. 2023, S. 12). Und dies ist sicherlich eine der wesentlichen Erkenntnisse, warum auch homosexuelle Menschen und alleinstehende Personen ein Kind adoptieren können. Im Rahmen der Eignungsprüfung für eine Adoption ist ein wesentlicher Aspekt, wie dic Triade kompensiert werden kann, im Blickpunkt der Betrachtung stehen das jeweils gegengeschlechtliche Rollenvorbild und die soziale Eingebundenheit.

Politische Entscheidungen zur Familienplanung berühren den intimen Kern einer Gesellschaft und öffnen die Grenzen der Privatsphäre in den öffentlichen Raum – und dies gilt gewissermaßen potenziert für die Familiensysteme, die erst durch die Unterstützung Dritter entstanden sind. Ähnlich wie in der Begleitung von Adoptivfamilien ist es also sinnvoll, die Wunscheltern ebenso im Rahmen der Familienplanung durch eine Gametenvermittlung konkret auf diesen

Zusatzauftrag vorzubereiten, ein Stück weit „öffentliche Familie“ (Klenke-Lüders 2022, S. 94) zu sein. Dies bedeutet, sie im Rahmen der Kinderwunschberatung von Anfang an auch angesichts ihrer Zweifel zu begleiten und die phasenweise defizitorientierte Betrachtungsweise zu wandeln, um sie somit auf ihre Aufgaben als „Familien mit dem gewissen Extra“ (ebd.) vorzubereiten. Die advokatorische Interessenvertretung in der Beratungssituation für alle drei Seiten mit ihren jeweiligen Bedürfnissen, Sorgen und Rechten sollte also bereits in der Planungsphase der Familiensysteme, die mit Hilfe einer Gametenvermittlung entstehen, für eine allparteiliche Ausgewogenheit von Anfang an sensibilisieren. Ein solcher Transfer der bewährten offenen und systemischen Haltung aus der Adoptionsvermittlung unterstützt schließlich die langfristige Stabilität aller beteiligten Personen, auch bei den medizinisch unterstützten Formen. Insofern bedeutet das Samenspenderregistergesetz bereits aus Sicht des geplanten Kindes und schließlich für die durch eine donogene Insemination geborenen Menschen einen ersten Meilenstein auf dem Weg der Transparenz und umgesetzten Persönlichkeitsrechte, die Kenntnis der genetischen Abstammung sowie das UN-Kinderrecht hinsichtlich der Herkunft überhaupt realisieren zu können. Anonyme Formen und damit das Kappen jeglicher Verbindung zu der Person, von der der Samen stammt, sind nach der neuen Gesetzeslage in der Bundesrepublik nicht mehr möglich. Dies stärkt die Wahrnehmung der Perspektive des bereits geplanten und schließlich auch geborenen Kindes. Und wie im Adoptionswesen folgt aus einer solchen kindzentrierten Betrachtungsweise die Aufklärung des Kindes von Anfang an, eine Grundhaltung, die bei den geplanten medizinischen Formen der Familienbildung durch Gametenvermittlung allerdings noch nicht ausreichend entwickelt ist. Diese Öffnung geschieht prozesshaft und nimmt durch die inzwischen solide Gesetzeslage durch das Samenspenderregistergesetz seinen Anfang. Die politisch aktiven „Spenderkinder“, einer in Vereinsform organisierten Gruppe inzwischen erwachsener und durch eine Samenvermittlung gezeugter Menschen, fordern einen weiteren wesentlichen Schritt im Rahmen der Kenntnis des Kindes über seine genetische Abstammung: den Eintrag der Samenvermittlung in die Geburtsurkunde – dies also völlig unabhängig von dem Elternwillen zur Aufklärung. Eine solche Gewissheit von Anfang an – diese Autonomie gegenüber einer Willkür der Wunscheltern – haben natürlich auch adoptierte Menschen mit der Möglichkeit, einen Einblick in das standesamtliche Geburtenregister zu nehmen. Diese Option steht ohnehin einer Jeden und einem Jeden offen. Adoptierte sehen dann zumindest den Vermerk der Adoption. Menschen, die durch eine Gametenvermittlung gezeugt wurden, bleiben im Gegensatz dazu an dieser Stelle im Dunkeln.

Auch die praktizierten und hier zu Lande nachgefragten Formen der anonymen Eizellvermittlung im benachbarten europäischen Ausland oder die in Deutschland anfänglich noch anonym vorgenommene Embryonenvermittlung zeigen allerdings einmal mehr die eher undurchlässige Lernkurve bei der

Familienbildung mit Hilfe Dritter. Fakt und in § 1591 BGB unmissverständlich geregelt, ist die eindimensionale Zuordnung der Mutterschaft qua Geburtsvorgang: Mutter ist, wer das Kind geboren hat. Bei der Familienbildung mit Samen-, Eizell-, und Embryonenvermittlung ist juristisch also die Mutterschaft eindeutig geklärt. Im Rahmen einer möglichen Legalisierung der Leihmutterschaft in Deutschland dagegen gilt es den Sonderstatus dieser Form der Familienbildung wahrzunehmen und die Diskussion nicht durch vordergründige Vergleichbarkeit zu verkürzen. Der kategoriale Unterschied liegt in der geplanten Trennung des Säuglings von der austragenden Frau und damit der Inkaufnahme eines traumatischen Geschehens für Leihmutter und Kind (vgl. Bonus 2006, S. 40). Die Bedürfnisse der durch Gametenvermittlung geplanten Wunschkinder respektive der inzwischen erwachsenen Menschen sowie die Motive und mitunter auch Nöte der Personen, die ihre Gameten und auch ihre Körper wie bei der Leihmutterschaft warenförmig zur Verfügung stellen, werden also bisher noch nicht umfassend berücksichtigt. In der Adoption ist diese Ansicht längst überwunden: Juristisch sind die Elternrechte der Herkunftsfamilie zwar erloschen, auch das Recht auf Akteneinsicht ist dem adoptierten Menschen selbst vorbehalten. In der Praxis wird aber durch die fachliche Begleitung ermöglicht, dass die Belange aller involvierten Personen weiter berücksichtigt und phasenübergreifend austariert werden. Ebenso bleibt der Adoptionsdienst langfristig Anlaufstelle für die Adoptierten, für die Adoptiveltern und das Herkunftssystem – auch nach Jahrzehnten. Eine solche juristische, gleichzeitig biografische und systemische Betrachtungsweise ist somit generell der zu empfehlende Maßstab für die Begleitung der Familien, die sich mit Hilfe Dritter gebildet haben. Die Beibehaltung von § 1591 BGB ist ebenso im Kontext der Leihmutterschaft zu empfehlen. Diese Gesetzeslage garantiert die juristische, lebensgeschichtliche als auch die systemische Anerkennung der Frau als leibliche Mutter, die das Kind geboren hat.

5. Der Gewinn einer systemischen Betrachtungsweise bei der medizinisch assistierten Familienbildung mit Hilfe Dritter

In all diesen Betrachtungen bekommen wir einen Eindruck von der Tiefendimension der Thematik und auch von der historisch immer wieder zu beobachtenden, fast reflexhaften Abwehr einer systemischen Betrachtungsweise und allparteilichen Haltung bei der Familienbildung mit Hilfe Dritter. Daher sollten die medizinischen Fachkräfte noch intensiver die Patientinnen und Paare für die systemische Bezogenheit und die Notwendigkeit der Aufklärung des Kindes sensibilisieren, dies in Vernetzung mit der psychosozialen Kinderwunschberatung. Konkret: Wenn Menschen bereits in der Planungsphase auf diese Faktoren hingewiesen werden, dann kann prozesshaft auch in der Lebenswelt, d.h. im Alltag dieser Familien nach Gametenvermittlung, die Überzeugung reifen, Tabus erst gar nicht entstehen zu lassen.

Für adoptierte Menschen ist das Wissen über die Wurzeln ein Teil ihrer Identität und dies gilt eben auch, wenn keine Informationen vorliegen, wenn wir dem Kind nichts über seine Herkunft sagen können, beispielsweise im Rahmen einer anonymen Geburt. Dann ist gerade die Auseinandersetzung mit dieser Leerstelle am Anfang des Lebens bedeutsam. Der Zusammenhang ist gut erforscht und ist in der Beratungspraxis durch die Begrifflichkeit der sog. „adoptive identity" (Korff/Grotevant 2011, S. 585f.), der „Adoptividentität", so eindrücklich besprechbar. Für adoptierte Menschen ist die Adoption also ein identitätsbildendes Momentum in ihrer Biografie, das mit vielen Fragen verknüpft ist. Wer sind sie als adoptierte Person? Was bedeutet das Adoptiertsein für sie persönlich? Und wie passt die Adoption zu ihrem Verständnis von sich selbst, ihren Beziehungen, ihrer Familie und ihrer Kultur? Solche schwierigen Lebensthemen für Kinder in einfache Worte zu fassen, sodass sie prozesshaft integriert werden können, ist heutzutage bereits ein selbstverständlicher Teil der Vorbereitung für Menschen, die sich um die Adoption eines Kindes bemühen. Biografiearbeit bedeutet also nicht jede Lücke schließen zu können; im Gegenteil werden die sozialen Eltern von Beginn an und ebenso in der späteren nachgehenden Beratung dafür sensibilisiert, wie sie gemeinsam mit dem Kind auch das Nichtwissen thematisieren und zeitweise betrauern werden. Dem Kind bzw. dem heranwachsenden Jugendlichen die „gefühlsmäßige Legitimation" (Wiemann/Lattschar 2019, S. 16) zu geben, die Herkunftsgeschichte und seine leiblichen Eltern „als Teil von sich selbst zu fühlen" (ebd.), setzt die Erkenntnis der Wunscheltern voraus, dass ihnen durch eine solche Würdigung nichts genommen werden kann.

Eine Familienbildung „nicht aus dem Bauch heraus" meint im Rahmen der Adoption in der doppelsinnigen Wortbedeutung eine Familienplanung in Reflexion der Verantwortung für die drei Seiten des Adoptionsdreiecks. Gesucht wird eine gute Lösung für alle Beteiligten: für das Kind, das eine neue Familie benötigt, für die leiblichen Eltern, die aus einer Notlage ihr Kind in die Obhut des Staates geben und schließlich für die annehmenden sozialen Eltern, die auf einen selbstbewussten offenen Umgang mit ihrer Familienbildung vorbereitet werden. Dieser in der Adoption bereits vollzogene Wandel in der Betrachtungsweise gilt es nun auch im Rahmen der Begleitung von Familiensystemen durch eine Gametenvermittlung weiter zu etablieren und zu stärken. Ein solcher Prozess ist eng verknüpft mit einer präzisen und sensiblen Wortwahl. So ist es selbstverständlich in diesem Zusammenhang später auch im sozialen Umfeld – beispielsweise von der Erzieherin im Kindergarten – unangemessen von der Eizellspenderin als der „eigentlichen Mutter" oder dem Samenspender als dem „richtigen Vater" zu sprechen. Für das aufzuklärende Kind wiederum greift jedoch der Begriff der „Spenderperson" oder des „Erzeugers" zu kurz, reduzieren diese Begrifflichkeiten den Mann scheinbar auf seine Keimzellen. Das Gametenvermittlungsdreieck hingegen visualisiert die Beteiligung derer, die ihre Gameten für die Familienbildung der Wunscheltern zur Verfügung stellen. Gleichzeitig wird explizit dieser Mensch als Person benannt und auf diese Weise einbezogen.

6. Fazit – Das Gemachte mit dem Gewordenen ins Werden bringen

Ungewollte Kinderlosigkeit ist ein sehr schambesetztes Thema und wird weiterhin tabuisiert. Ein besonders besorgniserregendes Ergebnis der beiden großen Kinderlosenstudien im Zeitverlauf von 2014 bis 2020 zeigt eindrücklich: Die Angst vor kritischen Reaktionen und Diskriminierung aus dem sozialen Umfeld hat in den zurückliegenden Jahren sogar sehr deutlich unter den Betroffenen zugenommen (vgl. Wippermann 2014, S. 169; ders. 2020, S. 75). Die psychosoziale Kinderwunschberatung ist ein Angebot, den Menschen in dieser Krise zur Seite zu stehen. Bei der Entnahme und Übertragung menschlicher Keimzellen im Rahmen der assistierten Reproduktion hat sich die Bundesärztekammer 2018 für die Empfehlung einer psychosozialen Beratung ausgesprochen und in diesem Zusammenhang ebenso für die Erwägung alternativer Perspektiven wie Adoption, Vollzeitpflege und den Verzicht auf eine Kinderwunschtherapie plädiert (vgl. Bundesärztekammer 2022, S. A7). Eine frühzeitige Beratung nutzt den kategorialen Unterschied der Planbarkeit bei einer Gametenvermittlung, um mit den Wunscheltern von Anfang an die Bedeutung der frühen Aufklärung des Kindes zu explorieren und durch Psychoedukation den Blick für die positiven Auswirkungen auf das gesamte Familiensystem zu schärfen. In Anlehnung an die sich entwickelnde „Adoptividentität" bei adoptierten Menschen und ihren Familien lässt sich durch weitere Forschung vielleicht in ähnlicher Weise bei der medizinischen Familienbildung mit Hilfe Dritter eine solche zusätzliche Dimension der Identität eruieren. Zumindest ist die Hypothese einer „Familienidentität nach Gametenvermittlung" eine interessante Fragestellung, die sicherlich in Wechselwirkung steht mit einer Überwindung der Angst vor Stigmatisierung. Fakt ist: Diese Familien sind noch kaum in der Gesellschaft repräsentiert, weitere Studien sind notwendig, um schließlich auch entsprechende staatlich geförderte Beratungs- und Begleitungsangebote zu etablieren.

Die frühe Aufklärung des Kindes im Rahmen der medizinischen Familienbildung mit Hilfe Dritter wird ebenso wie bei der Adoption empfohlen, bedeutet aber den Schritt in die Sphäre ebenfalls eine „öffentliche Familie" zu sein. Vieles können wir aus dem Bereich des Adoptionswesens lernen – allem voran, wie die frühe Aufklärung und die Integration auch belastender Lebensthemen durch Biografiearbeit gut gelingen können. Kinder, die durch eine Samen-, Eizell- oder Embryonenvermittlung gezeugt wurden, profitieren also gleichermaßen von einer offenen und wertschätzenden Haltung der Wunscheltern gegenüber den Menschen, die ihre Gameten zur Verfügung gestellt haben. Hilfreich sind die Aufklärungsbücher für die verschiedenen Konstellationen, in denen bereits jungen Kindern beispielsweise von einer lieben Frau oder einem netten Mann erzählt wird, durch deren Geschenk die Familiengründung überhaupt erst möglich wurde (vgl. Thorn/Ritter 2015, S. 25). Im Idealfall haben sich die Eltern durch die Wickeltischaufklärung bereits zuvor daran gewöhnt, über ihre Motive für die medizinisch assistierte Familienbildung mit Hilfe Dritter zu sprechen. Auch wenn diese Geschichten in Teilen ein Narrativ darstellen und auf diese Weise gezeugte Menschen vielleicht zu einem späteren Zeitpunkt in ihrem Leben kritisch hinterfragen werden, welche Rolle auch finanzielle Interessen gespielt haben. Im Vorfeld können in der Kinderwunschberatung die Motive besprochen werden, die Menschen zu dem Schritt veranlassen ihre Gameten abzugeben. Eine offene, reflektierte und diskussionsbereite Haltung der Eltern, die sich auch mit den Kehrseiten der Gametenvermittlung auseinandersetzen, hat eine Vorbildfunktion für das Kind. Sie dient gewissermaßen als innere Erlaubnis sich auch kritisch mit dieser Form der Familienbildung zu befassen.

Obwohl also die Herkunftsfrage für Menschen von „existentieller Qualität“ (Oelsner/Lehmkuhl 2022, S. 41) ist, steht sie allerdings in der konstruierten Machbarkeit der Reproduktionsmedizin nicht im Fokus des Interesses. Und hier liegt der wesentliche und entscheidende Unterschied zur Adoption: Eine Samen-, Eizell- oder Embryonenvermittlung ist eine geplante private Entscheidung der Wunscheltern bzw. eines Wunschelternteils. Wer sollte auch die Interessen des geplanten Kindes advokatorisch vertreten? Die Einrichtung einer Gametenvermittlungsstelle analog zu einer Adoptionsvermittlungsstelle ist zwar ein naheliegender Gedanke, greift aber in der systemischen Betrachtung zu kurz. Die Familienbildung durch Gametenvermittlung findet im reproduktionsmedizinischen privatwirtschaftlichen System im In- und Ausland statt, sie unterliegt keiner staatlichen Aufsicht im Rahmen des Kindeswohls. Für die Beratungssituation übersetzt, bedeutet dies heutzutage, dass wir den planenden Wunscheltern die bewährten Fakten über die Bedeutung der frühen Aufklärung an die Hand geben können, dies bisher in einer von der Ärzteschaft empfohlenen aber nicht verpflichtenden psychosozialen Beratung im Vorfeld einer Gametenvermittlung. Freiwilligkeit ist ein hohes Gut und allgemein eine der wesentlichen Bedingungen für gelingende psychosoziale Beratung; im Kontext eines unerfüllten Kinderwunsches bedeutet eine Beratungspflicht im Kern eine Pathologisierung der Ratsuchenden (vgl. Großmaß 2020, S. 265). Dies kann sicherlich nicht die Absicht sein, würde durch eine Pflichtberatung in diesem Kontext historisch gesehen auf ein Frauenbild Bezug genommen, dass psychische Probleme für eine psychogene Sterilität verantwortlich zeichnet (vgl. Wischmann 2012, S. 152 ff.).

Im Widerspruch dazu ist heute belegt: Kinderwunschpaare sind psychisch gesund, Auffälligkeiten werden bei ihnen jedenfalls mit Sicherheit nicht häufiger diagnostiziert als in der Allgemeinbevölkerung (vgl. ebd., S. 148).

Um im Bild des Gametenvermittlungsdreiecks zu bleiben, sind wir also bei der Betrachtung eines möglichen zu implementierenden Beratungsangebots für alle Systemmitglieder stärker bei den Wunscheltern als bei der Interessenvertretung des Kindes, das noch nicht geboren ist. In dem Wissen um die Bedeutung der Person hinter der Gametenvermittlung – viele der heranwachsenden auf diese Weise gezeugten Menschen wollen die Frau oder den Mann sowie die Halbgeschwister später im Lebensverlauf kennenlernen – ermöglicht ein systemischer und allparteilicher Zugang aber die Sensibilisierung für die Bezogenheit aller drei Seiten von Anfang an. Die assistierte Reproduktion mit Hilfe der Keimzellen Dritter ist also nicht wie bisher im medizinischen System häufig suggeriert ein singulärer Akt. Aus psychosozialer Sicht erfordert es von allen beteiligten Personen – von den Wunscheltern, von ärztlicher Seite und von den Menschen, die ihre Gameten abgeben – das Bewusstsein der biografischen Dimension des Themas für das geplante und schließlich geborene Kind sowie das gesamte entstehende Familiensystem. Die Integration des beteiligten „Dritten", das je nach Konstellation auch mehr als eine Person umfassen kann, sollte dabei nicht auf das Kind bzw. den jungen Erwachsenen abgewälzt werden. Es ist bereits die Aufgabe der Ärzteschaft und schließlich gewissermaßen eine Leistung der gesamten Familie, jene Ebene als Systemmitglied und Voraussetzung für ein stabiles Fundament der Familienbildung anzuerkennen. Mit dieser Herausforderung sollten die Menschen allerdings nicht alleine gelassen werden.

Es ist eine politische und gesellschaftliche Aufgabe zur Enttabuisierung des gesamten Themenbereichs beizutragen und das psychosoziale Beratungsangebot für alle an der Gametenvermittlung beteiligten Personen allparteilich in den Blick zu nehmen. Zukunftsaufgaben sind hier:

- Implementierung einer übergeordneten Fachstelle, ein Expertise- und Forschungszentrum für die medizinische Familienbildung mit Hilfe Dritter analog zu EFZA – Expertise- und Forschungszentrum Adoption;
- weiterer Wissenstransfer aus dem Adoptionsbereich für die medizinische Familienbildung mit Hilfe Dritter;
- Fortbildung der Beratungsfachkräfte der Kinderwunschberatung in den Methoden der Biografiearbeit sowie der Mitarbeitenden in den Adoptionsdiensten über die Zusammenhänge der Familienbildung durch Gametenvermittlung.

Marginalisierung wird häufig durch fehlendes Wissen bedingt und ermöglicht im Umkehrschluss die Ausblendung bereits bekannter Sachverhalte.

Für den Diskurs ergibt sich historisch ein Scheideweg: Wir sollten also den Erfahrungsschatz aus der Adoptionsarbeit als Grundlage für einen Transfer im Bereich der medizinischen Familienbildung durch eine Gametenvermittlung stärker als bisher nutzen. Die frühe Aufklärung des Kindes als sichere Basis für diese Familiensysteme zu fördern, bedeutet auf fachlicher Ebene den interdisziplinären Austausch in Theorie und Praxis zwischen Reproduktionsmedizin, Fachkräften aus der Kinderwunschberatung und dem Adoptionswesen zu fördern. Systemisch gesehen ist dies die Chance, das Gemachte mit dem Gewordenen ins Werden zu bringen.

Literatur

BKiD (2021): Leitlinien für die psychosoziale Beratung im Rahmen der Gametenspende. www.bkid.de/fuer-fachkraefte/leit-und-richtlinien/ (Abfrage: 07.03.2025).

BKiD (2022): Positionspapier zu Eizellgabe in Deutschland.www.bkid.de/fuer-fachkraefte/leit-und-richtlinien/ (Abfrage 07.03.2025).

Blyth, Eric/Crawshaw, Marylin/Frith, Lucy/Jones, Caroline (2012): Donor-conceived peoples's views and experiences of their genetic origins: a critical analysis of the research evidence. In: Beier, Katharina/Brügge, Claudia/Thorn, Petra/Wiesemann, Claudia (Hrsg.): Assistierte Reproduktion mit Hilfe Dritter. Medizin – Ethik – Psychologie – Recht. Berlin und Heidelberg: Springer, S. 361–388.

Bonus, Bettina (2006): Mit den Augen eines Kindes sehen lernen. Zur Entstehung einer Frühtraumatisierung bei Pflege- und Adoptivkindern und den möglichen Folgen. Band 1. Norderstedt: Books on Demand.

Bovenschen, Ina (2023): Die Bedeutung der Kinderwunschbiografie von Eltern in der Adoptions- und Pflegeelternschaftsberatung. www.kompki.de/wissenswertes/fachartikel-und-expertisen-1/kinderwunschbiografie-bei-adoption-und-pflegeelternschaft/ (Abfrage: 07.03.2025).

Bränzel, Paul (2019): Offenheit von Adoptionen. Darstellung internationaler Forschungsbefunde und Implikationen für die deutsche Adoptionsvermittlungspraxis. München: Deutsches Jugendinstitut.

Brecht, Bertolt (2023): Der kaukasische Kreidekreis. Ditzingen: Reclam.

Bundesärztekammer (2022): Richtlinie zur Entnahme und Übertragung von menschlichen Keimzellen oder Keimzellgewebe im Rahmen der assistierten Reproduktion, umschriebene Fortschreibung 2022. Deutsches Ärzteblatt. www.wbbaek.de/richtlinien-leitlinien/reproduktionsmedizin-praenataldiagnostik-praeimplantationsdiagnostik (Abfrage:07.03.2025).

Golombok, Susan/Jones, Catherine/Hall, Poppy/Foley, Sarah/Imrie, Susan/Jadva, Vasanti (2023): A Longitudinal Study of Families Formed Through Third-Party Assisted Reproduction: Mother–Child Relationships and Child Adjustment From Infancy to Adulthood. psycnet.apa.org/fulltext/2023-63676-001.html (Abfrage: 07.03.2025).

Großmaß, Ruth (2020): Wenn ungewollte Kinderlosigkeit zum Problem wird – Standards psychosozialer Beratung. In: Beier, Katharina/Brügge, Claudia/Thorn, Petra/Wiesemann, Claudia (Hrsg.): Assistierte Reproduktion mit Hilfe Dritter. Medizin – Ethik – Psychologie – Recht. Berlin und Heidelberg: Springer, S. 259–269.

Habermas, Jürgen (2001): Die Zukunft der menschlichen Natur. Auf dem Weg zu einer liberalen Eugenik? 1. Auflage. Frankfurt am Main: Suhrkamp.

Klenke-Lüders, Bettina (2022): Kinderwunsch und Wirklichkeit – Systemisch begleiten. 1. Auflage. Göttingen: Vandenhoeck & Ruprecht.

Korff, Lynn V./Grotevant, Harold D. (2011): Adoptive Identity. In: Schwartz, Seth J./Luyckx, Koen/Vignoles, Vivian L. (Hrsg.): Handbook of Identity Theory and Research. New York: Springer, S. 585–601.

Kühn, Peter (2010): Das große Fragezeichen verwandeln. Wenn Adoptierte nach ihren Wurzeln suchen. In: Carini, Marco: Muttersuche. Adoptivkinder und Mütter erzählen. 1. Auflage. Berlin: Rotbuch-Verlag. S. 21–38.

Lattschar, Birgit/Wiemann, Irmela (2008): Mädchen und Jungen entdecken ihre Geschichte. Grundlagen und Praxis der Biografiearbeit. 2., korrigierte Auflage. Weinheim und München: Juventa Verlag.

Leopoldina Nationale Akademie der Wissenschaften (2019): Fortpflanzungsmedizin in Deutschland – für eine zeitgemäße Gesetzgebung. www.leopoldina.org/publikationen/detailansicht/publication/fortpflanzungsmedizin-in-deutschland-fuer-eine-zeitgemaesse-gesetzgebung-2019/ (Abfrage: 07.03.2025).

Mayer-Lewis, Birgit (2020): Familiengründung von Frauen außerhalb einer Partnerschaft. Was Solo-Mütter in Deutschland bewegt – eine qualitativ-empirische Untersuchung. In: Beier, Katharina/Brügge, Claudia/Thorn, Petra/Wiesemann, Claudia (Hrsg.): Assistierte Reproduktion mit Hilfe Dritter. Medizin – Ethik – Psychologie – Recht. Berlin und Heidelberg: Springer, S. 213–227.

Meier-Credner, Anne (2019): Familiengründung durch Samenspende oder Familiengründung zu dritt? In: Marx, Rita/Scheerer, Ann Kathrin (Hrsg.): Auf neuen Wegen zum Kind. Chancen und Probleme der Reproduktionsmedizin aus ethischer, soziologischer und psychoanalytischer Sicht. Gießen: Psychosozial-Verlag, S. 85–113.

Oelsner, Wolfgang/Lehmkuhl, Gerd (2022): Familienplanung 2.0. Identität in Zeiten sich auflösender biologischer Verwandtschaftsbeziehungen. 1. Auflage. Göttingen: Vandenhoeck & Ruprecht.

Paulitz, Harald (Hrsg.) (2000): Adoption. Positionen, Impulse, Perspektiven. 1. Auflage München: Verlag C. H. Beck. Statistisches Bundesamt (Destatis 2022): www.destatis.de/DE/Presse/Pressemitteilungen/2023/07/PD23_282_22.html (Abfrage: 07.03.2025)

Thorn, Petra/Ritter, Margaret (2015): Unsere Familie. Ein Buch für Solo-Mütter mit Wunschkindern nach Samenspende. 1. Auflage. Mörfelden: FamART Verlag.

Thorn, Petra/Wischmann, Tewes (2022): Wie kann die psychosoziale Kinderwunschberatung in Deutschland verbessert werden? In: Gynäkologische Endokrinologie 20, S. 276–279.

Wiemann, Irmela/Lattschar, Birgit (2019): Schwierige Lebensthemen für Kinder in leicht verständliche Worte fassen. Schreibwerkstatt Biografiearbeit. 1. Auflage. Weinheim und Basel: Beltz Juventa.

Wippermann, Carsten (2014): Kinderlose Frauen und Männer. Ungewollte oder gewollte Kinderlosigkeit im Lebenslauf und Nutzung von Unterstützungsangeboten. Berlin: Publikationsversand der Bundesregierung

Wippermann, Carsten (2020): Ungewollte Kinderlosigkeit 2020. Leiden – Hemmungen – Lösungen. Berlin: Publikationsversand der Bundesregierung.

Wischmann, Tewes (2012): Einführung Reproduktionsmedizin. Medizinische Grundlagen – Psychosomatik – Psychosoziale Aspekte. 1. Auflage. München: Ernst Reinhardt.

Leihmutterschaft! Leihmutterschaft?

Psychoanalytische Überlegungen und ethische Bedenken

Bernd Ahrbeck & Johanna Naumann[1]

1. Einleitung

Das über lange Zeit wenig beachtete Thema der Leihmutterschaft ist durch das Buch von Birgit Kelle „Ich kaufe mir ein Kind“, erschienen im Frühjahr 2024, stärker in das öffentliche Bewusstsein getreten. Ihre Schrift fand ein erhebliches Medienecho. Die Autorin sieht in der Leihmutterschaft ein „unwürdiges Geschäft“ (Untertitel): Sie beklagt, dass Frauen und Kinder zu einer Ware degradiert würden. Leihmütter, die fast immer in prekären Verhältnissen leben, seien den Marktmechanismen brutal ausgesetzt. Den vereinbarten Lohn erhalten sie nur, wenn sie ein gesundes Kind zur Welt bringen, alle Risiken müssen sie selbst tragen. Die Kinder wiederum, die keine Bindung zur leiblichen Mutter aufbauen sollen, werden unmittelbar nach der Geburt wildfremden Menschen übergeben. Die Leihmutterschaft stelle einen Zivilisationsbruch dar, der salonfähig gemacht werden soll – paradoxerweise im Namen von Toleranz und Humanität. Soweit Birgit Kelle.

Kürzlich erregte Aufmerksamkeit, dass sich prominente Frauen vor allem in den Vereinigten Staaten medienwirksam als „neue Mütter“ feiern lassen und „ihre“ Kinder – nicht ohne Triumphgefühl – öffentlich zur Schau stellen, obgleich sie von einer Leihmutter geboren wurden. Paris Hilton, Amber Heard, Chrissy Teigen und Rebel Wilson sind Beispiele dafür. Ihre Motivationslagen unterscheiden sich zwar, sind aber in der Regel nicht dadurch geprägt, dass sie selbst keine Kinder bekommen könnten. „Paris Hilton gab als Grund für ihre Leihmutterschaft Angststörungen an, die sie nicht an ihr Kind weitergeben wollte, wäre es in ihrem Bauch herangewachsen“ (Pines 2024, S. 32). Offensichtlich wird hier eine neue Form der Reproduktion zelebriert, die von der Last der Mutterschaft befreien soll, ohne dass dafür ein Preis zu entrichten ist. Abgesehen von der materiellen Investition, die in diesen Fällen keine Rolle spielt. Die Leihmütter werden, sofern überhaupt erwähnt, als selbstlose Wesen dargestellt, die anderen Frauen zum

1 Der Text orientiert sich in Teilen an Ahrbeck (2024).

Glück verholfen haben. Weniger im Vordergrund steht, aber durchaus bekannt ist, dass sich auch männliche Prominente wie Elton John, Ricky Martin, Tom Ford oder Robert De Niro einer Leihmutterschaft bedient haben, neben vielen anderen weniger Bekannten.

Auch hierzulande kündigen sich wichtige Veränderungen an. Die „Ampelregierung bereitet den Boden für Leihmutter in Deutschland" vor, so lautet eine Bestandsaufnahme aus dem Februar 2024 (Achterberg 2024). Zurzeit ist jede Form der Leihmutterschaft verboten aufgrund des Embryonenschutzgesetzes, das verhindern soll, dass es zu einer „gespaltenen Mutterschaft" kommt, bei der die genetische und die austragende Mutter nicht identisch sind. Dementsprechend sind auch keine Eizellspenden erlaubt, wiederum, um das Kindeswohl zu schützen. Die Vermittlung einer Leihmutterschaft steht in Deutschland unter Strafe. Nunmehr hat die von der Bundesregierung beauftragte Sachverständigenkommission „Reproduktive Selbstbestimmung und Fortpflanzungsmedizin" (Kommission 2024) ihren Abschlussbericht vorgelegt. Sie empfiehlt, dass Eizellenspenden und altruistische Leihmutterschaft unter engen Voraussetzungen legalisiert werden sollen. Bei der Leihmutterschaft, wenn „zum Beispiel ein nahes verwandtschaftliches oder freundschaftliches Verhältnis zwischen Wunscheltern und Leihmutter" vorliegt. Im Gegensatz zur kommerziellen Leihmutterschaft, die von ökonomischen Interessen geleitet ist, soll eine altruistische Leihmutterschaft, das besagt bereits die Wortwahl, aus uneigennützigen Motiven geschehen, um anderen Menschen zu helfen. Ob die altruistische Leihmutterschaft nur ein erster Schritt ist, der später zu einer Legalisierung der kommerziellen Leihmutterschaft führt, sei dahingestellt.

Die folgenden Ausführungen beziehen sich primär auf die kommerzielle Leihmutterschaft, werfen aber auch ein kritisches Licht auf die geplante gesetzliche Veränderung.

2. Geschäftsgrundlagen und Rahmenbedingungen

„Leihmutterschaften sind zu einem festen Bestandteil der Reproduktionsmedizin und zu einem florierenden Geschäft geworden" (Kadi/Leithner-Dziubas 2019, S. 15). Da in den Ländern, die davon betroffen sind, keine exakten Statistiken geführt werden, liegen zu ihrer Verbreitung nur Schätzungen vor; 24 Milliarden Dollar soll der weltweite Jahresumsatz 2024 betragen haben, mit 129 Milliarden Dollar wird 2032 gerechnet (GMI 2025). Es dürften schätzungsweise weltweit bisher über hunderttausend Kinder sein, die so entstanden sind.

Um diesen Markt wird heftig konkurriert.[2] Wer hat das günstigste Angebot, wer bietet die besten Leistungen, wer liefert die gewünschten Kinder ohne Fehl und Tadel? Die Firma Canadian Medical Care hat auf ihrer Internetseite zum Jahresende 2021 verkündet:

> „Kostenerhöhung der Leihmutterschaftsprogramme in der Ukraine ab dem 1. Januar 2022 auf 45.700 Euro. Bis zum 31. Dezember können unsere Kunden den Vertrag zum alten Preis unterzeichnen (40.700 EUR Gesamtpreis mit nur 2.870 EUR Anzahlung bis zur Schwangerschaftsbestätigung). Wir freuen uns, Sie als unsere Kunden begrüßen zu dürfen!" (Canadian Medical Care 2021).

Die Firma betont ihr humanes Grundanliegen:

> „Die Hauptidee unseres Projektes besteht nicht nur in der Organisation und weiterer Verwirklichung reproduktiver Programme, sondern auch in Verteidigung der Rechte und Interessen aller Beteiligten. Wir glauben daran, dass unsere Hilfe sowohl den leiblichen Eltern und Leihmüttern, als auch anderen Teilnehmern dieses Prozesses nützlich wird" (Canadian Medical Care 2023).

Es wird also ein seriöses Geschäft annonciert, das sich zwar für das Unternehmen als lukrativ erweist, aber in keiner Weise als moralisch anstößig erscheinen soll. Die Interessen aller Beteiligten würden gewahrt.

Bisher galt die Ukraine als das in der Vermittlung von Leihmutterschaften weltweit führende Land. Die dort angesiedelte Agentur für Leihmutterschaft VittoriaVita versucht ebenfalls Seriosität auszustrahlen. An Glücksversprechen wird nicht gespart: Die sorgsam gestaltete Website zeigt ein strahlendes Elternpaar mit einem ebenso strahlenden Kind, beide voller ungetrübter Freude. Aber auch dort wird knallhart kalkuliert und vorgerechnet: Die Kosten seien „durchschnittlich um 30 % niedriger als in anderen europäischen Ländern, 2,5mal niedriger als in Kanada, dreimal niedriger als in den USA", auch deshalb, weil gesetzlich „weder Mindest- noch Höchstbeträge der Entschädigung an eine Leihmutter (wie z. B. in Israel)" (VittoriaVita 2023) vorgegeben sind. Die medizinische Versorgung sei hochwertig und das Geschäft für den Auftraggeber risikofrei. Der Vertrag gilt erst dann als erfüllt, wenn ein gesundes Kind übergeben wird.

Die Kriegsereignisse in der Ukraine haben dazu geführt, dass die bestellten Babys nicht abgeholt werden konnten. Sie wurden stattdessen als „gestrandete Babys" notdürftig von Krankenpflegerinnen versorgt. Eine Ausreise und Übergabe

2 Das kann durchaus spielerisch geschehen. Zwei amerikanische Kinderwunschzentren veranstalten ein Gewinnspiel, das sich ausschließlich an deutsche Staatsbürger richtet, speziell an homosexuelle Paare. Der Gewinn, 52.000 Dollar, ist als Teil einer „Mutterschaftsreise" zu verwenden und zur Anzahlung für das Baby gedacht. „Gewinnen Sie ein Baby", so lässt sich dieses Spiel umschreiben (Ross 2021).

in einem anderen Land kam für die Leihmütter nicht infrage, denn dort hätten sie sich strafbar gemacht. Aber auch über solche Unwägbarkeiten hinaus, gehen Leihmütter erhebliche persönliche Risiken ein. Eine Schwangerschaft kann ausbleiben, das Kind verloren gehen, viel zu früh oder behindert auf die Welt kommen. Dann werden erneute Versuche unternommen, bis sich das erwünschte Ergebnis einstellt. Notfalls wird die Leihmutter ausgetauscht.

Leihmutterschaften werden, obgleich seit 1991 gesetzlich untersagt, in Deutschland kaum verhohlen beworben, unter anderem auf den Informations- und Bildungsveranstaltungen „kinderwunsch tage", die in Berlin, Köln und München stattfinden. Im Tagungsprogramm erscheint die Leihmutterschaft als Informationsveranstaltung. Auf internationale Experten wird Wert gelegt, aus juristischen Gründen, um die geplanten Geschäfte nicht zu stören. Über ihre faktische Wirkung kann es keinen Zweifel geben. Die „kinderwunsch tage" tragen dazu bei, dass Leihmutterschaften geplant und realisiert werden. Aus welchem anderen Grund sollten Vermittlungsfirmen wie VittoriaVita dort anwesend sein?

3. Vertragswerk, medizinische und soziale Hintergründe

Eine Leihmutterschaft ist durch ein striktes Vertragswerk definiert. Das Kind wird nach der Geburt unwiderruflich Dritten übergeben. Als Auftraggeber kommen heterosexuelle Paare, homosexuelle Paare oder Alleinstehende infrage. Zusätzlich kompliziert werden die Verhältnisse dadurch, dass die Auftraggeber in unterschiedlicher Weise beteiligt sein können, je nachdem, wie ihr biologischer Beitrag ausfällt. Bis zu fünf Personen können dabei in Frage kommen: Die Leihmutter, die beiden sozialen Auftraggeber und zwei Personen, die das biologische Material zur Verfügung stellen. Sofern nicht nur Dritte herangezogen werden, kann es bei einem männlichen Paar um die Frage gehen, wer der Samenspender ist, bei einem weiblichen um die Auswahl der Eizelle. In einigen Ländern lässt sich das Geschlecht des Kindes vorab bestimmen. Eizellen können nach diversen Kriterien ausgewählt werden: Aussehen, Intelligenz, Bildungsgrad der Spenderin. Das „Baby a la Carte" ist dann nicht mehr fern.

Je nach Gesetzeslage bieten sich für eine Leihmutterschaft unterschiedliche Länder an. Bis vor kurzem war die Ukraine das Zentrum des europäischen Babyhandels für heterosexuelle Paare. Die bereits genannte Firma VittoriaVita vermittelt sogenannte gestationelle Leihmutterschaften. Der Leihmutter wird eine fremde befruchtete Eizelle eingepflanzt, sodass keine genetische Verbindung zwischen ihr und dem Kind besteht. Das ist die Bedingung ihrer Dienstleistung. Die Eizelle wird in der Regel anonym gespendet, nur vereinzelt entstammt sie der Auftraggeberin. Die Aufgabe der Leihmutter besteht darin, „das Baby für eine Weile zu ‚behausen' und nach der Geburt den echten Eltern zu geben" (VittoriaVita 2023), den Auftraggebern, die in diese Rolle schlüpfen wollen. Das Erleben der

Mutterschaft soll von der Leihmutter ferngehalten werden, sie soll sich persönlich möglichst wenig an das Kind binden, damit es zu keinem relevanten Teil ihrer Biografie wird. Aufgrund der Kriegsereignisse hat sich der Markt inzwischen in andere Länder verschoben, vor allem nach Georgien. In einigen Bundesländern der USA können auch homosexuelle Paare und Alleinstehende einen Auftrag erteilen. Die Kosten sind sehr hoch, sie können bis zu 300.000 Dollar betragen. In vielen europäischen Ländern ist eine Leihmutterschaft grundsätzlich verboten, andere lassen sie nur zu, sofern keine kommerziellen Interessen bestehen.

Leihmutterschaften, wie sie heute praktiziert werden, setzen voraus, dass exkorporale Befruchtungen erfolgen und sich Eizellen verpflanzen lassen. Reproduktionsmedizinisch ist das seit 1978 möglich. Dadurch werden Türen geöffnet, die zuvor verschlossen waren. Bei homologen Inseminationen, einem vergleichsweise harmlosen Verfahren, wird weder in die biologische Ausstattung der Mutter noch in die des Vaters eingegriffen. Soziale und genetische Eltern sind identisch, nur dass die Fortpflanzung ohne Sexualität stattfindet. Bei weitergehenden Interventionen wird auf eine biologische Beteiligung (anonymer) Dritter zurückgegriffen. Dabei kommt es, bewusst so gewollt, zu einer Entkoppelung von biologischer Verwandtschaft und Familienbildung. Die Leihmutterschaft markiert vorerst den Endpunkt dieser Entwicklung.

Zudem haben sich gesellschaftliche Leitbilder und Lebenspraxen geändert. Die klassische Familienstruktur ist zwar immer noch die weitaus häufigste Lebensform, sei es mit oder ohne Trauschein, wobei sich nicht absehen lässt, dass sich das jemals ändert. Weithin Anerkennung haben inzwischen aber auch andere Formen des Zusammenlebens gefunden. Vor allem die gleichgeschlechtliche Ehe unter dem Stichwort: „Ehe für alle". All das schlägt sich im Familien- und Sorgerecht nieder. Damit geht einher, dass die biologische Verbundenheit an Gewicht verliert.

Vielfältige Lebensformen gab es auch in früheren Zeiten. Alleinerziehende und sogenannte Patchwork-Familien kamen schon immer vor, man denke nur an die Nachkriegszeit. So stabil, wie oft behauptet wird, waren die Verhältnisse also nie, auch aufgrund hoher Scheidungsquoten. In der Folge entstanden neue Familien, die nur in Teilen auf einer genetischen Abstammung beruhten. Wesentlich verändert haben sich allerdings die Bewertungsmaßstäbe und die inzwischen verfügbaren reproduktionsmedizinischen Möglichkeiten. Im Gegensatz zu früher ist die Vielfalt von Lebensformen heute positiv konnotiert. Sie gilt als Ausdruck individualisierter Lebensentwürfe, die Anerkennung verdienen. Das ist zweifelsohne eine wichtige historische Errungenschaft. Doch die Entwicklung geht inzwischen darüber hinaus, indem die Kernfamilie, die enge Verbindung von Mutter, Vater und Kind, als gesellschaftliche Leitfigur in Frage gestellt wird. Während andere Arten des Zusammenlebens als erfrischend unkonventionell bewertet werden, haftet ihr zunehmend der Ruch des Überkommenen an, einer gründlich verstaubten Institution, die voller Zwänge und selbstverschuldeter Belastungen sein soll.

4. Schwangerschaft, aber keine Mutterschaft

Eine Schwangerschaft markiert im Leben einer Frau einen tiefen Einschnitt. Das unterscheidet sie fundamental von anderen lebensgeschichtlich relevanten Ereignissen. Körperliche und psychische Bewegungen gehen dabei miteinander einher. Auf der biologischen Seite stellen sich heftige Transformationen ein: Organe und körperliche Funktionen justieren sich neu, einzelne Hirnareale verändern sich in ihrem Volumen und in ihrer Aktivität, etwa im präfrontalen und temporalen Cortex. Psychisch wächst zum Beispiel das Empathievermögen, soziale Haltungen nehmen zu, das Bewusstsein seiner selbst wird ein anderes.

Infolge einer Schwangerschaft gestaltet sich die innere Welt neu, in einer Weise, die sich nicht mehr rückgängig machen lässt. Unabhängig davon, ob das Kind tatsächlich zur Welt kommt, verloren geht oder ein Abbruch erfolgt. Die intensive Beschäftigung mit sich selbst und dem werdenden Leben stellt einen psychischen Meilenstein dar, der sich gleichermaßen auf die Gegenwart wie die Zukunft bezieht. Frühe Fantasien, Ängste, Sehnsüchte und Wünsche können aktiviert werden, einschneidende Lebensereignisse und innere Konflikte wieder aufflammen. Je nachdem, wie sie bewältigt werden, prägen Freude und Zuversicht das Erleben oder auch Zweifel und mitunter sogar Verzweiflung. Das werdende Kind kann im psychischen Haushalt der Mutter ganz unterschiedliche Positionen einnehmen, aufgrund der Wünsche und Erwartungen, die es erfüllen soll, und der Gefahren, die es repräsentiert. Wie immer auch die Vorstellungen im Einzelnen aussehen, sie stellen sich unumgänglich ein. Das Kind nimmt einen hochbesetzten Platz ein.

Die Gedanken sind bei den Schwangeren auf die Zukunft gerichtet: Wie wird das Kind sich entwickeln, wie gestaltet sich die Beziehung zu ihm nach der Geburt? Kaum etwas im Leben ist so sehr auf Dauer ausgelegt wie die Bindung an das eigene Kind. Das bestätigt die Bindungstheorie, nicht nur für die frühe Entwicklung, sondern als ein lebenslang wirkendes Phänomen. Von Anfang an ist das Kind in einen triangulären Raum eingebettet, in die Beziehung Vater-Mutter-Kind, mit gemeinsam geteilten oder getrennten Vorstellungen über das weitere Leben. Diese psychische Grundkonstellation ist anthropologisch vorgegeben, ihr kann niemand entgehen. Ob das Kind gemeinsam aufgezogen wird oder nicht, spielt dabei keine Rolle.

Die kommerzielle „Leihmutterschaft bedeutet, dass ein Mensch ein Objekt eines Kaufvertrags wird. Diese Verdinglichung des Menschen ist ein Schlag gegen die Sozialstruktur einer Gesellschaft von Freien und Gleichen“ (Grichting 2022,

S. 16). Genau genommen sind es zwei Beteiligte, auf die das zutrifft, die Mutter und das Kind. Die Ökonomie bestimmt die Beziehung zum Auftraggeber, die abrupte Trennung nach der Geburt ist nur ein, wenngleich besonders augenfälliger Indikator dafür. Das Kind gehört der Mutter im wahrsten Sinne des Wortes nicht mehr, es selbst ist „mutterlos" geworden.

Was allein zählt, ist die erbrachte Reproduktionsleistung. Sie wird anhand äußerer Kriterien gemessen: Das Kind muss, wie vertraglich festgelegt, unversehrt und makellos zur Welt kommen. Ansonsten ist die Wahrscheinlichkeit groß, dass es nicht abgenommen wird und die Leihmutter keinen Lohn erhält. Kadi und Leithner-Dziubas (2019, S. 18) beschreiben die Situation indischer Leihmütter folgendermaßen: „Sie sollen sich als disziplinierte Gebärarbeiterinnen auffassen: Das Ziel der Arbeit besteht einzig und allein in der physischen Optimierung des auszutragenden Kindes." Deshalb wird darauf geachtet, dass die Frauen gesund bleiben. Alles andere gefährdet das Geschäftsmodell, zum Beispiel dann, wenn das Kind behindert auf die Welt kommt. Sofern sich das abzeichnet, kann der Auftraggeber in vielen Ländern auf einer Abtreibung bestehen, im Fachjargon Reduktion genannt. So auch bei einer Zwillingsschwangerschaft, wenn nur ein Kind erwünscht ist.

Häufig werden die massiven gesundheitlichen Gefahren übersehen, denen sich Leihmütter aussetzen. Sie gehen weit über das normale Schwangerschaftsrisiko hinaus: Mehrlingsschwangerschaften, hypertensive Schwangerschaftserkrankungen, teils mit Langzeitfolgen, Schwangerschaftsdiabetes, Präeklampsie kommen gehäuft vor. Auch der Eispenderin drohen körperliche Schäden wie eine Hormonüberstimulation, Gewebeverletzungen bei der Entnahme oder dass Eizellen nicht nachgebildet werden (ausführlich: Kelle 2024).

Wie es Leihmüttern psychisch und sozial ergehen kann, belegt eine israelische Untersuchung (Teman 2010). Sie liest sich wie eine Studie des Grauens. „Keine der Leihmütter berichtet von einer emotionalen Bindung zum Fötus während der Schwangerschaft und zum Kind nach der Geburt" (Krüger-Kirn 2019, S. 59). Eine Identifikation mit dem entstehenden Kind wird vermieden, körperliche Veränderungen müssen ohne innere Bedeutung bleiben. Die befragten Leihmütter berichten zum Beispiel, dass sie ihren Bauch nicht berühren. Teile des eigenen Körpers werden somit zum Fremdkörper. Was biologisch geschieht, soll psychisch ferngehalten und die leibliche Verbindung zwischen Natur und Kultur zerschnitten werden. Das erfordert ein zähes Ringen mit sich selbst, denn niemand kann sich psychologischen Gesetzmäßigkeiten entziehen, die mit diesen körperlichen Veränderungen einhergehen. Auch wenn er sich das noch so sehr wünscht oder es von ihm erwartet wird. Körper und Psyche verdichten sich in einer Leiblichkeit, die keiner freien Verfügbarkeit unterliegt. Sie tritt machtvoll in Erscheinung, ob man will oder nicht. Um diesem Konflikt zu entgehen, genauer gesagt: ihn wenigstens halbwegs erträglich zu gestalten, sind erhebliche Abwehrleistungen erforderlich. Um das eigene Selbst zu wahren, erfolgt eine Körperfragmentierung und Depersonalisierung zum Schutz vor sich aufdrängenden Affekten und Fantasien. Wer wie diese Leihmütter auf einen Arbeitskörper reduziert wird und nur noch als gemietete Gebärmaschine in Erscheinung tritt, hat einen Auftrag übernommen, der sich psychisch ohne Schaden kaum lösen lässt.

Auch für die Abnehmer beinhaltet das Geschäft Risiken. Der Seriosität der Anbieter kann nicht unbedingt getraut werden. Die marktführende ukrainische Vermittlungsfirma BioTexCom steht unter dem Verdacht, dass sie auch Kinder verkauft, die gar nicht aufgrund einer Leihmutterschaft entstanden sind. Samenspenden sollen für fremde Zwecke genutzt worden sein und dass Kinder in der Klinik vertauscht werden, kommt immer wieder vor. Und was ist, wenn die Leihmutter das Kind plötzlich nicht mehr hergeben will und dadurch vertragsbrüchig wird? Sollen dann langwierige juristische Kämpfe geführt werden? Was passiert, wenn das aufnehmende Land der neuen Elternschaft wider Erwarten nicht zustimmt?

Idyllische Beschreibungen, die versuchen, die Leihmutterschaft als Gewinn für alle Beteiligten darzustellen, können nicht darüber hinwegtäuschen, dass auch dem Kind eine schwere Last mit auf den Weg gegeben wird. Das Verhältnis zu seiner Mutter, sprich Leihmutter, ist aus den bereits genannten Gründen ein überaus ungewöhnliches. Bei einer anonymen Eizellenspende bleibt seine Herkunft im Dunkeln. Die eigene Herkunft zu kennen, ist aber ein elementares psychisches Bedürfnis. Die Suche nach den eigenen Wurzeln, nach Zugehörigkeit und Bindung, begleitet den Menschen ein Leben lang. Biografische Leerstellen sind schwer zu ertragen, zumal dann, wenn sie willentlich herbeigeführt werden.

Um das zu vermeiden, damit sich eine solche Leerstelle nicht auftut, haben Kinder in Deutschland das juristisch verbrieftes Recht zu erfahren, wer der Samenspender ist. Häufig wird berichtet, dass sie es als Entlastung empfanden, die Person kennenzulernen, der sie ihr Leben verdanken, auch wenn sie in der eigenen Biografie keine Rolle gespielt hat. Das ermöglicht zumindest eine gewisse Orientierung. Aber auch Gegenteiliges wird beschrieben: Ein Erschrecken darüber, von wem man abstammt, eine Sprachlosigkeit im Wissen darum, dass dieses Befremden nicht abzustellen ist.

Bei der Leihmutterschaft kommt noch ein weiterer Aspekt hinzu: Hier existiert sehr wohl eine gemeinsame Geschichte, über neun Monate, ohne dass sie vom Wunsch der Mutter nach einem eigenen Kind begleitet wird. Das Interesse der Mutter ist ein Materielles. Sie folgt äußeren Verpflichtungen und muss, um sich selbst zu schützen, eine möglichst große innere Distanz zu ihrer Schwangerschaft entwickeln. Das muss ein Kind, das so entstanden ist, verkraften. Ebenso wie das abrupte Beziehungsende nach der Geburt, ein ebenfalls für die psychische Entwicklung hochrelevantes Ereignis. Anzieu-Premmereuer (2020) hat in einer eindrucksvollen Fallstudie dargestellt, wie es einem Jugendlichen erging, der mit Hilfe einer Leihmutterschaft auf die Welt kam. Als er davon erfuhr, geriet er in einen Zustand großer Verzweiflung, in eine tiefe Identitätskrise. Erst nach jahrelangem zähem Ringen gelang es ihm, sich mit seiner Herkunft einigermaßen auszusöhnen.

Im Falle einer Leihmutterschaft treffen Interessen aufeinander, die konträrer kaum sein könnten. Auf der einen Seite findet sich der Wunsch, ein eigenes Kind zu haben und es großzuziehen. Dieses Begehren ist tief im Menschen verankert. Mit Hilfe einer Leihmutterschaft lässt es sich begrenzt realisieren. Für die neuen Eltern ist von großer Bedeutung, dass ein Kind, wie entfernt auch immer, nur für sie heranwächst, möglichst unter biologischer Beteiligung zumindest eines Elternteils. Deshalb können zu adoptierende Kinder, die bereits existieren, diese Sehnsucht nicht erfüllen. Anderseits bringt die kommerzielle Leihmutterschaft Frauen in eine unzumutbare, moralisch nicht zu legitimierende Situation, die sich nicht dadurch auflöst, dass auf die individuelle Entscheidungsfreiheit verwiesen wird. Das deutsche Recht untersagt Leihmutterschaften, wohlbegründet durch ethische Einwände und medizinische Fakten. Egal, wie man es auch drehen und wenden mag: „Männer kaufen die Körperdienste einer Frau für ihr eigenes Kind; in dieser Offenkundigkeit liegt auch neuer Legitimationsbedarf“, meinen Kuster und Liebsch (2019, S. 9). Ein Bedarf, der allerdings unter Abwägung aller Interessen verantwortlich nicht erbracht werden kann. Wobei hinzugefügt werden darf, dass es sich bei den Auftraggebern nicht nur um Männer handelt. Frauen und Männer unterschiedlicher sexueller Orientierung sind daran beteiligt. Insofern geht auch der Vorwurf ins Leere, das Verbot der Leihmutterschaft richtet sich gegen homosexuelle Paare.

5. Ein vermiedenes Thema

In großen Teilen der psychologischen und sozialpädagogischen Fachliteratur, die sich mit neuen Familienformen beschäftigen, steht die Leihmutterschaft weitgehend unkommentiert neben anderen Reproduktionsformen. Sie nimmt keine Sonderstellung ein. Vor allem findet die dramatische Situation, in der sich kommerzielle Leihmütter befinden, kaum Beachtung. Ihr Schicksal wird häufig übergangen. Bedenken, so es sie denn gibt, tauchen nur selten auf.

Auch in psychoanalytischen Schriften kommt die Leihmutterschaft nur vereinzelt vor. Und wenn doch, dann geht es am wenigsten um die Leihmütter selbst. Im Mittelpunkt der Betrachtungen stehen in der Regel die neuen Eltern und ihr Kind, ihre Wünsche, Fantasien, aber auch die Konflikte, die sich bei der Bewältigung des speziellen Reproduktionsprozesses einstellen. Dabei ist allzu offensichtlich, welches erhebliche Konfliktpotenzial sich für die Leihmütter auftut und wie brisant die damit verbundenen ethischen Fragen sind. Die Psychoanalyse sollte sich dem stellen, sowohl mit Blick auf hilfesuchende Patienten als auch auf den gesamten Themenkomplex.

In einem Interview mit Manuela Fraire und Élisabeth Roudinesco wurde die Frage aufgeworfen, welche Zukunft die Leihmutterschaft haben könnte. Fraire ist eine italienische Psychoanalytikerin, Roudinesco eine französische Historikerin, die sich um die psychoanalytische Geschichtsschreibung verdient gemacht hat. Beide ordnen die Leihmutterschaft in eine breite Emanzipationsbewegung ein, zu der die Entpathologisierung der Homosexualität gehört. Durch die Möglichkeit einer Eheschließung („Ehe für alle") werde der Kinderwunsch homosexueller Paare legitimiert. Die Vielfalt heutiger Lebensformen führe dazu, dass Mutterschaft und Abstammung neu überdacht werden müssten. Die Zustände, unter denen Leihmütter in armen Ländern leiden, werden zwar entschieden verurteilt, das Phänomen selbst jedoch nicht in Frage gestellt. Ein Verbot der Leihmutterschaft sei historisch überholt und ebenso kontraproduktiv wie andere, dem vorausgehende Verbote. Zur altruistischen Leihmutterschaft wird ausgeführt, dass der Wunsch nach einer Schwangerschaft nicht mit dem Wunsch nach einer Mutterschaft einhergehen muss. Die Karten würden unter dem Aspekt der Selbstbestimmung neu gemischt. Entscheidend sei die Rechtslage, die Psychoanalyse habe ihr zu folgen.

> „Als Psychoanalytikerin bin ich der Meinung, dass wir aufhören sollten, das Unbewusste derjenigen zu analysieren, die dieses Verfahren wählen und diese Erfahrung machen wollen, falls sie nicht selbst eine Analyse wünschen" (Fraire in Fraire/Roudinesco 2019, S. 152).

Niemand dürfe gegen seinen Willen ausgeforscht werden. Mit anderen Worten: Die Psychoanalyse solle sich auf die Klinik beschränken, das unterstützen, was gemeinhin für emanzipatorisch gehalten wird. Solche Stellungnahmen finden sich vielerorts: Sich nicht einmischen, niemanden kränken und sich fest auf die Seite des vermeintlichen Fortschritts stellen. Was aber die Psychoanalyse betrifft, verabschiedet sie sich damit von ihrem gesellschaftskritischen Potenzial.

6. Altruistische Leihmutterschaft

Die FDP setzt sich für eine Veränderung der geltenden Rechtslage ein, die gegenwärtig jede Art von Leihmutterschaft verbietet, auch die altruistische. Die Begründung dafür liegt im Kindeswohl. Kinder sollen vor einem ungewöhnlichen Spannungsfeld geschützt werden, das sich aus ihrer genetischen Herkunft, ihrer besonderen Entstehungsgeschichte und den sich daran anschließenden Lebenserfahrungen ergibt. Eine uneindeutige Mutterschaft belaste die psychische Entwicklung und spätere Identitätsbildung so sehr, dass kein Kind dem ausgesetzt werden darf. Insofern besteht eine klare Rechtslage, die sich auf das Kindeswohl beruft.

Nunmehr soll eine grundlegende Veränderung erfolgen, wie ein Beschluss der FDP-Bundestagsfraktion belegt: „Wenn Betroffene auf anderem Weg kein Kind bekommen können, ihnen durch Leihmutterschaft geholfen werden kann und die Leihmutter rein aus Nächstenliebe heraus selbstbestimmt helfen möchte, hat der Staat kein Recht, dieses Glück zu verhindern" (FDP 2021, S. 2). Ein unerfüllter Kinderwunsch gilt als eine schwerwiegende Lebenseinschränkung, die nicht hingenommen werden muss. Der Staat, wie es wörtlich heißt, habe „kein Recht", dem im Wege zu stehen, auch wenn die Folgen durchaus gravierend sind. Der bisherige Mutterbegriff muss aufgegeben und Kindern eine schwierige Herkunft zugemutet werden. Darüber schwebt der Zuckerguss einer Idealisierung, die über die Komplexität und Widersprüchlichkeit der Verhältnisse hinwegtäuschen soll. Es gehe um einen „Akt der Nächstenliebe", der in vollständiger Selbstbestimmung erfolgen soll, frei von ökonomischen, sozialen und psychologischen Zwängen.

Eine Hoffnung ist, dass die schrecklichen Zustände der kommerziellen Leihmutterschaft reduziert, wenn nicht gar beendet werden können. Ob das jenseits der guten Absicht realistisch ist, darf bezweifelt werden. Denn dazu müssten sich in einer großen Zahl altruistische Leihmütter finden, die diesen Markt ersetzen. Zugleich kann es zu einer Verharmlosung der kommerziellen Leihmutterschaft kommen, da Leihmutterschaft als Prinzip nicht mehr infrage gestellt wird. Nur noch ihre hässlichen Seiten, die soziale und psychische Ausbeutung, stehen dann noch für eine kritische Betrachtung zur Verfügung.

Eine Abgrenzung zwischen einer kommerziellen und einer altruistischen Leihmutterschaft ist nicht so leicht vorzunehmen, wie es auf den ersten Blick erscheinen mag. Entstehende Kosten und Einkommensnachteile sollen ausgeglichen werden. Doch was heißt das genau? Mit welchem Maßstab wird gemessen? Bei einer arbeitslosen Frau, die am Existenzminimum lebt, bei einer hoch dotierten Anwältin, die über Monate aus dem Berufsleben ausscheidet, bei einer Frau, die auf dem Karrieresprung ist? Es ist schwer vorstellbar, dass es bei der altruistischen Leihmutterschaft keine materiellen Verlockungen gibt, keine verdeckten Zahlungen, gerade bei Frauen, die sich in einer schwierigen ökonomischen Lebenssituation befinden.

Jede Leihmutter nimmt körperliche Risiken in Kauf, die das normale Maß deutlich übersteigen. Und sie begibt sich in eine psychisch heikle Position, die der gute Willen nicht auflösen kann. Auch eine altruistische Leihmutter ist hohen Erwartungen ausgesetzt. Endlich soll das gewünschte Kind entstehen, das einem selbst verwehrt bleibt. Die Anschlussfragen und -probleme, die sich daraus ergeben, sind so vielfältig, dass sie hier nur sehr grob benannt werden können. Sie betreffen die innere Beziehung der Leihmutter zu dem (ihrem) Kind, die Dynamik zum Auftraggeber unter anderem dann, wenn das Kind nicht wunschgemäß ausfällt, etwa krank oder behindert ist. Betroffen ist auch das unmittelbare Umfeld, wie eigene Kinder der Leihmütter. Ihre Frage, wieso ihre Mutter zu einer Leihmutter geworden ist, wird sich kaum umgehen lassen.

„Mit der Legalisierung altruistischer Leihmutterschaft in Deutschland wäre letztlich allen gedient. Den Wunschkindern, die in klare Verhältnisse hineingeboren werden, den Wunscheltern und den Leihmüttern, die selbstbestimmt helfen dürfen" (FDP 2021, S. 3). Zweifel daran sind angebracht: „Aus Perspektive des Kindes kann Leihmutterschaft niemals ‚altruistisch' sein, weil es nicht dem Wohl des Kindes dient, nach der Geburt von der Geburtsmutter getrennt zu werden" (Spenderkinder e. V., zit. nach Harter 2024, S. 2).

Literatur

Ahrbeck, Bernd (2024): Basteln am Ich. Zu Klampen: Springe.

Achterberg, Beatrice (2024): Ampelregierung bereitet den Boden für Leihmutterschaft in Deutschland. In: Neue Zürcher Zeitung vom 21. Februar 2024, S. 7.

Anzieu-Premmereuer, Christine (2020): Kinder der Reproduktionsmedizin und ihre Eltern. In: Jahrbuch der Psychoanalyse 81, S. 41–61.

Canadian Medical Care (2021): (Angaben nicht mehr verfügbar).

Canadian Medical Care (2023): www.surrogacycmc.com/de/news/ (Abfrage: 06.09.2023).

FDP (2021): Beschluss der Fraktion der Freien Demokraten im Deutschen Bundestag. Leihmutterschaft aus Nächstenliebe auch in Deutschland ermöglichen. www.fdpbt.de/beschluss/leihmutterschaft-aus-naechstenliebe-auch-deutschland-ermoeglichen (Abfrage: 27.02.2025).

Fraire, Manuela/Roudinesco, Élisabeth (2019): Welches Morgen für die Leihmutterschaft? In: Feministische Studien 37, H. 1, S. 144–154.

GMI – Global Market Insights (2022): Surrogacy Market Size Report, Februar 2025. htpps://www.gminsightscom/industry-analysis/surrogacy-market (Abfrage: 27.02.2025).

Grichting, Michael (2022): Religion dient der Freiheit und dem gesellschaftlichen Zusammenhalt. In: Neue Zürcher Zeitung vom 17.09.2022, S. 16.

Harter, Franziska (2024): Elternrecht sticht Kindeswohl. In: Tagespost vom 03.05.2024, S. 2.

Kadi, Ulrike/Leithner-Dziubas, Katharina (2019): Das Monster einer zweibeinigen Gebärmutter. Leihmutterschaft als Ortswechsel. In: Feministische Studien 37, H. 1, S. 13–28.

Kelle, Birgit (2024): Ich kaufe mir ein Kind. Das unwürdige Geschäft mit der Leihmutterschaft. München: Finanzbuchverlag.

Kommission zur reproduktiven Selbstbestimmung und Fortpflanzungsmedizin (2024): Abschlussbericht. www.bundesgesundheitsministerium.de/presse/pressemitteilungen/kommissionsbericht-reproduktive-selbstbestimmung-pm-15-04-24 (Abfrage: 27.02.2025).

Krüger-Kirn, Helga (2019): Somatisches Wissen artikulieren. Annäherungen an die leiblichen Erfahrungen von Schwangerschaft und von Leihmutterschaft. In: Feministische Studien 37, H. 1, S. 48–64.

Kuster, Friderike/Liebsch, Katharina (2019): Einleitung: Reproduktionstechnologien, Generativität, Verwandtschaft. In: Feministische Studien 37, H. 1, S. 3–12.

Pines, Sarah (2024): Handtaschen-Babys. In: Weltwoche vom 21.01.2024, Nr. 4, S. 32.

Ross, Annika (2021): Gewinnen Sie ein Baby! In: EMMA vom 31.10.2021. www.emma.de/artikel/gewinnen-sie-ein-baby-338957 (Abfrage: 27.02.2025).

Teman, Elly (2010): Birthing a Mother. The Surrogate Body and the Pregnant Self. Oakland: University of California Press.

VittoriaVita (2023): www.vittoriavita.com/de (Abfrage: 27.02.2025).

Anmerkungen zum Schwinden des Deutungsmusters vom naturwüchsigen familialen Zusammenhang aus Zeugung, Geburt, Elternschaft und Geschlecht in den Sozialwissenschaften

Olaf Behrend[1]

1. Einführung

Die Tagung, der vorliegende Sammelband, aber auch ‚die' Sozialwissenschaften in ihrer Pluralität setzen sich mit den medizintechnisch erweiterten Möglichkeiten von Elternschaft (‚Samenspendeväter', ‚Eizellspendemütter', ‚Trage-' bzw. ‚Leihmütter', ‚Auftragseltern', die Partnerin einer Mutter etc.) und deren Konsequenzen für die Familie und somit betroffene Kinder auseinander. Die diskursive Auseinandersetzung erfolgt zum einen *fallrekonstruktiv* und *familientheoretisch* mit Fokus auf Folgen der Umsetzungen der technischen Möglichkeiten für beteiligte Betroffene, zum anderen *gesellschafts-* wie *individualtheoretisch* und *sozialkonstruktivistisch*. Letztere Zugangsweise prägt die heutige gesellschaftspolitische Debatte dergestalt, dass die ausdifferenzierten ‚Elternschaftsformen' vor allem gerechtigkeits*ethisch* thematisiert und deren rechtliche wie gesellschaftliche Gleichstellungen gefordert werden. Sehr grob kann man die Tendenz ausmachen, die sich auch auf der Tagung zeigte, dass man sagen kann, dass jüngere Sozialwissenschaftler*innen (Ausnahmen bestätigen die Regel) zu der letztgenannten sozialkonstruktivistischen und abstrakten wie gerechtigkeitsethischen Deutungsweise tendieren, ältere Soziologen hingegen zu der fallrekonstruktiv-familientheoretischen Sichtweise, oder dieser zumindest etwas abgewinnen können.

Diese beiden Zugänge und ihre Unterschiede werden nachfolgend untersucht. Ich stelle der heute akademisch dominierenden, gesellschaftstheoretischen (zugleich: individualtheoretischen) wie sozialkonstruktivistischen (zugleich: abstrakt gerechtigkeitsethischen) Thematisierungsweise von Zeugung, Schwangerschaft, Geburt, Elternschaft und damit Familie sowie Geschlecht die

1 Ich danke Dorett Funcke und Julian Möhring für wertvolle Hinweise zu dem Text!

Thematisierungsweise einer früheren soziologischen Theoriepoche in der Absicht gegenüber, dass vor diesem Hintergrund die heute sozialwissenschaftlich dominierende Denkungsart Kontur gewinnt, aber auch gesellschaftliche Bedeutungszusammenhänge, in die sie eingebunden ist, tiefergehend erkennbar und verständlich werden. Dafür stelle ich erstens zwei differente soziologische Deutungsweisen des thematischen Gegenstandsbereichs einander gegenüber: Der sozialkonstruktivistischen, individual- wie gesellschaftstheoretischen Thematisierungsweise, welche heute akademisch hegemonial ist, wird eine ältere gegenüber gestellt, die von der Prämisse naturwüchsiger Zusammenhänge ausgeht, und noch in den neunziger Jahren des letzten Jahrhunderts eine gewisse akademisch Gültigkeit beanspruchen konnte.

2. Zum Deutungsmuster von der „kulturellen Selbstverständlichkeit der Einheit von libidinöser Zuneigung und Elternschaft"

Das erste Deutungsmuster kann man exemplarisch an einer Publikation aus dem Jahr 1986 des Soziologen Gerhard Amendt[2] studieren, der zu dem Zeitpunkt eine Professur am Bremer Institut für Geschlechter- und Generationenforschung bekleidete und dieses leitete. Es handelt sich um das Buch des Titels: „Der neue Klapperstorch: Über künstliche Befruchtung, Samenspender, Leihmütter, Retortenzeugung und die Folgen: Reproduktionsmedizin". Bevor ich zu dem Buch komme einige Anmerkungen zu dem Konzept der Deutungsmuster; ich beziehe mich auf den thematisch einschlägigen Aufsatz des Soziologen Ulrich Oevermann aus dem Jahre 1973, 2001 erstmals ‚offiziell' publiziert (Oevermann 2001a; siehe dort die Fußnote auf Seite 3). Der Autor gibt folgende zwei Grundannahmen für eine angestrebte Theorie sozialer Deutungsmuster an. Erstens handele es sich um „in sich nach allgemeinen Konsistenzregeln strukturierte Argumentationszusammenhänge" (a. a. O., S. 5), die „ihre je eigene ‚Logik', ihre je eigenen Kriterien der ‚Vernünftigkeit' und ‚Gültigkeit'" (ebd.) besitzen, „denen ein systematisches Urteil über ‚Abweichung' korreliert" (ebd.). Zweitens sind „soziale Deutungsmuster [...] funktional immer auf eine Systematik von objektiven Handlungsproblemen bezogen, die deutungsbedürftig sind" (ebd.). In dem der Publikation beigegebenen zweiten Text fügt der Autor im Jahre 2001, also fast 30 Jahre später, hinzu, dass Deutungsmuster mit Habitusformationen etwas Wesentliches teilten: „Ebenso wie diese operieren sie unbewußt, ‚schweigend', und ebenso wie diese erzeugen sie ein vergleichsweise scharf geschnittenes Urteil der Angemessenheit, ohne daß dessen Gründe vom so urteilenden Subjekt auf Befragen expliziert werden könnten. Und ebenso wie diese sind sie durch eine interne quasi-argumentative

2 Günter Amendt ist sein 2011 verstorbener Zwillingsbruder.

Strukturiertheit und eine sinnlogische Architektonik geprägt, die weit in die historische Vergangenheit einer kulturellen Entwicklung hinabreicht." (2001b, S. 46). Die „Konsistenzregeln" des Deutungsmusters entsprächen der Regelstruktur des objektiven Handlungsproblems. Da sie diesen Erfahrungsbezug aufweisen, könnten sie nicht beliebig ausfallen, was sie von flüchtigen Meinungen, Haltungen und auch Ideologien unterscheide. Insofern handele es sich auch nicht um subjektive Schöpfungen. Vielmehr entstammten sie der Sozialwelt, welcher der Befragte, der sie teilt und artikuliert, auch angehört, und hätten für ihn einen orientierenden Charakter. Das Konzept kann auf eine gewisse Erfolgsgeschichte in der biografischen bzw. fallrekonstruktiven Forschung zurückblicken; die realistische bzw. naturwüchsige Färbung ist freilich wiederholt zum Anlass der Kritik an dem Konzept geworden. Es gilt manchen als deterministisch[3] bzw. zu wenig individuell; eine Kritik, die mit der jüngeren Auflösung von zumindest in Resten noch traditionellen Sozialmilieus und der Entstehung neuer virtueller Sozialmilieus oder unverbindlicher Deutungsgemeinschaften einhergehen dürfte.

Das akademische Feld zum Untersuchungsgegenstand zu machen und bezogen auf dieses von Deutungsmustern zu sprechen, mag auf den ersten Blick dahingehend irritieren, dass viele Leser die Überzeugung teilen dürften, dass im akademischen Feld reflektiert und werturteilsfrei um Argumente gerungen wird, welche genau nicht Urteile der Angemessenheit artikulieren sollten. Das kann man vordergründig für das Untersuchungsfeld der diskursiven Praxis von Professionellen (u.a. Mediziner, Juristen, Lehrer, Wissenschaftler) unterstellen. Wenn man die Gegenstandsbereiche der Professionen genauer betrachtet, dann relativiert sich diese Einschätzung, da diesen elementare objektive Handlungsprobleme wie Paarbildung, Zeugung, Schwangerschaft oder Geburt zu Grunde liegen, welche einer Ausdeutung nicht nur seitens der erforschten Individuen, sondern auch seitens der Professionellen wie Forscher selbst bedürfen.

Handlungsprobleme wie: Zeugen, schwanger sein, Gebären, Geschlechtsidentität ausbilden oder Sterben bilden einen menschheitsgeschichtlich frühen bzw. ‚alten' Handlungsproblemtypus, der sowohl biologische wie soziale Prozesse der

---

3 Gemeint ist hier die deutungs- und urteilsmäßige Fremdbestimmtheit und Starrheit durch die Zugehörigkeit zu einem Milieu, dessen Deutungsmuster bezüglich eines Handlungsproblems geteilt wird. Siehe dazu etwa Uta Liebeskind hinsichtlich Deutungsmustern von Hochschuldozenten (Liebeskind 2011, S. 95–99). Mir scheint, dass in dieser Kritik zweierlei vermengt wird: (i) Die biografisch konstitutive Übernahme von (sofern noch vorhanden) milieuspezifischen Deutungsmustern mit (ii) deren späterer Geltung oder empirisch möglichen Veränderung bzw. Aufgabe im Zuge einer Habitustransformation. Dass ein milieuspezifisches Deutungsmuster kulturell ‚starr' ist, heißt ja nicht, dass ein Individuum, welches es teilt, sich nicht verändern kann – und damit auch dieses Deutungsmuster.

Leiblichkeit als Übergänglichkeiten[4] und Spannungsverhältnisse umschließt, die das einzelne Individuum transzendieren und im Kontext von Familie bzw. als Familie, immer im Rahmen einer konkreten Kultur, realisiert werden. Daher greift ja auch die soziologische Thematisierung der Handlungsprobleme als biologische zu kurz, denn sie erfolgen auch in ihrer biologischen Verfasstheit immer in Kultur eingebettet, werden kulturell gestaltet und nicht selten auch in Regie genommen. Und auf diese elementare Gegenstandsebene bzw. auf die Ebene menschheitsgeschichtlich ‚alter' Handlungsprobleme sind nachfolgend thematische Deutungsmuster bezogen.

Die handlungsleitende Urteilsfähigkeit von Professionellen ist wesentlich auf konkret geteilte Deutungsmuster[5] gegründet. Das wissenschaftliche Studium als Bestandteil der Professionalisierung führt im gelungenen Fall zur Reflexion der ‚eigenen' bzw. geteilten Deutungsmuster, indem diese reflexiv zugänglich und gegebenenfalls veränderbar gemacht werden. Daher sind nachfolgende Ausführungen für angehende Professionelle im Studium von besonderer Relevanz.

Da eine genauere Bestimmung der soeben fast schon fahrlässig grob benannten Handlungsprobleme, aber auch eine wirkliche hermeneutische Auslegung der Deutungsmuster, den vorliegenden Rahmen rasch sprengen würden, stelle ich nachfolgend sehr grob wie vereinfachend nur zwei Deutungsmuster – bzw. streng genommen ein Deutungsmuster und eine, das erste Deutungsmuster gesellschafts- wie gerechtigkeitstheoretisch ablehnende, Deutungsweise – gegenüber.

Das ältere Deutungsmuster befindet sich *akademisch* wie *gesellschaftspolitisch* derzeit im Prozess eines geltungsmäßigen Abbaus bzw. Bedeutungsverlusts. Letzteres gilt für die Alltags- bzw. Lebenspraxis hingegen sehr viel weniger oder gar nicht, was auf ein soziologisch wichtiges Phänomen verweist, nämlich den Realitätsverlust von Angehörigen akademischer Milieus, welcher im Zusammenhang mit unterschiedlichen Gegenstandsbereichen sichtbar wird und mit der erheblichen Tendenz zur Einschränkung sowohl der Orientierung an der Realität wie der regulativen Idee der Wahrheit (und damit dem Fallibilismus

---

4 Das ‚alte' philosophische Konzept der Übergänglichkeiten, der Umschlag von Qualität zu Quantität, kann soziologisch auf verschiedene empirische Prozesse und Spannungsverhältnisse bezogen werden. Theorien von Übergängen umfassen das medizinische Denken, sofern in ihm Ebenen der Realisierung des Organischen unterschieden und Übergänge thematisiert werden. Vergleichbares findet sich auch in der Anthropologie, Psychologie oder der Soziologie. Marxens Theorie der Mehrwertschöpfung ist eine solche Theorie, Freuds Triebtheorie in gewisser Hinsicht auch, Eriksons epigenetisches Krisenmodell auch. Das heutige technische Methodenverständnis (eigentlich: Missverständnis) führt dazu, für Übergänge oft keinen forschenden Zugang mehr zu finden. Geschlecht oder Familie sind Gegenstände, die Übergänge umfassen.

5 Die zeitgenössisch geteilten Deutungsmuster der hier thematischen Gegenstände könnte und müsste man nochmals auf in ihnen aufgehobene, ältere Sittlichkeitsprämissen bzw. -annahmen (bspw.: „Kinder kriegen die Menschen immer") hin befragen, die in Deutungsmustern tradiert wurden bzw. werden.

des kritischen Rationalismus Popper'scher Prägung) als auch der professionellen Urteilsfähigkeit einhergeht. An die Stelle dieser klaren Orientierungen tritt kulturell etwas anderes: Der Philosoph Harry G. Frankfurt wies in seinem unscheinbaren wie fundamentalen Beitrag „On Bullshit" (2006 [2005]) zusammengefasst ausgedrückt darauf hin, dass an die Stelle der Orientierung an Realität und Wahrheit seitens des Individuums (insbesondere des studierten, akademischen Individuums wäre hier zu ergänzen), das Ideal der aufrichtigen Darstellung des Sprechers in Gestalt einer meist moralisch wertvollen Meinung im Verhältnis zu allen möglichen Themen getreten ist. Dieses Ideal und die von ihm getragenen Sprecher und ihre Sprechakte sind, das sei neu wie zentral, nicht an die Autorität der Wahrheit gebunden, was Frankfurt als „Bullshit" bezeichnet.[6] Dieser Hinweis Frankfurts wird weiter unten aufzugreifen sein. Jetzt aber zu Amendt und dem Deutungsmuster.

Das Deutungsmuster deutet den *realen* Handlungsproblem- bzw. Krisenzusammenhang aus Zeugen, Empfangen und Gebären dergestalt aus, dass er im Normalfall bzw. naturwüchsig von der lebendigen wie affektiven Einheit eines zweigeschlechtlichen Paares bewältigt wird, das sich durch die Geburt zur Kernfamilie weitet, die den evolutionären Anfangs- wie Normalfall des menschlichen Lebens darstellt. Ich möchte es als das Deutungsmuster von der „kulturellen Selbstverständlichkeit der Einheit von libidinöser Zuneigung und Elternschaft"

---

6 Nachfolgend eine längere, zentrale Passage aus Frankfurts sprachanalytischen, in meinen Augen metaphysischen (soziologisch: zeitdiagnostischen) Ausführungen zu ‚Bullshit': „Die gegenwärtige Verbreitung von Bullshit hat ihre tieferen Ursachen auch in diversen Formen eines Skeptizismus, der uns die Möglichkeit eines zuverlässigen Zugangs zur objektiven Realität abspricht und behauptet, wir könnten letztlich gar nicht erkennen, wie die Dinge wirklich sind. Diese ‚antirealistischen' Doktrinen untergraben unser Vertrauen in den Wert unvoreingenommener Bemühungen um die Klärung der Frage, was wahr und was falsch ist, und sogar unser Vertrauen in das Konzept einer objektiven Forschung. Eine Reaktion auf diesen Vertrauensverlust besteht in der Abkehr von jener Form der Disziplin, die für die Verfolgung eines Ideals der *Richtigkeit* erforderlich ist und der Hinwendung zu einer Disziplin, wie sie die Verfolgung eines alternativen Ideals erfordert, nämlich eines Ideals der *Aufrichtigkeit*. Statt sich um eine richtige Darstellung der gemeinsamen Welt zu bemühen, wendet der einzelne sich dem Versuch zu, eine aufrichtige Darstellung seiner selbst zu geben. In der Überzeugung, die Realität besitze keine innerste Natur, die als wahre Natur der Dinge zu erkennen er hoffen dürfte, bemüht er sich um Wahrhaftigkeit im Hinblick auf seine eigene Natur. Es ist, als meinte er, da das Bemühen um Tatsachentreue sich als sinnlos erwiesen habe, müsse er nun versuchen, sich selbst treu zu sein. Es ist jedoch eine groteske Vorstellung, wir selbst seien fest umrissene und klar bestimmte Wesen, die sich richtig oder falsch beschreiben könnten, während es sich als unsinnig erwiesen habe, irgendwelchen anderen Dingen klare Bestimmungen zuweisen zu wollen. Als bewusste Wesen existieren wir nur in der Reaktion auf andere Dinge und können uns daher unmöglich selbst erkennen, ohne diese anderen Dinge zu erkennen. Außerdem stützt nichts in der Theorie und erst recht nichts in der Erfahrung die abstruse These, ein Mensch vermöge am ehesten noch die Wahrheit über sich selbst zu erkennen." (Frankfurt 2006 [2005], S. 71–73).

bezeichnen, womit ich auf eine Formulierung Amendts zurückgreife. Amendt diskutiert in dem Buch seine Thesen zu den langfristigen Folgen des kulturellen Wandels aufgrund der zunehmenden Möglichkeiten der Reproduktionsmedizin. Ich kann hier nicht die vielfältigen Ansätze und Ebenen der Thematisierung wiedergeben, wiewohl wichtig ist, dass er sowohl den reproduktionstechnisch induzierten Wandel der Paarbeziehung wie die Folgen dessen für die technisch erzeugten Kinder im Fokus hat.

Der Ausgangspunkt der Argumentation des Autors beruht auf der Beobachtung wie der These, dass technisch vermittelte Befruchtung und Leihmutterschaft langfristig familien- wie kulturverändernde Folgen habe, weil es eine große Differenz darstellt, „ein Kind zu haben" oder „ein Kind gemeinsam zu zeugen" (Amendt 1986, S. 13). Amendt führt diese These mit Fokus auf die Ursprungs- bzw. Herkunftsproblematik und deren Veränderung wie folgt fort:

> „Die Verwischung des Ursprungs und der Herkunft charakterisiert alle technischen Verfahren der Reproduktionsmedizin die bislang eingesetzt werden. Allerdings treten die Verwischungen mit unterschiedlichen Ausprägungen auf. Sie werden besonders drastisch sein, wenn die Elternschaft mit Fremdsubstanzen wie Ei, Samen oder Embryonen und einer geliehenen Gebärmutter herbeigeführt werden. Weniger drastisch werden sie ausfallen, wenn die Partner eigene Substanzen beisteuern, die ihnen die Möglichkeiten lassen, Phantasien von einem eigenen genetisch-sexuellen wie libidinösen Zeugungsbeitrag aufrechtzuerhalten. Unabhängig von der innerpsychischen Verarbeitung der Zeugungstechnik durch die Partner wird allerdings unwiderruflich die kulturelle Selbstverständlichkeit der Einheit von libidinöser Zeugung und Elternschaft aufgelöst" (Amendt 1986, S. 22).

Amendt differenziert hier zum einen Stufen der technischen „Verwischung des Ursprungs" und zum anderen behauptet er, dass die Reproduktionsmedizin generelle Folgen für alle, also nicht nur die betroffenen Paare und Kinder habe. Er hebt insbesondere die Auflösung der Selbstverständlichkeit der Einheit von libidinöser Zeugung und Elternschaft hervor. Letzteres und ersteres hält Amendt für problematisch; das Buch besitzt in dieser Hinsicht einen Appellcharakter, nicht naiv alles mitzumachen, was technisch möglich ist und noch werden wird.

Das Deutungsmuster von der kulturellen Selbstverständlichkeit der Einheit von libidinöser Zeugung und Elternschaft begreift die menschheitsgeschichtliche Kontinuität des Lebens im Rahmen seiner familialen Weitergabe. Der Autor vertritt dieses Deutungsmuster unbeirrbar. Er begründet den Folgenreichtum der Verwischung des Ursprungs weniger in Gestalt einer expliziten Theorie oder Typologie der Ausdifferenzierung der Familienformen[7]; er argumentiert diesbezüglich vielmehr dergestalt psychoanalytisch bzw. sozialisationstheoretisch,

7 Siehe diesbezüglich etwa Funcke/Hildenbrand (2009).

dass er behauptet, dass technisch erzeugten Kindern der phantastische bzw. fiktionale Vorstellungsraum über das zeugende Tun der Eltern verloren geht, in welchem Kinder phantasieren könnten, wie sie in die Welt gekommen sind und was ihre Eltern damit zu tun haben (was psychoanalytisch ausgedrückt mit dem Verlust der Urszene gemeint ist). Dieser Verlust habe, so Amendts Befürchtung, erhebliche Konsequenzen für die Identifizierung mit den Eltern und die eigene Identitätsbildung.

Dieses psychoanalytische Argument kann man familientheoretisch fortführen, nämlich als Hinweis auf die Erweiterung der Triade der Kernfamilie auf vier oder fünf Personen, die an dem Zusammenhang von Zeugung, Empfängnis, Schwangerschaft und Geburt beteiligt sind. Amendt schätzt die Folgen erweiterter Elternkonstellationen negativ ein:

> „Obwohl diese Einheit [die libidinöse Einheit von Zeugung und Elternschaft; OB] keine ideale Identitätsbildung von Kindern verbürgt, so stelle sie doch einen Rahmen dar, in dem die Identitätsbildung stattfinden kann. Die neuen Techniken der Reproduktionsmedizin zerstören diesen Rahmen, in dem Kinder ihre Identität ausbilden können. Stattdessen geraten die technisch gezeugten Kinder in einen beziehungslosen oder beziehungsgestörten Raum, der ihnen zuverlässige emotional-libidinöse Bezüge zu Eltern und später auch zur Umwelt erschwert oder sogar unmöglich macht“ (Amendt 1986, S. 22).

Ob die Folgen einer befruchtungs- oder austragungstechnisch erweiterten Familienkonstellation für die betroffenen Kinder hinsichtlich der Beziehungserfahrungen stets in dem Ausmaß dramatisch sind, wie Amendt dies hier postuliert, mag man anhand von empirischen Beispielen sicher bestreiten. Wichtig scheint mir an dieser Passage, überhaupt den Blick dafür zu weiten, dass die Folgen sehr grundsätzlich sind und auf einer latenten aber dauerhaften und hoch wirksamen Ebene, eben auch kulturell bzw. gesellschaftlich weit ausstrahlen, auch auf die Sphäre der nicht-technisch vermittelten Elternschaften. Es finden sich Ergebnisse in der klinischen bzw. fallrekonstruktiven Familienforschung (s. Seiffge-Krenke 2014; Funcke [Hg.] 2020, darin u. a. die Beiträge von Maiwald oder Behrend; Krüger/Funcke [Hg.] 2023, darin u. a. Behrend; Behrend 2025), die zeigen, dass die Beziehungen zwischen Eltern und ihren Kindern insbesondere in der heutigen Mittelschichtkultur sich dergestalt verändert haben, dass Eltern weniger als Eltern agieren, vielleicht auch gar nicht mehr kulturell agieren können, und daher ihren Kindern seltener „zuverlässige emotional-libidinöse Bezüge“ einräumen oder ermöglichen. Weiterhin sind generelle kulturelle Tendenzen wie der Verlust an Realitätsbezug, an Urteilsfähigkeit aber auch an Handlungsautonomie anzuführen. Außerdem eröffnete Amendts Deutungsmuster familientheoretische

Bestimmungen von solchen Familienformen, die durch technische Verfahren und Selbsttechniken möglich werden (Samenspenderfamilie bzw. Inseminationsfamilie, ‚Leihmutterschaftsfamilie' etc.). Die theoretische Reflexion auf diese technische Ausdifferenzierung der Familienformen ist für die Beratung und Begleitung, d. h. die Reflexivität der jeweiligen Eltern auf ihre besondere Familie und die Ausgangsbedingungen ihrer besonderen Elternschaft (wenn man so will: die Geschichte der Familie) wichtig wie hilfreich, und in meinen Augen unabdingbar (was der vorliegende Sammelband ja auch zum Ausdruck bringt, insbesondere der Beitrag von Dauses/Klenke-Lüders).

Bezüglich des Deutungsmusters bringt die Position Amendts ein rekonstruktives Denken in Übergänglichkeiten zum Ausdruck, welches versucht, den menschheitsgeschichtlichen Normalfallprozess zu denken – zu dem es immer Ausnahmen gab oder gibt. Damit steht dieses Deutungsmuster in einer langen erfahrungswissenschaftlichen wie philosophischen Tradition, die in realen Übergänglichkeiten denkt. Es wird von der Realität ausgegangen, die natürlich auch gesellschaftliche Konstruktionen als Aspekte der Realität umfasst. Diesem Deutungsmuster entspricht eine Motivlage, nämlich die des unvoreingenommenen wie interessenfreien Verstehens, die man auch als Ausdruck des erfahrungswissenschaftlichen Habitus begreifen kann. Ferner kann man die Motivlage als bewahrende, wenn man so will: strukturkonservative Motivlage begreifen.

Hinsichtlich der soziologisch bestimmbaren Folgen vertritt Amendt folgende Position „Langfristig liegt die Bedeutung der Reproduktionsmedizin [...] nicht in der Heilung von Zeugungsunfähigen, sondern in der allgemeinen Entsexualisierung von Zeugung durch Generalisierung der technischen Zeugungsverfahren" (Amendt 1986, S. 25). Das heißt, er hält das je individuelle Ziel „Heilung von Zeugungsunfähigen" für kulturell irrelevant. Er sieht vielmehr eine langfristige Tendenz zur Entsexualisierung der Zeugung und Generalisierung der technischen Zeugung. Dieser Gedanke verweist auf eine Dystopie, die zumindest vordergründig bzw. wortwörtlich bisher nicht eingetreten ist – in manchen Hinsichten aber vielleicht schon. Denn langfristige kulturelle Folgen und Veränderungen sind nicht oberflächlich abzugreifen und auch nur schwerlich forschungsmethodisch zu isolieren.

Eine dieser langfristigen kulturellen Folgen, die mittlerweile eingetreten sind, besteht darin, Zeugung, Geburt und Elternschaft soziologisch primär als biologische Vorgänge zu begreifen. Amendt hingegen begriff sie naturwüchsiger Weise noch primär als soziale wie psychische Vorgänge, nicht als biologische. Seines Erachtens entstand durch die Reproduktionsmedizin erst die Sichtweise, Zeugung, Geburt und Elternschaft als primär biologische Vorgänge begreifen und als solche dann auch als technisch manipulierbar denken zu können.

An späterer Stelle kommt Amendt daher hinsichtlich des gesellschaftlichen bzw. kulturellen Wandels zu folgender Einschätzung:

> „Biologische Elternschaft ist ein gesellschaftliches Produkt der organzentrierten Reproduktionsmedizin. Sie hat sie […] möglich gemacht durch die technisch herbeigeführte Verfügung des Eies, des Samens und der Embryonen außerhalb der menschlichen Körperbeziehungen und Zeitabläufe. Diese technischen Fähigkeiten machen die Ablösung der sexuell-libidinösen Zeugung von den Substanzen wie Samen und Ei erst denkbar. Biologische Elternschaft ist das unmittelbare Ergebnis der modernen Reproduktionsmedizin" (Amendt 1986, S. 159).

Partnerschaft und Elternschaft haben sich kulturell seit den achtziger Jahren, das kann man hier als zweite langfristige Folge festhalten, wegen dieser technischen Veränderungen auch weitgehend gewandelt. Ein Indikator dafür ist die Ausbreitung der Verwendung des Konzepts „Kinderwunsch". Einen Kinderwunsch zu haben ist vor der Reproduktionsmedizin Ausdruck dessen gewesen, dass es nicht mit dem Kinderkriegen klappt, weshalb ein Kinderwunsch behandelt werden muss. Heute sprechen Paare darüber, ob der einzelne Gatte für sich je einen Kinderwunsch hat oder nicht. Dieser kulturelle Wandel zeigt unter anderem an, dass sich alle Paare latent (bzw. kulturell implizit) als potenzielle reproduktionsmedizinische Behandlungsfälle klassifizieren. „Kinderkriegen", einfach so, wurde gesellschaftlich hingegen zu tendenziell abweichendem Verhalten. Wechselseitig entsteht die gesellschaftliche bzw. kulturelle Rationalitätsanforderung an Paare, wenn es nicht klappt, Reproduktionsmedizin zur Hilfe zu nehmen. Damit entstand das milliardenschwere ökonomische Feld der Reproduktionsmedizin, welches weiter wächst[8].

Bezüglich der libidinösen Geschlechterspannung des Paares, von der Amendt der Sache nach handelt, ist der Verweis auf den Psychoanalytiker und Soziologen Reimut Reiche unabdingbar, der 1990 ein Buch des Titels „Geschlechterspannung" publiziert hat und der habituell das gleiche Deutungsmuster wie Amendt teilt. Reiche im Vorwort:

---

8 Marie Reich und Anne-Kristin Kuhnt benennen in ihrem Beitrag „Being in labour – Gebären als Arbeit im gegenwärtigen Kapitalismus" 31,59 Mrd. $ als globale Umsatzprognose für das Jahr 2029 (2024, S. 33); Bernd Ahrbeck zeigt diese Wachstumsdynamik in seinem Beitrag an. Das ist für globale medizinische oder Pharmamärkte eher ein kleiner Betrag, aber eben ein Markt mit hoher Wachstumsdynamik. Die Autorinnen weiter: „Nach Angaben des Deutschen IVF-Registers DIR gab es 2021 in Deutschland 21.588 Geburten nach reproduktionsmedizinischer Behandlung (DIR 2021). Das entspricht einem Anteil von knapp drei Prozent aller Geburten. Wenn man davon ausgeht, dass Eltern reproduktive Leistungen im Ausland in Anspruch nehmen, weil bestimmte Behandlungsverfahren in Deutschland nicht zugelassen sind, fällt dieser Anteil noch höher aus" (ebd.). Auf den interessanten feministischen Beitrag komme ich weiter unten nochmals zurück.

> „In diesem Buch wird in erster Linie eine innere Beziehung im Mann und in der Frau untersucht – und diese innere Beziehung wird als Geschlechterspannung benannt. Das andere Geschlecht ‚hat etwas', das dem eigenen mangelt, und die aus dieser Differenz sich ergebende Spannung hat vielfältige historische, kulturelle, ökonomische und psychische Erscheinungsformen. Die Spannung, die letztlich aus der Zweigestaltigkeit des Geschlechts selbst herrührt, zeige ich in diesem Buch vor allem mit den methodischen Mitteln der Psychoanalyse auf. Mit und in der Psychoanalyse kann man nichts beweisen, sondern bestenfalls etwas evident machen" (S. 7; Hervorhebungen im Original).

„Evident machen" verweist auf das rekonstruktiv-klinische Vorgehen des Autors, dass er eben nichts beweist, sondern die „Zweigestaltigkeit des Geschlechts" als etwas rekonstruiert, was in der Realität operiert bzw. die kulturelle Realität konstituiert. Die menschliche Kultur bzw. Menschheitsgeschichte ist in dieser Sicht Teil der Evolution der Gattung, an dem jedes Individuum teilhat. Das Konzept der Geschlechterspannung eröffnet generell eine Integration von evolutionären Entwicklungen auf verschiedenen Ebenen der Leiblichkeit (Gameten, Endokrinologie, Neurobiologie, etc.), des Psychischen sowie des Sozialen und Kulturellen. Reiche fokussiert in seiner Schrift die Geschlechterspannung ‚im' Subjekt, welche, möchte ich ergänzen, vor allem durch die sozialisatorische Erfahrung in der Familie ihre erste wie wesentliche Prägung erhält. Reiche setzt beim Biologen Max Hartmann (1956 [1943]) und dessen Theorie der allgemeinen bipolaren Zweigeschlechtlichkeit an:

> „Männlich und weiblich bedeuten […] zunächst nur, daß bei der zu beobachtenden Befruchtung (Verschmelzung zweier Gameten) mindestens ein minimaler Unterschied der beiden Gameten, sei es in ihrer morphologischen Struktur, sei es in ihrem physiologischen Verhalten feststellbar ist. Dieses Grundmuster hat Max Hartmann zu seiner genetischen Theorie der allgemeinen bipolaren Zweigeschlechtlichkeit geführt, die er durch die gesamte Phylogenese verfolgt und schließlich in drei naturwissenschaftlichen Gesetzen der Sexualität formuliert hat, die durch ihre Schönheit bestechen. Es sind dies das ‚Gesetz der allgemeinen bipolaren Zweigeschlechtlichtkeit', das dazu antithetische ‚Gesetz der allgemeinen bisexuellen Potenz' und schließlich das wie eine Aufhebung dieser Polarisierung klingende ‚Gesetz der relativen Stärke der männlichen und weiblichen Determinierung'" (Reiche, 1990: 9 f.).

Das erste Gesetz bringt das evolutionäre Grundprinzip zur Geltung, dass „die Strukturen und Funktionen, die bei der Fortpflanzung wirksam werden, sich durch die Phylogenese hindurch auf zwei Geschlechter ‚polar' verteilen" (a. a. O., S. 10). Das zweite, antithetische Gesetz besagt, dass immer auch eine allgemeine bisexuelle Macht bzw. „Potenz" gegen diese Polarisierung wirkt, was dann gemäß des dritten Gesetzes, im konkreten Einzelfall des Gattungsexemplars zu einer je spezifischen Verwirklichung der männlichen wie weiblichen Determinierung führt. Anders ausgedrückt: In diesen theoretischen Rahmen der Wirkkräfte der „bipolaren Zweigeschlechtlichkeit“ kann unter Berücksichtigung der Bewältigung der familiären Ablösungskrisen des Subjekts (was Geschlechtsidentität und Objektwahl umfasst) in sowohl klinischer wie auch theoretischer Hinsicht *jede* biografische Verlaufsform von Geschlechtlichkeit, auch unter reproduktionsmedizinisch vermittelter Familienerzeugung, fallspezifisch rekonstruiert wie auch theoretisch begriffen werden. Reiche zeigt dies an fünf klinischen Fällen aus der einstigen Sexualambulanz des Universitätsklinikums in Frankfurt am Main.

Aus der hier vorgeschlagenen, familientheoretischen Perspektive kann das Deutungsmuster von der „kulturellen Selbstverständlichkeit der Einheit von libidinöser Zuneigung und Elternschaft“, welches die beiden Autoren, Reiche wie Amendt, teilen, theoretisch als evolutionärer bzw. anthropologischer Normalfall der Familiengründung begriffen werden, von dem reproduktionsmedizinisch oder durch Samenspende ermöglichte Konstellationen eine Abweichung darstellen. Abweichungen stellen in dieser Sichtweise das dar, was sie sind: keine primär gesellschaftlichen, das sind sie auch, aber eben nicht primär, sondern *elementare* Formen der Abweichung. Für das Verstehen dieser Formen der Abweichung als elementare Abweichung braucht es argumentativ keine gesellschaftstheoretische Ebene der Thematisierung, etwa als Diskriminierung von Abweichung. Vielmehr kann eine Kritik gesellschaftlicher Normen sinnvoll erst vor dem Hintergrund dieses theoretischen Fundaments ansetzen.

3. Zur Deutungsweise: „akademisch-theoretischer Kampf gegen gesellschaftliche Ausgrenzungen und Zwänge sowie konstruktivistische Zurückweisung des Sozialen als Realität“

Die zweite Deutungsweise umfasst zwei Aspekte, nämlich: (i) den akademisch-theoretischen Abbau bzw. Kampf gegen gesellschaftliche Ausgrenzungen und Zwänge (im Geiste des Minderheitenschutzes und der Gerechtigkeitstheorien) und (ii) die konstruktivistische Zurückweisung des Sozialen als Realität. Ein Deutungsmuster im engeren obigen Sinne liegt in meinen Augen in keinem der beiden Aspekte vor. Der erste Aspekt bringt eine Haltung des Individuums, eben eine moralisch aufgeladene Deutungsweise zu teilen, zum Ausdruck. Der zweite Aspekt teilt mit Deutungsmustern zwar seine habituelle Verankerung: seine Vertreter sind in der Regel stark überzeugt von ihm. Inhaltlich lehnt der zweite Aspekt aber Realität (und damit objektive Handlungsprobleme) und die in dem Deutungsmuster artikulierte Sichtweise auf Realität ab. Aus diesen Gründen erfolgt mein Rückgriff auf die lose Formulierung „Deutungsweise“. Die Deutungsweise umfasst nun, wie gleich deutlich wird, zum einen technikgetriebene Neuklassifikationen und deren Bewertungen (erster Aspekt), zum anderen eine

(u. a. technisch-methodische) Zurückweisung der Realität (zweiter Aspekt), die zur Legitimierung der Bewertungen aus dem ersten Aspekt dient. Das akademische Erkennen und Begreifen von Zeugung ist nun nicht mehr das Ergebnis einer, zum ersten Deutungsmuster alternativen, Rekonstruktion von Handlungsproblemen, deren Zusammenhängen und ihren Bewältigungsweisen in der Realität. Das konzeptuelle Begreifen beschränkt sich hier vielmehr auf die Erfassung und Klassifikation der neuen sozialen Wirklichkeit, welche durch Reproduktionsmedizin, (Selbst-)Technologien oder labortechnische Interventionen ermöglicht wird. Diese technisch eröffneten Möglichkeiten werden sprachlich auf eine Weise erfasst, die an sich eine Zurückweisung der naturwüchsigen Zusammenhänge der sozialen Realität, letztlich der Geschichtlichkeit des Subjekts, bedeutet.

Nachfolgend führe ich für diese zweite Deutungsweise exemplarische Beispiele aus dem „Handbuch Feministische Perspektiven auf Elternschaft“[9] an. Das Handbuch versammelt Einträge zu einer Reihe von Konzepten rund um Familie, Zeugung, Schwangerschaft, Geburt und Elternschaft. Unter dem Eintrag „Soziale Elternschaft“ von Leoni Linek, Almut Peukert, Julia Teschlade, Mona Motakef und Christine Wimbauer findet sich folgende kursorische Darstellung zu gesellschaftlichen Veränderungen von Lebens- und Familienformen und wie sie im akademischen Diskurs gespiegelt werden:

> „Wer oder was Eltern sind, scheint heutzutage überwiegend unstrittig: Im gesellschaftlichen wie im familiensoziologischen Diskurs wird meist davon ausgegangen, dass die rechtlichen Eltern eines Kindes auch biologisch mit ihm verwandt sind und im Alltag praktisch die Elternschaft ausüben. Diese Annahme ist eng geknüpft an das Modell der bürgerlichen Kleinfamilie, bestehend aus zwei verheirateten, heterosexuellen Erwachsenen und ihren leiblichen Nachkommen – sprich: Vater, Mutter, Kind(er) – mitsamt geschlechterdifferenzierender Arbeitsteilung (Peukert et al. 2018). Diese selbstverständlich scheinende Vorstellung von Ehe und Familie entstand jedoch erst in der bürgerlichen Gesellschaft des 18. Jahrhunderts und entfaltete in den 1950er und 1960er Jahren im ‚Golden Age of Marriage‘ ihre größte Legitimität und Verbreitung. In den letzten Jahrzehnten werden vielfältige Lebens- und Familienformen jenseits der bürgerlichen Kernfamilie zunehmend sichtbar und stellen diese „kulturelle Selbstverständlichkeit“ (Peuckert 2012:11) infrage. In sogenannten Stief-, Fortsetzungs- und Folgefamilien, binuklearen und Patchworkfamilien, in Pflege- und Adoptivfamilien fungieren als zuverlässige Bezugspersonen für ein Kind oft Erwachsene, die nicht dessen rechtliche und/oder biologische Eltern sind. Dies trifft auch auf Personen zu, die mithilfe von Samen- oder Eizellspende und/oder einer Leih- oder Tragemutterschaft

9 Herausgegeben von Lisa Yashodhara Haller und Alicia Schlender im Jahr 2021. Ich greife bezüglich der Deutungsweise nicht auf Bücher bzw. Monographien zurück, da ich keine vergleichbaren gefunden habe. Nun eignet sich ein Handbuch für die hiesigen Zwecke, da es einen systematischen Anspruch erhebt. Aus der Zeit der beiden Monografien von Amendt und Reiche liegt meines Wissens kein vergleichbares Handbuch vor.

> ein Kind bekommen (Teschlade/Peukert 2019), sowie auf polyamouröse, nicht-monogame, freundschaftszentrierte, Co-Parenting- oder Mehrelternfamilien (Kruppa 2020; Mayer 2020; Raab 2020; Wimbauer 2021).
> Diese Phänomene werden in der Soziologie unter dem Sammelbegriff der sozialen Elternschaft erforscht und von biologischer Elternschaft abgegrenzt [...]. Während erstere besondert und abgewertet wird, bleibt die ebenso spezifische, aber gesellschaftlich hegemoniale Form der Familie, bestehend aus zwei heterosexuellen, biologischen und rechtlichen Eltern, implizit. Die soziologische und rechtliche Normsetzung dieser Familienform und die damit einhergehende Unter- und Nachordnung anderer Familienformen stößt zunehmend auf Kritik" (377 f.).

An diesem langen Zitat, die ersten drei Absätze des nämlichen Eintrags, kann man die deskriptiv-klassifikatorische bzw. positivistische wie gesellschaftstheoretische Denkweise der zweiten Deutungsweise von Familie, die in der gegenwärtigen Familiensoziologie hegemonial ist, gut begreifen. Diese Denkweise beruht auf der These der Pluralisierung von Familienformen, welche, so die These weiter, die kulturelle Selbstverständlichkeit der bürgerlichen Kernfamilie in Frage stelle.

Betrachtet man die angeführten Familienformen nicht klassifikatorisch-gesellschaftstheoretisch, sondern familientheoretisch, so werden erstens die *Verlaufsformen von Kernfamilie* nach deren Scheitern, wegen der Trennung des Paares, wegen massiver Erziehungsprobleme oder wegen eines missbräuchlichen Umgangs mit dem Kind bzw. den Kindern aufgezählt: Stief-, Fortsetzungs-, Folge-, und Patchworkfamilie sowie Pflege- und Adoptivfamilie. Als zweite Gruppe sind die reproduktionsmedizinisch wie selbsttechnisch-projektförmig ermöglichten, erweiterten Familienformen gelistet. Soziale Elternschaft wird vor diesem Hintergrund dann als Sammelbegriff für solche „zuverlässige Bezugspersonen" genommen, die in den neuen Familien vorkommen und nicht in die Kategorien „biologische" oder „rechtliche" Elternschaft passen. Die Gruppe sozialer Eltern werde, so der Text weiter, gesellschaftlich „besondert und abgewertet" und ihr die „gesellschaftlich hegemoniale Form der Familie, bestehend aus zwei heterosexuellen, biologischen und rechtlichen Eltern" gegenübergestellt. Der Text referiert dann auf den soziologischen Diskurs wie die Rechtssetzung, welche die nämliche „hegemoniale Form" der Familie dergestalt privilegiere, so die Autorinnen, dass solche Familienformen, die soziale Elternschaften implizieren, der hegemonialen Form nachgeordnet seien, was wiederum zunehmend auf Kritik stoße. Für diese klassifikatorische Denkweise in der Soziologie ist in dieser Textpassage das Ausdifferenzieren von Aspekten (biologische, rechtliche, ...) von Elternschaft und deren adjektivische Umsetzung in Elternformen bzw. -gruppen (biologische, rechtliche, soziale Eltern) charakteristisch. Damit wird behauptet, es gäbe heute verschiedene Klassen oder Gruppen von Eltern, von denen manche gesellschaftlich privilegiert (heterosexuelle Kernfamilie als „hegemoniale Form") seien, und andere wiederum abgewertet würden, und dass dies ein Missstand sei, der angeprangert werden müsse.

Diese Sichtweise macht deutlich, dass es für eine soziologische Bestimmung von Familie dringend geboten ist, Familie und Gesellschaft als zwei Gegenstandsebenen analytisch wie theoretisch zu unterscheiden – was ja auch soziologisch in den Unterscheidungen von Gemeinschaft und Gesellschaft und, damit verbunden, diffusen und spezifischen Sozialbeziehungen, bzw. Beziehungen zwischen ganzen Personen und Rollenträgern geschieht[10]. Eine nicht gesellschaftstheoretisch sondern familientheoretisch informierte Position würde bezüglich der Eltern weiterhin von Vater und Mutter wissenschaftlich sprechen, und Personen, die an Stelle von Vater und Mutter bzw. den Eltern treten und handeln, dann als solche spezifizieren: Pflegmutter und -vater, Adoptivmutter und -vater, Partnerin der Mutter, etc. Das hat erstens den gewichtigen erkenntnismäßigen Vorteil, dass die Besonderheit der jeweiligen Realisierungsweise von Familie konkret benannt wird. Zweitens kann vor dem Hintergrund des naturwüchsigen, menschheitsgeschichtlichen bzw. anthropologischen Normfallmodells der Kernfamilie die jeweilige Besonderheit der familialen Abweichungsform rekonstruktiv im Zusammenhang bestimmt werden. Diese bestimmten Besonderheiten können drittens für die spezifischen Handlungsprobleme der nämlichen Familienform sensibilisieren und in professionellen Hilfen, der sozialpädagogischen Praxis der Familienhilfe oder der Genogrammarbeit etwa, berücksichtigt werden.

In der vorliegenden obigen Darstellung gibt es keine familientheoretische Ebene. Familie wird von der technischen Entwicklung und vom Konstrukt der Gesellschaft her bestimmt. Beides hat natürlich Einfluss auf Familie, ermöglicht aber keine Bestimmung von Familie. Dass ‚Gesellschaft' weiterhin manche Familien systematisch diskriminiert, kann man aus guten Gründen behaupten. Aber auch diese Einordnung eröffnet keinen Zugang zur anthropologischen Dimension der Kernfamilie als naturwüchsigem bzw. evolutionärem Normalfall, von dem aus ein Verstehen von Familie möglich werden würde. Mit „kulturelle Selbstverständlichkeit" findet sich interessanter Weise aber eine Chiffre für letzteren Normalfall, diese Chiffre und der Normalfall werden aber sogleich durch die vielfältigen Lebens- und Familienformen rhetorisch in Frage gestellt.

Diese Infragestellung ist paradigmatisch für die zweite Deutungsweise. Die Infragestellung hängt wesentlich an der sprachlichen Charakterisierung der Kernfamilie als *bürgerlicher* Kernfamilie, womit eine unscharfe Imagination evoziert wird, denn die bürgerliche Familie im engeren Sinne gab es, je nach dem, wann und wo man ansetzen will, vielleicht 300 Jahre; sie ist streng genommen

---

10 Siehe jüngst etwa Thomas Loer (2021, S. 40–50). Allerdings ist diese Position nicht sonderlich weit verbreitet, insbesondere nicht in den pädagogischen Fächern, in denen die Soziologie als Hilfswissenschaft fungiert.

mit dem Ersten Weltkrieg an ihr Ende gekommen. Diese Imagination eröffnet die gesellschafts- wie gerechtigkeitstheoretisch aufgeladene Darstellung („gesellschaftlich hegemoniale Form der Familie“). Nun ist die Kernfamilie nicht in der bürgerlichen Epoche entstanden. Die unspezifische Kernfamilie steht anthropologisch besehen am Anfang der Menschheitsgeschichte (s. etwa Todd 2023, S. 71–87); komplexe Verwandtschaftssysteme bis hin zu Clanstrukturen entstehen mit der Zunahme von Besitzakkumulation in Folge von Ackerbau und Sesshaftwerdung oder nomadischer Viehhaltung.

Die Kernfamilie wird aber hier als spezifische und gesellschaftlich hegemoniale bzw. privilegierte Form ausgegeben und somit als gesellschaftliche Norm, quasi als Zwangsform, angezeigt. Daran ist das gerechtigkeitstheoretische Motiv anschlussfähig, welches die rechtliche wie gesellschaftlich-normative Gleichstellung der erwähnten, vom anthropologischen Normalfall der Kernfamilie abweichenden, Familienformen fordert. Das bedauerliche an dieser verkürzenden Sichtweise sehe ich darin, dass gesellschaftspolitische Forderungen mit einer gesellschaftstheoretischen – und eben nicht familientheoretischen – Betrachtung von Familie kurzgeschlossen werden. Dass dies intellektuell ‚funktioniert‘, und vielen Soziologinnen und Soziologen – aber auch anderen – offenbar nicht als problematisch auffällt, dürfte unter anderem auch daran liegen, dass der schon seit Jahrzehnten angerufenen negativen Imagination der „bürgerlichen Kernfamilie“ die Lebenserfahrung von Soziologinnen und Soziologen, insbesondere wenn sie Eltern geworden sind, entsprechen mag. Denn der kulturellen Erwartung an ein Paar, dem „Normkomplex der verantworteten Elternschaft“ (vgl. Kaufmann 1995) gerecht zu werden und heute demnach möglichst früh nach einer Geburt wieder möglichst viel arbeiten zu gehen, ist praktisch kaum auf eine Weise nachzukommen, die Betroffene mit einem befriedigenden Gefühl zurücklässt – etwas kommt immer deutlich zu kurz. Erlebt wird Elternschaft von vor allem Müttern, aber auch Vätern, weiterhin unter der kulturell normativen Bedingung des Ideals der individuellen Autonomie wie der Enttraditionalisierung, als erzwungene Entbehrung. Das Scheitern des Lebens als Kernfamilie und eine Trennung werden dann nicht selten wie eine Befreiung von diesem überfordernden wie entbehrungsreichen gesellschaftlichen Normzusammenhang erlebt.

Dass ‚Gesellschaft‘ Zwänge bereithält, dass Familie im Allgemeinen Überforderungspotenzial birgt und dass bestimmte Familienformen im Besonderen ausgegrenzt und diskriminiert werden, ist alles zutreffend, dies liegt aber eben nicht an Familienformen an sich und deren gesellschaftlicher Priorisierung oder Diskriminierung. Um eine solche voranalytische Erlebensweise reflexiv dekonstruieren zu können, ist es nötig, zwischen Kernfamilie als anthropologischem Normalfall und gesellschaftlichen Behinderungen und Ausgrenzungen von Familie zu differenzieren, was aber in der untersuchten Denk- und Deutungsweise nicht möglich zu sein scheint.

Hingegen möglich ist, um auf Harry G. Frankfurt zurückzukommen, in dieser Denk- und Deutungsweise eine Selbstpräsentation mit einer moralisch wertvollen Meinung. Der Preis dafür ist, würde man Frankfurt folgen, das Risiko des Wahrheits- und Realitätsverlusts, hier in akademischer Ausprägung. Denn weiterhin kann man auch das zweite Element der Deutungsweise, den radikalen Sozialkonstruktivismus, an obiger Passage erkennen, für den die Aufspaltung von sozialer und biologischer Elternschaft insofern argumentativ zentral ist, als von dieser Aufspaltung her die Dekonstruktion der sozialen Realität der Teilhabe am Gattungsprozess[11] und die sprachliche Neukonstruktion desselben als gesellschaftlicher Wirklichkeit getragen wird bzw. werden soll. Diesbezüglich findet sich im Eintrag zur „sozialen Elternschaft“, um auf diesen zurückzukommen, weiter unten folgende aufschlussreiche Formulierung:

> „Rechtliche Elternschaft wird in Deutschland geschlechterdifferenzierend bestimmt: Als Mutter gilt diejenige Person, die das Kind geboren hat (§ 1591 BGB) – obwohl sie, etwa bei einer Tragemutterschaft, nicht genetisch mit dem Kind verwandt sein muss“ (381).

Rechtliche Elternschaft in Deutschland wird erstens als „geschlechterdifferenzierend“ eingeordnet. Damit wird angezeigt, dass ein rechtlicher Aspekt von Elternschaft in Deutschland nach Geschlecht differenziert werde, was als thematisierungsnotwendig angesehen wird. Als Beispiel wird dann der Mutterschaftsparagraph des BGB angeführt. Das heißt, eine rechtliche Mutter ist in der Sichtweise Teschlades nicht zwingend weiblich, bzw. es wird die Gleichsetzung: weiblich, also gebärfähig, implizit problematisiert. Damit wird der gendertheoretischen Thematisierungsebene erhebliche Definitionsmacht zugeschrieben. Denn im Hintergrund steht naheliegenderweise die Prämisse, dass von Personen, die mit einem Sprechakt subjektiv meinen, sich dem bzw. einem anderen Geschlecht zuordnen zu können, auf eine selbstdefinitorische Theorie des Geschlechts geschlossen und wechselseitig eine Position wie die von Reiche zurückgewiesen und vermutlich auch als diskriminierend eingeordnet wird. Aus einer familientheoretischen Sicht, die die These von der Geschlechterspannung ernst nimmt, ist eine selbstdefinitorische *Theorie* des Geschlechts sinnlos. Anders sieht es natürlich auf gesellschaftlich praktischer Ebene aus, auf der Diskriminierungen von Trans*Personen, die sich selbst nicht dem Geschlecht, dem sie angehören, zuordnen können und wollen, natürlich kritikwürdig sind.

Weiterhin wird der lakonisch formulierte Inhalt des Paragraphen mit der Behauptung kritisiert, dass biologische Elternschaft leitend sein solle, also wer die Eizelle ‚gibt‘, die Mutter sei. Nun ist aber die „Tragemutter“ nach deutschem

11 Hegel spricht in diesem Zusammenhang in Artikel 168 seiner Enzyklopädie von „substanzieller Allgemeinheit“ bzw. „Leben“.

Recht die Mutter – nicht nur rechtlich, sondern eben Mutter in der Totalität des Mutterwerdens bzw. in der Einheit des Begriffs. Rechtssitten anderer Länder und deren Ausdrucksformen, Geburtsurkunden etwa, werden daher in Deutschland bisher bei „Tragemutterschaften“ nicht anerkannt, sofern die Käuferin des Kindes als Mutter in der nämlichen Geburtsurkunde genannt wird und nicht die Mutter (= „Tragemutter“). Diese alte deutsche Rechtsposition stammt aus einer Zeit, als die heutigen reproduktionsmedizinischen Möglichkeiten noch nicht vorhanden waren und auch noch nicht gedacht wurden. Dennoch ist diese Rechtsposition erfahrungstheoretisch insofern informiert und kann daher auch heute Geltung beanspruchen, als in ihr der leiblichen Erfahrung des Schwanger-Seins mit dem Kind Priorität eingeräumt wird. Hingegen ist der bisherigen deutschen Rechtsprechung in dieser Rechtstradition beziehungsweise der ihr innewohnenden Erfahrungstheorie die genetische Abstammung für Mutterschaft nachgeordnet, was darauf verweist, dass Mutterwerden auch ein sozialer erfahrungsbasierter und kultureller Vorgang ist; Vaterwerden zwar nur vermittelt, aber eben auch.

In dem Zitat wird der Paragraph nun aber als Beleg für die (vermeintliche) Antiquiertheit des deutschen Gesetzes angeführt, die genetische (= biologische) Abstammung ist in dieser Sichtweise das Residuum der Realität, nicht die Schwangerschaft. Genau diese Position antizipierte Amendt mit der These der ‚Erfindung‘ der biologischen Elternschaft durch die Reproduktionsmedizin. Denn diese Sicht begreift die erfahrbare Welt nur von ihrer physisch-materialistischen Seite her und macht sie somit unter anderem auch zu einer toten Welt der Technik. Dies teilt der Sozialkonstruktivismus mit dem eleminativen Materialismus der „theory of mind“ der analytischen Philosophie.[12] Dieser Materialismus ist für den sozialkonstruktivistischen Aspekt des Deutungsmusters relevant, denn Soziales und Kultur sind in diesem ‚bloß‘ gesellschaftlich konstruiert sowie individuell mental repräsentiert und daher kontingent. Das heißt man trennt Soziales und Kulturelles vom Gattungsprozess (bzw. substanzieller Allgemeinheit bzw. Leben) ab und erklärt es für kontingent und daher anders konstruierbar. Wenn man die Sache so sieht, dann bleibt Schwangerschaft als hermetisches biologisches Phänomen zurück, welches gesellschaftlich diskursiv-deutungsmäßig umkämpft ist und den diskursiv Kämpfenden Möglichkeiten zur moralischen Selbstpositionierung bietet.

Dass Gesellschaftliches vermachtet ist, ist soziologisch zutreffend. Daraus folgt zumindest aus Sicht des anthropologischen Normfallmodells aber nicht, dass Schwanger- oder Mutter-Sein neu bzw. technisch induziert anders zu definieren wären, sondern Mutter ist die Frau, die das Kind trägt und gebiert. Davon soziologisch zu unterscheiden sind (i) die Abweichungsformen vom Normalfallmodell und davon (ii) die gesellschaftlichen Diskriminierungen der Abweichungen. Das

12 Siehe zum eleminativen Materialismus der analytischen Philosophie und deren Passung zum Sozialkonstruktivismus: Behrend (2019 [2008], S. 158–175).

Problem der Diskriminierung liegt dann aber auf der gesellschaftlichen bzw. gesellschaftstheoretischen Ebene und nicht auf der familientheoretischen Ebene. Letztere braucht es aber, um Abweichungen bestimmen zu können. Über diese Ebene wird in der zweiten Deutungsweise aber gar nicht gehandelt, sie kommt erst gar nicht vor, da Familie, biologisch ‚versiegelt', nur in ihren gesellschaftlichen Aspekten verhandelt wird. Ich betrachte dies als einen Verlust an Realität, welcher typischer Weise mit moralisierenden Positionierungen einhergeht, so auch hinsichtlich Forderungen der Neugestaltung von Sprache; dazu nachfolgender Ausschnitt aus dem Eintrag zur „Tragemutterschaft" von Julia Teschlade im gleichen Handbuch:

> „Die Bezeichnung Tragemutter(-schaft) sollte mit kritischem Blick auf die Mehrdeutigkeit und Ausdifferenzierung von Mutterschaften im sozialen, rechtlichen, natalen und genetischen Sinn (Peukert et al. 2018) verwendet werden. Das Konstrukt der Mutterschaft als (vermeintlicher) Entität aus genetischer Verwandtschaft, Austragen und Gebären sowie sozialer Sorgeverantwortung wird bei einer Tragemutterschaft entkoppelt. Dennoch übernimmt bei einer Tragemutterschaft eine Person über einen begrenzten Zeitraum zentrale Aufgaben, die u. a. mit Mutterschaft assoziiert werden, wie Fürsorge und Verantwortung. Doch die durch Mutterschaft evozierten Assoziationen sind teils irreführend, weil mit dem Austragen und Gebären eines Kindes nicht für alle Personen eine Identifizierung mit Muttersein einhergeht (kritisch dazu u. a. Zipper/Sevenhuijsen 1987; Teman 2010)." (313 f.)

Mutterschaft wird in vier technische Dimensionen aufgeschlüsselt. Das Konzept Mutter wird ferner nicht mehr als soziales und kulturelles Faktum in der Realität betrachtet, sondern als letztlich mentale Selbstzuschreibung bzw. Selbstidentifizierung; ‚Austragende' bzw. ‚austragende Person' wäre konsequenter Weise die technisch korrekte Bezeichnung in dieser Sichtweise – und nicht mehr Mutter. Motiv dafür dürfte auch hier der Abbau möglicher Diskriminierungen sein, was dem ersten Aspekt der untersuchten Deutungsweise entspricht.

Für den zweiten Aspekt der Deutungsweise komme ich auf die Ausführungen unter der Überschrift „Soziale Elternschaft" zurück:

> In der praxeologischen Familienforschung wird dafür plädiert, soziale Elternschaft ins Zentrum des Elternbegriffs zu rücken. „‚Natur' alleine ist jedenfalls kein ausreichender Begründungszusammenhang (mehr) für die Konstruktion von Elternschaft", argumentiert etwa Karin Jurczyk (2017: 9) – und es lässt sich fragen, ob sie es je war. Jurczyk plädiert stattdessen dafür, die „praktizierte verlässliche Elternverantwortung in den Mittelpunkt zu stellen" (ebd.: 9). Auch Harry Willekens (2016: 130 f.) findet keinerlei „wissenschaftliche Befunde einer positiven Korrelation zwischen der Fruchtbarkeit und der elterlichen Eignung" und verwirft ebenso eine mögliche

> Legitimierung von rechtlicher Elternschaft über die „alte Regel des ius commune […], die besagt, dass der Verursacher zahlt". Diese Regel sei allenfalls geeignet, dem Kind unterhaltszahlende, nicht jedoch, ihm sorgende Eltern zu bescheren." (382)

Vieles wäre an dieser Passage im hiesigen Zusammenhang hervorzuheben. Inhaltlich werden die Konsequenzen des Ausbaus der Anwendung der Reproduktionsmedizin benannt, es gibt mehr Paare, die als Eltern gegenüber Kindern agieren, obwohl sie nicht die Eltern sind. Soziale Elternschaft ist der Sammelbegriff dafür, als Eltern positioniert zu sein und dauerhaft zu handeln. Insofern markiert diese sprachliche Neuschöpfung die reale Differenz zwischen Eltern sein und als Eltern zu handeln. Der sozialkonstruktivistische Zugriff wendet diese realistischen Implikationen, es geht um Abweichungen vom naturwüchsigen bzw. menschheitsgeschichtlichen Normalfall der Kernfamilie unter Einbeziehung der genetischen bzw. biologischen Grundlagen von Elternschaft, in einer bemerkenswerten Argumentationsweise gegen die Realität dergestalt, dass, vor dem Hintergrund der sowohl technisch-medizinisch ermöglichten wie der voluntaristischen ‚Aufspaltungen' von Elternschaften, Behauptungen über Elternschaft im Allgemeinen wie folgt aufgestellt werden: Die Sorge um die Kinder, welche theoretisch als naturwüchsiges Implikat des Elternseins begreifbar ist (von dem empirische Eltern natürlich immer auch abweichen), wird zu einem willensmäßigen Konstrukt erklärt, dem Bekenntnis, „praktizierte verlässliche Elternverantwortung" übernehmen zu wollen. Die Konsequenz: Durch die klassifikatorische Ausdifferenzierung des naturwüchsigen Phänomens der Elternschaft wird eine Normalisierung der technisch-medizinisch ermöglichten ‚Elternschaften' betrieben, worüber die jeweiligen Spezifika der unkonventionellen Familiengründungen und deren Folgen für betroffene Kinder und Eltern nicht mehr bestimmt werden.

Zur Legitimation der Position der gesellschaftlichen Entdiskriminierung und Normalisierung wird die naturwüchsige Elternschaft erst als „‚Natur' alleine" bezeichnet und daraufhin als vorsozial bzw. sozial irrelevant erklärt. Das heißt auch hier wird die Biologie im Rahmen des Sozialkonstruktivismus als einzig vorhandene Realität anerkannt, dann aber als sozial irrelevant erklärt, womit aber auch wieder der Gattungsprozess (bzw. substanzielle Allgemeinheit bzw. Leben) für das soziologische Verstehen von Familie verschwindet. Das ist radikal, denn dahinter liegt eine erkenntnistheoretische Position, welche für sich beansprucht, nicht bloß über gesellschaftliche Phänomene, sondern über Realität dergestalt aufzuklären, dass letztere ein gesellschaftliches Konstrukt sei. Dies ist der Kern des zweiten Aspekts der Deutungsweise, der Position der „konstruktivistischen Zurückweisung des Sozialen als Realität", in welchem die Realität zu sozialen Wirklichkeiten, die an sich kontingent sind, sprachlich umgestaltet werden soll. Diese Umgestaltung wird mit der Aufforderung an den Leser kombiniert, seine ‚naive' Sichtweise auf Realität zu ändern. Das heißt, diese Position konstruiert ihr eigenes Handlungsproblem: die Umerziehung dazu, der Realität quasi abzuschwören und an deren Stelle kontingente soziale Wirklichkeiten zu sehen; sinngemäß: ‚diese Sicht müssen Sie teilen, wenn Sie weiter an diesem Diskurs teilnehmen wollen'. So besehen handelt es sich dann doch auch um ein Deutungsmuster, welches sein Handlungsproblem, auf welches es bezogen ist, mitkonstruiert. Daher ist die hier skizzierte Position zirkulär und gegen Kritik immun, mithin eine Art Bekenntnis.

Abschließend hierzu eine meines Erachtens exemplarische Passage aus dem Lehrbuch „Geschlechtersoziologie" von Regina Gildemeister und Katja Hericks zur erkenntnismäßigen Herauslösung der Kategorie Geschlecht aus dem naturwüchsigen wie erfahrungsbasierten Zusammenhang der Familie und der damit verbundenen Einsicht in die Konstruiertheit der Kategorie Geschlecht:

> „Erst zu dieser Zeit [den 1990er Jahren; OB] konnte Geschlecht aus der mehr oder weniger reflexartigen Bindung an Familie gelöst werden und auch die Beziehung zwischen Geschlecht und Generativität neu formuliert werden: Nicht die angenommene Gebärfähigkeit ist die Grundlage für einen separierten und Frauen tendenziell benachteiligenden Status, sondern die Modi der Konstruktion von Geschlecht machen die ‚Vermutung der Möglichkeit des Gebärens' zu einer Frauen benachteiligenden Größe" (S. 198).

An dieser Passage wird der Charakter der willentlichen Neu-Konstruktion („... konnte gelöst werden" bzw. „...konnte neu formuliert werden...") der abstrakten bzw. technischen Kategorie des Geschlechts erkennbar. Die vertretenen Behauptungen beziehen sich auf die Ebene des Theoretisierens, und sind – bei aller Relevanz der gemeinten gesellschaftlichen Konstruktionsbeiträge zur Weiblichkeit und zur Generativität und damit verbundener Diskriminierung von Frauen – im Lichte des ersten Deutungsmusters dergestalt grotesk, dass der für Geschlechtlichkeit konstitutive, gattungsgeschichtliche wie biografisch-erfahrungsfundierte Zusammenhang von Paarbildung, Zweigeschlechtlichkeit, Zeugung, Geburt und Familie (inklusive des Bildungsprozesses des Kindes) weggewischt wird.

Der an diese Stelle gesetzte, konstruktivistische Neuentwurf des Sozialen führt in die gleiche erkenntnistheoretische Sackgasse wie der erwähnte Ansatz des eliministischen Materialismus, weil Soziales methodisch bzw. konzeptuell nicht als Realität des anthropologischen Prozesses anerkannt oder zugelassen wird. Als wirksam zur Konstruktion von Geschlecht wie zur Diskriminierung des Weiblichen werden vielmehr abstrakt „die Modi der Konstruktion von Geschlecht" genannt. Damit wird die vermeintlich naive Prämisse von der objektiven Realität (die natürlich nie direkt zugänglich aber eben doch approximativ erforschbar ist) überwunden und auch der Wahrheitsbegriff (s. Frankfurt) einkassiert. Die an ihre Stelle gesetzten Konstruktionen sozialer Wirklichkeit suggerieren, die überwundene Realität verfügbar und moralisch besser gestaltbar machen zu können.

Zuletzt ein Hinweis: Das hier nur ansatzweise begriffene, sozialkonstruktivistische Denken bezüglich Zeugung, Schwangerschaft und Geburt – aber auch Geschlecht – stellt auch und ökonomisch vor allem eine Legitimation und indirekte Marketingkampagne für die global boomenden Kliniken für Reproduktionsmedizin, aber auch die für Geschlechtsangleichungen, dar, weil dieses Denken und der Diskurs sowohl technisch vermittelte Reproduktion als auch Geschlechtsangleichung positiv legitimieren kann: als potenziell gerechtigkeitsstiftend und subjektive Wünsche verwirklichend. Die ökonomische Kritik bezieht sich daher nur auf bestimmte Formen der Kommodifizierung, zum Beispiel die Ausbeutung von „Tragemüttern" (s. etwa Reich/Kuhnt 2024)[13].

4. Realität, Sozialkonstruktivismus und Technik

Reiche und Amendt gehen bzw. gingen von der Realität aus, in der Personen mit ihrem Unbewusstem und ihren Trieben sowie ihrer Geschlechtlichkeit in Abhängigkeit voneinander in kernfamiliären Zusammenhängen existieren. In diese Denkweise des nämlichen Deutungsmusters von der „kulturellen Selbstverständlichkeit der Einheit von libidinöser Zuneigung und Elternschaft" ist der erste Aspekt der doppelten Deutungsweise von Familie problemlos integrierbar, als Ebene der Gesellschaft und ihrer Kritik. Hingegen ist für das zweite Moment, das sozialkonstruktivistische Deutungsmuster, eine Integration kategorial nicht möglich. Allerdings ist das sozialkonstruktivistische Deutungsmuster bezüglich Familie, Elternschaft oder Geschlecht akademisch nach meinen Erfahrungen akademisch schon länger hegemonial und mittlerweile auch familienpolitisch zunehmend leitend. Das sozialkonstruktivistische Deutungsmuster lebt aber notwendiger Weise von einem Selbstbild der Heterodoxie und der Kritik realitätsbezogener Deutungsmuster und Denktraditionen. Das zu dieser Deutungsweise zugehörige Denken ist mehr im angelsächsischen Individualismus und Positivismus beheimatet bzw. zu diesem kompatibel (daher auch die Passung zur „theory of mind" der analytischen Philosophie) und beruht auf klassifizierenden wie distinkten (positivistischen) Ausdifferenzierungen; das Denken in Zusammenhängen, Einbettungsverhältnissen und Übergängen, wie man es beispielsweise von Hegel lernen kann, ist in ihm nicht beheimatet. Diese Indifferenz gegenüber dem Denken in Zusammenhängen – kulturellen, familialen und gattungshistorischen Zusammenhängen etwa –, in denen das Subjekt behaust ist, isoliert das Subjekt und macht es diskursiv-konstruktivistisch anschlussfähig an Techniken im allgemeinen und reproduktionsmedizinische Technologien im Besonderen.

---

13 Die Autorinnen erkennen nicht den Beitrag ihrer Ausführungen zur Kommodifizierung von Schwangerschaft und zur „neoliberalen Individualisierung" (Reich/Kuhnt 2024, S. 30), welche sie selbst kritisieren.

Die Anwendung und gesellschaftliche Etablierung neuer Technologien, die Ausbreitung von Selbsttechnologien und technologischer Rationalität, über die Technik im engeren Sinne hinaus, sind in allen soziologischen Theorietraditionen charakteristisch für moderne Gesellschaften.

Ich möchte im hiesigen Zusammenhang an das diesbezüglich aufschlussreiche Werk des französischen Soziologen Jacques Ellul erinnern, der mit seinem Buch über die Technik eine „Phänomenologie des technischen Geisteszustandes" (Ellul 1964, S. xiii) vorgelegt hat, wie es der Philosoph und Übersetzer des Werks ins Englische, John Wilkinson, in der Einleitung der englischen Ausgabe ausdrückte.

Die zentrale These Elluls besagt, dass „Technik" das spezifische Milieu sei, in welchem der Mensch im Verlauf des zwanzigsten Jahrhunderts zunehmend gezwungen sei zu existieren, da das technische Milieu das alte Milieu, das der Natur, überwuchert habe (vgl. Ellul 1962, S. 394). Technik umfasst für Ellul dabei mehr als Maschinen oder Automaten. Technik sei, so Ellul, die Totalität der Methoden (auch im Sinne von Denkweisen), die in einer konkreten Kultur rational erreicht wurden und die als maximal effizient für jedes Feld menschlicher Aktivität (Herrschaft, Produktion, Medizin, Familie, Religion etc.) angesehen werden können. Das technische Milieu hat nach Ellul die folgenden Charakteristika: „(i) Es ist künstlich; (ii) es ist autonom gegenüber Werten, Ideen und dem Staat; (iii) Es ist selbstbestimmt in einem geschlossenen Kreis. Wie Natur ist es ein geschlossenes System, was es ihm erlaubt, unabhängig von jeglicher menschlichen Intervention, selbstbestimmt zu sein; (iv) es wächst entsprechend eines Prozesses der kausal ist aber ohne Ziel; und (v) es besteht aus einer Ansammlung von Mitteln, die gegenüber Zielen dominant geworden sind" (ebd.; Übersetzung OB). Weiterhin stellt Ellul heraus:

> „Da Technik das neue Milieu geworden ist, sind alle sozialen Phänomene darin situiert. Es ist falsch zu sagen, dass Ökonomie, Politik und die Sphäre des Kulturellen von Technik beeinflusst oder modifiziert würden; sie sind vielmehr situiert in ihr; eine neue Situation, die alle traditionellen sozialen Konzepte verändert. Das heißt beispielweise, dass Politik nicht durch Technik als einem Wirkfaktor neben anderen beeinflusst wird; die politische Welt wird vielmehr gegenwärtig definiert durch ihre Beziehung zur technologischen Gesellschaft." (a. a. O., S. 395; Übersetzung OB).

Wenn man Elluls Techniksoziologie, die auch als Theorie der Enttraditionalisierung und als Theorie der Bildungsexpansion und des Bildungsaufstiegs gelesen werden kann, ernst nimmt, was mir offensichtlich wie unausweichlich erscheint, dann wird ein zentraler technischer Effekt der Verwendung des Sozialkonstruktivismus' im einschlägigen Themenfeld deutlich: Die angezeigten Verwendungsweisen des Sozialkonstruktivismus produzieren Konzepte und Argumente zur Legitimation wie zum weiteren Wachstum des technischen Milieus. Wissenschaft ist schon lange im technischen Milieu situiert und wird daher typischer Weise mit einem technischen Methodenverständnis identifiziert. Dabei ist Wissenschaft im traditionellen Milieu entstanden und hängt, sehr plump ausgedrückt, davon ab, dass Wissenschaftler hinsichtlich der Idee der Wahrheit (und der an sie geknüpften Regeln) im Geist des traditionellen Milieus verbleiben, denn Wissenschaft kann nicht in Technik bzw. mit technischen Prozeduren begründet werden. Allerdings ist dies längst der Fall, was ein gravierendes wie kategoriales Problem für die heutigen technologischen Gesellschaften und deren Universitäten darstellt, wie auch Ellul anmerkt (s. 1962, 340; 1964, S. 7–11)[14].

5. Fazit

Es ging und geht hier nicht um eine Fundamentalkritik am Sozialkonstruktivismus, was eine viel kompliziertere Angelegenheit wäre. Das Problem, welches ich hier aufgeworfen habe, ist die Übertragung konstruktivistischer Ansätze auf elementare soziale wie kulturelle Phänomene, vor allem das Phänomen Familie und familiale Vorgänge, wie etwa Zeugung und Geburt. Diese Übertragung auf soziale und kulturelle Phänomene suspendiert folgerichtig alte Erkenntnisprobleme und Seinsbestimmungen (Theorie der Lebenspraxis etwa). Anders ausgedrückt: Die Reflexion auf Geschichte und Kultur hört mit dem Sozialkonstruktivismus in gewisser Weise auf; auch das Ringen um erfahrungswissenschaftliche Einsichten wird vermeintlich technisch gelöst, in Form der abstrakten wie situativen Anwendung sozialkonstruktivistischer Bewertungskategorien. Manches folgt daraus, unter anderem die Etablierung einer ahistorischen, abstrakten Gerechtigkeitsethik, die Kontur gewinnt, für manche neo-religiöse Qualität besitzt, und eine neue gesellschaftliche Hierarchisierung ermöglicht. Dass dies überhaupt erfolgen kann, ist Ausdruck des Verschwindens der kollektiven wie kulturellen Bindungen an absolute Glaubensinhalte oder traditionelle gesellschaftliche Werte (welche vom Arbeitermilieu wie der Mittelschicht und dem bürgerlichen Milieu gleichermaßen lange Zeit geteilt wurden).

14 Die Grundsätzlichkeit der ‚techniksoziologischen' Schriften Elluls wird in der deutschsprachigen Techniksoziologie meines Wissens nicht aufgegriffen. Typischerweise wird Elluls Position in die Kategorie *makroperspektivische Systemtheorie* neben Marx, Weber, Schelsky etc. eingeordnet (s. Häusling 2010, S. 627). Das ist grundsätzlich durchaus zutreffend; Ellul spricht auch vom System und argumentiert, Max Weber ähnlich, kategorial, was in der Soziologie kaum mehr üblich ist. Daher ignoriert unter anderem die Techniksoziologie die Folgen des „Einzugs" ins technische Milieu. Eine Folge des Einzugs in das technische Milieu sieht Ellul in der Etablierung gesellschaftlicher Steuerung der Individuen durch umfassende, totale Propaganda (s. Ellul 2021 [1962]). Propaganda umfasst nach Ellul notwendiger Weise auch das akademische Feld. Akademische Propaganda bestimme darüber, was gesellschaftlich als gut, gerecht, richtig etc. gelten dürfe bzw. solle, und was als schlecht und falsch. Umfassende Propaganda sei die Reaktion darauf, dass die Orientierungsmuster des alten Milieus zum neuen Milieu nicht passten.

Auf diese geistige Leere bzw. technische Neuorientierung reagiert Harry G. Frankfurts These vom Bullshit: als ein Erklärungsversuch, was diese Leere zu füllen scheint. Als Charakteristika der heutigen Kultur sieht Frankfurt diesbezüglich, (i) den Drang des Individuums zur Darstellung der eigenen Aufrichtigkeit und (ii) die zunehmende Abnahme der Bindung des Individuums an Wahrheit und Realität; eine Tendenz die insbesondere für das akademische Milieu prägend ist. Allerdings ist die regulative Idee der Wahrheit, wenn man die mit ihr verbundene Idee der Wissenschaft ernst nehmen wollen würde, etwas Absolutes. Das aufgezeigte erste, alte, Deutungsmuster teilt diese Idee und ist in dieser bzw. den Resten dieser, aus Sicht des Konstruktivismus naiven wie veralteten Tradition, beheimatet. Eine wissenschaftliche Besinnung auf dieses Deutungsmuster und sein Verständnis vom menschheitsgeschichtlichen Normalfall der Kernfamilie (und damit der ödipalen Triade als Strukturgesetzlichkeit), bei gleichzeitiger Geltung aller möglichen Ausnahmefälle, würde ein Gegengewicht zur hegemonialen akademischen Rede über Familie im technisch-sozialkonstruktivistischen Milieu darstellen.

Eine letzte Anmerkung: Das technische Milieu ist zugleich auch das des Bildungsaufstiegs der letzten Jahrzehnte und dem von den Aufgestiegenen getragenen akademischen Selbstverständnis, welches unter anderem die Tendenz hat, die vermeintliche Überlegenheit der Studierten gegenüber den Nichtstudierten nicht nur ökonomisch, sondern auch kulturell auf Dauer zu stellen. Diese neue, kulturell manifestierte, soziale Ungleichheit scheint nicht zuletzt von der hier diskutierten zweiten Deutungsweise begründet und getragen werden zu können.[15]

Literatur

Amendt, Gerhard (1986): Der neue Klapperstorch: Über künstliche Befruchtung, Samenspender, Leihmütter, Retortenzeugung und die Folgen: Reproduktionsmedizin. Herbstein: März Verlag.

Behrend, Olaf (2019 [2008]): Sinnhafte Strukturen des Handelns und neurobiologische Prozesse des Sehens. Zur soziologischen Bestimmung von Wahrnehmen als Handeln sowie zur Kritik der neurowissenschaftlichen Rede über Gehirn, Bewusstsein und visuelle Wahrnehmung. Wiesbaden: Springer Gabler.

Behrend, Olaf (2020): Zur Familie der neuen Mitteschichtkultur. In: Dorett Funcke (Hrsg.): Rekonstruktive Paar- und Familienforschung, Wiesbaden: Springer VS, S. 9–42.

Behrend, Olaf (2023): Kooperation oder moralisches Handeln als individuelle Extraleistung? Skizze der Enttraditionalisierung der Mittelschichtkultur und ihrer Erziehungsziele sowie Anmerkungen zu den Folgen dieses Prozesses. In: Dorett Funcke, Franziska Krüger (Hrsg.): Die Ökonomisierung des Sozialen – Vergesellschaftungsdynamiken in der Familie. Weinheim und Basel: Beltz Juventa, S. 118–148.

15 Zu jüngsten Tendenzen bildungsaufstiegsbedingter Ungleichheiten im Westen und dem Ende der Bildungsexpansion in den USA siehe zuletzt: Emmanuel Todd (2024, etwa S. 225–227).

Behrend, Olaf (2025): Soziologische Anmerkungen zur Krise der Familie der heutigen Mittelschichtkultur, In: Marco Hofheinz, Stefan Heuser (Hrsg.) Von der Krise zur Kritik. Leipzig: Evangelische Verlagsanstalt, S. 141–163.

Ellul, Jacques (1962): The Technological Order. In: Technology and Culture. Proceedings of the Encyclopaedia Britannica Conference on the Technological Order 3, no. 4, Autumn, 1962.

Ellul, Jacques (1964 [franz. 1954]): The Technological Society. New York: Alfred A. Knopf.

Ellul, Jacques (2021 [franz. 1962]): Propaganda. Frankfurt: Westend.

Frankfurt, Harry G. (2005): On Bullshit. Princeton/Oxford: Princeton University Press.

Funcke, Dorett; Hildenbrand, Bruno. (2009): Unkonventionelle Familien in Beratung und Therapie. Heidelberg: Carl-Auer.

Haller, Lisa Yashodhara; Schlender, Alicia (Hrsg.): Handbuch Feministische Perspektiven auf Elternschaft. Leverkusen: Verlag Barbara Budrich.

Hartmann, Max (1956 [1943]): Die Sexualität. Das Wesen und die Grundgesetzlichkeiten des Geschlechts und der Geschlechtsbestimmung im Tier- und Pflanzenreich. Stuttgart: Gustav Fischer Verlag.

Häußling, Roger (2010): Techniksoziologie. In: Georg Kneer, Markus Schroer (Hrsg.): Handbuch Spezielle Soziologien, Wiesbaden: VS Verlag, S. 623–644.

Kaufmann Franz-Xaver (1995): Zukunft der Familie im vereinten Deutschland. München: Beck.

Liebeskind, Uta (2011): Universitäre Lehre: Deutungsmuster von ProfessorInnen im deutsch-französischen Vergleich. Konstanz: UVK.

Linek, Leoni; Peukert, Almut; Teschlade, Julia; Motakef, Mona; Wimbauer, Christine (2022): Soziale Elternschaft. In: Haller, Lisa Yashodhara; Schlender, Alicia (Hrsg.), Handbuch Feministische Perspektiven auf Elternschaft. Leverkusen: Verlag Barbara Budrich, S. 377–388.

Maiwald, Kai Olaf (2020): Der Zwang zur Erziehung und die a-pädagogische Haltung moderner Eltern. Eine exemplarische Fallrekonstruktion zur Spannung von Asymmetrie und Symmetrie. In: Dorett Funcke (Hrsg.): Rekonstruktive Paar- und Familienforschung, Wiesbaden: Springer VS, S. 181–210.

Oevermann, Ulrich (2001a [1973]): Zur Analyse der Struktur von sozialen Deutungsmustern. In: Sozialer Sinn Jg. 2, 1/2001, S. 3–33.

Oevermann, Ulrich (2001a [1973]): Die Struktur sozialer Deutungsmuster – Versuch einer Aktualisierung. In: Sozialer Sinn Jg. 2, 1/2001, S. 35–81.

Reich, Marie; Kuhnt, Anne-Kristin (2024): Being in labour – Gebären als Arbeit im gegenwärtigen Kapitalismus. In: Gender – Zeitschrift für Geschlecht, Kultur und Gesellschaft, Heft 1-2024, S. 26–40.

Reiche, Reimut (1990): Geschlechterspannung, Frankfurt. Fischer Verlag.

Seiffge-Krenke, Inge (2014): Identität im Wandel und therapeutische Herausforderungen. In: Forum Psychoanal (2014) 30, S. 85–108.

Teschlade, Julia (2022): Tragemutterschaft. In: Haller, Lisa Yashodhara; Schlender, Alicia (Hrsg.), Handbuch Feministische Perspektiven auf Elternschaft. Leverkusen: Verlag Barbara Budrich, S. 313–324.

Todd, Emmanuel (2023): Lineages of the Feminine. An Outline of the History of Women. Cambridge und Hoboken: Polity.

Todd, Emmanuel (2024): Der Westen im Niedergang. Ökonomie, Kultur und Religion im freien Fall. Neu-Isenburg: Westend.

Verzeichnis der Autorinnen und Autoren und Herausgeber

Bernd Ahrbeck, Dr. phil. Dipl-Psych., Professor an der International Psychoanalytic University (IPU-Berlin); Psychologe, Erziehungswissenschaftler, Psychoanalytiker. Schwerpunkte: Psychoanalytische Pädagogik; Bildungsforschung; Kulturtheorie. Aktuelle Publikationen: Ahrbeck, B. (2022): Jahrmarkt der Befindlichkeiten. Von der Zivilgesellschaft zur Opfergemeinschaft. Zu Klampen: Springe; Ahrbeck, B., Felder, M. (Hrsg.) (2022): Geboren im falschen Körper. Genderdysphorie bei Kindern und Jugendlichen. Kohlhammer: Stuttgart. Ahrbeck, B. (2024): Basteln am Ich. Risiken und Nebenwirkungen grenzenloser Selbstbestimmung. Zu Klampen: Springe. Ahrbeck, B., Felder, M. (2024): Wege und Irrwege der Sexualpädagogik. Kohlhammer: Stuttgart.

Heike Baranzke, Dr. theol., Lehrbeauftragte für Ethik und interdisziplinare Lehre in der Forschergruppe katholische Theologie an der Bergischen Universität Wuppertal. Forschungsschwerpunkt: Analyse der Folgen der naturteleologischen Krise der Neuzeit für die Begründungsarchitektur in der modernen Ethik; Kantische Ethik; Eruierung der Prinzipien gelingender Interdisziplinarität in angewandt ethischen Diskursen. Neuere Publikationen: Heike Baranzke (2023): Grundzüge einer Ethik der Supervision. Versuch einer Explikation und ethischen Begründung des professionsethisch-humanistischen Selbstverständnisses berufsbezogener Beratung. In: FoRuM Supervision. Onlinezeitschrift für Beratungswissenschaft und Supervision H. 62, S. 8–23, https://www.beratungundsupervision.de/index.php/fs. Heike Baranzke/Hans Werner Ingensiep (2023): Sentientism – For Whose Sake? Ethics, Sciences, and Crypto-Teleological Fact-Value-Bridges, illustrated by the research about sentience in invertebrates. In: Animal. The International Journal for Animal Biosciences 17. ISSN 1751-7311 (accepted 1 June 2023) https://doi.org/10.1016/j.animal.2023.100875. Heike Baranzke/Helen Güther (2023): Die Entdeckung der PERSON mit Demenz in der stationären Langzeitpflege – Die theoretische Grundlage der HALT-Studie. In: Hermann Brandenburg (Hrsg.): Pflegehabitus in der stationären Langzeitpflege von Menschen mit Demenz. Personzentrierte Pflegebeziehungen nachhaltig gestalten. Reihe: Gerontologische Pflege, hrsg. v. Hermann Brandenburg. Stuttgart: Kohlhammer, S. 39–99. Heike Baranzke (2015): Der menschliche Embryo – Naturzweck oder Handlungszweck? Eine Kritik von Totipotenz und Potentialitätsargument in der Embryonenschutzdiskussion. In: Thomas Heinemann,

Hans Georg Dederer, Tobias Cantz (Hrsg.): Entwicklungsbiologische Totipotenz in Ethik und Recht. Zur normativen Bewertung von totipotenten menschlichen Zellen. Göttingen: V&R unipress, S. 165–222.

Lena Barth, Dr., Psychologische Psychotherapeutin (Tiefenpsychologisch fundierte Psychotherapie); seit 2015 an der Medical School Hamburg im Bereich Forschung und Lehre tätig; zuletzt Leitung des Ausbildungsgangs Tiefenpsychologisch fundierte Psychotherapie am Hafencity Institut für Psychotherapie sowie Tätigkeit in eigener Praxis als Psychotherapeutin und Supervisorin. Forschungsschwerpunkte: Konzept der Ambiguität, Anpassung analytischer Theoriebildung im Kontext alternativer Familienmodelle. Aktuelle Publikationen: Barth, L. (2024): Interventionen der Tiefenpsychologie. Beltz: Weinheim. Barth, L. (2024): The evolution of family creation via sperm donation: New perspectives on family and parenthood. Couple and Family Psychoanalysis, 14(2), S. 161–179. https://doi.org/10.33212/cfp.v14n2.2024.161. Barth, L. (2024): Familie, Elternschaft und das ambigue Leben Familiengründung durch Samenspende. Reproduktion und das gute Leben: Intersektionale Perspektiven, 6, 97. Barth, L., Kaiser, P. M., Tuncel Langbehn, G., Ruettner, B. & Goetzmann, L. (2022): The inner and the outer foreign territory – A qualitative study measuring ambiguity tolerance within young Muslims living in Germany. Journal of International Migration and Integration https://doi.org/10.1007/s12134-022-00956-z.

Tobias Bauer, Professor an der Faculty of Humanities and Social Sciences, Kumamoto University (Japan). Gegenwärtige Forschungsschwerpunkte: Bio- und Medizinethik; Recht auf Kenntnis der Abstammung im Kontext anonymer Kindesabgabe und Familienbildung durch Gametenspende; soziale und ethische Implikationen prädiktiver Gendiagnostik und kommerzieller DNA-Datenbanken; Soziologie des Nichtwissens. Einschlägige Publikationen: „Intra-familial dynamics of knowledge and ignorance experienced by donor-conceived adults in Germany“, gemeinsam mit Anne Meier-Credner. In: SN Social Sciences 4(9) (2024): „A systematic review of qualitative studies investigating motives and experiences of recipients of anonymous gamete donation“. In: Frontiers in Sociology 7 (2022): „A discussion of the baby hatch from the viewpoint of a child's right to a knowledge of his/her parentage: Perspectives from the German debate“. In: Journal of Philosophy and Ethics in Health Care and Medicine 9 (2015).

Olaf Behrend, Dr. phil. habil.; Soziologe; Lehrkraft für besondere Aufgaben an der Universität Siegen; Arbeitsschwerpunkte: Familie, Bildungsprozesse des Subjekts, Film, Verwaltung und Staatlichkeit, rekonstruktive Methoden, De-Professionalisierung sowie fallrekonstruktive Familienforschung. Jüngere Publikationen: „Soziologische Anmerkungen zur Krise der Familie der heutigen Mittelschichtkultur“. In: Marco Hofheinz, Stefan Heuser (Hrsg.) (2025): Von der Krise zur Kritik. Leipzig: Evangelische Verlagsanstalt, S. 141–163. „Kooperation oder moralisches Handeln als individuelle Extraleistung? Skizze der Enttraditionalisierung der Mittelschichtkultur und ihrer Erziehungsziele sowie Anmerkungen zu den Folgen dieses Prozesses". In: Dorett Funcke, Franziska Krüger (Hrsg.) (2023): Die Ökonomisierung des Sozialen – Vergesellschaftungsdynamiken in der Familie. Weinheim und Basel: Beltz Juventa, S. 118–148. „Zur Familie der neuen Mittelschichtkultur". In: Funcke, Dorret [Hrsg.] 2020. Rekonstruktive Paar- und Familienforschung. Wiesbaden: Springer, S. 9–42. „Der Vampir im Film. Visualisierung und Entvisualisierung des Vampirmotivs bei Friedrich Wilhelm Plumpe (Murnau), Rudolf Thome und Ridley Scott" (gemeinsam mit Jochen Schäfers.) In: Hieber, Lutz; Winter, Rainer [Hrsg.] 2020. Film als Kunst der Gesellschaft. Wiesbaden: Springer, S. 219–239.

Kerstin Dauses, Dipl.-Päd., Weiterbildung in systemischer und lösungsorientierter Beratung. Fachbereichsleitung Adoptionsdienst und langjährige Fachkraft in der Vollzeitpflege beim Sozialdienst kath. Frauen (SkF) Nürnberg-Fürth e. V. Adoptionsvermittlung im Bereich Fremdadoptionen im Inland; Spezialisierung auf anonyme Geburt und vertrauliche Geburt; Eignungsprüfung im Rahmen von Adoptionsbewerbungen für Auslandsvermittlungsstellen; Mitglied der Expertengruppe des Bayerischen Landesjugendamtes zur Überarbeitung der standardisierten Eignungsprüfung in Bayern. Mitwirkung: SkF Landesstelle Bayern e. V. (2005): Leitfaden Adoptions- und Pflegekinderdienste in kath. Trägerschaft in Bayern. www.skfbayern.de/aufgaben/projekte/adoptions-und-pflegekinderdienste/ (Abfrage 07.03.2025). Seit 2020 zusammen mit Bettina Klenke-Lüders unter dem Namen „ADOPTI:ONLine" Fortbildungen für Menschen, die eine Adoption erwägen, und Seminare für Adoptivfamilien.

Dorett Funcke, Dr. phil.; Professorin für Mikrosoziologie an der FernUniversität in Hagen (Ernsting's family-Stiftungsprofessur); Arbeitsschwerpunkte: Bildungsprozesse und Sozialisation, Paar- und Familiensoziologie, Methodologie erfahrungswissenschaftlicher Forschung, rekonstruktive Verfahren der Sozial- und Kulturforschung, Kinderschutz und Transferforschung, Public Sociology und Wissenschaftskommunikation; jüngere Publikationen: „Rekonstruktive Sozialforschung: Soziologisches Fallverstehen". In: Hubertus Busche, Gunnar Schumann (Hrsg.), Erklären in den Kultur- und Sozialwissenschaften. Hagen University Press (2025), S. 99–129; „Das Sozialisationsmilieu als Einflussgröße für familiale Strukturbildungsprozesse. Bedeutung, Ursache und Funktion einer artifiziellen Insemination im Kontext einer weiblichen Paarbeziehung". In: Sozialer Sinn. Zeitschrift für hermeneutische Sozialforschung Bd. 1(2024), S. 137–180; „Genogramme im Fallvergleich: Die familiäre Prägekraft für Entscheidungen zur künstlichen Insemination in unkonventionellen Familienformen". In: Maria Borcsa/Ivy Daure (Hrsg.), Genogramme. Ein Handbuch für die systemische Praxis und Forschung, Göttingen: Vandenhoeck & Ruprecht 2024, S. 299–318.

Bettina Klenke-Lüders, Dipl.-Pol., Systemische Paar- und Familientherapeutin (DGSF), zertifizierte Kinderwunschberaterin auch im Rahmen der Gametenvermittlung sowie der psychosozialen Information, Beratung und Begleitung von Kontaktanliegen nach Gametenvermittlung (BKiD). Tätig in eigener Beratungspraxis in Bayreuth (www.kinderwunschberaterin.de, Abfrage: 04.06.2025). Einzel-, Paar- und Familienberatung zu Kinderwunsch, Adoption und Gametenvermittlung. Aktuelle Veröffentlichungen: Klenke-Lüders, Bettina (2022): Kinderwunsch und Wirklichkeit. Systemisch begleiten. Göttingen: Vandenhoeck & Ruprecht. Klenke-Lüders, Bettina/Thorn, Petra (2022): Alternative Perspektiven zum leiblichen Kind – Welche Möglichkeiten passen zu uns? In: Wallraff, Doris/Thorn, Petra/Wischmann, Tewes (Hrsg.): Kinderwunsch – Der Ratgeber des Beratungsnetzwerkes Kinderwunsch Deutschland (BKiD). 2. Auflage. Stuttgart: Kohlhammer. S. 196–214. Klenke-Lüders, Bettina (2019): Systemische Kinderwunschberatung. Effektive Unterstützung in einer belasteten Lebensphase. In: Kontext – Zeitschrift für systemische Perspektiven, Band 50 (2), S. 163–178. Mitwirkung: BKiD (2022): Positionspapier zur Eizellgabe in Deutschland. www.bkid.de/fuer-fachkraefte/leit-und-richtlinien/ (Abfrage 07.03.2025). Seit 2020 zusammen mit Kerstin Dauses unter dem Namen „ADOPTI:ONLine" Fortbildungen für Menschen, die eine Adoption erwägen, und Seminare für Adoptivfamilien.

Anne Meier-Credner, Dr., Psychologische Psychotherapeutin; Vorstandsmitglied des Vereins Spenderkinder und unabhängige Forscherin. Arbeits- bzw. Forschungsschwerpunkt: Psychosoziale Aspekte von Samenvermittlung mit Schwerpunkt auf dem Erleben von Spenderkindern. Aktuelle Publikationen: Bauer, T. & Meier-Credner, A. (2024): Intra-familial dynamics of knowledge and ignorance experienced by donor-conceived adults in Germany. SN Social Sciences, 4, 163. doi.org/10.1007/s43545-024-00967-w. Bauer, T. & Meier-Credner, A. (2023): Circumstances Leading To Finding Out about Being Donor-Conceived and Its Perceived Impact on Family Relationships: A Survey of Adults Conceived via Anonymous Donor Insemination in Germany. Social Sciences, 12(3), 155. doi.org/10.3390/socsci12030155. Meier-Credner, A. & Bauer, T. (2021, 24.–27. November): DNA-Digitalisierung – Geheimnis Verwandtschaft? Spenderkinderstudie2020 [Posterpräsentation]. Kongress der Deutschen Gesellschaft für Psychiatrie und Psychotherapie, Psychosomatik und Nervenheilkunde e. V. (DGPPN), Berlin. Meier-Credner, A. (2020): Familiengründung zu dritt – psychologische und ethische Aspekte. Der Verein Spenderkinder. In: Beier K., Brügge C., Thorn P., Wiesemann C. (Hrsg.) Assistierte Reproduktion mit Hilfe Dritter. Springer, Berlin, Heidelberg. doi.org/10.1007/978-3-662-60298-0.

Julian Möhring, Dr. Phil., Soziologe, Sozial-, Paar- und Familientherapeut (BvPPF), Wissenschaftlicher Mitarbeiter am Lehrgebiet Mikrosoziologie von Prof. Dr. Dorett Funcke. Arbeitsschwerpunkte: Professionalisierung von Familienrichtern, Theorien des Vertrauens, rekonstruktive Sozialforschung. Publikationen: Medebach, Dirk H., und Julian Valentin Möhring (2024). Verschlafene Verweise auf Etablierte und Außenseiter: Eine werksgeschichtliche Rezeptionsanalyse in soziologischen Zeitschriften. Mayhöfer et al. (Hrsg.): Kultur der Soziologie. Jahrbuch für Soziologiegeschichte. Wiesbaden: Springer Fachmedien Wiesbaden. 479–520. Möhring, Julian Valentin, Wölfel, Méline & Brosig, Burkhard (2023): How to reach people who do not want to be reached: psychosocial counseling for school-dropouts in vocational training. Frontiers in Psychology, 14: 1112919, Möhring, Julian Valentin (2020): Vertraute Stabilität. Zur trügerischen Ruhe des Vertrauens im Prozess sozialer Verflechtung. Velbrück Wissenschaft, Weilerswist.

Johanna Naumann, Dipl-Psych., Psychoanalytikerin, DPG, IPV und DGPT, niedergelassen in Hamburg. Schwerpunkte: Psychoanalyse als kritische Gesellschaftstheorie und als Behandlungstheorie, Persönlichkeitsstörungen, Antisemitismus, Nationalsozialismus. Aktuelle Publikation: Naumann, J. (2022): Jüdische Wurzeln der Psychoanalyse, in: Nolte, T., Rugenstein, K. (Hrsg.) (2022): 365 X Freud. Ein Lesebuch der Psychoanalyse. Klett-Cotta: Stuttgart. Übersetzungen: Press, J.: Im Anfang war der Körper, in: Press J. (2023): Das frühe Ich. Psychosozial-Verlag: Gießen. Julia Kristeva (2008): Das weibliche Genie – Melanie Klein: Das Leben, der Wahn, die Wörter. Psychosozial-Verlag: Gießen.

Wolfgang Oelsner, Dipl.-Päd., Analytischer Kinder- und Jugendlichenpsychotherapeut (VAKJP) und Sonderpädagoge, eigene Praxis (1985–2024), Rektor der Klinikschule in der Kinder- und Jugendpsychiatrie der Uniklinik Köln (1988–2011). Dozententätigkeiten in der pädagogischen und medizinischen Weiterbildung. Mitherausgeber (1985–2019) der Zeitschrift „Kinder- und Jugendlichen-Psychotherapie". Multiple Medienarbeit (Fachberatung in div. ARD-Sendern). Publikationsschwerpunkte: Schulabsentismus, Adoption, Störungsspektrum Autismus. Monografien zum Thema dieser Anthologie (mit Gerd Lehmkuhl) (2016): „Spenderkinder", Munderfing. Fischer&Gann. (mit Gerd Lehmkuhl) (2022): Familienplanung 2.0. Göttingen. Vandenhoeck & Ruprecht.

Lea Semmler; M. Sc. Psychologie, Forscherin. Arbeits- bzw. Forschungsschwerpunkt: User Experience Automobilindustrie.